V&R

Biblisch-theologische Schwerpunkte

Band 35

Bernd Kollmann (Hg.)

Die Verheißung des Neuen Bundes

Wie alttestamentliche Texte
im Neuen Testament fortwirken

Vandenhoeck & Ruprecht

Bibliografische Information der Deutschen Nationalbibliothek

Die Deutsche Nationalbibliothek verzeichnet diese Publikation in der Deutschen Nationalbibliografie; detaillierte bibliografische Daten sind im Internet über http://dnb.d-nb.de abrufbar.

ISBN 978-3-525-61616-1

© 2010, Vandenhoeck & Ruprecht GmbH & Co. KG, Göttingen
Internet: www.v-r.de
Alle Rechte vorbehalten. Das Werk und seine Teile sind urheberrechtlich geschützt. Jede Verwertung in anderen als den gesetzlich zugelassenen Fällen bedarf der vorherigen schriftlichen Einwilligung des Verlages. Hinweis zu § 52a UrhG: Weder das Werk noch seine Teile dürfen ohne vorherige schriftliche Einwilligung des Verlages öffentlich zugänglich gemacht werden. Dies gilt auch bei einer entsprechenden Nutzung für Lehr- und Unterrichtszwecke. Printed in Germany.

Druck und Bindung: ⊕ Hubert & Co, Göttingen

Gedruckt auf alterungsbeständigem Papier

Inhalt

Vorwort 7

Einführung
BERND KOLLMANN 9

Adam und seine Sünde
MICHAEL BACHMANN 16

Die Geschichte von »Kain, der seinen Bruder erschlug«
THOMAS NAUMANN 31

Gottes Verheißungen an Abraham
BERND KOLLMANN 49

Die Geschichte von Hagar und Sara
BERND KOLLMANN 64

»Die Wüste lebt«.
Ausgewählte Geschichten aus der Wüstenzeit
MICHAEL LABAHN 78

Das Ritual des Versöhnungstages (Lev 16)
HERMUT LÖHR 94

Die Nächstenliebe (Lev 19,18)
WOLFGANG REINBOLD 115

Elia, der biblische Prophet
RAINER ALBERTZ 128

Die Klage des Gerechten (Ps 22)
WOLFGANG REINBOLD 143

Der Priesterkönig zur Rechten Gottes (Ps 110)
    BERND KOLLMANN 157

Die Ankündigung des Immanuel (Jes 7,14)
    INGO BROER 171

Die Verheißung des Neuen Bundes (Jer 31,31–34)
    FRIEDRICH WILHELM HORN 187

Der leidende Gottesknecht (Jes 53)
    JOHANNES WOYKE 200

Hiob: Bild und Ton
    CHRISTOPH BULTMANN 226

Jona und sein Geschick
    HANNES BEZZEL 246

Der Friedensherrscher aus Bethlehem (Mi 4,14–5,3)
    ALEXANDRA GRUND 259

Das Kommen des Menschensohns (Daniel 7)
    STEFAN BEYERLE 271

Verzeichnis der Autorinnen und Autoren 284

Vorwort

Der vorliegende Sammelband wendet sich knapp zwanzig alttestamentlichen Schlüsseltexten zu, die auch im Neuen Testament von großer Bedeutung sind. Dabei soll in einem ersten Schritt die ursprüngliche Bedeutung der jeweiligen Bibeltradition in ihrem alttestamentlichen Kontext untersucht werden, um dann die Rezeption im antiken Judentum nachzuzeichnen. Vor diesem Hintergrund wird schließlich der Frage nachgegangen, wie sich das frühe Christentum die betreffende Tradition zu eigen gemacht hat und welche schrifttheologischen Prinzipien dabei leitend sind. Dabei wird auch das Problem reflektiert, inwieweit es sich um einen legitimen Umgang mit dem alttestamentlichen Text handelt.

Die Idee zu dem Projekt entstand im Wintersemester 2007/ 2008 im Zusammenhang mit einer Lehrveranstaltung, die ich unter dem Titel »Die Rezeption alttestamentlicher Schlüsseltexte im Neuen Testament« durchführte. Der Kollegin und den Kollegen, die Beiträge zu diesem Sammelband geliefert haben, danke ich herzlich für ihre Bereitschaft zur Mitarbeit. Ein Forschungsfreisemester, das mir der Rektor der Universität Siegen im Sommer 2008 gewährte, hat die halbwegs zeitnahe Fertigstellung des Sammelbandes begünstigt. Die Druckvorlage wurde von meiner wissenschaftlichen Hilfskraft Inga Riedemann mit gewohnter Sorgfalt erstellt.

Siegen, im Dezember 2009 *Bernd Kollmann*

Bernd Kollmann

Einführung

Das Alte Testament war die heilige Schrift nicht nur des antiken Judentums, sondern auch des frühen Christentums. Alttestamentliche Gestalten wie Adam, Abraham oder Hiob und die mit ihnen verbundenen Traditionen spielen im Neuen Testament eine bedeutsame Rolle. Zudem wird dort auch immer wieder aus anderen alttestamentlichen Texten zitiert oder auf sie angespielt. Dazu zählen etwa das Liebesgebot, das Ritual des Versöhnungstages, ausgewählte Psalmen, die Gottesknechtslieder des zweiten Jesaja und messianische Verheißungen.

Der vorliegende Sammelband setzt sich unter dem Titel »Die Verheißung des Bundes« mit dem Fortwirken solcher alttestamentlichen Schlüsseltexte im Neuen Testament auseinander. Die Frage nach der Rezeption des Alten Testaments im Neuen Testament ist für die Zeit des Urchristentums anachronistisch und erst im Rückblick möglich. Zunächst einmal war die Kanonsbildung auf jüdischer wie christlicher Seite noch im Fluss. Vor der Mitte des 2. Jh. n.Chr. gab es kein »Altes Testament«. Vielmehr existierte im antiken Judentum eine im Umfang noch offene Sammlung heiliger Schriften, die auch von den frühen Christinnen und Christen als autoritativ betrachtet wurden, ohne dabei als Altes Testament bezeichnet zu werden. Während etwa Sadduzäer und Samaritaner allein die Tora als heilige Schrift anerkannten und damit eine minimalistische Position einnahmen, standen in Qumran nicht nur fast alle Bücher des späteren Alten Testamentes in autoritativer Geltung, sondern darüber hinaus auch zahlreiche Werke, die heute zu den alttestamentlichen Apokryphen oder Pseudepigraphen zählen. Die exakte Umfangsbestimmung der hebräischen Bibel erfolgte erst im frühen 2. Jh. n.Chr. im Rahmen der Neukonstituierung des Judentums nach der Katastrophe des Jüdischen Krieges, als von der Versammlung in Jabne umstrittene Bücher wie Hohes Lied oder Prediger (Kohelet) für verbindlich erklärt und apokalyptische

Schriften verworfen wurden. Auch die Grenzen des neutestamentlichen Kanons, dessen Entstehung mit der Sammlung von Paulusbriefen und Evangelien einsetzte, waren über Jahrhunderte hinweg strittig. Der älteste Beleg für den neutestamentlichen Kanon im heutigen Umfang ist der Osterfestbrief des Athanasius von Alexandria aus dem Jahr 367 n.Chr., der die 27 Schriften unseres Neuen Testaments aufzählt, um dann zu bemerken, dass dies die Quellen des Heils seien, denen nichts hinzugefügt oder weggenommen werden dürfe.

Die Bezeichnung des hebräischen Bibelkanons als Altes Testament ist alles andere als unproblematisch. Sie wurde aus der Gegenüberstellung eines alten und neuen Bundes in 2Kor 3,6 abgeleitet[1] und begegnet erstmals in der zweiten Hälfte des 2. Jh. in heilsgeschichtlichen Zusammenhängen bei den christlichen Theologen Melito von Sardes und Irenäus von Lyon. Die neutestamentlichen Autoren kennen keine Kategorisierung der heiligen Schriften Israels als »alt«. Sie ist erst im Rahmen der Abgrenzung der Kirche vom Judentum entstanden und nicht selten mit negativen Konnotationen verbunden, indem sie eine Abwertung des Judentums und eine Betrachtung seiner heiligen Schriften als alt im Sinne von überholt impliziert. Vielfach gibt es daher die Forderung, sich von dem Begriff Altes Testament völlig zu verabschieden und ihn durch »Erstes Testament« oder »Hebräische Bibel« zu ersetzen.

Wenn an der Bezeichnung Altes Testament festgehalten wird, dann kann dies nur unter der Prämisse geschehen, dass »alt« ohne jeden abwertenden Bedeutungsgehalt im Sinne von »altehrwürdig« gemeint ist und die Gegenüberstellung zum Neuen Testament nicht als Gegensatz, sondern als Entsprechung verstanden wird. Für das frühe Christentum, das zunächst eine innerjüdische Erneuerungsbewegung darstellte und sich im Verbund der Synagoge bewegte, war der Rückbezug auf die heiligen Schriften Israels selbstverständlich. Im 2. Jh. n.Chr. zwang Markion mit seinen provokativen Thesen, dass der Schöpfergott nicht mit dem Vater Jesu Christi identisch sei und das Alte Testament für das Christentum keinerlei autoritative Bedeutung

---

[1] Das griechische Wort für »Bund«, *diatheke*, wird im Lateinischen mit *testamentum* wiedergegeben.

besitze, der nunmehr vom Judentum losgelösten heidenchristlichen Kirche auf, ihr Verhältnis zu den heiligen Schriften Israels zu klären. Die Auseinandersetzung mit seinen Lehren half der Kirche, das Bewusstsein für das Alte Testament als Fundament des christlichen Glaubens zu schärfen und das Wissen um die Herkunft des Christentums aus dem Judentum als unentbehrlichen Bestandteil im Denken zu verankern. Beide Testamente sind durch ein und denselben Gott verbunden, von dem sie in jeweils unterschiedlicher Weise Zeugnis geben.

Von den durchweg in griechischer Sprache schreibenden neutestamentlichen Autoren wurde die später zum Alten Testament gewordene Sammlung der heiligen Schriften Israels in Form der Septuaginta benutzt. Es handelt sich um die im ägyptischen Alexandria entstandene Übertragung der alttestamentlichen Schriften aus dem Hebräischen ins Griechische, welche der Aristeasbrief in legendenhafter Form schildert.[2] Zwangsläufig mussten die Übersetzer nicht selten auch eine Interpretation vollziehen, indem sie sich bei ihrer Wortwahl auf einen bestimmten Textsinn festlegten, der nicht immer mit der Intention des hebräischen Urtextes deckungsgleich ist. Auch wo die Septuaginta dem hebräischen Wortlaut eng folgt, vollzieht sich Übersetzung als Übertragung der biblischen Texte in einen neuen Kulturkreis. Dabei werden mit Neuakzentuierungen und Sinnverschiebungen nicht selten Anknüpfungspunkte für die spätere christliche Rezeption geschaffen.

Charakteristisch für die Schriftauslegung der neutestamentlichen Autoren ist die Deutung des Alten Testamentes im Lichte des Christusgeschehens. Die urchristlichen Gemeinden lebten in der Überzeugung, dass sich im Auftreten Jesu Christi die Weissagungen des Alten Testaments erfüllt hatten und das Ostergeschehen den Beginn des in der Heiligen Schrift angekündigten eschatologischen Heilshandelns Gottes markierte. Wenn die später zum Alten Testament gewordene Schrift von der Endzeit sprach und diese mit der Auferweckung Jesu von den Toten

---

[2] Vgl. M. Tilly, Einführung in die Septuaginta, Darmstadt 2005. Mittlerweile liegt die Septuaginta auch in deutscher Übersetzung vor: M. Karrer/W. Kraus (Hg.): Septuaginta Deutsch. Bd. 1: Das griechische Alte Testament in deutscher Übersetzung. Stuttgart 2009.

angebrochen war, dann ergab von sich für das frühe Christentum ganz von selbst, dass sich auch Jesu ganzes Leben von der Schrift her erschloss. Neutestamentliche Autoren können dem durch die Voranstellung von Erfüllungsformeln bei der Zitation alttestamentlicher Schriftstellen besonderen Ausdruck verleihen. Vorrangig ging es um den Nachweis, dass sich in Jesu Weg und Geschick Gottes verheißendes Wort an Israel erfüllt hatte. So wurde der Tod Jesu früh im Licht der Psalmen und der Gottesknechtstradition gedeutet. Die gesamte Darstellung des Kreuzesgeschehens ist von Motiven aus Psalm 22 durchdrungen, um die Passion Jesu im Horizont des Leidens des Gerechten zu deuten. Daneben wurden für das älteste Christentum die Aussagen vom leidenden Gottesknecht in Jes 53 zum Schlüssel für das Verständnis des Todes Jesu. Die Ankündigung des Immanuel in Jesaja 7 und des Friedefürsten in Micha 5 galten bald als messianische Weissagungen auf Jesu Christus hin. Aus der Jonageschichte wurde die Auferstehung Jesu am dritten Tage abgeleitet. Als Schriftbeweis für die Erhöhung des Auferstandenen zur Rechten Gottes diente Psalm 110. Die erwartete Rückkehr des Herrn am Ende der Tage wurde in apokalyptischen Bildern der Menschensohn-Tradition gemalt, wie sie im Danielbuch begegnet.

Auf einem anderen Blatt steht die Frage, mit welcher Berechtigung das frühe Christentum diese alten Texte christologisch versteht. Zumindest ist zur Kenntnis zu nehmen und zu respektieren, dass diese Traditionen in ihrem ursprünglichen historischen Kontext anders gemeint sind und das Judentum andere Deutungen vollzieht. Jesaja verstand unter dem Immanuel eine konkrete geschichtliche Gestalt der unmittelbaren Zukunft. Der im Prophetenbuch Micha verheißene Friedensherrscher ist als Regent gedacht, der mit seiner sich über ganz Israel erstreckenden Herrschaft an die glanzvolle Regierungszeit Davids anknüpft. Mit dem Gottesknecht meinte der Prophet Deuterojesaja vermutlich überhaupt keine individuelle Gestalt und schon gar keinen Messias, sondern am ehesten das Volk Israel. Bei dem zur Rechten Gottes erhöhten Priesterkönig hat der Dichter von Psalm 110 sicher ebenso wenig Jesus Christus im Blick gehabt, wie der Verfasser des Danielbuches mit seinen Aussagen zum Menschensohn. Umgekehrt gewannen diese Texte vielfach bereits im Judentum eine Bedeutung, die über ihren ursprünglichen Sinn hinausgeht und Anknüpfungspunkte für die spezifisch christliche Rezeption bot oder diese sogar vorbereitete. So sind dem Immanuelzeichen bald messianische Konnotationen zu eigen, da man den zeitlos gültigen Heilskern der Verheißung in späteren Zeiten an anderen Personen als dem Sohn des Königs Ahas festmachen und weiterhin auf einen Zweig aus dem Geschlecht Davids hoffen konnte. Für die Gestalt des Gottesknechtes sind ebenso wie für den Priesterkönig aus Psalm 110 im antiken Judentum messianische Deutungsmuster nachweisbar. Wenn solche Traditionen dann bei den neutestamentlichen Autoren auf Jesus Christus bezogen werden, handelt es sich um die lebendige Aneignung von Tradition, die Sinnreserven und Sinnüberschüsse der alten Texte erschließt.

Neben der Betrachtung des Christusgeschehens als Erfüllung alttestamentlicher Verheißungen begegnet auch die typologische Kontrastierung des Christusgeschehens mit alttestamentlichen Ereignissen. Die Auslegungsmethode der Typologie (abgeleitet von dem griechischen Wort *typos*, das so viel wie »Urbild« oder »Vorbild« bedeutet) ist dadurch gekennzeichnet, dass eine Person oder ein Geschehen aus dem Alten Testament als Typos mit einer Person oder einem Geschehen aus dem Neuen Testament als Antitypos in Beziehung gesetzt wird. Dadurch soll eine Kontinuität der Heilsgeschichte sichtbar gemacht werden, die in den alttestamentlichen Traditionen eine unvollkommene Präfiguration der vollkommenen Wirklichkeit des Neuen Testaments sieht. Paulus stellt dem ersten, irdischen Adam Jesus Christus als den zweiten, eschatologischen Adam gegenüber. Am Beispiel beider Gestalten werden die Größen Tod und Leben, Ungehorsam und Gehorsam, Übertretung und Gnade in ihrer Gegensätzlichkeit aufgezeigt. Der Evangelist Johannes arbeitet den Kontrast zwischen der alttestamentlichen Mannagabe, die den Tod in der Wüste nicht verhindern konnte, und Jesus Christus als dem wahren Lebensbrot heraus. Der Verfasser des Hebräerbriefes betrachtet Jesus Christus als den wahren Hohenpriester nach der Weise Melchisedeks und sieht das alttestamentliche Ritual des Versöhnungstages durch das Christusgeschehen überboten. Auch hier wird die Schrift als Zeugnis eines Handelns Gottes verstanden, das in Christus zum Ziel kommt.

Das Deutungsschema von Verheißung und Erfüllung kann allerdings dann in die Irre führen, wenn nicht nur einzelne Worte und Ereignisse als Weissagung auf Jesus Christus hin verstanden werden, sondern die im Alten Testament an Israel ergangenen Verheißungen in ihrer Gesamtheit als im Christusgeschehen erfüllt und zum Abschluss gekommen gelten. Es droht die Gefahr, dass »das Alte Testament zur bloßen religionsgeschichtlichen Vorhalle, zur Andeutung und zur entwicklungsgeschichtlichen Vorbedingung des Neuen Testaments herabsinkt«.[3] Zumindest ist nicht zu übersehen, dass der exklusive Anspruch des Christentums auf die heiligen Schriften Israels eine verhängnisvolle antijüdische Wirkungsgeschichte nach sich gezogen hat.

Die Verwendung der alttestamentlichen Schriften im Horizont der Kategorien von Verheißung und Erfüllung blieb nicht auf das Jesusgeschehen beschränkt, sondern erstreckte sich auf alles, was mit dem Osterereignis von Gott in Gang gesetzt worden war. Wenn die christliche Gemeinde sich als das endzeitliche Volk Gottes verstand, von dem im Alten Testament die Rede ist, dann konnte sie ihr Wesen und ihre Beschaffenheit in den heiligen Schriften Israels prophezeit und begründet sehen. So gewinnt die Verheißung eines neuen Bundes beim Propheten Jeremia im Hebräerbrief zentrale Bedeutung für das Selbstverständnis der Kirche. Die paulinische Rezeption der Traditionen von Abraham bemüht sich um den Nachweis, dass die Christusgläubigen die wahren Erben der an den Erzvater ergangenen Verheißungen sind. An gegensätzlichen Paaren wie Kain und Abel, Sara und Hagar, Isaak und Ismael oder Jakob und Esau wird das Geheimnis von göttlicher Erwählung und Verwerfung veranschaulicht. Ein zentraler hermeneutischer Zugang zum Alten Testament ist dabei die Allegorese, die vor allem bei Philo von Alexandria bereits in der Bibelauslegung des Diasporajudentums eine zentrale Rolle spielte. Sie versucht den biblischen Texten einen tieferen Sinn zu entlocken und ihnen neue Geltung zu verschaffen. Dabei vermag sie die Tiefe und den Reichtum eines Bibeltextes zu erschließen, ist aber immer auch kritisch

---

[3] K. Lehmann, Das Alte Testament in seiner Bedeutung für Leben und Lehre der Kirche heute, TrThZ 98 (1989) 161-170: 164.

darauf hin zu befragen, ob sie nicht zu einer Beliebigkeit oder Willkürlichkeit der Auslegung führt.

Die alttestamentlichen Traditionen sind indes für die neutestamentlichen Autoren nicht nur im Kontext von Verheißung und Erfüllung, Verwerfung und Erwählung oder Typos und Antitypos von Belang. Bedeutsame Gestalten wie Abraham oder Hiob werden in ihrer Bedeutung als Glaubensvorbilder gewürdigt. Die biblischen Traditionen von Elia prägen das neutestamentliche Bild von Johannes dem Täufer und erweisen sich als einflussreich für die Entfaltung der Christologie. Zentrale Bestandteile der Ethik des Alten Testaments, allem voran das als Summe der Tora geltende Liebesgebot, werden auch für das Christentum zur normativen Richtschnur des sittlichen Handelns.

Der vorliegende Sammelband wendet sich knapp zwanzig alttestamentlichen Schlüsseltexten zu, die auch im Neuen Testament in hervorgehobener Weise von Belang sind. Dabei soll in einem ersten Schritt die ursprüngliche Bedeutung der jeweiligen Bibeltradition in ihrem alttestamentlichen Kontext untersucht werden, um dann die Rezeption im antiken Judentum nachzuzeichnen. Vor diesem Hintergrund wird schließlich der Frage nachgegangen, wie sich das frühe Christentum die betreffende Tradition zu eigen gemacht hat und welche schrifttheologischen Prinzipien dabei leitend sind. Dabei wird auch das Problem reflektiert, inwieweit es sich um einen legitimen Umgang mit dem alttestamentlichen Text handelt.

Michael Bachmann

Adam und seine Sünde

1. Zur Wirkungsgeschichte: Paradies, »Sündenfall« – und die Folgen

Dem Passus Gen 1–3 ist eine enorme Wirkungsgeschichte zuteilgeworden, schon weil er am Beginn der Bibel steht. Bei der literarischen Weiterführung der entsprechenden biblischen Züge ist vor allem das sich zumal in der Vulgata-Übersetzung von Röm 5,12 (*in quo omnes peccaverunt*, in dem alle gesündigt haben) andeutende und mit dieser Formulierung durchsetzende Motiv von dem *peccatum originale*, von der »Ursünde« bzw. der »Erbsünde« zu nennen. Es wurde nicht zuletzt durch Augustinus (354–430 n.Chr.) aufgegriffen und ist von daher dogmatisch relevant geworden, auch im Protestantismus (s. nur Confessio Augustana, 2. Artikel). Hinzuweisen ist ferner auf jüdische und christliche (Adam-)Schriften der Antike und des Mittelalters (vgl. u. Punkt 3), überdies etwa auf das berühmte Epos, das John Milton (1608–1674) unter dem Titel »Paradise Lost« (1667/1674) veröffentlichte. Auch in der bildenden Kunst finden sich bereits seit Anfang des 3. Jh. Rezeptionen von Gen 1–3, nämlich nicht zuletzt: Adam und Eva am »Baum der Erkenntnis« (Gen 2,9.17) und die Erschaffung Adams (Gen 2,7; vgl. 1,27) bzw. Evas (Gen 2,21f). Dabei ist durchweg die Bedeutung des und der »ersten Menschen« für die gesamte Menschheit im Blick.[1]

---

[1] Ein eindrucksvolles Beispiel ist das Chornordportal des Freiburger Münsters (14. Jh.) mit (den) Schöpfungswerken (von Gen 1[f]) in der Archivolte und Momenten von Gen 3 im Tympanon. Darüber ist, ohne unmittelbaren Anhalt an Gen 1-3 (vgl. bes. Jes 14,11–15; Ez 28,11–19; Weish 2,24; Lk 10,18f; Jud 9; Apk 12), der Sturz Satans dargestellt. Und im Inneren des Chores findet sich hier, antithetisch dazu, eine Kreuzigungsszene auf Golgota, der »Schädelstätte« (s. nur Mk 15,22) – der man übrigens im Mittelalter gerne den Schädel gerade Adams zusprach, weshalb dieser Totenkopf oft eben unter dem Kreuz platziert wird. S. dazu (u. [bei] Anm. 5 und) die betreffenden Ausführungen bei E. Kirschbaum (Hg.), Lexikon der christli-

2. Zum Alten Testament: Zwei Schöpfungsgeschichten und die Erzählung vom Baum der Erkenntnis

Die Kapitel Gen 1–3 sind über Jahrhunderte hin als Einheit aufgefasst worden, so dass insbesondere die Formung Adams und Evas (2,7.21–24) einfach als Nachtrag zu 1,27 begriffen wurde. Aber in der Neuzeit hat sich die Überzeugung durchgesetzt, dass hier zwei Quellen zu unterscheiden sind – die freilich ihrerseits nun doch auch zusammen als eine sinnvolle Einheit verstanden sein wollen. Das Stück Gen 1,1–2,4a, das in der Regel einer als »Priesterschrift« (P) gekennzeichneten Schicht zugewiesen wird, ist denn ja auch vom nachfolgenden, 2,4b–4,26, zumeist dem »Jahwisten« (J) zugerechnet, in der Tat deutlich unterschieden.[2] Der Gottesbezeichnung »Elohim« (1,1 u.ö.) steht so ab 2,4b »Jahwe Elohim« gegenüber. Und dem sehr strikten, auf den siebten Tag, den Ruhetag (2,1–3) zulaufenden Aufbau von Gen 1,1–2,4a, nach dem Bereiche geschieden und Lebensräume sukzessiv durch eigens dazu Erschaffenes gefüllt werden, folgt ab 2,4b eine ganz andersartige Textsorte: eine Erzählung, die das Bild eines von Gott zubereiteten, vom Menschen zu pflegenden Gartens entwirft (s. bes. 2,8.15). In auffälligem Unterschied zur voranstehenden Schöpfungsgeschichte (s. bes. 1,9–13) ist dieser Garten unmittelbar durch Wasser ermöglicht, ja, bestimmt (s. 2,6.10–14). Und: In 1,26f wird der Terminus *'ādām* für »männlich und weiblich« gebraucht, so dass die Vokabel hier, ähnlich wie zumeist, eher den Menschen überhaupt meinen dürfte; in 2,7ff hingegen zielt das Wort gerade auf das aus der (roten) Erde (*'ādāmā*) geformte Individuum ab (s. bes. 2,7.25), auf den ersten Mann (s. 2,21–24). Diese Unterschiede ändern nichts daran, dass sich nach beiden Quellen das Geschaffene Gott verdankt und dass hier wie dort eben dem Menschen in seiner Umgebung eine besondere Position zukommt: Nach der voranstehenden Schöp-

---

chen Ikonographie, Bd. I–VIII, Freiburg u.a. 1968-1976 (nämlich: I, 41–70 [H. Schade], und V, 30–31 [L. Petzoldt]).

[2] In aller Regel gilt J als die ältere Quelle. Während für sie zunächst oft die Zeit des 10. Jh. v.Chr. angenommen wurde, werden heute auch Spätdatierungen erwogen; fraglos sind hier jedoch alte Traditionen aufbewahrt. Bei P wird schon seit ca. einem Jahrhundert zumeist eine Spätdatierung vertreten (6. Jh. oder danach).

fungsgeschichte (1,26f) wird er am Schluss – als Krone – erschaffen, und zwar nach dem Bild (*sælæm*) und der Ähnlichkeit (*dᵉmūt*) Gottes; damit ist (in 1,26.28) der Auftrag verbunden, sich (in einer königlichen Rolle) die Erde »untertan zu machen« und über die Tiere »zu herrschen« (vgl. Ps 8,7). Im nachfolgenden Passus steht Adam an der Spitze des Geschaffenen (2,7); er wird durch nicht weniger als den »Odem« Gottes zu einem »lebenden Wesen« (vgl. Ps 104,29f), und es kommt ihm auch das Privileg zu, die seinetwegen geschaffenen Tiere beim Namen zu nennen (s. 2,19f), ehe aus seiner »Rippe« dann endlich mit der Frau das ihm adäquate Wesen gefertigt wird (s. 2,21–25). Hier wie dort handelt es sich darum, dass in (unterschiedlichen) Bildern von der Entstehung der Welt ihre Herkunft von Gott, ihre Rückgebundenheit an ihn ausgesagt und »erinnert« wird; der Mensch hat dabei an der Erhaltung der Ordnung einen Anteil (und nicht etwa an der Erniedrigung des Mitgeschaffenen).

Dazu scheint das Kapitel Gen 3 zunächst in einer gewissen Spannung zu stehen. Mit dem Vorangehenden ist diese Erzählung nicht zuletzt dadurch verknüpft, dass schon dort dem Garten (in) Eden (2,8.15 u.ö.) ein »Baum des Lebens« und ein anderer »der Erkenntnis des Guten und des Bösen« zugewiesen wird, von dessen Früchten zu essen bei Strafandrohung verboten ist (2,9.16f). Kap. 3 hat es nun eben mit dem betreffenden menschlichen Fehlverhalten zu tun. Die beiden Menschen haben daraufhin den Garten zu verlassen (s. nur 3,13–20.22b–24). Jetzt ist der Eindruck der Harmonie von Kap. 1f zerstört, und elementare Probleme dieser Welt werden so im Sinne von Folgen des Fehlverhaltens beleuchtet: Zwar tritt nicht der sofortige Tod ein (vgl. 2,17), aber das ewige (Fort-)Leben gilt nun doch als unmöglich (s. 3,22b); hinzu kommen folgende Schwierigkeiten: das Spannungsverhältnis von Mensch und (Schlange bzw.) Tier (s. 3,14f), die Strapazen von Schwangerschaft und Geburt sowie die heikle Rolle der (Ehe-)Frau (s. 3,16), beim »Menschen« die Mühen der Arbeit in einem durch den sicheren Tod begrenzten Leben (s. 3,17–19). Dennoch: Die Frau wird jetzt »Eva«, Mutter aller Lebenden, genannt, und Gott anerkennt, dass das Wissen um gut und böse dem Menschen einen hohen Rang gibt (s. 3,21f). Solcher Kompetenz des Menschen wird sein Handeln freilich oft nicht gerecht, wie schon Kap. 4 (Kain und Abel; Brudermord) vor die Augen führt, und nach 9,(2–)3 ist nicht einmal seine Beschränkung auf vegetarische Nahrung (s. 1,29f) aufrechtzuerhalten. Das Bild vom »verlorenen« Garten Eden lässt diese Unzulänglichkeiten hervortreten, so sehr es auf der anderen Seite zugleich daran »erinnert«, dass der Schöpfer der Welt mit ihr auf das Gute und Gelingende hinauswill.[3]

Die Übertretung des Verbots, vom »Baum der Erkenntnis des Guten und des Bösen« zu essen (2,17; vgl. bes. 3,3.17), gehört fraglos einer mythisch gefärbten Erzählung an. Sie versucht in mehrfacher Hinsicht, reale menschliche Verhältnisse durch »Rückgriff« auf eine »Urzeit« (d.h. »ätiologisch«) zu erklären. Neben den bereits genannten Momenten der Unzulänglichkeiten des Lebens ist hier das Phänomen menschlicher Scham zu nennen. Es wird u.a. am Verbergen der Nacktheit durch Schurze aus Feigenblättern bzw. aus Fell (s. 3,7.21; vgl. 3,11) verdeutlicht und überdies mit der Scheu verbunden, Gott zu begegnen (s. 3,8f; vgl. 3,21f). Somit lebt der Mensch ohne so etwas wie »natürliche«, »kindliche« Unschuld.

Das Fehlverhalten selbst kommt mit dem Zusammenspiel der Schlange, der Frau und des Mannes zur Darstellung (s. 3,1–6; vgl. 3,12–22).[4] Dabei wird vor die Augen geführt, dass es so etwas wie den Reiz des Überschreitens gerade auch von moralischen Grenzen gibt, und diesem Reiz folgt der Mensch um so leichter, als es nicht an gut verständlichen Ermunterungen dazu fehlt (s. bes. 3,1–6: Zuwachs an ästhetischer Freude oder intellektueller Fülle; Bereitschaft, Neues zu versuchen). Obwohl es damit gerade nicht an nahe liegenden Möglichkeiten mangelt, das falsche Verhalten zu bagatellisieren und mit Verweis auf andere dafür irgendwie verantwortliche Instanzen möglichst zu minimieren (s. 3,12f), weist die Erzählung allen Beteiligten ihren

---

[3] Dennoch ist 3,15 kein Hinweis auf das neutestamentliche Evangelium, kein »Protevangelium«.

[4] Die Schlange (s. 3,1–5; vgl. 3,13–15) als (das Chaos oder) den Satan zu begreifen – und anzunehmen, dass sie just zum Essen eines »Apfels« (lat. *malus*; vgl. *malum*, Fehler, Übel) verführt habe –, wie später oft interpretiert worden ist, entspricht der Erzählung freilich nicht. Letztere will im Übrigen auch den Mann schwerlich entlasten. Zwar isst die Frau zuerst vom »Baum der Erkenntnis des Guten und des Bösen«, und sie veranlasst den Mann, sich entsprechend zu verhalten (s. 3,6). Aber allein der Mann wird auf das eben ihm einst auferlegte Verbot (s. 2,7) hin angesprochen (s. 3,11.17), überdies sogleich (s. 3,9–12).

Anteil und Sanktionen zu (3,14–19). Das ist jedenfalls für den Menschen hart, da er um die Unumgänglichkeit des Sterbens und um eine zumindest theoretische Möglichkeit besserer Umstände weiß (s. 3,22f).

3. Zum Frühjudentum: Adams Herrlichkeit und die Sünde

Die Motivik von Gen 1–3, die schon im Alten Testament (neben den zumal Gottes Retten in der Geschichte Israels betreffenden Traditionen [s. nur Ex 15,21; Dtn 26,5–9]) eher am Rande steht (doch vgl. etwa Ps 8; 104; Jes 11,6–10; 44,24; 65,25) und die hier auch allenfalls spärlich aufgegriffen wird (s. bes. Hi 15,7f; Jes 51,3; Ez 28,11–19), spielt überdies im Frühjudentum keine allzu große Rolle (anders übrigens als in der Gnosis). Dennoch wird die Thematik hier durchaus behandelt, und zwar in recht unterschiedlicher Weise. Es fehlt (dabei) im Übrigen auch nicht an so etwas wie eigenen Adam-Schriften (die dann weithin christlich überliefert und im Abendland reich rezipiert wurden). Zu nennen sind zumal die »Apokalypse Mosis« und die »Vita Adae et Evae«.[5]

Adam wird im Frühjudentum gelegentlich zu den vier Himmelsrichtungen (Sib 3,24–26; slHen 30,13f; vgl. Gen 2,10–14) und bei Philo von Alexandrien (1. Jh. n.Chr.) zum ganzen Kosmos in Beziehung gesetzt (Op. 146; vgl. slHen 30,8–10). Philo bietet auch darüber hinaus interessante Momente. Mit den erwähnten Adam-Schriften und deren Rede von teils auf den Menschen neidischen Engeln, ja, vom Teufel (vgl. nur VitAd 13,1f, ferner Sap 2,24), stimmt er insofern überein, als er mit Blick auf die pluralische Formulierung von Gen 1,26 (»lasset uns Menschen machen«) die Beteiligung nicht-göttlicher Wesen an der

---

[5] Eine (synoptische) deutschsprachige Ausgabe beider, sich eng miteinander berührender Schriften bieten O. Merk/M. Meiser, Das Leben Adams und Evas, in: JSHRZ II,5 (Gütersloh 1999), 737–870. Diese Autoren nehmen (anders als z.B. M. de Jonge/J. Tromp, The Life of Adam and Eve and Related Literature, Sheffield 1997) insbesondere für die ältere »Apokalypse Mosis« eine jüdisch-hellenistische Entstehung im 1. Jh. v. oder n.Chr. an (s. dazu nur Th. Knittel, Leben Adams und Evas. Studien zu einer narrativen Anthropologie im frühen Judentum [TSAJ 88], Tübingen 2002, 63–69). Vgl. o. Anm. 1.

Erschaffung des Menschen (von Gen 1) behauptet; das Böse muss so nicht auf Gott zurückgeführt werden (Op 72–75; vgl. griechBar 9,7, ferner Jak 1,13–15). Bemerkenswert ist auch, dass der alexandrinische Gelehrte unter Berücksichtigung des Nacheinanders von Gen 1,26f und Gen 2,7, und zwar ebenfalls in ontologisch-anthropologischer Absicht, von der Entstehung zweier Menschen spricht, des »himmlischen« und des »irdischen« (All 1,31f).

Auch die Schönheit, die Herrlichkeit Adams wird hervorgehoben (Philo, Op 136–150; Sir 49,16; ApkSedr 7,4–7; TestAbr A 11,9; vgl. z.B. 1QS 4,23), gelegentlich auch die (indes nicht durchweg behauptete [s. nur Josephus, Ant 1,46]) ursprüngliche Unsterblichkeit des Menschen (äthHen 69,11). Er wird mit Engeln verglichen und auch als mit göttlicher Weisheit ausgestatteter König charakterisiert (Sap 10,1f; slHen 30,11f; vgl. Philo, Op 142.148).

Aber diese Pracht geht mit dem Fehlverhalten (von Gen 3) doch verloren (s. bes. Philo, Virt 205). Das gerade durch desaströse Züge bestimmte menschliche Leben wird zum Beispiel in Sir 40,1–11 (LXX) nachdrücklich beschrieben: Auf den »Nachkommen Adams« (V. 1) liegt etwa mit Angst vor dem Tod, Furcht, Mühsal, Krankheit, Verbrechen »ein schweres Joch« (V. 1); dabei spielt die eigene Sünde eine erhebliche Rolle (V. 8). Sie, die verschiedentlich speziell auf Eva zurückgeführt (s. zumal Sir 25,24; ApkMos 32,2; vgl. äthHen 69,6) und mit der (durch das weibliche Moment symbolisierten) Sinnlichkeit verknüpft wird (s. nur Philo, Op 11f), wird nicht zuletzt in der apokalyptischen Schrift 4. Esra intensiv bedacht (vgl. zuvor etwa schon Sap 1,13–16): Wegen Adams Übertretung wurde der Tod über ihn und auch über seine Nachkommen »verhängt« (4Esr 3,7), die denn auch alle – wie er – dem »bösen Herzen« nachgeben (3,21), und eine »dauernde Krankheit« ist demnach zu konstatieren (s. 3,21). Wenn gilt: »Ein Korn des bösen Samens hat soviel Sündenfrucht hervorgebracht« (4,30), kann man »den ... bösen Trieb« kaum leugnen (7,92), und angesichts des Adam-Verhängnisses (7,11) bleibt nur noch die Klage: »Ach, Adam, was hast du getan? Als du gesündigt hast, gereichte es ja nicht nur zum Sturz für dich allein, sondern auch für uns, die wir von dir stammen« (7,118). Aber selbst in dieser besonders pessimistischen Schrift wird die »Konsequenz«, niemand könne dem Sündigen entkommen, nicht gezogen (s. nur 7,129). Und in syr Bar 54,15–19 heißt es sogar:

»Zwar sündigte als erster Adam und hat damit vorzeitigen Tod gebracht für alle, doch hat von denen, die aus ihm geboren sind, ein jeder auch sich selbst zukünftige Strafe bereitet ... Somit ist Adam einzig und allein für sich der Grund; wir alle aber wurden Stück für Stück zu Adam für uns selbst«.

Angesichts dessen ist es verständlich, dass der Stammvater der Welt bzw. der Menschheit (s. dazu bes. Sap 10,1; Philo, Quaest in Gn 2,17) zwar gelegentlich als chronologischer Anfang begegnet (z.B. Josephus, Ant 8,61f; 10,147f), aber nur recht selten auch und gerade als Stammvater Israels aufgefasst wird (s. bes. 4Esr 6,53–59).

Indes: Mit Adam und dem Paradies können natürlich Hoffnungen auf ein Eschaton nach dem Vorbild der Urzeit verbunden sein (vgl. Barn 6,13 [frühchristlich]: »die letzten Dinge [sind] wie die ersten«) – eine ja bereits im Alten Testament immerhin anklingende Vorstellung (vgl. bes. Jes 11,6–10; 65,17–25; Ez 28,11–19). Schon dass das Motiv der Herrlichkeit Adams ja mit einigem Nachdruck begegnet und dass verschiedentlich das moralische Desaster primär mit der Szene Gen 6,1–6/8 verknüpft wird (s. nur Jub 3,27; 5,1f; äthHen 6–8; 64; 85f), ist in dieser Hinsicht aufschlussreich (vgl. ApkMos 28,4: Auferweckung Adams; Anteil am »Baum des Lebens«; Unsterblichkeit). Auch in Qumran wird eschatologisch von »aller Herrlichkeit des Menschen/Adams« gesprochen (1QS 4,23; CD 3,20; 1QH 17,15), im Kontext auch von der »neuen Schöpfung« (1QS 4,25; vgl. 11Q19 29,9). Bemerkenswert ist in diesem Zusammenhang, nicht zuletzt im Hinblick auf das Neue Testament, dass unter den endzeitlichen Bildern das des himmlischen (vgl. dazu nur Ex 25,9.40), des eschatologischen Tempels eine erhebliche Rolle spielt (s. nur 1QS 8,5; 11Q19 29,8–11; vgl. Ez 40–48; Sap 3,14; 9,8),[6] in 4Q174 3 übrigens verknüpft mit dem Terminus »Adam/

---

[6] S. dazu den Sammelband B. Ego/A. Lange/P. Pilhofer (Hg.), Gemeinde ohne Tempel/Community without Temple. Zur Substituierung und Transformation des Jerusalemer Tempels und seines Kults im Alten Testament, antiken Judentum und

Mensch(en)-Heiligtum« (Z. 6). Sofern die Momente Hausbau und Pflanzung verschiedentlich verbunden werden (s. nur Ex 15,17f; 1QS 8,5; vgl. 4Q174 3,2–10), kann es das endzeitliche Heiligtum dabei gerade auch mit dem Paradiesesgarten zu tun haben (s. bes. äthHen 24–27; TestLev 18,6–11 [V. 10f: Paradiesestore wieder geöffnet; Essen vom »Baum des Lebens« möglich]; TestDan 5,12f). Interessant ist überdies, dass zumal in Qumran der Tempel mit der Gemeinde parallelisiert werden kann (s. bes. 1QS 8,1–10; vgl. Sir 24,8–12).

4. Zum Neuen Testament: Adam und Christus

Der Name »Adam« wird im Neuen Testament lediglich in sieben Versen gebraucht.[7] Dennoch spielt die betreffende Motivik hier auch darüber hinaus eine nicht unerhebliche Rolle, nicht nur im Corpus Paulinum. In Jud 14f wird ein Wort Henochs, des »siebenten von Adam an«, zitiert (nämlich: äthHen 1,9); »Adam« ist hier also (gemäß Gen 5,1–24) ein chronologischer Bezugspunkt (ähnlich wie bei Josephus); aber das »prophezeiende« Henoch-Wort hat es mit dem Gericht zu tun, und es wird dabei auf die ihre Würde nicht respektierenden Engel von Gen 6,1–6/8 (s. Jud 6) sowie auf das mit solchem Fehlverhalten nicht vereinbare Jesusgeschehen hingewiesen (s. nur Jud 4.24f).

Ansonsten sind bei unserer Thematik eschatologische Momente nicht zu leugnen. Das gilt offenkundig auch für die Synoptiker, speziell für das Lukasevangelium. Wenn hier der Stammbaum Jesu (Lk 3,23–38) u.a. über Joseph, David, Abraham und – Jud 14 vergleichbar – Henoch schließlich auf Adam (sowie auf Gott) zurückgeführt wird, so ist damit fraglos auf die universale Bedeutung Jesu abgehoben (vgl. etwa Lk 2,14.29–32). Zudem dürfte aber auch die eschatologische Dimension im Blick sein (vgl. 23,[41]–43, wo es gegenüber einem Sünder, einem »Verbrecher« [23,32f.39], heißt: »Heute wirst du mit mir

---

frühen Christentum (WUNT 118), Tübingen 1999 (hier bes. 215-227 [J.T.A.G.M. van Ruiten], 267–284 [L.H. Schiffmann] und 411–425 [Ch. Böttrich]).

[7] Lk 3,38; Röm 5,14; 1Kor 15,22.45; 1Tim 2,13.14; Jud 14; vgl. ferner die Erwähnung von Eva in 2Kor 11,3; 1Tim 2,13.

im Paradiese sein!«). Die auf die Nennung Adams (und Gottes) in Lk 3,38 folgende Versuchungsgeschichte, 4,1–13 (vgl. Mt 4,1–11), passt dazu. Denn im Unterschied zum Adam von Gen 3 entspricht Jesus, der »Sohn Gottes« (4,3.9; vgl. 3,23–38), den vom »Teufel« (Lk 4,2 u.ö.) ausgeheckten Verhaltensangeboten gerade nicht. Auch die viel kürzere Version der Versuchungsszene bei Markus, Mk 1,12f, hat es mit der Endzeit zu tun. Das problemlose Zusammensein Jesu mit wilden Tieren deutet ja (ähnlich, wie es in Lk 10,18f der Fall ist) das Ende der »Feindschaft« (von Gen 3,15) zwischen Mensch und Tier an (vgl. nochmals bes. Jes 11,6–9; Sib 3,783–795, ferner TestNaph 8,4 zu den Engeln).

Die Ethik Jesu (bes. die der Bergpredigt [Mt 5–7; vgl. Lk 6,20–49]) – sowie der frühen christlichen Gemeinde (s. bes. Gal 3,28; vgl. Gen 1,27a[–b]) – hat es ebenfalls damit zu tun, dass die »Schöpfungsordnung« (von Gen 1f) nun endlich restituiert und erfüllt werden soll. Bei seinem Votum gegen die Ehescheidung (Mk 10,2–12 parr) wird, nach Mk 10,6–9, ausdrücklich auf Gen 1,27 sowie auf den »Anfang der Schöpfung« (Mk 10,6; vgl. CD 4,21) und auf Gen 2,24 (Mk 10,7 par) Bezug genommen, und die Scheidungsregel von Dtn 24,1(–4) wird dabei als ein nun hinfälliges Zugeständnis an die »Härte« des menschlichen »Herzens« eingeschätzt (Mk 10,4 par).

Noch deutlicher tritt der endzeitliche Aspekt natürlich in der Johannesoffenbarung hervor. Im mythisch gefärbten Kapitel Apk 12, in dem einer gebärenden Frau, ihrem Sohn und weiteren Nachkommen ein Untier feindlich gegenübersteht, wird in V. 9, wo im Blick auf dieses Wesen gerade auch der Ausdruck »alte Schlange« (vgl. Apk 20,2) verwandt wird (vgl. dazu Jes 27,1; griechBar 9,7), unverkennbar auf Gen 3 angespielt. Das Hinabgeworfenwerden dieses Widersachers aus dem Himmel sowie die der von ihm bedrängten Frau gewährte Hilfe (s. Apk 12,10–16) zeigen an, dass Gott und sein »Gesalbter« (s. V. 10), Christus, im endzeitlichen Kampf die mit dem »Sündenfall« verknüpften Konsequenzen siegreich überwinden (vgl. noch Apk 20,1–3.7–10).

Inhaltlich ebenfalls gerade auch durch Gen 3 bestimmt ist Apk 21,1–22,5 (»neues Jerusalem«). Das ist bei dem Motiv vom »Baum (bzw. Holz) des Lebens«, wie es in 22,2 begegnet, unverkennbar (s. Gen 2,9; 3,22 [vgl. Ez 47,1–12]; vgl. Apk 2,7: der Baum hat »im Paradies Gottes« seinen Platz). Die Paradieseszüge von Apk 21f (s. bes. 21,6; 22,1f) verweisen offenkundig auf ein wiedergewonnenes Eden (s. 21,4 [Jes 25,8]; vgl. 7,17), und »Unreines« ist nun ausgeschlossen (s. nur 21,27). Zur skizzierten Traditionsgeschichte fügt sich dabei gut, dass Jerusalem zugleich so etwas wie eine Tempel-Stadt ist. In 21,22 trägt ja (wie danach sowohl in V. 23 als auch in V. 25f) die Position (V. 22b) das Gewicht, nämlich: »der Herr, der Gott, der Allherrscher, ist ihr [der Stadt] Tempel und das ›Lamm‹«. Die Stadt verfügt also über einen – gerade auch durch Christus (s. nur 5,6–12) charakterisierten – Tempel. Dieser ist jedoch nach V. 22a innerhalb von ihr architektonisch nicht auszumachen. Die Vermutung, diese Stadt sei (also) mit dem Tempel gleichgesetzt, wird vor allem durch zwei Züge gestützt: Zum einen wird das Gebiet als (riesiger) Kubus vermessen (V. 16; vgl. 1Kön 6,19; Ez 41,4 [das »Allerheiligste«]); zum anderen werden in Apk 21,1–5a »Stadt« (V. 1–2) und »Zelt(heiligtum)« (V. 3–5a) chiastisch aufeinander bezogen.[8] Das Bild von der (Tempel-)Stadt wird hier überdies, im Anschluss u.a. an die alttestamentliche Wendung von Jerusalem als der »Tochter Zion« (s. z.B. Jes 52,2), personalisiert: Das »neue Jerusalem« ist zugleich als »Braut« aufgefasst, die für ihren Mann, Christus, geschmückt ist (Apk 21,2; vgl. 19,7f).[9]

In 2Kor 11,2 formuliert Paulus, dass er die Adressaten – die Gemeinde – mit »einem Mann«, mit »Christus« verbunden habe, und zwar in der Absicht, ihm eine »eine Jungfrau« zuzuführen.

---

[8] So zu Recht C. Deutsch, Transformation of Symbols: The New Jerusalem in Rv 212–225, ZNW 78 (1987) 106–126: 110.113–115 (vgl. M. Bachmann, Ausmessung von Tempel und Stadt. Apk 11,1f und 21,15ff auf dem Hintergrund des Buches Ezechiel, in: D. Sänger [Hg.], Das Ezechielbuch in der Johannesoffenbarung [BThSt 76], Neukirchen-Vluyn 2006, 61–83: 80–82). Im Übrigen: »Herrlichkeit« und weltweite Bedeutung der Stadt (s. 21,11.23–26; 22,2) passen zur Adam-Tradition (vgl. Jes 60,11; Ez 10,8–14.16f; 11,16; Eph 2,9f, ferner Ez 8,4; 10,4).

[9] Vgl. M. Bachmann, Die andere Frau. Synchrone und diachrone Beobachtungen zu Gal 4.21–5.1, in: ders., Antijudaismus im Galaterbrief? Exegetische Studien zu einem polemischen Schreiben und zur Theologie des Apostels Paulus (NTOA 40), Freiburg (Schweiz)/Göttingen 1999, 127–158: 152–157. Hingewiesen sei hier noch auf Gal 4,26–31 (vgl. Jes 50,1; ParJer 5,34; ApkMos 42,5 [v.l.]), ferner auch auf Hebr 12,22–29.

Die Motivik wird hier insofern nicht eigentlich mit Adam verknüpft, sondern mit Eva: Paulus versucht in V. 3f die Korinther mit dem Hinweis auf die Verführung Evas durch die Schlange (vgl. bes. Gen 3,4f) vor dem Einfluss von Menschen zu bewahren, denen er eine Verfälschung des »Evangeliums« vorwirft. In diesem Zusammenhang (und partiell auch in dem sich auf Gen 2,24 beziehenden deuteropaulinischen Passus Eph 5,25–33) werden die Männer aus argumentativen Gründen sozusagen unter das Symbol Eva subsumiert, so dass es hier also schwerlich zu einer Abstufung zwischen den Geschlechtern kommt. Eine solche ist jedoch in 1Kor 11,2–16 (vgl. 1Kor 14,33b–35; Eph 5,25.33) nicht zu übersehen, wo Paulus, dem es hier um die Unterstützung der Regel eines von Frauen in der Gemeindeversammlung zu tragenden »Schleiers« geht, nicht zuletzt aufgrund von Aussagen aus Gen 1–3 (1,27; 2,22f; 3,16; vgl. 6,2–4) eine gewisse, eine »natürliche« Rangordnung vertritt (Gott, Christus, Mann, Frau), ohne jedoch die gegenseitige Angewiesenheit von Mann und Frau aufeinander zu leugnen (s. bes. 1Kor 11,11f). In 1Tim 2,11–15, also in einem heute in aller Regel als nachpaulinisch gewerteten Schreiben, wird dann indes eine – freilich nicht etwa Verwerfung bedeutende (s. V. 15) – Niedrigerstellung der Frau recht unmissverständlich zum Ausdruck gebracht (vgl. nochmals bes. Sir 25,24). Dass eine weibliche Person in der christlichen Gemeinde nicht lehren darf (s. 1Tim 2,11f), wird ja folgendermaßen begründet: »Adam wurde zuerst geschaffen, danach Eva (vgl. Gen 2,7; anders Gen 1,27!), und Adam wurde nicht verführt, die Frau aber gelangte als Verführte zur Übertretung« (1Tim 2,13f).[10]

Dass die Schöpfung sich, abgesehen vom Jesusgeschehen, nicht als intakt darstellt, wird besonders nachdrücklich in Röm 1,18–32 und 8,19–25 thematisiert, und es kommt dabei in der

---

[10] Ethisch wird die Schöpfungsmotivik auch in 1Kor 6,13–16 (wo Gen 2,24 [»ein Leib«] gegen das Sich-Einlassen mit einer Prostituierten geltend gemacht wird) und in den (deuteropaulinischen) Formulierungen von Eph 4,30–32 und Kol 3,1–4,1 (beim Übergang vom »alten Menschen« hin zum »neuen Menschen«) verwandt (vgl. Röm 8,19–25; Gal 5,2–26). Außerhalb des Corpus Paulinum sind 1Joh 3 (bessere Ethik und »Reinheit«, und zwar nicht zuletzt wegen der Gott-»Ähnlichkeit« bzw. »Gleichheit« [V. 2; vgl. Gen 1,26f; 3,5!]) und Jak 3 (vorsichtiger Gebrauch der »Zunge«, sofern die [Mit-]Menschen »nach dem Bilde Gottes geschaffen« sind [V. 9]) zu berücksichtigen.

letztgenannten Passage offenkundig auch die nicht-menschliche Natur in den Blick (s. 8,19–23; vgl. Gen 3,13–24). Menschliche Sünde ist für Paulus (und nicht nur für ihn [vgl. Jak 1,13–15]) bei dieser Koruptheit der Welt indes fraglos das Hauptproblem. Sehr wahrscheinlich spielt er bei seinem Sprechen über diese spezielle menschliche Misere, das in Röm 7,7–25 (im überpersönlichen »Ich«-Stil) erfolgt, auf Gen (1–)3 an.[11] Darauf weist vor allem das (bemerkenswerterweise gerade auch in 2Kor 11,3 verwandte) Verb »verführen« von Röm 7,11 hin (vgl. Gen 3,13), und bei dem zur Übertretung reizenden »Gebot« dürfte dann zumindest primär an Gen 2,16f gedacht sein (vgl. auch Ex 20,17; 4Makk 2,4–6).

Im Kontext wird mit dem Jesusgeschehen die Überwindung des mit diesem »Gebot« und dann mit dem (mosaischen) »Gesetz« (s. etwa Röm 8,3) verknüpften Sünde(n)verhängnisses zur Sprache gebracht: »Gott sandte seinen Sohn in Gestalt des Fleisches der Sünde«, und zwar »um der Sünde willen« (Röm 8,3; vgl. Gal 4,4–6; Phil 2,5–11; Kol 1,15–23; 2,9–15). Dabei erinnert das Moment der »Herrlichkeit« (Röm 8,18.21; vgl. V. 30) an die (o. unter Punkt 3) skizzierte Adam-Motivik. Zu ihr passt auch die Vorstellung von Christus als dem »Erstgeborenen vieler Brüder« (Röm 8,29 [u.ö.]). Während dabei in Röm 8,29 von so etwas wie der »Gleichgestaltung mit dem Bild des Sohnes« Gottes gesprochen werden kann (vgl. 1Kor 12,12–31; 2Kor 3,18), heißt es in 2Kor 4,4 (»das Evangelium von der Herrlichkeit Christi«): dieser ist »Ebenbild Gottes« (vgl. Gen 1,26f; 3,5).

Zweimal kommt es bei Paulus zu einer expliziten Verknüpfung des Jesusgeschehens mit Adam.[12] In Röm 5,12–21 wird dem »einen Menschen« (s. nur V. 12), »Adam«, sozusagen typo-

---

[11] Vgl. dazu: H. Lichtenberger, Das Ich Adams und das Ich der Menschheit. Studien zum Menschenbild in Römer 7 (WUNT 164), Tübingen 2004; St. Krauter, Eva in Röm 7, ZNW 99 (2008) 1–17; J. Dochhorn, Röm 7,7 und das zehnte Gebot. Ein Beitrag zur Schriftauslegung und zur jüdischen Vorgeschichte des Paulus, ZNW 100 (2009) 59–77.

[12] Vgl. dazu: E. Brandenburger, Adam und Christus. Exegetisch-religionsgeschichtliche Untersuchung zu Römer 5,12–21 (1. Kor. 15) (WMANT 7), Neukirchen-Vluyn 1962; R. Scroggs, The Last Adam. A Study in Pauline Anthropology, Philadelphia 1966; G. Sellin, Der Streit um die Auferstehung der Toten. Eine religionsgeschichtliche und exegetische Untersuchung von 1 Korinther 15 (FRLANT 138), Göttingen 1986.

logisch, ein »Kommendes« oder ein »Kommender« gegenübergestellt (V. 14). Das letztere Verständnis legt sich insofern nahe, als sogleich der »Eine«, Adam, zu dem »einen Menschen Jesus Christus« in Beziehung gesetzt wird (s. nur V. 15). Zunächst wird dabei in V. 12–14 das späteres Sündigen inaugurierende Fehlverhalten Adams als nicht weniger als den Tod bedingend charakterisiert, und zwar für alle Menschen – die indes gleichwohl durchweg eigenständig sündigen, und das zunächst noch ohne die (solches Verhalten verschärfende) mosaische Tora. In V. 15–21 wird dann in iterierender Darstellung das ebenfalls eine Korporation (»die Vielen« [V. 15.19]) betreffende »Charisma« (V. 15f), die »Gnade (Gottes)« (V. 15.17.20.21), das »Geschenk« (V. 15.17) des Jesusgeschehens als das Sünde(n)- und Todesverhängnis positiv überbietend charakterisiert. Jetzt, so Paulus, ist »wegen des einen [Menschen] Gerechtigkeit« (V. 18) – also aufgrund des Jesusgeschehens – »Gerechtigkeit« (s. nur V. 16), »Rechtfertigung« (V. 18) und »(ewiges) Leben« (s. nur V. 21) möglich und in der (nach V. 20) durch das Mose-Gesetz zugespitzten Situation wirklich.

Dass »ein Mensch«, »Adam«, auslösend an der Spitze des Todesverhängnisses steht und auch »ein Mensch« das Leben von »Vielen« ermöglicht, bestimmt auch den anderen Passus, d.h. 1Kor 15. Freilich wird hier auf Jesu Auferstehung (s. V. 1–20) angespielt, wenn es nun heißt: »so auch durch einen Menschen Auferstehung Toter« (V. 21b; vgl. V. 22). Ab V. 35 wird dann die Frage nach dem Wie des Auferstehens gestellt. Paulus will auf eine Andersartigkeit der Auferstehungsleiblichkeit hinaus (s. bes. V. 39–44), und die schließlich erreichte Formulierung, »Es wird gesät ein ›psychischer‹ Leib, und es wird auferweckt ein ›pneumatischer‹ Leib« (V. 44a), wird nun gerade auch von der jahwistischen Aussage Gen 2,7 (LXX: *pnoē zōēs*) her begründet. Dabei wird der »erste Mensch, Adam«, als »psychisches Lebewesen« charakterisiert, und ihm wird »der letzte (gr. *éschatos*) Adam« – gemeint ist Christus – als »lebensschaffendes Pneuma« gegenübergestellt (V. 45). Die Entgegensetzung wird dann noch weitergeführt zu: »Der erste Mensch (ist) aus Erde, irdisch, der zweite Mensch [Christus] (ist) aus dem Himmel« (V. 47). Deshalb kann es abschließend (in V. 49) heißen: »Wie wir getragen haben das Bild des irdischen, so werden wir auch das Bild des himmlischen [Menschen] tragen« (V. 49; vgl. Gen 1,26f). Wenn zuvor in V. 46 die Negation begegnet, dass »nicht zuerst das Pneumatische, sondern das Psychische, (erst) danach das Pneumatische« sei, so dürfte hier eine Auffassung zurückgewiesen werden, wie sie uns bei Philo (s. bes. All 1,31f) begegnet ist.

5. Zusammenfassung:
Der Anfang, die Erfahrung, das Ende

Erfahrungen gerade auch nicht-gelingenden Lebens, Erfahrungen von Konflikten, von Leid und Tod wurden in alttestamentlicher Zeit bedacht und verschiedentlich, wie in andern Kulturen auch, dadurch bearbeitet, dass sie mit einem Anfangsgeschehen verbunden wurden. Dabei versicherte man sich einerseits der guten Grundlagen, die mit der Schöpfung der Welt durch Gott gegeben sind; andererseits wurde Schmerzliches ebenfalls ätiologisch zur Sprache gebracht. Beides bestimmt Gen 1–3 und die dort begegnenden Motive vom ersten Menschen, von Adam und Eva, vom Fehlverhalten und vom verlorengegangenen Paradies. Das Frühjudentum hat diese Traditionen aufgegriffen. Dreierlei fällt dabei indes ins Auge: Erstens werden Adam und seine »Herrlichkeit« akzentuiert, obwohl mit dieser Figur sehr wohl auch das Menschheitsverhängnis verknüpft werden kann; freilich wird dabei doch oft Eva als die (mit ihrer Sinnlichkeit) Verführende begriffen. Zweitens bilden sich Vorstellungen von widergöttlichen Kräften und Gestalten heraus. Drittens kommt es zu eschatologischen Erwartungen (»neue Schöpfung«, endzeitlicher Tempel usw.), und bei Philo wird zwischen einem »himmlischen« und einem »irdischen« Menschen unterschieden. Das Neue Testament knüpft an so etwas an: u.a. bei seiner ambivalenten Redeweise von Eva und der Frau, bei vom »Teufel« und seinen Versuchungen sprechenden Passagen und bei der Redeweise von der angesichts von Sünde und Tod nötig scheinenden »neuen Schöpfung« (s. 2Kor 5,17; Gal 6,16). Aber das Jesusgeschehen als endzeitliches Heilsereignis führt auch zu einer deutlichen Modifikation: Das Gegenüber von Adam und einem endzeitlichen Retter ist erst im Frühchristentum möglich geworden. Jesus Christus wird so eben im eschatologischen Sinne begriffen, überdies jedoch auch in soteriologischer und korporativer Hinsicht interpretiert: In der Gemeinschaft der Christus-Gläubigen hofft man dem allgemeinen, dem biblisch mit Adam verknüpften Verhängnis von Sünde und Tod zu entkommen.

Thomas Naumann

Die Geschichte von »Kain, der seinen Bruder erschlug«

1. Gen 4,1–16 in seinem literarischen Kontext

Die Episode in Gen 4,1–16[1] gehört zur »jahwistischen« bzw. »nichtpriesterschriftlichen« Urgeschichte und ist außerordentlich eng mit der »Sündenfallerzählung« (Gen 3) verbunden, wie viele Parallelen im Aufbau und in den Motiven zeigen. Wird in Gen 3 erzählt, wie sich die Menschen über das Gebot des Schöpfergottes hinwegsetzen und deshalb die Folgen ihres Tuns zu tragen haben, ohne aber dass Gott sich von ihnen abwendet, so wird in Gen 4 erzählt, wie sich ein Bruder von seinem Bruder abwendet, ihn tötet, die Folgen seiner Tat zu tragen hat, ohne aber dass Gott sich von ihm abwendet. Die wichtigsten Parallelen sind:
— die Verfehlung Adams und Evas sowie Kains mit ihrer Unfähigkeit, ihr Verlangen zu beherrschen (3,1–7; 4,2–8);
— Gottes Befragung: »Adam, wo bist Du?« (3,9) und »Wozu hast du das getan?« (3,13) sowie »Wo ist dein Bruder?« (4,9) und »Was hast du getan?« (4,10), samt der Ausflüchte der Protagonisten (3,9–13; 4,9–10);
— die göttlichen Tatfolgebestimmungen (3,14–19; 4,9–12) mit dem Fluch über die Ackererde (3,17), dem Fluch, »hinweg von der Ackererde« (4,14) und der Vertreibung (3,24; 4,14);

---

[1] Die Literatur zu Gen 4,1–16 ist über die bekannten Kommentare von C. Westermann, Genesis 1–11 (BK.AT I/1), Neukirchen-Vluyn 1974; H. Seebass, Genesis I, Neukirchen-Vluyn 1996; J.A. Soggin, Das Buch Genesis, Darmstadt 1997, leicht zu erschließen. Darüber hinaus vgl. E. Noort, Gen 4:1–16. From Paradise to Reality. The Myth of Brotherhood, in: G. P. Luttikhuizen (Hg.), Eve's Children. The Biblical Stories Retold and Interpreted in Jewish and Christian Traditions, Leiden 2003, 93–106; B. Janowski, Jenseits von Eden. Gen 4,1–16 und die nichtpriesterliche Urgeschichte, in: ders., Der Gott des Lebens. Beiträge zur Theologie des AT 3, Neukirchen-Vluyn 2003, 134–156.

– Gottes Ahndung der Übertretung und gleichzeitige Fürsorge für die Übertreter (3,21; 4,15);
– der Abschluss beider Episoden mit »östlich von Eden« (3,24; 4,16).

Aus diesen Beobachtungen lässt sich nur der Schluss ziehen, dass beide Episoden aufs engste zusammen gehören und sich gegenseitig ergänzen und auslegen. Beide zeigen sie Grundaspekte menschlicher Verschuldung und Sünde. Während Gen 3 eher vertikal auf das Verhältnis der Menschen zu Gott zielt, macht Gen 4 in Konsequenz des beschädigten Gottesverhältnisses menschliche Verfehlung in sozialer Hinsicht sichtbar. Erst hier begegnet der biblische Begriff für Sünde (4,7). Im Fortgang der Urgeschichte werden Kains Brudermord und die unmäßige Rache des Kainnachkommen Lamech (4,24) die entscheidenden Indizien für den universalen menschlichen Frevel sein, der zur Vernichtung der Welt in der Sintflut führt. Es geht bei Kains Brudermord demnach nicht um die individuelle Verschuldung eines einzelnen, womöglich besonders bösen Menschen, sondern um ein grundlegendes Gefahrenpotenzial aller Menschen.

Warum sahen die Erzähler gerade im Brudermord die soziale Urschuld der Menschen? Hinter dieser Motivwahl steht die Erfahrung agrarischer und auf Verwandtschaft basierender Gesellschaften, in denen der Staat noch nicht das alleinige Gewaltmonopol hatte. Daher ist die Solidarität unter Brüdern die entscheidende Grundlage und Garantie für ein geregeltes Zusammenleben – der Kitt, der die Gesellschaft zusammenhält.[2] Gerade im Zusammenleben in der Familie und Sippe führen Differenzen, die sich aus unterschiedlichen Tätigkeiten, Erfolgen, Interessen oder Funktionen für die Familie ergeben, wie etwa im Erbrecht, schnell zu Neid, Rivalität und Konflikten, die gebändigt werden müssen, wenn das soziale Leben gelingen soll. Das Solidarethos unter Brüdern, das rechtlich gefordert und geschützt wird, ist ein hohes Gut. Und es wird als Katastrophe erlebt, wenn sich ein Bruder gegen den anderen erhebt. Der Begriff des Bruders kann dabei über die konkrete Verwandtschaftsbeziehung hinaus andere enge Solidarbeziehungen meinen. Wenn etwa ganz Israel als Volk von Brüdern bezeichnet wird (Dtn 15), Jesus seine Zuhörer

---

[2] Zu diesen Aspekten vgl. besonders Noort, Paradise (s. Anm. 1), 93–106.

und Schüler als »Brüder« anspricht (Mk 3,33; Mt 25,40 u.ö.) oder sich die frühen Christen »Brüder« nannten, dann wird die entsprechende Gruppe nach Analogie einer zum solidarischen Ethos verpflichteten Familie aufgefasst. Die Bruderbeziehung steht für größtmögliche Nähe und Verantwortung füreinander. Andererseits werden in dieser Nahbeziehung schon die kleinen Differenzen als besonders bitter erlebt. Die Psychologie spricht vom »Narzissmus der kleinen Differenz«. Genau dies wird in der Geschichte von Kains Brudermord sichtbar: Kain erfährt Zurücksetzung durch Gott, wird wütend (nicht auf Gott, sondern) auf den bevorzugten Bruder. Trotz Gottes Zureden (V. 6–7) lässt sich der wütende Kain nicht dazu bringen seinen aus Neid und verletzter Würde geborenen Zorn zu bändigen und tötet schließlich den Bruder. Kain ist der erste »jenseits von Eden« geborene Mensch und damit das Urbild jedes Menschen, und als solcher wird er zum Brudermörder und macht eine Grundgefährdung einer auf dem brüderlichen Solidarethos gegründeten Gesellschaft sichtbar.

Daraus ergibt sich, dass diese Erzählung in ihrem biblischen Textzusammenhang nur in diesem Sinn »urgeschichtlich« verstanden werden will. Kain ist das Urbild des sich an seinem Bruder verfehlenden Menschen.[3] Dies wird auch durch die Erzählperspektive der Geschichte deutlich. Es geht nicht um die Geschichte zweier Brüder, wie die gängigen Überschriften »Kain und Abel« nahelegen, sondern es geht um »Kain, der seinen Bruder erschlug«. Auf ihm ruht von Anfang bis Ende der Fokus des Erzählers. Abel hat kein eigenständiges Profil. Schon sein Name (hebr. *chäwäl* – »Windhauch«, »Flüchtigkeit«) ist symbolisch und zeigt genau die Funktion, die Abel als Bruder »flüchtig« in der Erzählung einnimmt. Wir erfahren von ihm nur, dass er als jüngerer Bruder Kains geboren wurde, beim Opfern bevorzugt, von Kain beneidet und dann erschlagen wurde. Abel selbst sagt kein einziges Wort. Nicht einmal die Frage, die keinen antiken Erzähler in Ruhe lassen dürfte, ob er begraben und betrauert wurde, ist unserem Erzähler wichtig. Siebenmal taucht in

---

[3] Das gilt auch, wenn die Urgeschichte es vermeidet, die gesamte Menschheit genealogisch auf Kain zurück zu führen, sondern von Seth als einem weiteren Sohn Adams und Menschheitsvater weiß (5,4).

der Erzählung das Wort »Bruder« als ein die Leserwahrnehmung steuerndes Signalwort auf. Immer ist es Abel, auf den damit verwiesen wird. Stets ist Kain der Bezugspunkt dieser Bruderrelation.

Neben der »urgeschichtlichen« Interpretation ist die »stammesgeschichtliche« noch kurz zu streifen, die im 20. Jh. verbreitet war. Diese fragte allerdings nicht nach der Bedeutung von Gen 4 im jetzigen Zusammenhang der biblischen Urgeschichte, sondern nach der Herkunft des Stoffes, den der Erzähler genutzt hat. Dass der Kain-Stoff ein Vorleben außerhalb der Urgeschichte hatte, ist leicht daran zu erkennen, dass nach V. 15 Kain die Sorge hat, dass jeder, der ihn trifft, ihn töten kann, während es doch nach dem Textzusammenhang gar keine weiteren Menschen gibt. Überdies ist der Name Kain an anderen biblischen Stellen mit dem südpalästinischen Sippenverband der Keniter verbunden, und viele Gelehrte haben im Gefolge von Julius Wellhausen vermutet, in Gen 4 liege eine Stammessage der Keniter zugrunde, die deren nomadische Lebensweise erklären will. So wurde das geheimnisvolle Kainszeichen gern als tätowiertes Stammeszeichen der Keniter verstanden. Auch wenn unbestritten ist, dass der Stoff eine Vorgeschichte hat, und sich der Name Kains lexikalisch mit den biblischen Kenitern verbinden lässt,[4] so ist die »stammesgeschichtliche« Deutung mit Recht doch weitgehend verschwunden, denn die konkret erzählten Züge von Gen 4,1–16 unterstützen diese Deutung nicht: Selbst Kains »unstete und flüchtige Existenz« hat nichts mit nomadischer Lebensweise zu tun. Sie kennzeichnet den von der Ackererde und aus seinen Lebensbezügen vertriebenen Bauern, der nun ein heimat- und rechtloser »Outlaw« ist. Andererseits sind, wie wir sahen, die einzelnen Erzählzüge von Gen 4 so eng mit der Paradieserzählung in Gen 3 abgestimmt, dass man sagen muss: hier spricht der Erzähler der »nichtpriesterschriftlichen« Urgeschichte selbst und nicht ein Redaktor, der eine Stammessage für seine besonderen Anliegen redaktionell bearbeitet hat. Welche Stoffe der Erzähler im Einzelnen aufgenommen hat und wie prinzipiell denkbare Verbindungslinien zu Kenitertraditionen verliefen, ist

---

[4] Vgl. Ri 1,17; 4,11–17; 5,25 und das Wortspiel in Num 24,21.

nicht mehr aufzuhellen[5] und für die Wahrnehmung der jetzigen Textgestalt auch wenig wichtig.

Im Einzelnen sind für das Verständnis von Gen 4,1–16 folgende Aspekte von Bedeutung:

a) Gemäß der ackerbäuerlichen Perspektive der Urgeschichte wird Kain wie Adam als Bearbeiter des Ackerbodens (hebr. *adamah*) vorgestellt. Abel ist Kleinviehhirte, nicht Nomade. Beide Berufe stehen für die Grundpfeiler der altorientalischen bäuerlichen Wirtschaft, die auch in Israel in familiärer Arbeitsteilung organisiert wurden.

b) Jeder bringt von den Erträgen seiner Arbeit eine Huldigungsgabe in Dankbarkeit gegenüber JHWH als dem Geber des Erntesegens dar. Doch die Folgen fallen ganz unterschiedlich aus. Gott sieht Abel und sein Opfer an, nicht aber Kain und seine Gabe. Das Rätsel dieser Bevorzugung Abels wird in der Erzählung nicht gelüftet. Der Erzähler gibt keinen Hinweis darauf, ob die Bevorzugung etwa in der Art des Opfers, in der Opfergabe, in der Haltung des Opfernden oder im Charakter der Brüder seine Ursache hat. Diese Unbestimmtheit zeigt: zwei Brüder tun nebeneinander unter vergleichbaren Voraussetzungen das Gleiche und erfahren nicht das Gleiche. Abel hat Kain nichts erkennbar voraus. Unklar bleibt auch, wodurch Kain die Ablehnung seiner Gabe erfährt. Claus Westermann hat vorgeschlagen, die Rede von Gottes Ablehnen des Opfers als Ausdrucksfigur für das letztlich unerklärliche Ausbleiben des Erntesegens und des Arbeitserfolgs bei gleicher Arbeitsleistung zu verstehen. Erst hier – und nicht in einem moralischen oder rituellen Defizit Kains – liegt die Wurzel von Kains Zorn, der körpersprachlich durch die Korrespondenz der Blicke eindrucksvoll dargestellt wird: Weil Gott ihn und sein Opfer nicht *angesehen* hat, ergrimmt Kain und lässt sein *Angesicht* fallen (V. 5).

---

[5] Zur Kritik der stammesgeschichtlichen Deutung vgl. C. Westermann, Gen 1–11, Erträge der Forschung, Darmstadt 1975. Näher als die Keniterüberlieferungen liegen für Gen 4,1–16 die in der antiken mediterranen Welt häufig anzutreffenden Brudermordmythen. Vgl. die Übersicht bei Westermann, Genesis 1–11 (s. Anm. 1), 428ff und für den griechisch-römischen Raum jetzt J.N. Bremmer, Brothers and Fratricide in the Ancient Mediterranean Israel, Greece and Rome, in: Luttikhuizen (Hg.), Eve's Children (s. Anm. 1), 77–92.

c) Gott wendet sich aber nicht ab, sondern dem in seinen Grimm verstrickten Kain zu und fordert ihn auf, den Zorn und eine daraus resultierende Gewalttat nicht über sich siegen zu lassen, sein Angesicht wieder zu erheben und das Gute zu wählen (V. 6–7). Der hebräische Text besonders in V. 7 ist stellenweise unübersetzbar. Nach der schon bei den Rabbinen belegten traditionellen Lesart würde Gott Kain auffordern nicht zuzulassen, dass die Sünde, die wie ein Dämon vor der Tür liegt, über ihn Gewalt gewinnt. Andererseits ist ein Textverständnis denkbar, bei dem es in V. 7 nicht um das Verhältnis von Kain zur bedrohlichen Sünde geht, sondern zu seinem Bruder. Dann würde Kain von Gott aufgefordert, sich um den jüngeren Bruder zu bemühen, der Verlangen nach ihm hat und ihm Anlass bietet, eine große Verfehlung zu begehen, die Kain unbedingt vermeiden soll.[6] Entscheidend ist, dass Kain von Gott aufgefordert wird, nicht in seiner finsteren Wut zu verharren, sondern in seinem Konflikt das Gute zu wählen, d.h. ihn »brüderlich« zu lösen. Zum ersten Mal nach dem Übergriff des Menschenpaares im Paradiesgarten stehen hier die Erkenntnis und die Wahl von Gut und Böse auf dem Spiel. Der Text setzt voraus, dass Kain kein notorischer Frevler ist, sondern wählen kann. Aber es gelingt ihm nicht, seinen Zorn zu bezähmen. Und so wird der Brudermord »die grausige Konkretion« der vom erstgeborenen »Menschen ergriffenen Möglichkeiten, zwischen Gut und Böse wählen zu können«.[7]

d) Kain tötet den Bruder »auf dem Feld«. Alle näheren Umstände der Tat werden verschwiegen. Allerdings spricht Kain vorher mit Abel, ohne dass der hebräische Text etwas über den Inhalt mitteilt. »Lass uns aufs Feld gehen ...« fehlt im hebräischen Text, findet sich aber im samaritanischen Pentateuch und in der Septuaginta und wird daher meistens ersetzt. Allerdings

---

[6] Die Diskussion der Textschwierigkeiten von V. 7 bieten die Kommentare von Westermann, Genesis 1–11 (s. Anm. 1) und Seebass, Genesis I (s. Anm. 1), die beide die traditionelle Lesart vom Sündendämon bevorzugen, die sich auch in allen gegenwärtig gebräuchlichen Bibelübersetzungen findet. Die Alternative hat jüngst Janowski, Jenseits von Eden (s. Anm. 1) nach Anregung von Benno Jacob neu zu begründen versucht, dem auch E. Zenger (Hg.), Stuttgarter Altes Testament. Einheitsübersetzung mit Kommentar und Lexikon, Stuttgart 2004, z.St. folgt.

[7] Janowski, Jenseits von Eden (s. Anm. 1), 153.

wird dadurch Kains Totschlag als vorsätzlicher Mord interpretiert, was der hebräische Text offen lässt.

e) Den Erzähler interessiert weniger die Tat als der ausführliche Dialog zwischen Gott und dem Täter in V. 9–15 (Befragung, Urteil, Kains Einspruch, Gottes Antwort). Sicher, keine menschlichen Zeugen zu haben, leugnet Kain die Tat vor Gott, indem er die Notwendigkeit brüderlicher Verantwortung trotzig abweist: »Bin ich der Hüter meines Bruders?« Doch es gibt einen Zeugen. Abels vergossenes Blut schreit zu Gott und verpflichtet ihn zur Rechtshilfe (Dtn 22,24.27). Nach altisraelitischer Vorstellung schreit unschuldig vergossenes Blut solange, bis Gerechtigkeit durch Blutrache wiederhergestellt (Gen 9,6) ist, oder – wenn der Täter nicht ermittelt werden kann – bis die Verunreinigung durch aufwändige Sühneritualeeliminiert und mit Erde zugedeckt wurde.[8] Denn unschuldig vergossenes Blut vergiftet und kontaminiert die Gemeinschaft und ihre wirtschaftlichen Ressourcen. Durch das Blut Abels ist die Ackererde verunreinigt und verweigert künftig dem Bauern Kain ihren Ertrag. Insofern verwirklicht die Ackererde den Zusammenhang von Tun und Ergehen. Kain kann und darf nicht mehr auf ihr leben.

f) In seinem Einspruch an Gott (V.13f), der als Klage aufgefasst werden kann, formuliert Kain weder ein Schuldbekenntnis noch ein Gnadengesuch. Er akzeptiert die verhängte Folge seiner Tat. Die auf ihm liegende Last erkennt er an, auch wenn er sie nicht tragen kann. Gott geht auf Kains Klage ein und schmettert sie nicht als unverschämte Bitte eines rechtmäßig Verurteilten ab. Damit erkennt er die Würde an, die selbst dem Brudermörder noch zukommt. Kain ist auch als Mörder kein von Gott verlassener Mensch.[9] Der Fluch bleibt bestehen, aber sein Leben soll gesichert werden. Dafür steht das berühmte nicht näher bestimmte Zeichen. Das Kainszeichen ist nicht das Schandzeichen, das

---

[8] Zur Stimme des Blutes vgl. Hiob 16,19 sowie Gen 37,26; Jes 26,21; Ez 24,7–8; zur Sühnung bei Mord durch unbekannte Täter vgl. Dtn 21,1–9 sowie Lev 17.

[9] Hierin liegt begründet, dass Kain gern als das erste Beispiel (biblische Urbild) für die Rechtfertigung des Sünders betrachtet wird, so etwa bei E. Jüngel, Das Evangelium von der Rechtfertigung des Gottlosen als Zentrum des christlichen Glaubens, Tübingen 1998, 8. Doch vgl. F. Golka, Keine Gnade für Kain, in: R. Albertz u.a. (Hg.), Werden und Wirken des Alten Testaments. FS C. Westermann, Göttingen 1980, 58–73.

den Mörder brandmarkt, sondern ein Schutzzeichen Gottes, das Kains Leben schützen soll.

2. Gen 4,1–16 in der frühjüdischen Literatur

Frühjüdische und rabbinische Texte zeigen eine große Vielfalt von Ausdeutungen der »Kain und Abel-Erzählung«.[10] Und nicht immer lässt sich das Bedürfnis erkennen, die Interpretation auch mit der konkreten Textgestalt von Gen 4 zu verknüpfen. Zumal muss beachtet werden, dass sowohl in der hebräischen als auch in der griechischen Texttradition differente Texte zur Verfügung standen, und dass wohl schon zur Zeit der Kanonisierung der Tora im 4. Jh. v.Chr. mündliche Variationen die Textüberlieferung begleitet haben dürften, die sich zum Teil später in frühjüdischen oder haggadischen Texten wiederfinden.

Bei aller Vielfalt lassen sich zwei grundlegende Interessen erkennen. Zum einen werden die Lücken und Leerstellen, die der Bibeltext lässt, um viele Details und sagenhafte Ausschmückungen ergänzt und bereichert. Man beschäftigt sich mit der Kindheit und Jugend der beiden Brüder, mit ihren Schwestern und Frauen, mit den Ursachen des Bruderkonfliktes, mit den Umständen und der Beschaffenheit des Opfers, mit dem Charakter Abels und Kains, mit dem Mordwerkzeug und dem konkreten Tathergang, mit Abels Begräbnis und Kains Strafe, seinen Kindern und den Umständen seines Todes. Zum anderen werden Kain und Abel in das im Frühjudentum beliebte Kontrastschema

---

[10] Die noch immer detaillierteste Übersicht hat der Wiener Rabbiner V. Aptowitzer, Kain und Abel in der Agada, den apokryphen, der hellenistischen, christlichen und muhammedanischen Literatur, Wien 1922, vorgelegt. Vgl. ferner von H.M. von Erffa, Ikonologie der Genesis. Bd. 1, München 1989, 346–394; K.G. Kuhn, Art. Ἄβελ – Κάιν, ThWNT I, 6f; W. Uebele, Kain und Abel, Henoch und Noach, in: M. Öhler (Hg.), Alttestamentliche Gestalten im Neuen Testament. Beiträge zur Biblischen Theologie, Darmstadt 1999, 40–53. Zu den talmudischen Hinweisen vgl. D. Rottzoll, Rabbinischer Kommentar zum Buch Genesis, Berlin 1994. Zu den aramäischen Targumtraditionen und ihren frühjüdischen und rabbinischen Parallelen vgl. die vorzüglich kommentierte Reihe »The Aramaic Bible, Edinburgh« sowie in deutscher Übersetzung P. Naumann (Hg.), Targum. Brücke zwischen den Testamenten. Targum-Synopse ausgewählter Texte aus den palästinischen Pentateuch-Targumen, Konstanz 1991, 83–101 (zu Gen 4).

vom Frevler und Gerechten eingefügt. Die Gestalt Kains zeigt nicht mehr die Gefährdung jedes Menschen, sondern wird nur noch als Urbild der Frevler verstanden, von denen sich die frommen Gerechten entschieden distanzierten. Die grundsätzliche Schlechtigkeit Kains und seiner Nachkommen ist in allen frühjüdischen Interpretationen über jeden Zweifel erhaben: So kommt im Brudermord nicht die Affektreaktion eines durch Gott grundlos Benachteiligten zu Ausdruck, der seinen Zorn nicht unter Kontrolle halten kann und zuschlägt, sondern Kains finsteres Wesen selbst. In dieser Sichtweise gelingt zugleich eine Rechtfertigung Gottes, der Kain eben gerade nicht grundlos benachteiligt, sondern zu Recht missachtet, weil er vorher schon ein Frevler ist. Selbst die Verschonung Kains durch Gott und der siebenfache Schutz vor der Rache der anderen (V.15.24) werden umgedeutet als vorläufiger Strafaufschub an Kain, dem schließlich eine siebenfache Bestrafung folgt.[11]

Was Kains Opfer angeht, so gibt die Septuaginta (3. Jh. v.Chr.), deren Übersetzung auch die neutestamentlichen Schriften folgen, den schwierigen Vers Gen 4,7 mit »Nicht wahr, wenn du richtig darbringst, aber nicht richtig teilst, sündigst du?« wieder. Sie ermöglicht damit, die Ursache für die Ablehnung Kains im Zusammenhang der Opferhandlung Kains zu sehen, die in der LXX allerdings ausdrücklich noch als richtige Darbringung verstanden wird, wie etwa auch in der ältesten frühjüdischen Nacherzählung von Gen 4 im Jubiläenbuch (3. Jh. v.Chr.) kein Hinweis auf ein inkorrektes Opfer Kains begegnet (Jub 4). In jüngeren Quellen hat Kain entweder ein schlechtes und minderwertiges Opfer dargebracht (BerR 22 zu Gen 4,3; Joseph., Ant. 1,54; Philo, Sacr. 52.88; Conf. 124), zum falschen Zeitpunkt (Philo, Sacr. 52) oder am falschen Ort. Oder es war zwar äußerlich korrekt, wurde aber mit der falschen inneren Einstellung vollzogen (Joseph., Ant.

---

[11] Diese Umdeutung findet sich schon in den Quellen aus dem 3. Jh. v.Chr. Das Jubiläenbuch kennt in 4,4 wahrscheinlich bereits den Gedanken des nur vorläufigen Strafaufschubs und die Septuaginta übersetzt Gen 4,24 mit »an Kain soll siebenmal Rache genommen werden« anstelle des hebräischen Textes »Kain soll siebenmal *gerächt* werden«. Vgl. zur Übersetzung der LXX jetzt: Septuaginta – Deutsch, hg. v. W. Kraus/M. Karrer, Stuttgart 2009. Der Gedanke von der siebenfachen Bestrafung Kains wird von Philo und Josephus im 1. Jh. n.Chr. später verstärkt. Vgl. ferner TestBenj 7,3 und Aptowitzer, Kain und Abel (s. Anm. 10), 82ff.

1,61; TPsJ Gen 4,7f; Hebr 11,4). Oft wird beides verbunden und das minderwertige Opfer Kains als Ausdruck seiner frevlerischen Gesinnung verstanden (Josephus, Philo).

Der Vorwurf des nicht richtigen Teilens in Gen 4,7 LXX zielt wohl nicht auf das Opfer Kains, der ja Ackerfrüchte und kein Tieropfer darbrachte, sondern auf eine Legende, wonach sich der Konflikt der Brüder an einem Disput über die Aufteilung des gemeinsamen Besitzes an Boden entzündet, bei dem der gekränkte Kain dem Bruder die Nutzung der Felder verwehrt. Hier liegt der Grund für die Habgier und den Bereicherungswahn, die Kain in vielen Deutungen unterstellt werden und die Josephus geradezu als Markenzeichen Kains aus seinem Namen herausliest, indem er Kain mit dem griechischen *ktesis* (Erwerbung, Besitzergreifung) verbindet. Nach dem Midrasch GenR 22, 7 soll sich der Streit der Brüder darum gedreht haben, den Besitz der Welt unter sich aufzuteilen (auch TPsJ Gen 4,8). Nach anderen Traditionen entstand der Bruderstreit aus Eifersucht wegen der Zwillingsschwester Abels, um die beide warben (BerR 22 zu Gen 4,8; PRE 21, TestAd 3,5).

Die verbreitete Kennzeichnung Kains als Frevler par excellence führt zu einer zunehmenden Idealisierung Abels als einer genauen Gegenfigur Kains. Während Gen 4 keinerlei Aussagen über Abels Frömmigkeit oder seinen Charakter macht, wird aus dem Frevlerbild Kains geschlossen, dass Abel ein Vorbild an Gottesnähe und Gerechtigkeit war. Diese Idealisierung Abels als urzeitlichen Gerechten findet sich in den Quellen des 3. Jh. v.Chr. (LXX, Jub 4) noch nicht, auch nicht in frühen Listen über die Gerechten der Urzeit (Sir 44ff, 2. Jh. v.Chr.; Sap 10,1–11,1, 1. Jh. n.Chr.[12]). Bei den jüdisch-hellenistischen Autoren Josephus und Philo von Alexandrien im 1. Jh. n.Chr. wird die Gerechtigkeit Abels dann sehr stark betont. Nach Josephus[13] pflegte Abel »die Gerechtigkeit, und da er Gott bei all seinem Thun gegenwärtig

---

[12] Die hellenistische Weisheitsschrift »Weisheit Salomos« (Sapientia Salominis) 10,1–11,1 (1. Jh. n.Chr.) betont den Frevler Kain inmitten der Gerechten der Frühzeit (Adam, Noah, Abraham, Jakob), aber sie erwähnt Abel als Gerechten nicht.

[13] Josephus erzählt Gen 4 in seinem Werk »Jüdische Altertümer« (Ant. 1,52–61) nach. Vgl. den vorzüglichen Kommentar von L. H. Feldman, Judean Antiquities 1–4. Translation and Commentary, Leiden 2000, 18–22; ferner J. Erzberger, Gen 4 bei Flavius Josephus, Protokolle zur Bibel 1 (2008) 1–13.

glaubte, lebte er tugendhaft«, während Kain »in hohem Grade gottlos und nur auf Gewinn bedacht« war (Ant. 1,53). Kain ist von tückischem Gemüt, erreicht zwar durch Flehen und geheuchelte Reue, dass ihm die Todesstrafe erlassen wird, lässt sich aber durch seine Verfluchung nicht beeindrucken, sondern steigert seine Bosheit durch Raub, Habgier und Gewalttätigkeit und wird so zum Lehrer aller Schlechtigkeit. In Philos allegorischer Ausdeutung, in der Einzelzüge symbolisch überhöht und ausgedeutet werden, steht dann Abel als der tugendhafte wahre Philosoph, der alles von Gott hat und auf Gott bezieht, dem redegewandten Sophisten Kain gegenüber, dessen Sinn am Sinnlichen haftet und der in seiner gottlosen Selbstgefälligkeit die ganze Welt zu besitzen glaubt.[14] Betrachtet man die neutestamentliche Hochschätzung Abels als Gerechten (Mt 23,35par; Hebr 11,4; 1Joh 3,12), wird man besonders auf die jüdisch-hellenistischen Traditionen verwiesen, aus denen Josephus und Philo schöpften.[15]

Die Aufnahme Abels unter die Gerechten der Vorzeit verdankt sich aber auch noch einer anderen Traditionslinie. Die ausgeprägte Märtyrertheologie und -verehrung, die sich in der jüdischen Apokalyptik und besonders nach den Makkabäerkämpfen (2. Jh. v.Chr.) in hasidäischen Kreisen in Palästina entwickelte und auch zur Zeit Jesu tief in der pharisäischen Frömmigkeit verankert war, sieht im unschuldig erschlagenen Abel den ersten der wegen ihres Glaubens- und Toragehorsams getöteten Märtyrer. In 4Makk 18,1ff (1. Jh. v.Chr.) wird der Vater der sieben berühmten Märtyrer (2Makk 7) dargestellt, wie er seinen Söhnen regelmäßig die biblischen Märtyrergeschichten nahe brachte und jeweils mit der Ermordung Abels begann. Als

---

[14] Philo von Alexandrien hat sich in einer ganzen Reihe seiner Schriften mit Gen 4 auseinander gesetzt. Vgl. dazu H. Najman, Cain and Abel as Character Traits: A Study in the Allegorical Typology of Philo of Alexandria, in: Luttikhuizen (Hg.), Eve's Children (s. Anm. 1), 107–118.

[15] Die übrige frühjüdische Literatur ist hier viel zurückhaltender. In den Listen urzeitlicher Gerechter begegnet Abel erst in späteren Quellen, die zum Teil christlich beeinflusst sein dürften: TestIss 5,4; TestIsaak 3,15; MartJes 9,6; hellenistische Synagogalgebete (OTP II, 684, 688, 693); TPsJ zu Gen 4,8. Die rabbinische Literatur vermeidet es, Abel als Gerechten zu apostrophieren. Im frühen Midrasch Genesis Rabbah (5. Jh. n.Chr.) und im Talmud fehlt darauf jeder Hinweis, und erst in mittelalterlichen Midraschim begegnet Abel vereinzelt als Gerechter der Urzeit (vgl. BemR 20 zu Num 23,1).

erster der Märtyrer ist Abel zugleich Repräsentant für alle späteren. So erhebt im Henochbuch (22,6f) Abels Totengeist stellvertretend für die getöteten Märtyrer den Klageruf nach Vergeltung im endzeitlichen Totengericht.[16] Und im Testament Abrahams (2. Jh. n.Chr.) erhält Abel die Würde, selbst als Richter im Totengericht zu agieren.[17]

3. Gen 4,1–16 im Neuen Testament

Die neutestamentlichen Ausdeutungen sind am ehesten als recht freie Anspielungen auf Bedeutungspotenziale von Gen 4 zu verstehen, wie sie im frühen Judentum überliefert wurden. Neben dem gebräuchlichen Kontrastschema von Gottlosem (Kain) und Gerechtem (Abel) bekommt die Vorstellung von Abel als erstem Märtyrer eine besondere Wichtigkeit. Dabei ist das deutliche Gegenwartsinteresse zu erkennen, Leiderfahrungen und Auseinandersetzungen in der christlichen Gemeinde typologisch und oft polemisch mit diesen biblischen Urbildern zu verbinden. Kain steht immer für die anderen, Abel präfiguriert stets die eigene Position, das eigene Ideal. So gilt Abel wie Henoch, Noah u.a. als beispielhafter Vertreter des wahren (christlichen) Glaubens (Hebr 11,4–7) oder des gerechten Handelns (1Joh 3,12). Mt 23,34f par erinnert an Abel als Märtyrer und Urbild derjenigen frühchristlichen Missionare, die im zeitgenössischen Judentum Verfolgung und Tod zu erleiden hatten. Abels nach Vergeltung schreiendes Blut wird in Hebr 12,24 in typologischer Entsprechung und Überbietung mit dem Versöhnung schaffenden Blut Christi verbunden. Der Judasbrief (V. 11) sieht das verabscheuungswürdige Verhalten christlicher Irrlehrer in Kains Frevel präfiguriert. Und der erste Johannesbrief schärft seinen bedräng-

---

[16] Unter den Textfunden von Qumran fanden sich auch aramäische Fragmente von Hen 22 (4Q205 = 1Hen 22,13–24,1; 4Q206 = 1Hen 22,3–7). Da das ältere Fragment an den Anfang des 2. Jh. v.Chr. zu datieren ist, beweist dies, dass die Vorstellungen von Abel als dem ersten Märtyrer, dessen Blut nach Gerechtigkeit im Endgericht schreit, schon auf die vormakkabäische Zeit (3. Jh. v.Chr.) zurückgeht.

[17] Vgl. TestAbr 11 (Langfassung) bzw. 13 (Kurzfassung). Die Vorstellung einer Mitwirkung von verdienstvollen Frommen als Richter im göttlichen Endgericht begegnet öfters (z.B. in Mt 19,28.41; 1Kor 2,6).

ten Adressaten, die sich dem Hass der Welt ausgesetzt sehen, die Bruderliebe unter Gotteskindern ein, die sich vom Weg des Teufelskindes Kain abkehren.

Im Einzelnen findet sich in der Jesusüberlieferung ein einziger Hinweis auf den Märtyrer Abel innerhalb der sog. Pharisäerrede, die zur Logienquelle Q gehört. Dort erhebt Jesus in sieben Weherufen schwere Anklagen gegen Pharisäer und Schriftgelehrte (Mt 23,34f par Lk 11,49–51), die in ein hartes Gerichtswort münden. Die Rede spielt auf den in der pharisäischen Frömmigkeit prominenten Märtyrerkult an, der sich auf die um ihres Glaubens willen getöteten Propheten und Gerechten bezieht. Ihnen werden Gräber gewidmet, die verehrt und geschmückt werden. Und die Verehrer dieser Gräber brüsten sich: »Wenn wir in den Tagen unserer Väter gelebt hätten, wären wir nicht wie sie am Tod der Propheten schuldig geworden!« (Mt 23,30). Aber das ist in Jesu Augen Heuchelei, denn die Schriftgelehrten und Pharisäer »gleichen weißgekalkten Gräbern, die von außen schön scheinen, innerlich aber sind sie voll von Totengebeinen und jeder Unreinheit. So erscheint auch ihr von außen den Menschen gerecht, innen aber seid ihr voll Heuchelei und Ungehorsam gegen Gottes Gesetz.« (V. 27f). In Wirklichkeit sind sie Nachfahren derjenigen, welche die Propheten getötet haben. Der harte Vorwurf lautet: Ihr seid nicht Nachfahren der Märtyrer, sondern selbst »Söhne von Prophetenmördern« (V. 31).[18]

»34 Deshalb: Siehe, ich sende zu euch Propheten und Weise und Schriftgelehrte. Einige von ihnen werdet ihr töten und kreuzigen, und einige von ihnen werdet ihr in euren Synagogen geißeln und von Stadt zu Stadt verfolgen, 35 damit alles gerechte Blut über euch komme, das auf Erden vergossen ist, vom Blut des gerechten Abel bis zum Blut des Sacharjas, des Sohnes Berechjas, den ihr gemordet habt zwischen dem Tempel und dem Altar. 36 Amen, ich sage euch: Dies alles wird über dies Geschlecht kommen.«

In der lukanischen Parallele findet sich dieses Gerichtswort im Mund der göttlichen Weisheit, welche die Heilsgeschichte über-

---

[18] Die für die Gestaltung des Wortes entscheidende alttestamentliche und frühjüdische Tradition des Vorwurfs, dass Israel seine Propheten tötet, hat O.H. Steck, Israel und das gewaltsame Geschick der Propheten (WMANT 23), Neukirchen-Vluyn 1967, näher untersucht.

blickt und neben Gott als Sprecherin des göttlichen Willens auftritt. Matthäus lässt Jesus als fleischgewordene Weisheit Gottes so sprechen. Aus V. 33 geht klar hervor, dass es um Gewalterfahrungen und -befürchtungen christlicher Missionare im Umkreis der jüdischen Gemeinden geht, die hier an die lange Kette jüdischer Märtyrer und Propheten angeschlossen werden. Wenn Jesu Boten verfolgt werden, ist Gottes Gericht unausweichlich. Und es wird ein Gericht sein, das in apokalyptischer Naherwartung die ganze bisherige Heils- oder besser Unheilsgeschichte endgültig abschließt und auch die Schuld der Väter auf die jetzige Generation aufhäuft. Die Kette der Märtyrer beginnt bei Abel und endet bei Sacharja, wahrscheinlich dem letzten unschuldig Ermordeten, von dem das Alte Testament weiß (2Chr 24,20–22).[19]

Man muss die Härte dieser Gerichtsrede aus konkreten Konflikterfahrungen der matthäischen Gemeinde heraus verstehen.[20] Sie sieht sich Anfeindungen ausgesetzt und grenzt sich scharf gegenüber den nahe verwandten pharisäischen und wohl auch judenchristlichen Milieus ab. Es bleibt beachtenswert, dass Jesus in Mt 23,2f die Lehre und Theologie der Pharisäer nicht verurteilt, sondern ihnen Heuchelei vorwirft, weil ihre Taten nicht ihren Worten entsprechen. So zeigt die Härte des Gerichtswortes die Schärfe des Konflikts innerhalb nah verwandter Gruppen ebenso wie die Abgrenzung und Neuorientierung der matthäischen Gemeinde. In der christlichen Rezeption freilich hat diese Rede das Stereotyp des heuchlerischen Pharisäers ebenso befestigt wie den christlichen Antijudaismus.

---

[19] Dieser war allerdings der Sohn des Priesters Jojada, während hier der Schriftprophet Sacharja ben Berechja (Sach 1,1) genannt wird, von dem nirgends berichtet wird, dass er ermordet wurde. In Lk 11,51 fehlt der Vatersname.

[20] Die Aufzählung der schrecklichen Erfahrungen der Boten Jesu in Israel ist schwerlich ein konkreter Reflex historischer Verfolgungserfahrungen. Sie steht in der biblischen Tradition von der Verfolgung und Ermordung der Propheten (vgl. Mt 21,34–39; 22,3–6; s. Anm. 18) und erinnert an die Passion Jesu selbst. Historisch ist wohl mit Verfolgung von Christen im Umkreis von Synagogen und in Einzelfällen auch mit Tötungen zu rechnen (Apg 7,54ff [Stephanus]; 12,2 [Jakobus Zebedäus]; Joseph., Ant. 20,200f [Herrenbruder Jakobus]), an denen jüdische Autoritäten (Synhedrion, Herodes Agrippa I.) mitgewirkt haben. Aber die in Mt 23 angesprochenen Schriftgelehrten und Pharisäer hatten schwerlich die politische Macht, solche Urteile zu fällen und zu vollstrecken. Überdies ist die in V. 34 erwähnte Kreuzigung eine römische Strafe, die Juden nicht verhängen oder vollziehen durften. Vgl. U. Luz, Das Evangelium nach Matthäus. Bd. 3 (EKK I/3), Neukirchen-Vluyn 1994, 371.

In 1Joh 3 begegnet in einer Reflexion zum Geschenk der Gotteskindschaft die Ermahnung zur Solidarethik unter Brüdern, die als »Bruderliebe« eingeschärft wird, denn wer seinen Bruder nicht liebt, ist kein Kind Gottes. Aber diese brüderliche Gemeinschaft der Kinder Gottes wird von der Welt nicht anerkannt (V. 2) und es finden sich christliche Enthusiasten, die der Meinung sind, gar nicht mehr sündigen zu können. Gegen solche Irrmeinungen wendet sich die Ermahnung, sich der Sünden zu enthalten.

Denn »wir sollen einander lieben, und nicht wie Kain handeln, der von dem Bösen stammte und seinen Bruder erschlug. Warum hat er ihn erschlagen? Weil seine Taten böse, die Taten seines Bruders aber gerecht waren« (V. 11f).

Das Kontrastschema Gerechter/Frevler wird metaphysisch vertieft zum Gegensatz von Gotteskind und Teufelskind. Abels Taten der Gerechtigkeit werden entsprechend der rhetorischen Absicht auf die Bruderliebe konkretisiert. An dieser Bruderliebe scheitert Kain, indem er den Bruder hinschlachtet, aber nicht, weil er den Zorn über die Benachteiligung nicht zu bändigen vermochte, wie Gen 4 weiß, sondern weil er von vornherein ein vom Hass bestimmtes Kind des Teufels ist. Gleichwohl wird dieser Zusammenhang wie sonst kaum in der frühjüdischen Literatur an der Solidarethik der Bruderliebe entfaltet: »Jeder, der die Gerechtigkeit nicht tut und seinen Bruder nicht liebt, ist nicht aus Gott« (V. 10), und »jeder, der seinen Bruder hasst, ist ein Mörder«, wie Kain (V. 15). Der Maßstab echter Bruderliebe aber ist Christus, der »sein Leben für uns dahingegeben hat. So müssen auch wir für die Brüder das Leben hingeben.« (V. 16) Das frühjüdische Motiv des Märtyrertodes Abels wird in 1Joh 3 als Selbstopfer der Bruderliebe umgedeutet und so transparent auf das Martyrium Jesu. Es ist die Christuserfahrung der Liebe und Selbsthingabe, die hier in die Gestalt Abels hineingelegt und zum ethischen Maßstab gemacht wird.

Dies lässt sich in gewisser Weise mit dem Hebräerbrief verbinden.[21] Hier wird Abel als erster einer langen Reihe von Zeugen des Alten Bundes angeführt, deren vorbildliche Glaubens-

---

[21] Vgl. F. Weiß, Der Brief an die Hebräer (KEK 13), Göttingen 1991, und T. Hilhorst, Abel's Speaking in Hebrews 11.4 and 12.24, in: Luttikhuizen (Hg.), Eve's Children (Anm. 1), 119–128.

haltung von Gott selbst bestätigt wurde. Die lange Reihe der Zeugen, die am Anfang die Gerechten der Frühzeit nennt und am Ende die prophetischen Märtyrer (11,35–37), soll den angefochtenen und verunsicherten Glauben der Gemeinde des Hebräerbriefes stärken. Denn all die Glaubenshelden der Vergangenheit haben Gottes Verheißung in Jesus Christus nicht erlangt, die Gott erst der gegenwärtigen Generation geschenkt hat (11,39). Die Christuserfahrung setzt die lange Kette der Glaubensbezeugungen nicht fort, sondern überbietet und vollendet sie. Am Vorbild Abels wird hervorgehoben, dass er ein besseres Opfer darbrachte als Kain und »gerecht« war. Das frühjüdische Konzept des »Gerechten«, dessen Gottesbindung sich vor allem in seinem Toragehorsam zeigt, wird zugunsten der hier in den Vordergrund gerückten Glaubensproblematik variiert. Abels Opfer ist besser als dasjenige Kains, nicht weil es rituell einwandfrei, sondern weil es mit der Haltung desjenigen Glaubens vollzogen wurde, zu dem der Verfasser seine Adressaten ermutigen will. Der dritte Hinweis auf Abel (neben besserem Opfer und Glauben) lautet: »durch den Glauben redet Abel noch, obwohl er tot ist« (11,4). Es liegt nahe, hier eine Variation oder entfernte Anspielung auf die frühjüdische Vorstellung des nach Gerechtigkeit schreienden Blutes des ersten Märtyrers Abel zu sehen (1Hen 22,6f), denn dieses Thema wird in Hebr 12,24 noch einmal aufgenommen: Wer zu Christus und zum Neuen Bund gehört, ist aufgenommen in die himmlische Gemeinschaft der Erstgeborenen und vollendeten Gerechten. Dies verdankt sich dem Tod und Opfer Jesu Christi, dessen Sühne schaffendes »Blut der Besprengung«[22] mächtiger ruft als das (nach Gerechtigkeit und Vergeltung rufende) Blut Abels. In dieser Überbietungsperspektive wird Abels Blut zum Typos des Rufes nach Versöhnung, die durch Jesus Christus und sein Selbstopfer gestiftet wird. Auch die Vorstellung vom schreienden Märtyrerblut Abels nimmt der Hebräerbrief in freier Variation auf, denn in 11,4 redet Abels Blut noch immer und in 12,24 ruft es. Diese

---

[22] Im alttestamentlichen und jüdischen Kultus wird das Opferblut an den Altar gesprengt. In Aufnahme kultischer Begrifflichkeit soll hervorgehoben werden, dass die Sühnopferrituale des Alten Bundes (Ex 24,3–8) durch den Mittler des Neuen Bundes überwunden sind.

Verben beziehen sich kaum auf die an Gott gerichtete Klage und den Schrei nach Gerechtigkeit, sondern eher auf die Verkündigung in der Gemeinde, in der das ruhmvolle Zeugnis von Abels Glauben, den sein Blut bezeugt, wachgehalten wird.[23] In Hebr 12,24 liegt der Grund dafür, dass in der frühkirchlichen Theologie das Opfer Abels als Präfiguration des heilschaffenden Kreuzestodes Christi eine so große Bedeutung bekam und sich die Kirche insgesamt in der Nachfolge Abels verstanden hat.[24]

4. Fazit

Die neutestamentlichen Bezugnahmen auf Gen 4 werden nur im Horizont der frühjüdischen Auslegung verständlich und knüpfen besonders an das frühjüdische Kontrastschema von Frevler (Kain) und Gerechtem (Abel) sowie an die Idealisierung und Aufwertung der Abel-Gestalt als ersten Märtyrer an. Was hat dies mit dem Text von Gen 4,1–16 zu tun, der Abel als stummes und passives Opfer der Gewalt Kains kennt, aber weder als Gerechten oder Glaubensmärtyrer oder Vorbild in Bruderliebe und Selbsthingabe? Zunächst wird das urgeschichtliche Verständnis von Gen 4 dadurch gewahrt, dass Kain und Abel als grundlegende Verhaltensmuster (gr. *typoi*) zu verstehen sind, mit denen gegenwärtige Erfahrungen gedeutet werden. Mit dem frühjüdischen Kontrastschema aber wird der alttestamentliche Zusammenhang folgenschwer verlassen, ja, unkenntlich gemacht. Denn in Gen 4 wird Kain als Urbild jedes Menschen verstanden, der die Chance hat und von Gott aufgefordert wird, seine Aggressivität zu bändigen, und der selbst noch als Brudermörder von Gott nicht fallen gelassen wird. Durch den Dualismus wird Kain nur noch zum Typos des gottlosen Frevlers, also zum Inbegriff desjenigen, von dem sich die frühjüdischen und neutestamentlichen Interpreten, die sich stets in der Nachfolge Abels sahen,

---

[23] Vgl. Weiß, Hebräer (s. Anm. 21), 577f und Hilhorst, Abel's Speaking (s. Anm. 21), der aber zu einer anderen Schlussfolgerung kommt.

[24] Zur frühchristlichen und altkirchlichen Überlieferung vgl. neben von Erffa, Ikonologie (s. Anm. 10) noch Y. Congar, Ecclesia ab Abel, in: Abhandlungen über Theologie und Kirche. FS K. Adam, Düsseldorf 1952, 79–108, ders., Art. Abel, in: Augustinus-Lexikon, hg. v. C. Mayer, Bd. 1, Basel 1994, 2–4.

leicht distanzieren konnten. Damit wird die Geschichte von Kain als Spiegel und kritischer Maßstab des eigenen Lebens verloren. Als dunkles Kontrastbild der eigenen Ideale wird es dem jeweiligen Gegner leicht angeheftet. Die Konsequenzen dieser Interpretation zeigen sich in beklemmender Weise in der christlichen Tradition, in der die Juden jahrhundertelang als »Kinder Kains« denunziert wurden, während man sich selbst heilsgewiss in der Nachfolge Abels sah.[25] Nirgends wird dies deutlicher als in jener spätmittelalterlichen antijüdischen Legende vom ewig wandernden Juden Ahasver, jenem Jerusalemer Schuhmacher, der es dem Kreuz tragenden Jesus auf dem Weg nach Golgotha verwehrte, im Schatten seines Hauses ein wenig auszuruhen, und der daraufhin von Christus zur ewigen unsteten Wanderschaft (Kainsexistenz) verflucht wurde, weil er mit seinem Volk mitschuldig gewesen sein soll am Tod Christi.[26] Durch die Auslegungspraxis der Immunisierung gegen das Kainhafte auch in der christlichen Existenz sind Christen in der Geschichte vielfach zu Brudermördern am jüdischen Volk geworden. Man wollte Abel sein (1Joh 3) und wurde zu Kain. Besonders die dualistische Interpretation, die wir in frühjüdischen und neutestamentlichen Texten kennen gelernt haben, ist aus heutiger Perspektive zu kritisieren und aufzugeben, weil sie am Eigeninteresse von Gen 4,1–16 ganz vorbei geht. Die Geschichte von »Kain, der seinen Bruder erschlug« und Gottes Frage »Wo ist dein Bruder?« wollen Spiegel und Gleichnis dessen sein, was in jedem Menschen, auch im Christenmenschen, steckt. Wir haben nicht die Wahl, Kain oder Abel zu sein. Kain ist unser Spiegel. Aber wir haben die Möglichkeit, im Hören auf die Tora und in der Nachfolge Jesu Rivalitäten und Konflikte anders zu lösen, als Kain es vermochte.

---

[25] Seit Tertullian, Adv. Judaeos 5, und Augustinus, Contra Faustum 12,9, ist Abel Typus der Christen, Kain Typus der Juden – eine Auslegung, die sich über die Reformation bis in die Moderne gehalten hat.
[26] Vgl. W. Zirus, Ahasverus. Der ewige Jude, Berlin 1930; M. Körte/R. Stockhammer (Hg.) Ahasvers Spur. Dichtungen und Dokumente vom »Ewigen Juden«, Leipzig 1995, sowie Stefan Heyms Roman »Ahasver« (1981).

Bernd Kollmann

Gottes Verheißungen an Abraham

Abraham (Abram) ist eine der Zentralfiguren des Alten Testamentes schlechthin. Obwohl die unterschiedlichen Abrahamerzählungen auf eine bewegte Überlieferungsgeschichte zurückblicken, lässt sich ein Grundmuster ausmachen, das die gesamte Erzählkomposition prägt. Die Figur des Abraham ist durch eine Zwiespältigkeit zwischen unbedingtem Gottvertrauen einerseits und Brüchigkeit des Glaubens andererseits gekennzeichnet. In unterschiedlichsten Varianten wird erzählt, wie »Gott auf krummen Zeilen gerade schreiben kann«.[1] Im Vordergrund steht dabei die Bedeutung Abrahams als Ahnherr des gesamten Volkes Israel und großer Gestalt des Glaubens, mit der Gott einen Bund geschlossen hat. Ein weiterer substanzieller Aspekt des alttestamentlichen Abrahambildes liegt im Gehorsam und in der Gesetzestreue des Erzvaters vor. Gleichzeitig gilt Abraham im Horizont von Gen 12,1–3 als Vater der Proselyten. Im Neuen Testament ist die Gestalt Abrahams mit mehr als siebzig Belegen ausgesprochen präsent, wird aber nur sehr selektiv rezipiert und gewinnt insbesondere bei Paulus hervorgehobene theologische Bedeutung.

1. Die alttestamentlichen Verheißungen an Abraham

1.1. Segen für die Völker (Gen 12,1–9)

In Gen 12,1–9 wird Abram nicht nur die Verheißung von Land und Nachkommenschaft zuteil, sondern auch die sich auf die gesamte Völkerwelt erstreckende Existenz des Segens zugesprochen. Es handelt sich um eine mit Gen 11,27–32 eng zusammen-

---

[1] J. Pichler, Abraham, in: M. Öhler (Hg.), Alttestamentliche Gestalten im Neuen Testament, Darmstadt 1999, 54–61: 54f.

hängende Überleitungserzählung, welche die Verbindung der Urgeschichte mit der Geschichte des Volkes Israel herstellt und zugleich in den größeren Zusammenhang der Abrahamerzählungen des Genesisbuches einführt. Versuchen einer Spätdatierung des Textes in die nachexilische Zeit ist mit Skepsis zu begegnen. In ihrem Gen 12,1–4a.6–8 umfassenden Kernbestand kann die Erzählung dem jahwistischen Geschichtswerk zugeordnet werden[2]. Sie erschließt unter dem Eindruck der Reichsbildung das Zukunftsträchtige an der Abrahamüberlieferung und ist von der Vorstellung geprägt, dass Israel sich als Segen für alle Völker erweisen soll.

Die Erzählung beginnt mit dem Befehl Jahwes an Abram, sich von Heimatland und Vaterhaus zu trennen. Dies wird mit einer unkonkret bleibenden und in unbestimmter Zukunft liegenden Landverheißung verbunden. Damit handelt es sich um ein Wagnis, das eine Art Glaubensprobe darstellt. Allerdings wird Abram der Entschluss, der Weisung Jahwes Folge zu leisten, mit einer großen Verheißung erleichtert.[3] Diese besteht zunächst in dem Versprechen Jahwes an den Erzvater, ein großes Volk aus ihm zu machen, ihn zu segnen und seinen Namen groß werden zu lassen. Eine weitreichende Auswirkung des göttlichen Segens an Abram besteht nach Gen 12,2b darin, dass dieser selbst sich mit unmittelbarer Auswirkung auf seine Umwelt als Segen erweist. Der Segen Abrams soll sich auf alle Sippen des Erdbodens erstrecken. Dies stellt allerdings keinen Automatismus dar, sondern setzt eine Offenheit der Völker für Abram bzw. Israel voraus. Gen 12,3b hat nämlich entgegen der Septuagintaübersetzung keine rein passive Segnung der Völker in Abram im Blick, sondern bringt den Gedanken zum Ausdruck, dass sich alle Sippen der Erde aktiv in den Segen Abrams hineinbegeben sollen.[4] Untermauert wird die Vorstel-

---

[2] Vgl. H. Seebass, Genesis II. Vätergeschichte I (11,27-22,24), Neukirchen-Vluyn 1997, 16ff. Die Annahme der Existenz eines jahwistischen Geschichtswerks ist allerdings nicht mehr selbstverständlich. Vgl. zur kaum noch überschaubaren Vielfalt an Theorien zur Entstehung des Pentateuch E. Zenger, Einleitung in das Alte Testament, Stuttgart [7]2008, 74–123

[3] Vgl. L. Ruppert, Genesis. Ein kritischer und theologischer Kommentar. 2. Teilband: Gen 11,27–25,18, Würzburg 2002, 110.

[4] Vgl. Seebass, Genesis II (s. Anm. 2), 15f, der mit »so werden sich durch dich in Segen versetzen alle Sippen der Erde« übersetzt.

lung einer an Bedingungen geknüpften Partizipation am Segen Abrams durch die vermutlich sekundär hinzugetretene Segen-Fluch-Formel von Gen 12,3a. Jahwe wird die segnen, welche Abram segnen. Wer sich Abram gegenüber feindlich verhält und ihn verflucht, der wird selbst unweigerlich den Fluch Jahwes auf sich ziehen.

Abram vertraut den Zusagen Jahwes und bricht nach Kanaan auf. Ihren Höhepunkt erreicht die Erzählung in Gen 12,7 mit der Epiphanie in Sichem, wo Jahwe Abram das Land sehen lässt, welches seinen Nachkommen gegeben werden soll.

1.2 Verheißung von Nachkommen und Land (Gen 15)

Gen 15 bietet eine Zusammenstellung der für Israel zentralen Verheißungen an Abram und zerfällt in zwei Teile. Während 15,1–6 die Zusage von Nachkommenschaft zum Inhalt hat, steht 15,7–21 die Landverheißung im Mittelpunkt der Darstellung. Gen 15,13–16 stellt deutlich einen sekundären, den Erzählfaden unterbrechenden Einschub dar. Zudem weist der Text eine ganze Reihe weiterer Spannungen und Brüche auf, ohne dass es hinsichtlich der literarkritischen Bewertung und der Datierung von Gen 15 konsensfähige Resultate gäbe. Früher glaubte man, Gen 15,1–6 dem Elohisten und Gen 15,7–21 dem Jahwisten zuschreiben zu können. Heute sieht man die überlieferte Textgestalt meist als nachexilisch an oder rechnet zumindest mit der umfassenden deuteronomistischen Überarbeitung eines älteren Überlieferungskerns.

Die Erzählung setzt mit einem Heilswort an Abram ein, das ihm Mut zuspricht, den Beistand Gottes verheißt und großen Lohn in Aussicht stellt. Die Antwort Abrams ist durch eine Klage über seine Kinderlosigkeit gekennzeichnet. Gen 15,4 weist mit der Verheißung eines leiblichen Sohnes die Klage des Erzvaters zurück. Dies wird im nachfolgenden Vers durch die Mehrungsverheißung noch überboten. Die Nachkommenschaft Abrams soll zahlenmäßig der Fülle der Sterne am Himmel entsprechen. Das Aufschauen zu den Sternen verweist auf die Macht des Schöpfergottes, indem der Blick sich in den weiten Himmel seines Wirkens richtet. Die Szene schließt mit einer theologischen Reflexion. Abram glaubt Gott und dieser Glaube wird ihm zur Gerechtigkeit angerechnet.

Der zweite Teil der Erzählung (15,7–21) ist thematisch von der Landverheißung geprägt. Auf Abrams Bitte hin gewährt Jahwe ihm ein bestätigendes Zeichen, das aus einer rituellen Schwurhandlung besteht. Abram bringt auf Geheiß Jahwes eine dreijährige Kuh, eine dreijährige Ziege und einen dreijährigen Widder sowie zwei Tauben, die er bis auf die Vögel in der Mitte durchschneidet. Nach der Theorie Westermanns liegt der Darstellung der mit dem Eid verbundene Gedanke der bedingten Selbstverfluchung zu Grunde.[5] Die durch die getrennten Teile der Tiere schreitende Person wolle für den Fall des Eidbruchs den Tod erleiden, indem sie das Geschick der zerschnittenen Tiere auf sich nimmt. Dieser auf der Vergleichbarkeit von Tier und schwörender Person beruhende Ritus werde Gen 15,7–21 in kühner Weise auf Gott übertragen. Jahwe beschwöre in einem Akt der rituellen Selbstverfluchung Abram gegenüber die Landzusage.

1.3 Der Beschneidungsbund (Gen 17)

Bei Gen 17 handelt es sich wohl um die priesterschriftliche Version der Erzählung vom Bund Gottes mit Abraham, die zahlreiche ältere Traditionen aus der Erzelternüberlieferung aufnimmt und theologisch verdichtet. Der Verfasser der Priesterschrift bietet damit eine Konzentration dessen, was für ihn das Wesentliche an der Abrahamgeschichte darstellt. Es geht ihm darum, die Verheißung Gottes an Abraham in ihren entscheidenden Inhalten zusammenzufassen und zugleich das Gebot der Beschneidung als Bundeszeichen in ihr zu verankern.

Der Form nach handelt es bei Gen 17 weniger um eine Erzählung als um einen Dialog zwischen Gott und Abraham, dessen Komposition bis ins Kleinste kunstvoll durchdacht ist.[6] Bei der Gestaltung des Proömiums Gen 17,1–3a stand dem Verfasser der

---

[5] Vgl. C. Westermann, Genesis 12-36 (BK.AT I/2) Neukirchen-Vluyn ²2000, 267.

[6] Westermann, Genesis (s. Anm. 5), 306.

Priesterschrift Gen 12,1–3 oder eine eng damit verwandte Väterverheißung vor Augen. Dabei wird nun in die traditionelle Mehrungsverheißung feierlich das Motiv des Bundes eingeführt, das im Mittelpunkt des Kapitels steht. Die nachfolgend an Abraham ergehende Gottesrede 17,3b–21 ist durch das Schema Verheißung – Gebot – Verheißung strukturiert. Der erste Verheißungsteil (17,3b–8) bietet zunächst eine Entfaltung und Vertiefung der Mehrungsverheißung, die als ewiger Bund mit dem Geschlecht Abrahams und damit als für alle Zeiten bindende Versicherung Gottes gegenüber Israel gekennzeichnet wird. Damit verbunden ist eine Namensänderung des Erzvaters von Abram in Abraham. Neben der Zusage von Nachkommenschaft kommt in einem Rekurs auf Gen 12,7 auch die Landverheißung in den Blick, die aber insgesamt in Gen 17 eine eher untergeordnete Rolle spielt.

Auch der zweite Teil der Verheißungsrede (Gen 17,15–21) ist an Abraham gerichtet, bezieht aber Sarai mit ein, die analog zum Namenswechsel Abram–Abraham in Sara umbenannt wird. Die für Sara bestimmte Segens- und Sohnesverheißung nimmt Traditionen aus Gen 18 auf. Mit der Abgrenzung der Kinder Saras von den übrigen Nachkommen Abrahams wird die Sonderstellung Isaaks gegenüber Ismael vorbereitet. An Ismael ergeht zwar eine Verheißung des Segens, der Mehrung und der späteren Größe, doch die Bestätigung und Fortführung des Gottesbundes mit Abraham bleibt auf Isaak und dessen Nachfahren beschränkt.

Von den Verheißungsaussagen umschlossen und in sie eingebettet sind die kultischen Bestimmungen in Gen 17,9–14, wo die Beschneidung zum Zeichen des Bundes erhoben wird. An dieser Stelle greift die Priesterschrift nicht auf ältere Erzvätertradition zurück, sondern entfaltet ihre Bundestheologie und gibt dem Abrahambild neue Konturen. Der Passus zerfällt in das eigentliche Gebot der Beschneidung und in Ausführungsregelungen über den Zeitpunkt des Ritus und den davon betroffenen Personenkreis, um mit Strafbestimmungen zu schließen. Die Beschneidung ist ursprünglich ein ethnisch begründeter Ritus ohne kultische oder in engerem Sinne religiöse Bezüge, der bei zahlreichen Völkern des Vorderen Orients geübt wurde. Nach dem politischen Zusammenbruch und dem babylonischen Exil wurde sie zum Bekenntniszeichen der Zugehörigkeit zu Israel. Die Absicht der Priesterschrift ist es, den Bestimmungen über die

Beschneidung »die Würde und den Rang eines Gotteswortes zu geben, indem sie sie der Gottesrede an Abraham einfügte und sie zum Gebot in direkter Anrede umgestaltete«.[7] Zugleich gewinnt sie innerhalb der Bundestheologie der Priesterschrift hervorgehobene Bedeutung. Der Bund als ein Wechselgeschehen zwischen Gott und seinem Volk gründet in Gottes Verheißung und wird vom Menschen durch das Halten des Beschneidungsgebotes bewahrt.

2. Das Abrahambild im antiken Judentum

Das Abrahambild im antiken Judentum ist durch eine große Vielfalt gekennzeichnet. Grundsätzlich gilt Abraham als bedeutsamste Gestalt unter den Patriarchen und als Stammvater Israels schlechthin. In besonderer Weise spiegelt zeigt sich dies im Motiv der unverbrüchlichen Abrahamskindschaft, die durch die fleischliche Zugehörigkeit zum Volk Israel als dem Samen Abrahams bzw. den Eintritt in den Beschneidungsbund konstituiert wird.

Im Blick auf die für die neutestamentliche Abrahamrezeption bedeutsame Frage, wie sich in der frühjüdischen Darstellung des Erzvaters das Verhältnis Israels zu den Völkern widerspiegelt, lassen sich idealtypisch zwei Konzeptionen unterscheiden.[8] Auf der einen Seite werden als Reaktion auf die Hellenisierungstendenzen der Seleukidenzeit Entwürfe sichtbar, in denen Abraham in Abgrenzung von der nichtjüdischen Umwelt als Repräsentant exklusiv gefasster jüdischer Identität begegnet. Auf der Seite sind Abrahambilder greifbar, in denen der Erzvater eine Form von Judentum verkörpert, die auf einen Dialog mit der hellenistischen Umwelt hin ausgerichtet ist. Im Rahmen der erstgenannten Konzeption wird das Abrahambild auf die Toratreue des Erzvaters, den Beschneidungsbund von Gen 17 und die Bewährung im Zusammenhang mit der Bindung Isaaks hin zugespitzt. Die

---

[7] Westermann, Genesis (s. Anm. 5), 318.
[8] Vgl. M. Konradt, »Die aus Glauben, diese sind Kinder Abrahams« (Gal 3,7). Erwägungen zum galatischen Konflikt im Lichte frühjüdischer Abrahamstraditionen, in: G. Gelardini (Hg.), Kontexte der Schrift Bd. I (FS E.W. Stegemann), Stuttgart 2005, 25–48: 26–38.

Grundlage dafür bildet das Porträt vom gesetzestreuen Erzvater, wie es sich ausgehend vom jahwistischen Geschichtswerk im Verlauf der alttestamentlichen Traditionsbildung entwickelt hat und aller Wahrscheinlichkeit nach in der frühen nachexilischen Zeit zu seinem vorläufigen Abschluss gekommen ist.[9] Als Ergebnis dieses innerbiblischen Traditionsprozesses begegnet Abraham im Erzählkranz der Genesis als Lehrer des Gesetzes (18,19), der sich durch besondere Toratreue auszeichnet (26,3–5) und dessen Gehorsam bei der Bereitschaft zur Opferung Isaaks als besonders verdienstliches Werk gewürdigt wird (22,15–18).

In zahlreichen Schriften des antiken Judentums wird dieses Bild von Abraham als einer Gestalt, die vor allem mit dem Bestehen der Gehorsamprobe bei der Bindung Isaaks und mit seiner den Bund besiegelnden Beschneidung in vorbildlicher Weise den Gesetzesgehorsam verkörpert, aufgegriffen und ausgestaltet. Das im Umfeld der antihellenistischen Restauration anzusiedelnde und streng auf die Abgrenzung Israels von der negativ qualifizierten Völkerwelt bedachte Jubiläenbuch zeichnet ein entschieden exklusives Abrahambild. Bei der Nacherzählung der Genesisgeschichten liegt der Schwerpunkt auf der Abkehr Abrahams vom Götzendienst und auf dem Beschneidungsbund von Gen 17, der als eine auf den Tafeln des Himmels geschriebene Ordnung für die Ewigkeit qualifiziert wird (Jub 15,25). Abraham erweist seinen Gehorsam gegenüber den Geboten Gottes, befolgt den jüdischen Festkalender und propagiert die strikte Abgrenzung von der nichtjüdischen Welt. Nach der Baruchapokalypse hielt Abraham bereits das ganze Gesetz ein, obwohl es erst später unter Mose fixiert wurde (syrBar 57,2). Ein Schlüsseltext für die Abrahamrezeption im antiken Judentum ist der »Preis der Väter« in der weisheitlichen Schrift Jesus Sirach. Dort heißt es:

»Abraham ist der Vater einer Menge von Völkern, an seiner Ehre gibt es keinen Makel. Er hielt die Gebote des Höchsten und trat in einen Bund mit ihm ein, an seinem Fleische schnitt er sich das festgesetzte Zeichen, und in der Versuchung wurde er als treu erfunden« (Sir 44,19–20).

---

[9] Vgl. B. Ego, Abraham als Urbild der Toratreue Israels, in: F. Avemarie/H. Lichtenberger, Bund und Tora (WUNT 92), Tübingen 1996, 25–40.

Der Damaskusschrift aus Qumran zufolge wurde Abraham als Freund Gottes geachtet, weil er die Gebote hielt (CD 3,2). 1Makk 2,52 sieht in der Bereitschaft zur Opferung Isaaks den Treuebeweis Abrahams, der ihm zur Gerechtigkeit angerechnet wurde, und vertritt die Auffassung, dass Abraham sich durch die Beschneidung vor Gott im Glauben bewährt hat.

Ein auf Dialog und Konvergenz mit der nichtjüdischen Umwelt hin ausgerichtetes Abrahambild ist dagegen im hellenistischen Judentum bei Philo von Alexandria anzutreffen,[10] der dem Erzvater die Abhandlung »De Abrahamo« gewidmet hat und auch in anderen Schriften ausführlicher auf ihn eingeht. Philo präsentiert den Stammvater Israels schwerpunktmäßig als Kulturträger und Weisheitslehrer. Abraham begegnet als Prototyp jener Menschen, die nach Weisheit streben, zur rechten Erkenntnis Gottes gelangen und zum tugendhaften Wandel finden. Er wird damit auch Nichtjuden als Vorbild und Orientierungsfigur präsentiert. Diesem nicht auf Abgrenzung, sondern auf Dialog und Werbung bedachten Abrahambild korrespondiert, dass die Bundesthematik aus Gen 17 und die Beschneidung des Erzvaters bei Philo übergangen werden.

3. Abraham im Neuen Testament

Keine Person des Alten Testaments begegnet im Neuen Testament derart häufig wie Abraham. Vielfach werden traditionelle Vorstellungen von Abraham als hervorgehobenem Repräsentanten der Geschichte und Erwählung Israels aufgenommen. Besondere Bedeutung gewinnt Abraham bei Paulus im Kontext der Rechtfertigungslehre des Galater- und Römerbriefs, wo er im Rahmen der Vorstellung geistlicher Abrahamskindschaft in einzigartiger Kühnheit als Stammvater der Christusgläubigen in Anspruch genommen wird. Zudem begegnet Abraham im Hebräerbrief als bedeutsames Glaubensvorbild.

---

[10] Konradt, »Die aus Glauben …« (s. Anm. 8), 32–38.

3.1 Abraham als Repräsentant der Geschichte Israels

Die neutestamentlichen Schriften knüpfen im Zuge ihrer Abrahamrezeption in unterschiedlichster Form an die alttestamentlichen Vorstellungen von Abraham als Stammvater Israels und Garant seiner Erwählung an.[11] Die Gegner des Paulus im zweiten Korintherbrief rühmen sich unter Bezugnahme auf die alttestamentlichen Erwählungsaussagen, Kinder Abrahams zu sein (2Kor 11,22). In der synoptischen Jesusüberlieferung wird Gott in Anlehnung an Ex 3,6 der Gott Abrahams, Issaks und Jakobs genannt (Mk 12,26). In seiner eschatologischen Verkündigung greift Jesus auf die traditionelle Vorstellung eines endzeitlichen Heilsmahls mit den Erzvätern Abraham, Isaak und Jakob zurück (Mt 8,11). Die umstrittene Heilung einer gelähmten Frau am Sabbat und seine Einkehr bei dem Zöllner Zachäus rechtfertigt er damit, dass auch sie Kinder Abrahams sind und damit an der Erwählung des Erzvaters partizipieren (Lk 13,5; 19,9). Johannes der Täufer hat hingegen in seiner Gerichtspredigt eine Heilssicherheit, die sich auf den Gedanken der unverbrüchlichen genealogischen Abrahamskindschaft stützt, als trügerisch betrachtet und betont, dass Gott sich sogar aus den Steinen der Wüste Abrahamskinder erwecken könne (Lk 3,8/Mt 3,9). Noch schärfer geht der Jesus des Johannesevangeliums mit dem jüdischen Anspruch ins Gericht, als Abrahamskind an der Erwählung teilzuhaben (8,37–40).

Auch die das jüdische Abrahambild prägende Vorstellung von dem Erzvater als Vorbild der Gesetzestreue ist im Neuen Testament greifbar. Die in der Prüfungserzählung Gen 22 sichtbare Bereitschaft zur Opferung Isaaks gilt im Jakobusbrief als hervorgehobenes Beispiel eines Glaubens, der sich in Werken niederschlägt (Jak 2,21–24).

---

[11] Vgl. J. Roloff, Abraham im Neuen Testament, in: ders., Exegetische Verantwortung in der Kirche, hg. v. M. Karrer, Göttingen 1990, 231–254: 232f.

3.2 Die Glaubensgerechtigkeit Abrahams

Paulus kommt erstmals im Galaterbrief ausführlicher auf Abraham zu sprechen. Übergeordneter Kontext ist die Entfaltung der These, dass die Rechtfertigung vor Gott durch den Glauben an Christus und nicht durch das Gesetz zuteil wird. Nachdem der Apostel in Gal 1,10–2,21 zunächst den von menschlichen Autoritäten unabhängigen Ursprung seines Evangeliums dargelegt hat, begründet er im nachfolgenden Argumentationsteil Gal 3,1–5,12 mit Hilfe der Schrift, warum die Galater auf den Glauben und nicht auf Gesetzeswerke bauen sollen. In diesem Zusammenhang wird das Heilshandeln Gottes, wie es sich im paulinischen Evangelium darstellt, mit Abraham verbunden.[12] Dabei spricht vieles dafür, dass Paulus den Gedanken der Abrahamskindschaft nicht von sich aus thematisierte, sondern von den Galatern aufgegriffen und eigenständig uminterpretiert hat.

Die Christusverkündiger in Galatien machten die Teilhabe am Heil in Christus von der uneingeschränkten Verpflichtung auf das alttestamentliche Gesetz abhängig. Für Judenchristen meint dies eine nach wie vor uneingeschränkte Gesetzesobservanz, also auch ein Festhalten am alttestamentlichen Kultgesetz. Für Heidenchristen hat es zur Folge, dass ihrem Christsein eine Eingliederung in das alttestamentliche Gottesvolk vorangeht, die durch Beschneidung und Übernahme der Tora in ihrer Gesamtheit gekennzeichnet ist. Paulus hält dem entgegen, dass das richtige Gottesverhältnis durch Glauben und nicht aus Werken des Gesetzes begründet wird. Explizit wird dieser Zentralgedanke der paulinischen Rechtfertigungslehre am Beispiel Abrahams, den der Apostel in Gal 3,6–21 unter Berufung auf Gen 12 und 15 als hervorgehobenes Beispiel für Glaubensgerechtigkeit reklamiert. Das »Stehen unter dem Gesetz« hingegen stellt einen Fluch dar, von dem erst Christus durch seinen Kreuzestod die Erlösung gebracht hat. Nicht das Gesetz konstituiert das Gottesvolk, son-

---

[12] Vgl. zum Ganzen O. Wischmeyer, Wie kommt Abraham in den Galaterbrief? Überlegungen zu Gal 3,6–29, in: M. Bachmann/B. Kollmann (Hg.), Umstrittener Galaterbrief. Studien zur Situierung und Theologie des Paulus-Schreibens (BThS 106), Neukirchen-Vluyn 2010, 121–164.

dern die durch Christus bekräftigte und erfüllte Verheißung Abrahams.

Die Galater wollten offenkundig im Horizont von Gen 17 durch die Beschneidung Abrahamskinder werden. Es kann davon ausgegangen werden, dass die Gegner des Paulus in den Gemeinden Galatiens das frühjüdische Bild vom Stammvater Israels als Vorbild des Toragehorsams verbreiteten. Für Juden wie auch für toratreue Judenchristen war klar, dass nur Vollmitglied des endzeitlichen Gottesvolks sein kann, wer mit Abraham auf Gottes Ruf hört, sich beschneiden lässt, das Gesetz hält und sich auf diese Weise vor Gott im Glauben bewährt. Paulus hingegen rückt andere Züge der Abrahamüberlieferung in den Blick. Er sieht in Abraham den Stammvater des Glaubens, der von Gott ohne alle Verdienste zum Segen für die Völker erwählt wurde (Gen 12,1–3) und Rechtfertigung aus Gnade erfuhr (Gen 15,6). Paulus isoliert dabei Gen 15,6 aus dem Gesamtkontext der Abrahamüberlieferung und interpretiert den Glauben des Erzvaters im Sinne seiner eigenen Theologie. Der Segen Abrahams wird den Völkern in Jesus Christus zuteil. Die Abrahamskindschaft wird damit nicht genealogisch, sondern geistlich verstanden. Die Abrahams leibliche Nachkommenschaft betreffenden Verheißungen bezieht der Apostel in Gal 3,16 in recht abenteuerlicher Exegese auf Christus, wofür ihm der in den Genesiserzählungen im Singular für Nachkommenschaft stehende Begriff Same als Anhaltspunkt dient. Von der Bereitschaft zur Opferung Isaaks in Gen 22 schweigt Paulus völlig, auch die Beschneidung Abrahams in Gen 17 wird zumindest im Galaterbrief mit keiner Silbe erwähnt.

Der Apostel ist in seiner Argumentation offenkundig von der antiken Vorstellung geleitet, dass das Frühere dem Späteren überlegen ist. Die Erwählung und Rechtfertigung Abrahams aus Glauben gehen im Erzählduktus des Buches Genesis der von Paulus nicht erwähnten Beschneidung und Glaubensprobe voran. Zudem ist die Sinaitora nach Gal 3,17 erst 430 Jahre später an Moses ergangen und kann damit die Verheißung an Abraham nicht außer Kraft setzen. Paulus stellt heraus, dass Abraham die für alle Völker geltende (Gen 12,3) Zusage der Rechtfertigung aus Glauben (Gen 15,6) bereits lange vor Erlass des Gesetzes am Sinai empfing. Das Gesetz erweist sich damit gegenüber der

Glaubensgerechtigkeit und Verheißung als Fremdkörper. Glaube und Gesetz werden in kühner Argumentation als konträr zueinander stehende Größen betrachtet, wobei der Stammvater Israels den christlichen Glauben bereits paradigmatisch vorweg nimmt. Ein derartiges Auseinanderreißen von Glaube und Werken lag der vorpaulinischen Auslegungsgeschichte der Abrahamerzählungen völlig fern. Selbstverständlich wird auch die Glaubensgerechtigkeit Abrahams von Gen 15,6 im antiken Judentum wahrgenommen, aber im Lichte von Gen 17 und Gen 22 mit seiner Gesetzestreue in Verbindung gebracht oder als Verdienst interpretiert. Zusammenfassend lässt sich sagen, dass Abraham im Galaterbrief als Träger der Verheißung und Repräsentant einer den christlichen Glauben vorwegnehmenden Glaubenshaltung von zentraler Bedeutung ist. Damit wird er zum Garanten der Heilgeschichte Gottes mit der nichtjüdischen Völkerwelt und ermöglicht dieser die Teilhabe daran, ohne das jüdische Ritualgesetz auf sich zu nehmen.

In Röm 4,1–25 nimmt Paulus diese Gedanken auf und vertieft sie.[13] Es handelt sich um eine umfängliche Erörterung des Themas »Abraham und die Glaubensgerechtigkeit«, die an die Ausführungen von Gal 3 anknüpft, um dabei neue Akzente zu setzen. Grundlegende Übereinstimmungen bestehen zwischen Gal 3 und Röm 4 im Zitat von Gen 15,6, dem Zusammenhang Gesetz – Übertretung und der Betonung der zeitlichen Priorität der Verheißung vor dem Gesetz. Bei aller Kontinuität wird aber eine in Einzelheiten differenziertere Argumentation als im Galaterbrief sichtbar. Neu ist vor allem, dass Paulus nun Gen 17 in seine Darlegung mit einbezieht. Er geht damit auf das seiner Abrahamrezeption nicht förderliche Problem ein, dass der in Gen 15,6 aus Glauben gerechtfertigte Stammvater Israels in Gen 17 das Gebot der Beschneidung empfängt und befolgt. In diesem Zusammenhang argumentiert Paulus mit der zeitlichen Abfolge der Abrahamerzählungen im Buch Genesis. Da Abraham in Gen 15 als noch Unbeschnittener die Rechtfertigung aus Glauben empfängt, stellt die spätere Beschneidung nicht deren Grund, sondern lediglich deren Besiegelung dar. Dennoch ergibt sich gegenüber Gal 3 eine Öffnung der Perspektive, indem Abraham nicht mehr

---

[13] Vgl. P. Stuhlmacher, Der Brief an die Römer (NTD 6), Göttingen 1989, 64–71.

nur als Vater der Unbeschnittenen, sondern auch der auf dem Weg des Glaubens bleibenden Beschnittenen gilt (Röm 4,12). Die Abrahamskindschaft ist damit nicht wie in Gal 3 in einen uneingeschränkten Gegensatz zur Beschneidung gesetzt, sondern die Beschneidung wird unter Mitberücksichtigung von Gen 17 in die Abrahamskindschaft integriert. Nach der Klarstellung der Beschneidungsthematik setzt Paulus in Röm 4 seine Auslegung von Gen 15 fort und betont am Beispiel Abrahams die Unabhängigkeit des Glaubens vom Gesetz.[14] Beschlossen wird das Kapitel mit einer zusammenfassenden Darlegung von Abrahams Glaube und dessen Bedeutung für die christliche Gemeinde. Der Glaube Abrahams zeichnet sich dadurch aus, dass er aller der Hoffnung entgegenstehenden Erfahrung zum Trotz das Vertrauen in Gott bewahrte und auf die Erfüllung seiner Zusagen setzte. Als vorausdeutender Hinweis auf die in Christus realisierte Glaubensgerechtigkeit geht die Geschichte Abrahams die Christen unmittelbar an.

3.3 Abraham als Vorbild der Glaubenden

Der Hebräerbrief porträtiert den Erzvater in einzigartiger Weise als Glaubensvorbild für die christliche Gemeinde. In Hebr 10,32–12,29 findet sich die Ermahnung, treu im Glauben zu verharren. In diesem Zusammenhang wird in Hebr 11 eine Reihe von Glaubenszeugen aus dem Alten Testament aufgeführt, aus denen Abraham herausragt. Bereits in Hebr 6,13–15 war Abraham als prominentes Glaubensbeispiel hervorgehoben worden. Dass er in Hebr 11 den mit Abstand breitesten Raum im Zeugenkatalog einnimmt, »entspricht der traditionellen Sonderstellung Abrahams im antiken Judentum und bis heute: Er ist das am meisten verehrte Vorbild des Glaubens und darf in keiner Auflistung von Glaubenshelden fehlen.«[15]

Ausgangspunkt der auf Abraham bezogenen Ausführungen ist der Auszugsbefehl von Gen 12,1–4 und dessen Befolgung (Hebr

---

[14] Vgl. E. Lohse, Der Brief an die Römer (KEK IV), Göttingen 2003, 153–158.
[15] E. Gräßer, An die Hebräer (Hebr 10,19–13,25) (EKK XVII/3), Zürich u.a. 1997, 122.

11,8). Als vorbildhaftes Merkmal von Abrahams Glauben erweist sich sein gehorsames Vertrauen auf Gottes Ruf unter Preisgabe aller irdischen Sicherheiten. Abraham zog aus, ohne das Ziel zu kennen. Ein weiterer Erweis seines Glaubens besteht für den Verfasser des Hebräerbriefes in der Übersiedlung in das verheißene Land (11,9f), wo er den Status eines Fremdlings hatte, in Zelten als Symbol der Wanderschaft wie des unsteten Lebens wohnte und die zukünftige »Stadt Gottes« erwartete. Damit wird der Erzvater zum Fremdling in dieser Welt, der mit seinem Wissen um die bessere Welt Gottes der christlichen Gemeinde Orientierung gibt. Das nachfolgende Glaubensparadigma Hebr 11,11f schließt Abrahams Frau Sara mit ein. Kraft ihres unerschütterlichen Glaubens empfingen die Erzeltern trotz der Unfruchtbarkeit Sara und des fortgeschrittenen Alters Abrahams die Kraft, unzählbare Nachkommenschaft hervorzubringen. Nach den exkursartigen Ausführungen in 11,13–16, welche die Erzeltern als vorbildhafte Wanderer zwischen den Welten charakterisieren, beschließt der Verfasser des Hebräerbriefes seine auf Abraham bezogenen Glaubensbeispiele durch dem Verweis auf Gen 22 (11,17–19). Mit der Bereitschaft zur Opferung seines Sohnes liefert sich Abraham im Glaubensgehorsam gänzlich dem Willen Gottes aus und erfährt mit der Bewahrung Isaaks die Macht Gottes, Menschen von den Toten zu erwecken. Insgesamt erscheint Abraham als Zeuge eines Glaubens, der sich ständig im Aufbruch auf die ewige und unvergängliche Welt Gottes hin befindet. Er wird damit zum Paradigma für die eschatologische Existenz der christlichen Gemeinde auf ihrem Weg in die himmlische Herrlichkeit.

4. Fazit

Die Figur des Abraham ist im Alten Testament durch eine Zwiespältigkeit zwischen unbedingtem Gottvertrauen einerseits und Brüchigkeit des Glaubens andererseits gekennzeichnet. Im Vordergrund steht die Bedeutung Abrahams als Ahnherr des gesamten Volkes Israel und großer Gestalt des Glaubens, mit der Gott einen Bund geschlossen hat. Ein weiterer substanzieller Aspekt des alttestamentlichen Abrahambildes liegt im Gehorsam und in der Gesetzestreue des Erzvaters vor, wie er sich insbesondere in Gen 22 zeigt. Im antiken Judentum gilt Abraham als bedeutsamste Gestalt unter den Patriarchen und als Stammvater Israels schlechthin. In besonderer Weise spiegelt sich dies im Motiv der unverbrüchlichen Abrahamskindschaft wider. Als Reaktion auf die Hellenisierungstendenzen der Seleukidenzeit wird Abraham als Repräsentant exklusiv gefasster jüdischer Identität betrachtet, wobei die Toratreue des Erzvaters, der Beschneidungsbund in Gen 17 und die Bewährung in Gen 22 im Mittelpunkt stehen. Bei Philo von Alexandria ist dagegen ein Abrahambild greifbar, in dem der Erzvater eine Form von Judentum verkörpert, das sich dem Dialog mit der hellenistischen Umwelt öffnet.

Die neutestamentlichen Schriften knüpfen im Zuge ihrer Abrahamrezeption in unterschiedlichster Form an die alttestamentlichen Vorstellungen von Abraham als Stammvater Israels und Garant seiner Erwählung an. Die Verheißungen an Abraham werden bei Paulus auf den Segen für die Völker reduziert. Den Aspekt der genealogischen Abrahamskindschaft blendet der Apostel weitestgehend aus und meidet jeden Verweis auf die Prüfung Abrahams in Gen 22. Paulus trennt Abrahams Glaube an die Verheißung von Abrahams Gehorsam gegenüber der Tora und stellt sich damit in Gegensatz zur gesamten jüdischen Abrahamrezeption.

Bernd Kollmann

Die Geschichte von Hagar und Sara

1. Hagar und Sara im Alten Testament

Die alttestamentliche Geschichte von Sara, der Frau Abrahams, und ihrer Magd Hagar, einer Ägypterin, dreht sich um die erbitterte Rivalität zwischen zwei Frauen, ausgelöst durch Fragen von Kinderlosigkeit und Nachkommenschaft. In Gen 16,1–16 besteht die Ursache des Konflikts darin, dass Hagar aufgrund ihrer Schwangerschaft die kinderlose Sara mit Geringschätzung betrachtet, deshalb von ihrer Herrin Bedrückung erleidet und die Flucht ergreift. In der Version Gen 21,8–21 dagegen sieht Sara durch Ismael die Erbansprüche ihres Sohnes Isaak bedroht und veranlasst deshalb die Vertreibung Hagars.

In der älteren Pentateuchforschung wird Gen 16,1–16 dem jahwistischen Geschichtswerk und Gen 21,8–21 dem elohistischen Geschichtswerk zugeschrieben. Derzeit ist die Diskussion über die Quellenlage völlig offen. Es herrscht eine kaum noch überschaubare Vielfalt von Meinungen über die Entstehung des Pentateuch.[1] Vielfach wird die Urkundenhypothese mit Eruierung einzelner alter Geschichtswerke völlig aufgegeben und mit zunächst unabhängigen Erzählkränzen gerechnet, die erst in der frühnachexilischen Zeit ineinander gearbeitet und ergänzt wurden. Andere Pentateuchmodelle bieten eine Synthese von Erzählkranzhypothese und der Annahme von Quellenschriften. In beiden Fällen gilt Gen 21,8–21 meist als Ergänzung auf einer späteren Kompositionsstufe. Weitgehende Einmütigkeit herrscht darüber, dass Gen 21,8–21 jünger als Gen 16,1–16 ist.

Beide Erzähltraditionen, die bei Integration in den Pentateuch aneinander angeglichen und in Einklang gebracht wurden, stellen wohl Varianten einer umrisshaft rekonstruierbaren Grundüberlieferung dar. Diese handelte davon, dass die Sklavin Hagar mit

---

[1] Vgl. zur Orientierung E. Zenger, Einleitung in das Alte Testament, Stuttgart ⁷2008, 74–123.

ihrem Sohn Ismael auf Betreiben der eifersüchtigen Sara das Haus Abrahams verlassen musste und in der Situation äußerster Existenzbedrohung an einer Wasserstelle in der Wüste eine Gotteserscheinung erfuhr, die Rettung brachte und ihren Sohn zum erwählten Stammvater der Ismaeliten werden ließ.

1.1 Hagars Flucht und Ismaels Geburt (Gen 16,1–16)

Der Textabschnitt Gen 16,1–16 zerfällt in zwei größere Erzählsequenzen. Zunächst wird vom Streit der Frauen Sara und Hagar im Hause Abrahams berichtet (16,1–7), bevor Hagar an einer Wasserquelle in der Wüste durch einen Boten Jahwes die Ankündigung der Geburt ihres Sohnes Ismael empfängt (16,8–14). Abgeschlossen wird die Erzählung durch eine summarische Notiz über Ismaels Geburt im Hause Abrahams und das Alter des Erzvaters zu jenem Zeitpunkt (16,15f).

Meist geht man davon aus, dass die Erzählung ursprünglich auf einer vorisraelitischen Stammesgeschichte ismaelitischer Herkunft basiert, »welche den Namen des Stammvaters Ismael etymologisch erklärte und mit einer Notsituation seiner Mutter, einer entflohenen schwangeren Sklavin, in der Wüste zusammenbrachte«.[2] Bei Übernahme der Erzählung durch die Israeliten wäre dann Ismael, der Stammvater des beduinischen »Brudervolkes« der Ismaeliter, über die Identifikation Hagars als ägyptische Magd Saras zum Nachkommen Abrahams erhoben worden. Es besteht aber auch die Möglichkeit, dass die mit Hagar und Ismael verbundene heilvolle Theologie kein Relikt ismaelitischer Herkunft darstellt, sondern dem theologischen Gestaltungswillen Israels entsprungen ist und auf die Zuordnung der verschiedenen Abrahamsöhne in einer gemeinsamen Segens- und Bundeskonzeption abzielt.[3]

In der ersten Erzählsequenz stellt die Kinderlosigkeit Saras den Ausgangspunkt für die Rivalität zwischen beiden Frauen

---

[2] L. Ruppert, Genesis. Ein kritischer und theologischer Kommentar. 2. Teilband: Gen 11,27–25,18, Würzburg 2002, 302.

[3] Th. Naumann, Ismael – Abrahams verlorener Sohn, in: R. Weth (Hg.), Bekenntnis zu dem einen Gott? Christen und Muslime zwischen Mission und Dialog, Neukirchen-Vluyn 2000, 70–89.

dar. Sara hat die Hoffnung aufgegeben, Abraham auf natürlichem Wege ein Kind zu schenken. Sie ergreift in der Notsituation der Kinderlosigkeit die Initiative und führt Abraham ihre persönliche Sklavin Hagar zu, damit dieser ein Kind mit ihr zeugt und sich auf diese Weise Nachkommenschaft einstellt. Das Vorgehen Saras entspricht einer für den Alten Orient bezeugten Rechtspraxis, der zufolge eine kinderlose Frau ihrem Mann eine Sklavin als Nebenfrau zuführen kann und Erziehungsgewalt über die aus dieser Beziehung hervorgehenden Kinder besitzt.

Die Dinge nehmen eine dramatische Wendung, als Hagar tatsächlich schwanger wird. Sie fügt sich nicht in die Rolle eines willfährigen Werkzeuges zur Sicherung von Nachkommenschaft, sondern wird sich ihrer neuen Bedeutung bewusst und schaut nun auf ihre unfruchtbare Herrin herab. Auch im Kodex Hammurabi wird der Rechtsfall diskutiert, dass eine von der kinderlosen Frau dem Mann zugeführte und diesem Kinder gebärende Sklavin sich zu erheben versucht. In der alttestamentlichen Geschichte klagt Sara Abraham mit einem Satz heiligen Rechts an. Das ihr von Hagar zugefügte Unrecht soll, wenn Abraham es nicht ahndet, ihn selbst treffen. Abraham erinnert daraufhin Sara daran, dass sie das alleinige Verfügungsrecht über ihre Sklavin Hagar besitzt. Er setzt die Mutter seines werdenden Kindes willentlich der Willkür Saras aus, die Hagar durch eine nicht konkretisierte harte Behandlung demütigt. Hagar entzieht sich der Misshandlung und Unterdrückung, indem sie mit ihrem noch ungeborenen Kind die Flucht ergreift. Saras Lage stellt sich damit hoffnungsloser als zuvor dar. Mit der Flucht der schwangeren Sklavin scheint sie das Kind Abrahams verloren zu haben, das als ihr eigenes Kind gelten sollte.

Die zweite Erzählsequenz Gen 16,8–14 spielt an einer Wasserstelle auf dem Weg nach Schur, womit die Ostgrenze Ägyptens gemeint ist. Hagar macht auf der Flucht in ihre ägyptische Heimat dort Zwischenstation und trifft auf einen Fremden, der sich als Bote Jahwes entpuppt. Es entspinnt sich ein Dialog, in dem der fremde Mann mit der Frage nach dem Wohin und Woher Anteilnahme am Schicksal der gedemütigten Sklavin zeigt. Diese spricht mit unverhohlener Bitterkeit über die Flucht vor ihrer Herrin. Umso härter wirkt die von dem Boten Gottes an Hagar ergehende Aufforderung, zu Sara zurückzukehren und sich wieder ihrer Autorität zu unterstellen. Abgemildert wird die Härte der Rückkehranweisung durch eine tröstliche Verheißung ungezählter Nachkommenschaft, die nachträglich in die Erzählung eingeflossen ist.[4] Ursprünglich folgte auf die Aufforderung zur Rückkehr unmittelbar die Ankündigung der Geburt Ismaels, die in der Immanuelverheißung Jes 7 ihre unmittelbarste Parallele hat und wie diese einem festen Geburtsankündigungsschema folgt.[5] Dieses besteht aus vier Teilen, nämlich der Begegnung mit dem Boten Gottes, der Ankündigung von Schwangerschaft und Geburt des Sohnes, der Bestimmung des Namens des Sohnes mit Namenserklärung und schließlich der Ankündigung dessen, was es mit dem Kind einmal auf sich haben wird.

Erstmals in der Geburtsankündigung wird deutlich, dass das von Hagar erwartete Kind männlichen Geschlechts ist. In den patriarchalischen Gesellschaftsstrukturen, in denen die Erzählung spielt, ist dies eine frohe Botschaft, da dort Söhne ungleich mehr als Töchter zählen. Als Namen, den das Kind tragen wird, nennt der geheimnisvolle Fremde Ismael, »Gott hört«, und begründet dies damit, dass Jahwe Hagars Leid erhört habe. Bei dem Ausblick auf die Zukunft Ismaels wird dieser als Wildpferdmensch charakterisiert. Der Vergleich Ismaels mit dem unbändigen Wüstentier verweist auf den Stolz des Beduinentums, trägt aber auch abwertende Züge, zumal offen davon gesprochen wird, dass er mit seinem ungezügelten Freiheitsdrang den Brüdern zur Bedrohung werden kann. »Hier artikuliert sich offenbar der Sesshafte, der das freie Leben der ismaelitischen Wüstensöhne teils mit Bewunderung, teils mit Schauder betrachtet.«[6]

Theologisch kann man Gen 16 als eine Art Erwählungsgeschichte der Ismaeliten betrachten, deren Existenz auf das Heilshandeln Jahwes an Hagar zurückgeführt wird. In dem Konflikt zwischen beiden Frauen bezieht die Erzählung Partei für Hagar, auch wenn deren unangemessenes Verhalten gegenüber Sara und die damit verbundene Mitschuld an ihrem Schicksal nicht unter den Tisch gekehrt werden. Jahwe hat Hagars Elend erhört, sie

---

[4] Ruppert, Genesis Bd. 2 (s. Anm. 2), 315.
[5] Vgl. C. Westermann, Genesis 12-36 (BK.AT I/2) Neukirchen-Vluyn ²2000, 293.
[6] Ruppert, Genesis Bd. 2 (s. Anm. 2), 319.

zur Stammmutter des freiheitsliebenden Volkes der Ismaeliter erwählt und sich damit gleichsam mit den Schwachen und Unterdrückten solidarisiert. Saras Verhalten hingegen erscheint bei allem Verständnis für die erlittenen Kränkungen alles andere als vorbildhaft und auch Abraham, dessen Profil blass bleibt und der Hagar der Willkür seiner Frau aussetzt, wird nicht gänzlich von Schuld freigesprochen.

1.2 Die Vertreibung von Hagar und Ismael (Gen 21,8–21)

Bei der Parallele Gen 21,8–21 handelt es sich um die traditionsgeschichtlich wohl jüngere elohistische Variante der Hagar-Sara-Erzählung. Der Name Ismael wird nicht ausdrücklich erwähnt, sondern es ist lediglich von Hagars Sohn, Knabe oder Kind die Rede. Im Unterschied zu Gen 16 ist nicht die unmittelbare Rivalität zwischen zwei Frauen, sondern der durch Ismael gefährdete Erbanspruch Isaaks der Ausgangspunkt dafür, dass Hagar mit ihrem Sohn das Haus Abrahams verlassen muss. Es wird die Geschichte eines einschneidenden Familienkonflikts erzählt, der für die schwächere Partei zunächst Vertreibung und Existenzgefährdung mit sich bringt, bevor Rettung durch Gott zuteil wird.

Ausgangspunkt der Erzählung ist ein Familienfest anlässlich der Entwöhnung Isaaks, in dessen Verlauf das dramatische Geschehen seinen Anfang nimmt. Bei solchen Feiern, die einen wichtigen Einschnitt und Wendepunkt im Leben des Menschen bilden, liegt der Gedanke nahe, wie sich der weitere Lebensweg des Kindes gestalten wird. Beim Anblick der miteinander scherzenden Söhne Abrahams drängt sich Sara das Bild einer künftigen Rivalität ihres leiblichen Sohnes mit dem Kind der Sklavin auf. Sie hegt die Befürchtung, dass Ismael seinem Halbbruder Isaak das Erbe streitig machen könnte, und bedrängt Abraham, Hagar samt ihrem Sohn zu verstoßen. Als Abraham sich weigert, dem Ansinnen Saras nachzugeben, wird er durch eine Intervention Gottes umgestimmt. Gott hat seinen eigenen Plan mit Ismael und will ihn in einem anderen Sinne zum Erben Abrahams machen, indem auch er zum Stammvater eines großen Volkes wird.

Die aus dem Hause Abrahams verstoßene Hagar irrt mit ihrem Sohn durch die Wüste von Beerscheba, den südlichen Negev.

Als der spärliche Wasservorrat, mit dem Abraham sie ausgestattet hatte, zu Ende geht, kommt es zur lebensbedrohlichen Situation. Hagar sieht ihr Kind bereits verdursten und bricht in Weinen aus, als das rettende Eingreifen Gottes eintritt. An Hagar ergeht der tröstende Zuspruch »Fürchte dich nicht« und eine auf ihren Sohn bezogene Verheißung. Gott will ihn zu einem großen Volk machen. Durch Gottes Eingreifen geschieht eine Schicksalswende, die den eben noch vom Tode Bedrohten eine große Zukunft und Leben in Fülle verheißt. Die konkrete Rettung aus der lebensfeindlichen Situation der Wüste vollzieht sich, indem Hagar der Blick auf einen Brunnen geöffnet wird, der sie und ihr Kind vor dem Verdursten bewahrt. In den Abschlussbemerkungen über den weiteren Lebensweg des Hagarsohnes wird hervorgehoben, dass die Wüste seinen Lebensraum darstellt und er als Bogenschütze mit der Jagd seine Existenz fristet.

Beim Vergleich mit der Parallele Gen 16 fällt auf, dass in Gen 21 die Rollen von gut und böse klar verteilt sind. Hagar gerät völlig unschuldig in ihre verzweifelte Lage. Davon, dass sie Sara durch hochmütiges Verhalten provoziert und auf ihre Rivalin herabgeblickt hat, ist keine Rede. Sara nimmt den friedvollen Anblick der beim Familienfest miteinander spielenden Kinder zum Anlass, die Verstoßung der ägyptischen Magd und ihres Sohnes zu betreiben. Allein sie trägt die Verantwortung dafür, dass Hagar mit ihrem Kind durch die Wüste irrt und in eine lebensbedrohliche Situation gerät. Hagar wird damit gleichsam zum »*Paradigma* für alle Ausgestoßenen, Vertriebenen, Flüchtlinge, Mütter mit ihren Kindern, die dem Tod näher sind als dem Leben«.[7] Gott hört ihren Klageruf und nimmt sich ihrer Verzweiflung an. Gleichzeitig weist die Erzählung eine heilsgeschichtliche Dimension auf. Hagars Vertreibung basiert nicht nur auf menschlicher Schuld in Form von Saras Egoismus, sondern wird in einem tieferen Sinne vom Heilsplan Gottes gesteuert, der neben Isaak auch den Sohn der Magd zum Stammvater eines großen Volkes erheben will. Die Erwählung Isaaks impliziert mitnichten die Verwerfung Ismaels. Gott benutzt das verwerfliche Ansinnen Saras, um seinen Plan mit Ismael zu verwirklichen.

---

[7] Ruppert, Genesis Bd. 2 (s. Anm. 2), 482.

1.3 Die Rezeption von Gen 16 und 21 im frühen Judentum

Die beiden Hagar-Sara-Erzählungen aus Gen 16 und 21 weisen im antiken Judentum eine vielfältige Wirkungsgeschichte auf Dabei ist deutlich die Tendenz erkennbar, die Rolle Saras bei dem Konflikt zu beschönigen. Zudem weiß die jüdische Tradition mit zusätzlichen Informationen über beide Frauen und ihre Rivalität aufzuwarten.

Das im 2. Jh. v.Chr. entstandene Jubiläenbuch und der jüdische Geschichtsschreiber Josephus bieten freie Nacherzählungen beider alttestamentlichen Versionen der Hagar-Sara-Geschichte. Im Jubiläenbuch finden im Blick auf Gen 16,1–16 der Streit der Frauen und die durch Saras wenig vorbildhaftes Verhalten ausgelöste Flucht Hagars keine Erwähnung (Jub 14,22–24). Josephus hebt bei seiner Wiedergabe von Gen 16 Hagars Fehlverhalten betont hervor. Als Hagar schwanger wurde, habe sie überheblich nach der Herrschaft getrachtet und sei deshalb Sara von Abraham zur Bestrafung übergeben worden. Ihre missliche Lage in der Wüste habe Hagar selbst verschuldet, weil sie undankbar und anmaßend gegen ihre Herrin handelte (Ant. 1,186–190). In seiner ausführlichen Nacherzählung von Gen 21,8–21 sieht der Verfasser des Jubiläenbuchs Saras Sorge um Isaaks Erbe maßgeblich dadurch motiviert, dass Abraham sich in besonderer Weise am Anblick des spielenden Ismael erfreut (Jub 17,4). Josephus entschuldigt Saras Verhalten in Gen 21 mit ihrer Sorge, dass Ismael als der ältere Sohn seinem Bruder Isaak nach Abrahams Tod leicht hätte Schaden zufügen können. Zudem wird betont, dass Gott den Plan Saras zur Vertreibung Hagars gebilligt habe (Ant. 1,215–219). Rabbinische Traditionen spielen das anstößige Verhalten Saras noch weiter herunter, indem sie aus Gen 21,9 böse Absichten Ismaels ableiten und Sara kluges Handeln zur Abwehr von Gefahren attestieren. Ismael habe Unzucht und Götzendienst getrieben, Blut vergossen und im Spiel versucht, seinen jüngeren Bruder mit dem Bogen zu töten.[8]

---

[8] TSota 6,6; GenRabba 53 [34a]. Vgl. J. Rohde, Der Brief des Paulus an die Galater (ThHK 9), Berlin 1989, 203f; M. Grohmann, Die Erzmütter: Sara und Hagar, Rebekka, Rahel, in: M. Öhler (Hg.), Alttestamentliche Gestalten im Neuen Testament. Beiträge zur Biblischen Theologie, Darmstadt 1999, 97–116: 101.

Von besonderer Bedeutung im Blick auf die paulinische Rezeption der Hagar-Sara-Erzählung ist deren allegorische Deutung durch Philo.[9] Hagar symbolisiert dabei die allgemeine Bildung, Sara hingegen die vollkommene Tugend. Sara in ihrer Weisheit rät dem noch unvollkommenen Abraham, zunächst mit Hagar als der Allgemeinbildung Kinder zu zeugen. Erst als er durch geistige Bildung vollkommen geworden ist und den Samen der Tugend auszustreuen vermag, kann er sich von Hagar abwenden und mit Sara ein Kind zeugen (Leg. All. 3,244). An anderer Stelle erklärt Philo, dass wir nicht im Stande seien, die durch Sara repräsentierten Erzeugungen der Tugend aufzunehmen, wenn wir nicht vorher mit der Magd als Dienerin der Weisheit verkehrt haben. Hagar repräsentiert die allgemeinen Wissenschaften wie Grammatik, Geometrie, Astronomie, Rhetorik oder andere Zweige der geistigen Erkenntnis, mit denen man Kinder gezeugt haben muss, bevor es zum Verkehr mit ihrer Herrin als der vollkommenen Tugend zum Zweck der Erzeugung edelbürtiger Kinder kommen kann (Congr. 1–24). Dies impliziert aber keineswegs eine Verstoßung Hagars. Wer von der Belehrung zur sittlichen Einsicht gelangt, wird Hagar nicht verwerfen. Dem Weisen ist es erlaubt, gleichzeitig die erhabene Frau und ihre Dienerin heimzuführen.

2. Hagar und Sara im Neuen Testament

2.1 Die Hagar-Sara-Typologie Gal 4,21–31

Im Neuen Testament gewinnt die Geschichte von Sara und Hagar bei Paulus im Galaterbrief (4,21–31) hervorgehobene Bedeutung, um dann im Römerbrief (9,6–13) nochmals aufgegriffen zu werden.[10] In seinem Schreiben an die Galater kommt Paulus innerhalb

---

[9] Vgl. F. Siegert, Sara als vollkommene Frau bei Philon; in: R. Kampling (Hg.), Sara lacht. Eine Erzmutter und ihre Geschichte, Paderborn 2004, 109–129; G. Sellin, Hagar und Sara. Religionsgeschichtliche Hintergründe der Schriftallegorese Gal 4,21–31, in: U. Mell/U.B. Müller (Hg.), Das Urchristentum in seiner literarischen geschichte (FS J. Becker) (BZNW 100), Berlin/New York 1999, 59–84: 75–82.

[10] Sara begegnet im Neuen Testament zudem als Glaubenszeugin (Hebr 11,11) und Vorbild ehelichen Gehorsams (1Petr 3,6). Vgl. zum Ganzen M. Gielen, Die

des von Freiheit und Gesetz handelnden Abschnitts Gal 4,8–5,1 im Rahmen eines typologischen Schriftbeweises auf beide Frauen zu sprechen und stellt sie einander gegenüber. Ausgangspunkt der paulinischen Argumentation ist der Konflikt in den Gemeinden Galatiens. Die dort eingedrungenen Gegner des Paulus machten die Teilhabe am Heil in Christus von der Verpflichtung auf das Gesetz in seiner Gesamtheit abhängig, wobei es vor allem um die Beschneidung ging. Die galatischen Christen stehen damit in Gefahr, durch Annahme der Beschneidung die Freiheit des Evangeliums aufs Spiel zu setzen. Paulus hält dem entgegen, dass das Gottesverhältnis durch Glauben an Christus und nicht durch das Gesetz begründet wird. In seiner Argumentation beruft Paulus sich nach einem autobiographischen Rechenschaftsbericht (Gal 1,10–2,21), der den Ursprung seines auf einer göttlichen Offenbarung Jesu Christi beruhenden Evangeliums zum Thema hat, auf die Schrift. Dabei begründet der Apostel zunächst, warum die Galater nicht auf »Werke des Gesetzes« bauen dürfen, und verweist auf Abraham, den er in Gal 3,6–14 unter Berufung auf Gen 12,3 als hervorgehobenes Beispiel für Glaubensgerechtigkeit reklamiert. In Gal 4,21–31 verortet Paulus in einem weiteren Schriftbeweis das beschneidungsfreie Christentum auf der Seite Saras, während er das Leben unter der Beschneidung und dem Gesetz durch Hagar repräsentiert sieht. Dabei liegt eine Typologie mit allegorischen Elementen vor.

Ob es sich bei der Hagar-Sara-Typologie um eigenständige paulinische Schriftauslegung handelt oder der Apostel den Grundstock von Gal 4,21–31 exegetischer Schultradition entlehnt hat, lässt sich nicht mit Sicherheit entscheiden.[11] Paulus beginnt den Argumentationsgang mit dem in eine ironische Frage gefassten Appell an die Adressaten, das im galatischen Konflikt eine so große Rolle spielende jüdische Gesetz genau zu lesen. Eingeleitet durch eine Rezitationsformel, wird auf die Aussage der Schrift verwiesen, dass Abraham zwei Söhne hatte, einen von der Sklavin und einen von der Freien (Gen 16,15;

Erzmutter Sara in der neutestamentlichen Rezeption, in: R. Kampling (Hg.), Sara lacht. Eine Erzmutter und ihre Geschichte, Paderborn 2004, 131–167.

[11] Bei J. Becker/U. Luz, Die Briefe an die Galater, Epheser und Kolosser, NTD 8/1, Göttingen 1998, 71–74, finden sich wichtige Argumente für die paulinische Rezeption traditioneller Schulexegese, deren Ursprungsort wohl in Antiochia liegt.

21,2). Die allgemein bekannten Namen Ismael und Isaak bedürfen keiner Nennung. Der Verweis auf die unterschiedliche Rechtsstellung der Mütter beinhaltet bereits ein Urteil über ihre Söhne, denen neben der Antithetik von Sklaverei und Freiheit auch die von Fleisch und Geist zugeordnet ist. Ismael kam auf fleischliche Weise, also infolge natürlicher Zeugung und Geburt, zur Welt. Die unfruchtbare und eigentlich nicht mehr gebärfähige Sara dagegen empfing ihren Sohn Isaak im hohen Alter auf geistliche Weise infolge göttlicher Verheißung, womit im Rahmen der Antithese von Sklaverei und Verheißung die Verheißung auf der Seite der Freiheit steht.[12] In der unterschiedlichen Art der Zeugung und Geburt der Abrahamssöhne liegt eine unterschiedliche Stellung in der Heilsgeschichte begründet.

Im Folgenden werden die alttestamentlichen Aussagen über beide Frauen allegorisch auf zwei unterschiedliche Bundesschlüsse gedeutet. Hagar versinnbildlicht für Paulus den durch Sklaverei gekennzeichneten und durch das empirische Jerusalem repräsentierten Bundesschluss vom Sinai. Bewiesen wird dies mit der nicht verifizierbaren Behauptung, dass Hagar in Arabien der Name des Berges Sinai sei. Sara hingegen steht für Freiheit, wie sie durch das obere oder himmlische Jerusalem verkörpert wird. Auch wenn in diesem Zusammenhang eine dem Sinaibund antithetisch gegenüber stehende Aussage fehlt, ist offenkundig vorausgesetzt, dass Sara den durch Freiheit gekennzeichneten neuen Bund repräsentiert. Der Allegorie von Gal 4,24 liegt folglich eine Gegenüberstellung von altem und neuem Bund zu Grunde, wie sie auch aus 2Kor 3 bekannt ist.[13]

Über das Motiv der Mutterschaft Saras werden in Gal 4,26 das himmlische Jerusalem und die Christusgläubigen miteinander verbunden. Durch die direkte Anrede in der zweiten Person Plural bezieht Paulus die galatischen Christinnen und Christen Gal 3,28 unmittelbar in den Prozess der Argumentation ein, indem er ihnen zuspricht, dass sie in der Weise Isaaks Kinder der Verheißung sind. Untermauert wird dies durch den Verweis auf Verfolgungen der christlichen Gemeinde durch das Judentum (vgl. 1Thess 2,14–16), die Paulus im Verhalten Ismaels gegen-

---

[12] Becker, Galater, 72.
[13] Vgl. H.D. Betz, Der Galaterbrief, München 1988, 419.

über Isaaks vorabgebildet sieht. Wie damals der nach dem Fleisch Geborene den nach dem Geist Geborenen verfolgte, so sei es auch in der Gegenwart. Paulus will die Zugehörigkeit der Christusgläubigen zu Isaak erweisen, indem er die Verfolgung der Angehörigen des oberen Jerusalems durch Juden mit einer angeblichen Verfolgung des Sohnes der Freien durch den Sohn der Sklavin gleichsetzt. Er rekurriert dabei unverkennbar auf die bereits angesprochenen jüdischen Auslegungstraditionen von Gen 21,9, denen zufolge Ismael seinem Bruder beim gemeinsamen Spiel nach dem Leben trachtete. Mit dem Zitat von Gen 21,12 ruft Paulus in Erinnerung, dass gemäß der Schrift die Aufforderung Saras an Abraham, Hagar samt ihrem Sohn zu vertreiben und vom Erbe auszuschließen, in Einklang mit dem Willen Gottes stand. Dabei handelt es sich um die unverblümte Aufforderung an die Galater, die gegen das paulinische Evangelium opponierenden gesetzestreuen judenchristlichen Prediger ohne viel Aufhebens aus der Gemeinde herauszukomplimentieren.[14] Dass hinter Gottes Zustimmung zur Vertreibung Hagars der heilsgeschichtliche Plan stand, auch Ismael zum Vater eines großen Volkes zu machen, wird von Paulus nicht reflektiert.

In kühner Umbiegung der alttestamentlichen Aussagen wird das historische, gegenwärtige Israel, das von Isaak abstammt, mit Ismael identifiziert und als dessen Nachkommenschaft betrachtet.[15] Paulus verweist die Galater auf den tieferen Sinn des Gesetzes. Die Tora mit ihren Aussagen zu Hagar und Sara spricht gegen die Versuche in den Gemeinden Galatiens, rituelle Gesetzesvorschriften wie die Beschneidung verpflichtend zu machen. »Christen als Erben der Verheißung verhalten sich ›ge-

---

[14] F. Vouga, An die Galater (HNT 10), Tübingen 1998, 119.

[15] Verständlicherweise wird diese paulinische Auslegung der Schrift von jüdischer Seite als willkürliche Verdrehung der Erzelterngeschichte empfunden, vgl. die kritischen Stimmen bei Sellin, Hagar und Sara (s. Anm. 9), 75 mit Anm. 48. Anders sähe es aus, wenn Paulus mit der Hagar-Korporation nicht eigentlich das Judentum im Blick hätte, sondern eine durch das Merkmal der Knechtschaft charakterisierte Gemeinschaft meinte, die neben Juden gerade auch Heiden umfasste (so M. Bachmann, Die andere Frau. Synchrone und diachrone Beobachtungen zu Gal 4.21–5.1, in ders.: Antijudaismus im Galaterbrief? [NTOA 40], Freiburg, Schweiz/Göttingen 1999, 127–158: 143–151).

setzesgemäß‹, wenn sie die Trennung von denen vollziehen, die das Gesetz im legalistischen Sinn aufrichten«.[16]

2.2 Gottes freie Erwählung (Röm 9,6–13)

In Röm 9,6–13 greift Paulus die alttestamentliche Hagar-Sara-Tradition ein weiteres Mal auf, indem er zwischen der Isaak-Linie und der Ismael-Linie als den Kindern des Fleisches und den Kindern der Verheißung unterscheidet. Übergeordneter Kontext ist der Briefabschnitt Röm 9–11, der das Thema der Offenbarung der Gerechtigkeit Gottes auf die aktuelle Frage nach dem Weg Gottes mit seinem Volk Israel zuspitzt. Bevor Paulus in Röm 11 auf das Mysterium der Rettung des empirischen Israel eingeht, legt er dar, dass die Teilhabe an den an Israel ergangenen Verheißungen nicht durch Blutsbande konstituiert wird, sondern der Erwählung unterliegt.

Nach einer einleitenden Klage um Israel (9,1–5) steht Gottes freies Erwählungshandeln im Mittelpunkt der Betrachtung (9,6–13). Mit den Ausführungen zum Wert der natürlichen Abstammung thematisiert Paulus einen besonderen Aspekt der Frage nach Gottes Treue in seinen Verheißungen gegenüber Israel. Er betont in 9,6 zunächst, dass das an Israel ergangene Wort der Verheißung keinesfalls seine Gültigkeit verloren hat und Gott sich selbst nicht untreu wurde. Dabei entscheidet über die Zugehörigkeit zum erwählten Gottesvolk allerdings nicht die leibliche Abstammung, sondern Israel wird durch Gottes freie Gnadenwahl konstituiert. Erwählung vollzog sich von Anfang an als Auswahl, denn nicht alle leiblichen Kinder Abrahams erweisen sich im Horizont von Verheißung und Erwählung als Kinder Gottes. Belegt wird dies durch Schriftbeweise aus Gen 21,12 und Gen 18,10.14. Isaak und Ismael sind beide leibliche Nachkommen Abrahams, doch nur Isaak wird durch das berufende Wort die eigentliche Abrahamskindschaft zuteil. Wie in Gal 4,21–31 wird am Beispiel der Söhne Hagars und Saras der Gegensatz von Fleisch und Verheißung thematisiert.

---

[16] Becker, Galater (s. Anm. 11), 74.

»Während es sich jedoch dort um einen Gegensatz dualistischen Charakters im Blick auf zwei verschieden gezeugte Personen als Repräsentanten zweier entgegengesetzter Bundesschlüsse handelt, hat der Gegensatz hier die Funktion, den Auswahl-Charakter der Verheißung zu profilieren: Isaak wie Ismael sind zunächst beide als Abrahams leibliche Nachkommen ›Kinder des Fleisches‹, die Verheißung wird jedoch dem einen gegeben und dem anderen nicht. ... Die Verheißung tritt jeweils aktuell zum ›Fleisch‹ hinzu.«[17]

Die Ahnenreihe der von Gott erwählten Nachkommen Abrahams läuft über den verheißenen Sohn Isaak, während der Erzvater Abraham seinen anderen leiblichen Sohn Ismael und dessen Mutter Hagar auf Gottes Weisung hin hat verstoßen müssen. Daraus folgt, dass »erwählte Kinder Gottes« nur die Abraham in Isaak verheißenen Nachfahren und nicht einfach alle fleischlichen Abrahamskinder sind. Anders als im Galaterbrief ist aber in Röm 9–11 von der eschatologischen Errettung des empirischen Israel in seiner Gesamtheit die Rede (11,25–32).

3. Fazit

Die beiden alttestamentlichen Versionen der Erzählung von Hagar und Sara handeln von den Anfängen der Ismaeliten und rücken die Erzmutter Israels in kein allzu positives Licht. Bei Gen 16 handelt es sich um eine Art Erwählungsgeschichte der Ismaeliten, deren Existenz auf das Heilshandeln Jahwes an Hagar zurückgeführt wird. Die Erzählung ergreift Partei für Hagar, auch wenn deren unangemessenes Verhalten gegenüber Sara und die damit verbundene Mitschuld an ihrem Schicksal nicht unter den Tisch gekehrt werden. In der elohistischen Variante der Hagar-Sara-Erzählung in Gen 21,8–21 sind die Rollen von gut und böse klar verteilt. Hagar gerät gänzlich unschuldig in ihre verzweifelte Lage. Sara trägt die alleinige Verantwortung dafür, dass Hagar mit ihrem Kind durch die Wüste irrt und sich in einer lebensbedrohlichen Situation befindet. Auch diese Erzählung weist eine heilsgeschichtliche Dimension auf. Hagars Vertrei-

---

[17] U. Wilckens, Der Brief an die Römer (Röm 6–11) (EKK VI/2), Zürich u.a. 1980, 193.

bung wird vom Heilsplan Gottes gesteuert, der neben Isaak auch den Sohn der Magd zum Stammvater eines großen Volkes erheben will.

In der Literatur des antiken Judentums weisen die beiden Hagar-Sara-Erzählungen aus Gen 16 und 21 eine vielfältige Wirkungsgeschichte auf. Dabei ist deutlich die Tendenz erkennbar, Hagar wie Ismael in dunklen Farben zu malen und die Rolle Saras bei dem Konflikt zu beschönigen. Hagars verzweifelte Lage gilt als Resultat ihres anmaßenden Auftretens und Ismael werden böse Absichten gegenüber seinem Bruder unterstellt. Das Verhalten Saras ist auf diesem Hintergrund von Weitsicht und Besonnenheit geprägt. Dass hinter Gottes Zustimmung zur Vertreibung Hagars der heilsgeschichtliche Plan stand, auch Ismael zum Vater eines großen Volkes zu machen, wird ausgeblendet. Bei Philo von Alexandria begegnet im Rahmen allegorischer Schriftauslegung ebenfalls eine klare qualitative Abstufung zwischen beiden Frauen, indem Hagar für die allgemeine Bildung steht, während Sara die vollkommene Tugend verkörpert.

Auch bei Paulus finden sich im Kontext allegorischer Exegese das positive Sara-Bild und die negative Betrachtung Hagars wieder. Dabei werden allerdings völlig neue Akzente gesetzt. Paulus deutet die alttestamentlichen Aussagen über beide Frauen allegorisch auf zwei unterschiedliche Bundesschlüsse. Hagar versinnbildlicht den durch Sklaverei gekennzeichneten und durch das empirische Jerusalem repräsentierten Bundesschluss vom Sinai. Sara hingegen steht für Freiheit, wie sie durch das obere oder himmlische Jerusalem verkörpert wird, und repräsentiert damit den neuen Bund. In kühner Umbiegung der alttestamentlichen Aussagen wird das von Isaak abstammende empirische Israel als Nachkommenschaft Hagars betrachtet, während Sara als Erzmutter der Kinder der Verheißung gilt.

Michael Labahn

»Die Wüste lebt«

Ausgewählte Geschichten aus der Wüstenzeit

1. Vorbemerkungen zu Kontext und Bedeutung der Erzählung von der Wüstenwanderung im Alten Testament und Frühjudentum

»Die Wüste lebt« als Erinnerung an die vorstaatliche Existenz im kulturellen Gedächtnis des alten und neuen Israel fort. In etwa siebzig Prozent der Darstellung des Pentateuchs[1] bildet die Wüste das narrative *setting* für das Volk Israel, das sich auf dem Weg aus der Gefangenschaft in Ägypten und vor dem Einzug in das verheißene Land befindet: Ex 13,17–Dtn 34,12. Die Episoden, die den Wüstenaufenthalt bis hin zur Landnahme erzählen, bilden eine historisch wenig plausible Ereignisfolge und sind auch auf der narrativen Ebene in ihrer geographischen Abfolge nicht immer schlüssig; eine historische oder literarhistorische Dekomposition ist für die vorliegende Darstellung zugunsten einer narrativen Gesamtschau nicht zu betreiben, so dass die Wüstenwanderung in ihrer Abfolge von Episoden mit unterschiedlicher Intention und Tendenz als Gesamterzählung gelesen wird, die Israel aus Ägypten in das versprochene Land politischer Selbstständigkeit führt. Die Rezeptionen dieser Geschichte können an Episoden, ihre Interpretationen, aber auch an den Gesamterzählfluss anknüpfen.

In der alttestamentlichen Erzählwelt wird dieser Weg in das gelobte Land dadurch motiviert, dass der Zug durch die Wüste das Volk Israel davor bewahren soll, sich angesichts von Konflikten und Kriegen nach Ägypten zurückzusehnen (Ex 13,17f), und doch lässt die Erzählung Israel gerade diesen Wunsch in der

---

[1] Vgl. L. Wall, Finding Identity in the Wilderness, in: R. S. Sugirtharajah (Hg.), Wilderness. Essays in Honour of F. Young (JSNTS 295), London 2005, 66–77: 68.

Wüste äußern (Ex 14,11f; 16,3; Num 14,2; 16,13; 20,4f). So ist dieser geographische Weg auch als ein Irrweg und Warnung vor Ungehorsam gegen Gott interpretiert. Es ist zugleich ein Weg, auf dem Gott als Täter von großen Zeichen und Wundern für sein Volk charakterisiert wird (Dtn 4,34; 6,21f; 7,19; 26,8; 28,46; 34,11; s.a. Num 14,22; Dtn 11,3–5). Sein bewahrendes Handeln wird als Erinnerung zur Sinnbildung für die Gegenwart, aber auch ein Vorbild für die Zukunft (vgl. bes. Jes 43,14–21). Zudem spiegelt die Erinnerung an die unmittelbare Führung durch Gott eine »ideale Beziehung«, auf die Israel immer wieder bezogen wird (Hos 2,17; Jer 2,2; Ez 16,60). Die Wüstenzeit wird so zu einem Bild für das, was sich am Ende der Zeit wiederholen wird.

2. Eine Zeit der Bewährung Israels vor Gott

2.1 Die Versuchung in der Wüste (Q [Lk 4,1–13par]; Mk 1,13)

(1) Die neutestamentlichen Geschichten von der Versuchung Jesu erinnern an die Versuchung und den Ungehorsam Israels in der Wüste. Am Anfang der synoptischen Berichte vom Wirken Jesu direkt nach seiner Taufe im Jordan wird Jesus in die Wüste geführt, um dort vierzig Tage lang versucht zu werden (Mk 1,12f):

12 Und sogleich trieb ihn der Geist in die Wüste. 13 Und er war in der Wüste vierzig Tage lang und wurde vom Satan versucht. Und er war in der Gemeinschaft mit den wilden Tieren, und die Engel dienten ihm.

In der markinischen Geschichte wird im Vergleich zur Versuchungsgeschichte der Quelle von Matthäus und Lukas (= Q) weniger deutlich, wie der Bezug auf die Wüstenzeit zu verstehen ist. Anders in der aus Mt 4,1–11 par Lk 4,1–13 rekonstruierbaren Fassung der Spruchquelle Q:

1 Jesus aber wurde vom Geist [[in]] die Wüste hinaufgeführt, 2 [[um]] vom Teufel versucht [[zu werden]]. Und »er aß« vierzig Tage »nichts«, .. er wurde hungrig. 3 Und der Teufel sagte ihm: Wenn du Gottes Sohn bist, sage, dass diese Steine Brote werden sollen. 4 Und Jesus antwortete [[ihm]]: Es steht geschrieben: Nicht von Brot allein lebt der Mensch.

(Dtn 8,3) 9 [[Der Teufel]] nahm ihn mit nach Jerusalem und stellte ihn an den Rand des Tempel»dache«s und sagte ihm: Wenn du Gottes Sohn bist, wirf dich hinab. 10 Denn es steht geschrieben: Seinen Engeln wird er deinetwegen befehlen, 11 und auf Händen werden sie dich tragen, damit du deinen Fuß nicht an einen Stein stößt. (Ps 91,11f) 12 Und Jesus [[antwortete]] und sagte ihm: Es steht geschrieben: Du sollst den Herrn, deinen Gott, nicht versuchen. (Dtn 6,16) 5 Und der Teufel nahm ihn mit auf einen »sehr hohen« Berg und zeigte ihm alle Königreiche der Welt und ihre Pracht, 6 und er sagte ihm: Das alles werde ich dir geben, 7 wenn du mich anbetest. 8 Und Jesus »antwortete und« sagte ihm: Es steht geschrieben: Den Herrn, deinen Gott, sollst du anbeten und allein ihm dienen. (Dtn 6,13a = 10,20a) 13 Und der Teufel verließ ihn.[2]

Die Versuchungsgeschichte in Q unterscheidet drei Versuchungen Jesu, die jeweils vom Teufel als Gegenspieler Jesu initiiert werden. Die Reihenfolge der zweiten und dritten Versuchung weicht zwischen dem Matthäus- und Lukasevangelium ab. Aufgrund des ausgeprägten lukanischen Interesses an der Stadt Jerusalem und der inneren Erzähllogik, die im Angebot der Weltherrschaft und der Aufforderung zur göttlichen Verehrung des Satans ihre Spitze findet, folgt die Textrekonstruktion der matthäischen Reihenfolge.

(2) Der alttestamentliche Kontext ist die Darstellung der Zeit des Wüstenaufenthalts als Erziehung und Prüfung Israels durch Gott (Ex 16,4; Dtn 8,2.16). In dem mit 4,44 beginnenden Abschnitt des Buches Deuteronomium, in dem Mose Israel Gottes Lebens- und Rechtsordnung vermittelt, wird vor allem in Dtn 6–8 der Wüstenaufenthalt unter dem Stichwort »Versuchung« zusammengefasst und in Dtn 9–10 in Erinnerung an die Episode vom Golden Kalb (Ex 32–34) auf Israels Ungehorsam verwiesen. Textpragmatisch zielen diese alttestamentlichen Berichte auf den Gehorsam der jeweils aktuellen Leserinnen und Leser. Erinnert Dtn 6,10ff an die in der Erzählzeit noch ausstehende, der Wüstenwanderung folgende Landnahme, so ruft 6,16 das Murren des Volkes bei Massa (Ex 17,1ff; s.a. 16,7ff; Num

---

[2] Textrekonstruktion und Übersetzung nach: P. Hoffmann/C. Heil (Hg.), Die Spruchquelle Q. Studienausgabe. Griechisch und Deutsch, Darmstadt ³2009, 37 ([[ ]]:der in Klammern gesetzte Text lässt sich mit einer geringeren Wahrscheinlichkeit rekonstruieren; »«: eine Rekonstruktion des Wortlauts ist nicht möglich, aber die Übersetzung versucht die Passage sinngemäß wiederzugeben).

14,27ff; 17,20ff; Dtn 1,43; 4,21) in Erinnerung; Dtn 8,2 nimmt deutlichen Bezug auf die Wüstenwanderung (vgl. 8,2–6 insgesamt) und deutet diese als Erziehungshandeln Gottes, aus dem das jeweils aktuelle Israel die angemessene Erkenntnis nach Dtn 8,3 ziehen soll: Vertrauen in und Gehorsam gegenüber Gott. Eine analoge Interpretation findet sich bereits in Ex 20,20, wo die Versuchung auf die Gottesfurcht zielt. Beide Texte können als Interpretationssignale für die Wüstenerzählung gelesen werden, die durch die neutestamentliche Rezeption in der Versuchung Jesu aktualisiert werden. Sie wollen also im erzählten Ungehorsam der Wüstengeneration Treue und Gehorsam der gegenüber der erzählten Zeit späteren Leserinnen und Leser dieser Geschichte generieren; dies lässt sich bereits am Sch^{e}ma Israel (Dtn 6,4f), das ausdrücklich auf der Erfahrung des Auszugs aus Ägypten ruht (s.a. 6,12.20–25), erweisen.

Die Ortsangabe (Wüste), die Kennzeichnung als Versuchung (»… um vom Teufel versucht zu werden«) und die Zeitangabe (40 Tage) in Mk 1,12f und Lk 4,1f (Q) erinnern an die 40 Jahre, die nach der Überlieferung der Aufenthalt Israels in der Wüste gedauert haben soll (Dtn 2,7; 29,4; s.a. Num 32,13). Neben der Dauer, die in den Evangelien der Wirksamkeit Jesu angepasst wird, ist auch das Stichwort »Versuchung« den beiden Geschichten gemeinsam (vgl. Ex 15,25f; 16,4; 20,20; Dtn 8,2.16 mit Mk 1,13; Lk 4,2 [Q]). Diese sprachlichen Signale verbinden bei allen Detailunterschieden im Plot der Episode (Satan vollzieht an Gottes Stelle die Versuchung, Gemeinschaft mit Tieren und Engelsdienst [nur Mk 1,13]) die Jesusgeschichte mit dem Schicksal der Wüstengeneration.

(3) Innerjüdische Konzepte der »Versuchung« durch Gott sind individuell orientiert und wissen die Frommen in ihrer Frömmigkeit durch Gott geprüft (Sir 2,1; 4,17; s.a. 33,1; Weish 3,5f) und zur Bewahrung angehalten. Auch die Erinnerung an Israels Ungehorsam wird bewahrt und aktualisiert: Neben der innerbiblischen Rezeption der Ereignisse von Massa (Dtn 9,22; 32,51; 33;8; Ps 81,7; 95,8; 106,32) sind z.B. Philo, Vit. Mos. I 181; TestMos 7,7 und 4Esra 1,15f aufschlussreich.

(4) Die Erzählsituation der Versuchung Jesu wie seine erste Versuchung in Q erinnern an den Aufenthalt Israels in der Wüste. Der Hintergrund der Wüstenwanderung erklärt zudem den

Inhalt und die Problemstellung der ersten Versuchung zwischen Hunger und Nahrungsgabe: Und er bedrängte dich und ließ dich Hunger leiden und er speiste dich mit Manna, das deine Väter nicht gekannt hatten (Dtn 8,3LXX). Der Hunger Jesu ist kein Leiden, das gegen Gott geschieht, sondern ein Geschehen, das dem Willen Gottes entspricht und letztlich auf die Frage nach dem Vertrauen in Gottes Fürsorge weist. In der Aussage von Ex 16,4[3] sind die Nahrungsgabe und die Versuchung getrennt und auf die Tora bezogen. Narrativ wird dies im alttestamentlichen Erzählstrang umgesetzt, indem es im Vertrauen auf Gottes Zusage gilt, den Sabbat zu halten; diese Bewährungsprobe allerdings besteht das Volk nicht (Ex 16,20.27ff; 17,1ff).

Anders erzählt es die neutestamentliche Versuchungsgeschichte über Jesus, der im Vergleich zum Israel der Wüstengeschichten seinen Gehorsam bewährt, indem er sich die deuteronomistische Aussage des Lebens aus dem Wort Gottes zu eigen macht: Nicht von Brot allein lebt der Mensch. Die Frage, wovon dann der Mensch aber wirklich lebt, beantwortet das Lukasevangelium damit, dass die Fortsetzung aus Dtn 8,3 den damaligen frommen Juden wie wohl auch vielen frühen Christen vor Augen stand: sondern von allem, was aus dem Mund des Herrn hervorgeht.

Vor diesem Schrifthorizont aus Dtn 6 und 8 lebt Jesus in der Versuchungsgeschichte dieses Vertrauen zu Gott und diesen Gehorsam vor. Daher konnte der Jesus der Versuchungsgeschichte als Vorbild verstanden werden. Zieht man den Zusammenhang des Dokuments Q heran, so wird man Jesus aber eher als *den* Sohn Gottes sehen müssen, der seit seiner Taufe als Sohn angenommen ist und sich nun für und vor den Leserinnen und Lesern des Dokuments so bewährt, dass seine Worte zum autoritativen Maßstab ihrer Existenz werden (vgl. Lk 6,43–49 [Q]). Möglicherweise sind nicht erst bei Matthäus, sondern schon im Dokument Q der Gehorsam und das Vertrauen ein Signal für Jesu Gehorsam bis in den Tod (vgl. bes. die zweite Versuchung,

---

[3] Ex 6,4LXX: Der Herr aber sprach zu Mose: Siehe, ich lasse über euch <u>Brot</u> aus dem Himmel regnen, und das Volk soll hinausgehen und den täglichen Bedarf für den Tag sammeln, dass ich <u>sie versuche</u>, ob sie in meiner Weisung wandeln oder nicht (Unterstrichen sind die Entsprechungen zu Lk 4,1f [Q]).

Lk 4,9–12 [Q]).[4] Allerdings bilden die christologischen und ethischen Schlussfolgerungen keine strengen Alternativen. Der Jesus der Versuchungsgeschichte bewährt sich in der Versuchung, die nicht mehr Gott, sondern den Teufel als Akteur findet, und zeigt darin einen vorbildlichen Gehorsam und eine nachahmenswerte Relation zu Gott. Somit steht er nicht nur dem Israel der Wüstenzeit antitypisch gegenüber, sondern illustriert seine besondere Relation zu Gott als Sohn.

2.2 Die Wüstenzeit als Zeit der Prüfung in 1Kor 10

(1) Die umfassendste Rezeption der Wüstenwanderung im Neuen Testament findet sich in 1Kor 10,1–13. Paulus umschreibt in 1Kor 8–10 in Auseinandersetzung mit konkreten Problemen der korinthischen Gemeinde die christliche Freiheit und ihre Grenzen. Ein wichtiger Streitfall ist der Verzehr von Götzenopferfleisch, also von kultisch geschlachtetem Fleisch, durch Christen. Paulus ruft in 10,1–13 Motive aus unterschiedlichen Episoden des Wüstenwanderungszyklus auf und stellt sie zu einer Nacherzählung zusammen, mit der der Apostel die Grenzziehung der Freiheit in 10,14–22 (kein Götzendienst und daher kein Götzenopfermahl) vorbereitet:

1 Denn ich will nicht, dass ihr unwissend seid, Brüder, dass alle unsere Väter unter der Wolke waren (Ex 13,21f; 14,24), alle durch das Meer hindurch gegangen sind (Ex 14,21–31) 2 und alle auf Mose getauft wurden in der Wolke und im Meer. 3 Und alle aßen die gleiche geistliche Speise (Ex 16,13ff; Dtn 8,3ff; s.a. Ps 78,23ff) 4 und alle tranken den gleichen geistlichen Trank; denn sie tranken aus dem geistlichen Felsen, der ihnen nachfolgte (Ex 17,1–7; s.a. Num 20,1ff; Ps 78,15f) – der Fels aber war Christus. 5 Aber an den meisten von ihnen hatte Gott keinen Wohlgefallen, denn sie wurden in der Wüste erschlagen (Num 11,33f; Ps 78,315). 6 Diese Ereignisse aber geschahen als Vorbild für uns, damit wir

---

[4] M. Labahn, Der Gottessohn, die Versuchung und das Kreuz: Überlegungen zum Jesusporträt der Versuchungsgeschichte in Q 4,1–13, EThL 80 (2004) 402–422: 408ff.

[5] Auch wenn die grundsätzliche Geschehensfolge der Nacherzählung der Wüstenwanderung eine Beziehung auf Num 11,33f nahe legt, so entspricht dem paulinischen Text sachlich eher Ps 78,31; s.a. F.-L. Hossfeld/E. Zenger, Psalmen 51–100 (HThKAT), Freiburg u.a. 2000, 443.

nicht nach Bösem gieren, wie jene gierten. 7 Werdet auch nicht Götzendiener wie einige von denen (Ex 32,1ff) – wie geschrieben steht: Das Volk setzte sich zu essen und zu trinken und sie standen auf, um zu spielen (Ex 32,6). 8 Lasst uns nicht Unzucht treiben, wie einige von denen Unzucht trieben (Num 25,1f); und es starben an einem Tag 23.000 (Num 25,9). 9 Lasst uns nicht Christus versuchen, wie einige von denen ihn versuchten (Ps 78,18.56) und von den Schlangen vernichtet wurden (Num 21,4–6). 10 Murret nicht, wie einige von denen murrten und vom Verderber vernichtet wurden (Num 17,6ff; s.a. Num 11; 14; Ex 12,23). 11 Dies aber geschah ihnen beispielhaft; es wurde zu unserer Warnung aufgeschrieben, zu denen das Ende der Zeiten gekommen ist. 12 Daher, wer meint zu stehen, gebe acht, dass er nicht falle. 13 Keine Versuchung außer einer menschlichen hat euch getroffen. Gott ist treu, der nicht erlaubt, dass ihr über eure Kraft hinaus versucht werdet, sondern der mit der Versuchung auch einen Ausweg machen wird, dass ihr es ertragen könnt.

(2) Der alttestamentliche Kontext ist die – in V. 4 christologisch verdichtete – Wüstenwanderung. Als Zeit der heilsamen und universellen Bewahrung seines Volkes (»alle«: V. 1–4) durch Gott, aber auch der Versuchung und des mangelnden Vertrauens in der Glaubensgeschichte Israels spielt sie, wie oben bereits erwähnt, eine ethische Rolle. Ein analoges, inneralttestamentliches Beispiel findet sich im wahrscheinlich komplex gewachsenen Geschichtspsalm, Ps 78,12–39 (Wolke in der Wüste, Wasser aus dem Felsen, Mannagabe); auch hier wird dem Heilshandeln Gottes Israels Ungehorsam und Sünde als Kontrast zugeordnet und jeweils durch Strafen sanktioniert.

(3) Die Wüstengeschichte wird in jüdischer Tradition als Zeit des Ungehorsams betrachtet mit dem Ziel, die Adressaten zu Gehorsam und Frömmigkeit zu führen; in diesem Horizont ist es besonders die auch von Paulus anvisierte Geschichte vom Goldenen Kalb, die in frühjüdischer Auslegung zum Archetypos des Glaubensabfalls zu heidnischen Frömmigkeitspraktiken wird, beispielsweise bei Philo, Vit. Mos. II 161f:

»… als ob völlige Führerlosigkeit eingetreten wäre, gaben sie sich zügellos unfrommem Tun hin und wurden, die Ehrfurcht gegen das wahrhaft seiende Wesen vergessend, Verehrer der aegyptischen Gebilde. Also verfertigten sie einen goldenen Stier, eine Nachbildung des Tieres, das in jenem Lande für das heiligste galt, brachten unheilige Opfer dar, führten unfromme Reigentänze auf, sangen Hymnen, die von heidnischen Trauergesängen nicht verschieden waren, und wurden durch den übermässigen Genuss ungemischten Weines von einem zweifachen Rausch ergriffen, infolge des Weines und ihrer Unvernunft, und schmausend und schwärmend verlebten sie die ganze Nacht, unbekümmert um die Zukunft, in dem süssen Laster.«[6]

Anders als Paulus, der Ex 32,6 nahezu zitiert und unausgeschmückt in seine Nacherzählung einfügt (auch selektiv und als Erfüllung von Gen 11,6 nacherzählt in LibAnt 12,3ff), schmückt der Alexandriner Philo Ex 32 aktualisierend aus, so dass in seiner Darstellung Anknüpfungen an zeitgenössische ägyptische Kulte zu finden sind (z.B. Apis-Stier, Hymnen auf Osiris, Bedeutung des Weines im Dionysoskult; s.a. Philo, Vit. Mos. II 270; Ebr. 95; Spec. Leg. I 79).

Eine besondere Eigenart innerhalb der selektierend-interpretativen Nacherzählung der Wüstenereignisse bei Paulus ist die christologische Zuspitzung in V. 4. Sie sieht keineswegs christliche Tauftheologie im alttestamentlichen Text vorbereitet (oft als »Typologie« bezeichnet), sondern Paulus lässt Christus Gottes Heilszuwendung bereits in der Wüste gewähren. Dass an Gottes Stelle ihm zugeordnete Größen wie die Weisheit oder der sogenannte »Logos« wirken, findet sich auch in weisheitlich-jüdischen Vorstellungen und steht der paulinischen Interpretation nahe; besonders Philo, der die Weisheit mit dem Felsen identifiziert (Leg. All. II 82).

(4) Die Wüstenzeit findet sich in der Doppelfunktion bei Paulus rezipiert als Vorbild für Ungehorsam und Strafe (1Kor 10,5.9f) wie als Beispiel der Treue Gottes (10,1–4.13). Die Bewahrung Gottes kam allen zu Gute, einige aber (10,7–9) erweisen sich als ungehorsam und dienen als Negativfolie paulinischer Mahnung: »es wurde zu unserer Warnung aufgeschrieben« (V.11; vgl. V.7). Hier liegt die Pragmatik der christologisch reflektierten Nacherzählung der Wüstengeschichte, die auf den Spuren jüdischer Exodus-Hermeneutik die getauften und am Abendmahl teilhabenden Christen im Licht der Exoduserfahrung anredet (vgl. V. 1: »alle unsere Väter«), sie auf ihr Verhalten

---

[6] Übers.: B. Badt, in: H. Cohn (Hg.), Philo von Alexandria. Werke I, Breslau 1931, 335.

zum Götzenopferfleisch anspricht und in 1Kor 8 ergänzende Bemerkungen zur christlichen Freiheit anfügt.

3. Eine Zeit der wunderbaren Bewahrung Israels durch Gottes Handeln

3.1 Die Erhöhung der Schlange (Joh 3,14)

(1) Nikodemus ist eine der wohl eindrücklichsten Gestalten des Johannesevangeliums. Berichtet wird eine Begegnung in der Nacht, eine Zeit, die in dieser Jesusgeschichte für die Gottesferne steht. Immerhin erkennt Nikodemus – letztlich nicht weitreichend genug – Jesus als Lehrer an. Als Lehrer handelt Jesus und sucht diesen interessierten Vertreter seiner innertextlichen Kontrahenten auf die Notwendigkeit der Wiedergeburt hinzuweisen, die notwendig ist, um eine neue, die johanneische Sicht von Jesus als lebensschenkendem Sohn und Gott als seinem Vater zu gewinnen. Es bleibt bei Nikodemus aber zunächst Unverständnis und Missverstehen (3,4.8).

In diesem Erzählrahmen startet der johanneische Jesus einen Monolog, in dem er grundlegend über das Ziel seiner Sendung Auskunft gibt. Jesus stellt sich als Menschensohn vor, eine Bezeichnung, die im vierten Evangelium vor allem den Weg zurück zum himmlischen Vater charakterisiert. Jesus fährt fort:

14 Und so wie Mose die Schlange in der Wüste erhöht hat, so muss der Menschensohn erhöht werden, 15 damit jeder, der an ihn glaubt, ewiges Leben hat.

Indem auf ein Handeln des Mose in der Wüste verwiesen wird, wird an die Wüstenwanderung Israels und an ein besonderes Geschehen auf diesem Weg erinnert.

(2) Nach der Episode aus Num 21 besiegten und vernichteten die Israeliten den König von Arad durch Gottes Hilfe (21,1–3). Anschließend wird jedoch aufgrund des langen Aufenthalts in der Wüste mit der eintönigen Nahrung des Mannas das Grundbekenntnis Israels (Gott hat Israel aus Ägypten geführt: Ex 13,3.8f; 20,2; Num 23,22; Dtn 4,20; 5,6; 7,8 u.a.) in Frage gestellt (Num 21,5; s.a. Ex 17,3; Num 11,18; 20,5). Laut Erzähler erfolgt die

Strafe für dieses »Murren« sofort; von Gott gesandte Giftschlangen beißen die Israeliten, so dass viele von ihnen sterben. Durch Mose und sein Gebet um Vergebung wird ein Ausweg angeboten:

8 Der Herr antwortete Mose: Mach dir eine Schlange und häng sie an einer Fahnenstange auf! Jeder, der gebissen wird, wird am Leben bleiben, wenn er sie ansieht. 9 Mose machte also eine Schlange aus Kupfer und hängte sie an einer Fahnenstange auf. Wenn nun jemand von einer Schlange gebissen wurde und zu der Kupferschlange aufblickte, blieb er am Leben.

Eine eherne Schlange spielte auch im Jerusalemer Kult eine Rolle, bis sie nach 2Kön 18,4 von König Hiskia in Jerusalem zerstört wurde; nach dieser Notiz wurde diese Schlange auf Mose zurückgeführt, ohne dass dies jedoch etwas über die historische Herkunft oder ihre religiöse Funktion im Kult aussagt.

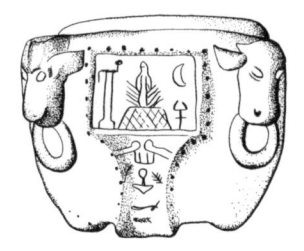

Jahwe-Vision und Siegelkunst[7]

Die aufgerichtete Schlange (vgl. Abb. 1, ohne dass zwischen der geflügelten Schlange dieser phönizischen Darstellung und der biblischen ehernen Schlange eine sachliche Identität zu behaupten ist) aus Num 21,8f hat keine apotropäische, d.h. Unglück abwehrende Wirkung, insofern sie den Biss der Giftschlangen nicht verhindert, sondern eine lebensspendende Wirkung, insofern sie das durch den Biss verwirkte Leben bewahrt. In den Genuss dieser Wirkung der öffentlich sichtbar gemachten

---

[7] Abbildungen nach O. Keel, Jahwe-Visionen und Siegelkunst. Eine neue Deutung der Majestätsschilderungen in Jes 6, Ez 1 und 10 und Sach 4 (SBS 84/85), Stuttgart 1977, 82 (Abb. 37).

Schlange (betont durch die Verwendung des Begriffs Zeichen [*semeion*] in der griechischen Übersetzung der Episode[8]) kommen diejenigen, die sie ansehen und damit der durch Mose vermittelten Aufforderung Gottes nachkommen und sich so Gottes Willen zuwenden.

(3) In der frühjüdischen Rezeption wird die aufgerichtete Schlange zu einem Hinweis (Zeichen), das an die göttlichen Regeln (Gesetz) erinnert (Sap 16,5f). Es wird also der Gedanke der Erziehung Israels in der Wüste aufgenommen und zur Interpretation der Schlange verwendet, so dass die Bedeutung des Schlangensymbols zugunsten Gottes und seiner Lebensregel reduziert wird. Diese Linie findet sich in späterer jüdischer Auslegung fortgeführt, wo die erhöhte Schlange den Blick zu Gott hin lenkt und so zur Hinwendung zu ihm führen will.[9]

(4) Der vierte Evangelist verweist in christologisch zugespitzter und kreativer Weise in Joh 3,14 auf die alttestamentliche Episode zurück. Sie wird unter dem Vergrößerungsglas des johanneischen Erzählers auf einen Aspekt hin zusammengefasst: das Aufrichten der Schlange spendet Leben für die, die auf sie schauen. Er beschreibt dieses Geschehen mit einem johanneischen Programmwort als ein *Erhöhen*. Dieser Begriff umschreibt die Kreuzigung Jesu (vgl. Joh 12,34), der eine allgemein sichtbare und öffentliche Ausstellung einer Person oder Sache, wie es in der Tat dem Kreuzigungsgeschehen entspricht, beinhaltet.[10] Zugleich ist das Kreuz eine Etappe des Weges, auf dem der Sohn zu seinem himmlischen Vater zurückkehrt. Das Kreuz ist der Ort, wo der Sohn im johanneischen Sinn Verherrlichung erfährt, weil er hier mit seinem Weg und seinem Einsatz für die Menschen eintritt, die ihm Gott zu bewahren und ihnen Leben zu spenden gegeben hat. Das Festhalten am Willen Gottes und dessen völlige Erfüllung sind so die Ehre und die Verherrlichung Jesu.

---

[8] Vgl. J. Frey, »Wie Mose die Schlange in der Wüste erhöht hat …«. Zur frühjüdischen Deutung der »ehernen Schlange« und ihrer christologischen Rezeption in Johannes 3,14f, in: M. Hengel/H. Löhr (Hg.), Schriftauslegung im antiken Judentum und im Urchristentum (WUNT 73), Tübingen 1994, 153–205: 160.

[9] Vgl. die Präsentation der Interpretationsgeschichte bei Frey, Mose 159–177.

[10] Vgl. M. Labahn, Bedeutung und Frucht des Todes Jesu im Spiegel des johanneischen Erzählaufbaus, in: G. van Belle (Hg.), The Death of Jesus in the Fourth Gospel (BEThL 200), Leuven 2007, 431–456: 452ff.

Die Menschen, die in Jesus seine Nähe zu Gott und seine Erfüllung des göttlichen Auftrags erkennen, wenden sich zu Gott und seinem Gesandten und empfangen so Leben. So verwundert es auch nicht, dass dem Hinweis auf die Erhöhung Jesu als Menschensohn eine Aussage über das Ziel der Sendung Jesu in die Welt angeschlossen wird (3,16):

16 Denn so hat Gott die Welt geliebt, dass er seinen einzig geborenen Sohn gab, damit alle, die an ihn glauben, nicht verloren gehen, sondern das ewige Leben haben.

Das Ziel der Sendung des Sohnes ist die Rettung der Glaubenden, die in ihn ihre Zuversicht setzen. Der johanneische Erzähler nimmt den Prätext nicht kontextlos auf. Das eigentlich sinnlose Geschehen des schimpflichen Verbrechertodes bekommt einen Sinn zugemessen, der im Horizont der angespielten Episode aus der Wüstenwanderung liegt: das Erhöhen des Menschensohnes an das Kreuz gehört hinein in das lebensspendende Werk des Sohnes.

3.2 Die Gabe des Manna: Joh 6,31

(1) Joh 6 ist für das johanneische Erzählwerk typisch strukturiert. Auf einen narrativen Abschnitt folgen Diskussionen mit Partnern oder Opponenten, die der johanneische Jesus in einem Monolog beantwortet und interpretiert. Der Speisung der 5000, in johanneischer Diktion erzählt (6,1–15), folgt der johanneische Seewandel Jesu (6,16–21a) und schließlich eine Übergangspassage, die die neue Erzählsituation konstituiert (6,21b–31). Es schließt sich die bekannte Lebensbrotrede an (6,32–59). In Joh 6,60–65 kommt noch einmal der Erzähler zu Wort und zeigt, dass die Aussagen von Joh 6 auch im Kreis der Jünger Jesu zur Spaltung führen. Textpragmatisch sucht die Gesamtepisode die aktuellen Adressaten zu ermahnen, dass die, die erkannt haben, dass der Offenbarer »Worte ewigen Lebens« hat (V. 68), diesen nicht verlassen (vgl. V. 66.70f).

An zwei Stellen weist die Episode explizit auf die Wüstenwanderung Israels zurück. Zunächst einmal ist die Lebensbrotrede als Kern des sechsten Kapitels aufgebaut auf ein wesentliches Ereignis von Gottes Fürsorge: der Gabe des Manna (Ex 16; Num 11); zum anderen wird die Diskussion um die Gabe durch das Stichwort des »Murrens« ergänzt, das dem Kontext der Mannagabe entspringt (vgl. Joh 6,41 mit Ex 16,2ff; s.a. 17,3; Num 11,1; 14,27ff). Der Zusammenhang mit der Wüstengeschichte wird durch das Volk als Diskussionspartner Jesu hergestellt, wobei dessen Verweis auf die Autorität der Schriften zur Motivation der Frage nach Jesu eigener Autorität (6,30) dient: »Unsere Väter haben das Manna in der Wüste gegessen, wie geschrieben steht: ›Brot vom Himmel gab er ihnen zu essen‹« (6,31). Im narrativen Kontext von Joh 6 ist der mit einer legitimierenden Zeichenforderung verbundene Hinweis auf das Wüstengeschehen Ausdruck mangelnden Verständnisses der erzählten Zeichen der Brotspeisung und des Seewandels; er nimmt das Murren aus 6,41 vorweg. Die Sprecher reihen sich ironischerweise nahtlos in die Phalanx ihrer Väter ein, indem sie wie einst dem Mose nun dem gesandten Sohn Gottes die Gefolgschaft verweigern; dies ist um so gravierender, als im Kontrast zu Mose (s.a. 1,17) der Sohn das vom Vater gegebene endzeitliche Brot zum ewigen Leben ist:

32b Amen, amen, ich sage euch: nicht Mose hat euch das Brot aus dem Himmel gegeben, sondern mein Vater gibt euch das wahre Brot aus dem Himmel.

Die Lebensbrotrede erfüllt die Forderung eines Zeichens (V. 30), indem sie die erfolgten und berichteten Zeichen aus 6,1–15 (auch 6,16–21) auf die Bedeutung Jesu für die Glaubenden hin vertieft: wer Jesus isst (V. 50), also an ihn glaubt, hat Anteil an dem von Gott her stammenden Leben, das ohne jegliche Grenze ist. Dieses grenzenlose Leben wird als »ewiges Leben« vorgestellt und ist ein Leitwort der Lebensbrotrede (V. 29.40.47; s.a. 54). Diese Analyse bestätigt auch 6,49: »Eure Väter haben in der Wüste das Manna gegessen und sind gestorben«.

(2) Dass Joh 6,31 auf einen alttestamentlichen Prätext rekurriert, ist unumstritten. Sprachliche Übereinstimmung lässt Ps 78,24 als die zentrale Quelle erscheinen,[11] ohne dass ein Einfluss

---

[11] Aufgrund sprachlicher Differenzen zu den möglichen alttestamentlichen Prätexten (neben Ps 78,24 nach der Septuaginta wird an Ex 16,4.16; Neh 9,15 gedacht)

von anderen Manna-Traditionen auf die kurze Sequenz ausgeschlossen werden muss. Dies entspricht dem Sachverhalt, dass, auch wenn der vierte Evangelist nach dem Modell eines konkreten Einzeltextes formuliert, der Erzähl- und Motivkomplex der Manna-Tradition im Hintergrund steht, wobei es vor allem um die neue, christologisch und soteriologisch pointierte, Aussage geht, dass Jesus Gottes wahres Brot zum Leben ist.

Der alttestamentliche Kontext ist Vorbild, insofern Gottes einstige Gabe zum Überleben (Ps 78,23–25) Teil seiner Wundertaten ist, die Israel als Volk konstituieren (78,12–16), auch wenn sie durch Murren und Unverständnis des Volkes beantwortet werden (78,17–20 u.ö.). Dieser Ungehorsam führt zu Strafe und Tod (vgl. 78,21f.31); diese Struktur entspricht in Ps 78 den Mannaepisoden der Wüstenerzählung, die durch das freie Zitat von Ps 78,24 mit angespielt und dem Selbstbewusstsein der Adressaten in der Textwelt (»unsere Väter ...«) zugerechnet werden.

(3) Die Mannagabe als Ausdruck des göttlichen Heilshandelns kann mit Recht dem »Selbstverständnis« der jüdischen Adressaten in der Textwelt zugeschrieben werden. Schon innerhalb alttestamentlicher Schriften wird Gott für seine Gabe und deren Genuss gefeiert: vgl. Ps 105,40; Neh 9,15; s.a. z.B. Weish 16,20 (»Speise der Engel«); Philo, Nom 259f (Gabe der himmlischen Weisheit).

Wie das Befreiungshandeln des Auszugs aus Ägypten mit der Führung durch die Wüste insgesamt als Vorbild für das erwartete endzeitliche Gotteshandeln gesehen wird, so wird speziell die Episode der Mannaspeisung aufgenommen: z.B. syrBar 29,8. In Frag. 3 des hellenistisch-jüdisch zu verortenden zweiten Buches der Sibyllinischen Weissagungen wird die Zusage ewigen Lebens mit dem Verzehr des süßen Himmelsbrotes parallelisiert:

»Aber den treuen Verehrern des wahren und ewigen Gottes / wird zum Erbe das Leben, und ewiglich werden sie wohnen / im Paradies, in der

---

ist umstritten, welcher Text zitiert ist; zur Diskussion grundlegend M.J.J. Menken, Old Testament Quotations in the Fourth Gospel (BET 15), Kampen 1996, 47ff.

wonnigen Lust wohlsprossendem Garten, / essen das Brot voll Süße vom sternenbesäten Himmel« (Sib. II Frgm 3,46-49).[12]

(4) Der johanneische Jesus bedient sich der Metapher des Lebensbrotes, die eine distanzierende Hermeneutik der Prätexte (»eure Väter«) ermöglicht. Die Mannageschichte ist eine Geschichte des *zeitweiligen Überlebens*, die Präsenz des Lebensbrotes ein Ereignis, das durch Jesus vermitteltes und auf ihn bezogenes (ich bin das Brot des Lebens: V.35.41.48; s.a. 51), *dauerhaftes Leben* ermöglicht. Die endzeitliche Interpretation der Mannaepisode und die Zuspitzung auf das ewige Leben finden Analogien in frühjüdischen Auslegungen, die Zuspitzung auf Jesus als Gottes exklusive Lebensgabe (vgl. 14,6) ist jedoch ein signifikanter Differenzpunkt.

4. Auswertung: Etablierung durch Abgrenzung und Neu-Interpretation

»Die Wüste lebt« – sie bleibt als Aufenthaltsort Israels wie als Ort des wunderbaren, erhaltenden Wirkens Gottes lebendig. Der Wüstenaufenthalt Israels ist ein Grunddatum der Identitätsstiftung im kulturellen Gedächtnis Israels mit kreativem Einfluss auf Traditionen, Erwartungen, Hoffnungen und Theologiebildungen in der Religionsgeschichte Israels, des frühen Judentums wie auch des aus ihm erwachsenen jungen Christentums.

In ihm werden die Geschichten des Aufenthalts in der Wüste in das eigene kulturelle und religiöse Erbe eingegliedert und zugleich kreativ auf neue Erfahrung hin verändert. Die Prätexte und erinnerten Ereignisse werden in kurze Episoden (Mt 4,1–4 par Lk 4,1–4 = Q), in einen erzählten Geschichtsrückblick (1Kor 10,1ff) oder in Einzelworte verdichtet (Joh 3,14; 6,31.47) und in neue Kontexte integriert. Einzelne Passagen lassen sich als narrative Abbreviaturen ansprechen, die den alttestamentlichen Kontext anspielen, wobei sie zum Gegenstand »unterschiedli-

---

[12] Übers.: J.-D. Gauger, Sibyllinische Weissagungen. Griechisch-deutsch (Tusc.), Darmstadt 1998, 65.

che(r) bzw. gegenläufige(r) Interpretation« werden können.[13] Die neuen Kontexte werden durch die in ihnen kommunizierten Geschichten zur Anrede und nötigen zur Reflektion über die Selbstwahrnehmung im Rahmen der eingezeichneten Geschichten.

Die Beantwortung der Frage nach der Angemessenheit solcher Auslegung hat den kreativen Umgang mit Traditionen und Texten innerhalb der frühjüdischen Auslegungstradition als Analogie zu bedenken, die das erzählte Geschehen auf die Gegenwart hin adaptiert. Frühjüdische Auslegungen können den Ungehorsam der Wüstenzeit verdichten und die Wüstengeneration in kritischem Licht erscheinen lassen. Die frühjüdischen Adaptionen zielen darin auf Gehorsam und den Gottesglauben der Zeitgenossen und stiften ihnen Hoffnung (die Wüste als ideale Nähe Gottes und als Hoffnung auf ein neues Befreiungsgeschehen).

Die frühchristliche Adaption der Wüstenwanderung kann vor diesem Horizont jüdischer Schriftrezeption gelesen werden, vor allem insofern, als das erzählte Geschehen in die Perspektive neuen und endgültigen Handelns Gottes in seinem Messias Jesus gestellt wird. So knüpft sie an alttestamentliche Motive an, unterscheidet sich jedoch zugleich grundlegend in ihrer christologischen Hermeneutik. Durch die Fokussierung auf Jesus und den Glauben an ihn ist die Rezeption der Wüstenwanderung ein Geschehen der Distanzierung im Dienste der Ausbildung eigener (christlicher) Identität aufgrund neuer religiöser Erfahrung, die die Auslegungen in dieser Zentrierung von den genannten frühjüdischen Analogien trennt.

---

[13] E. Reinmuth, Allegorese und Intertextualität. Narrative Abbreviaturen der Adam-Geschichte bei Paulus (Röm 1,18–29), in: S. Alkier/R. B. Hays (Hg.), Die Bibel im Dialog der Schriften. Konzepte intertextueller Bibellektüre (NET 10), Tübingen/Basel 2005, 57–69: 60.

Hermut Löhr

Das Ritual des Versöhnungstages (Lev 16)

Der Sühnetag oder (große) Versöhnungstag (Jom Kippur)[1] ist der höchste religiöse Feiertag des Judentums. Auch wenn er seit der Tempelzerstörung im Jahr 70 n.Chr. nicht mehr in der in Lev 16 bzw. der Mischna beschriebenen Form als Opferkult begangen werden kann, hat er nichts von seiner herausragenden Bedeutung eingebüßt.[2] Er ist ein Tag der Besinnung und Umkehr, der mit Fasten, Gebet und Gottesdienst begangen wird und an dem auch im heutigen Staat Israel das öffentliche Leben weitgehend ruht. In der frühchristlichen Literatur werden einige Aspekte der Motivik und Theologie des Jom Kippur aufgenommen. Wichtige Zeugnisse dieser Wirkung finden sich vielleicht im Römerbrief, sicher im Hebräerbrief sowie im außerkanonischen Barnabasbrief.

1. Der große Versöhnungstag in der hebräischen Bibel

1.1 Das Ritual von Lev 16,1–34

In Lev 16 begegnen nach den vorausgehenden Ausführungen zum Reinheitsgesetz (Lev 11–15) Anweisungen JHWHs, die Mose an Aaron weitergeben soll und die ein komplexes kultisches Geschehen vorschreiben. Dabei wird deutlich, dass die Vorschriften nicht nur für einen einmaligen Opferakt in der Wüste gedacht sind. Vielmehr gelten sie als »ewige Ordnung«

---

[1] Die genaue Wortverbindung »Jom Kippur« wird erst im Mittelalter geläufig. Die hebräische Bibel spricht aber ganz ähnlich vom *jom (ha-) kippurîm* (Lev 23,27f; 25,9; vgl. Ex 30,10; Num 29,11). Aufgenommen wird mit dieser Bezeichnung der in Lev 16,32–34 mit dem hebr. Verb *kipper* bezeichnete Effekt des Rituals, (kultische) »Sühne« zu schaffen.

[2] Eindrücklich ist die Beschreibung der Bedeutung des Tages durch F. Rosenzweig, Der Stern der Erlösung. Mit einer Einführung von R. Mayer und einer Gedenkrede von G. Scholem, Frankfurt a.M. 1988 (= 1921/1930), 363.

(Lev 16,29.31.34) eines einmal pro Jahr zu begehenden Rituals. Lev 16,32 bestimmt dem entsprechend, wer nach Aaron als Priester geeignet sein wird, den Ritus leitend zu vollziehen. Gedacht ist an den sich auf Aaron zurückführenden Priester, d.h. den Hohenpriester. Lev 16,34b bestätigt dann die Ausführung der Anweisungen durch Aaron. Als Zeitpunkt für das jährlich zu begehende Fest wird in Lev 16,29 der »zehnte Tag des siebten Monats« angegeben.[3]

Zu vermuten ist, dass der Text, der in der Einleitung V. 1 auf Kap. 10 zurück verweist (was in der Septuaginta und im Targum Jonathan zur Stelle noch deutlicher zum Ausdruck kommt als im hebräischen Text), eine längerer Entstehungsgeschichte hatte. Zumal die V. 29–34 fallen als Nachtrag auf und werden in der wissenschaftlichen Exegese meist als späterer Zuwachs angesehen. Gerade durch sie aber werden die Anweisungen transparent für eine Zeit und Situation im Kulturland (vgl. die Erwähnung des Fremdlings in V. 29) jenseits des im literarischen Kontext vorausgesetzten Wüstenszenarios. Schon von daher liegt die Vermutung nahe, der Text sei (auch) ätiologisch zu verstehen und projiziere einen späteren Ritus an einem festen Tempel in die Wüstenzeit und auf das »Zelt der Begegnung« zurück. Da auch sprachliche Indizien den Text insgesamt als nachexilisch ausweisen, betrifft die Projektion nicht nur das Zeltheiligtum insgesamt, sondern auch die Einbeziehung und zentrale Bedeutung der Lade, die im nachexilischen Tempel tatsächlich ja gar nicht vorhanden war.

Schon bei erster Lektüre fällt auf, dass das in Lev 16 vorgeschriebene Geschehen komplex ist; es ist möglicherweise in 49 (sieben mal sieben) einzelne Handlungen gegliedert. So sind zu unterscheiden:
– ein Sünd- und Brandopfer (Ganzopfer) umfassendes Opferritual für Aaron selbst und sein Haus, einschließlich eines Blutritus' an verschiedenen Orten des Heiligtums (V.2–4.6.11.14.17.24f);
– ein Sünd- und Brandopfer umfassendes Opferritual des Priesters für die Sünden des Volkes, einschließlich eines Blutritus' an verschiedenen Orten des Heiligtums (V. 5.15–18.24f);
– ein Ritual mit Räucherwerk (V.12f);
– das sog. Asasel-Ritual (V. 7–10.20-22.26–28).

---

[3] Gedacht ist dabei an den Monat Tischri, wie die palästinisch-targumische Tradition zu diesem Vers später ausdrücklich sagt (MS British Museum Add 27031).

Das von Aaron als Priester vollzogene kultische Geschehen enthält sowohl Reinigungs- als auch Eliminationsriten.

Das Geschehen beginnt mit einer rituellen Waschung des Hohenpriesters, der sich danach in Leinengewänder kleidet, die nur dieser einmal im Jahr stattfindenden Zeremonie vorbehalten sind (Lev 16,4). Danach wird vom Hohenpriester eine doppelte Opferhandlung vollzogen, für sich und sein Haus sowie für das Volk; dabei werden sowohl Sündopfer als auch Brandopfer jeweils dargebracht. Dieses Reinigungsritual hat Parallelen im babylonischen Neujahrsfest.[4]

Zunächst schlachtet der Priester einen Stier als Sündopfer für sich und sein Haus und begibt sich dann mit dem – wohl in einem Gefäß aufgefangenen – Blut des Tieres, Kohlen vom (Brandopfer-) Altar und zwei Händen voll Räucherwerk in das Allerheiligste (V.11f). Dieses ist durch einen Vorhang vom Rest des Heiligtums abgetrennt und birgt die (Bundes-) Lade (V. 13: »das Zeugnis«), deren Deckplatte *(kapporêt)* in dem Ritus als Sühnmal dient (V. 2.13–15). Im Allerheiligsten wird mit Hilfe der Kohlen und des Räucherwerks eine Rauchwolke erzeugt, welche den Deckel der Lade verbirgt und den Hohenpriester so vor dem todbringenden Anblick JHWHs bewahrt (V. 13), denn das Allerheiligste gilt als Stätte der Gottesgegenwart. Dann sprengt der Hohepriester Blut des Opfertieres vorn an und siebenmal vor die Deckplatte (V. 14).

Wohl schon vor der Handlung im Allerheiligsten soll Aaron über zwei Ziegenböcke das Los werfen (V. 5.8–10). Der Bock, auf den das Los für JHWH gefallen ist, wird in derselben Weise wie zuvor der Stier als Sündopfer – diesmal für das Volk – dargebracht, indem auch sein Blut an und vor die Deckplatte der Bundeslade gesprengt wird (V. 9.15). Das Ergebnis fasst V. 16 zusammen:

»So soll er Sühne schaffen für das Heiligtum von den Verunreinigungen der Kinder Israel und von ihren Untaten, für alle ihre Verfehlungen, und so soll er tun für das Zelt der Begegnung, das bei ihnen war, inmitten ihrer Verunreinigungen[5].«

---

[4] Vgl. J. Milgrom, Leviticus 1–16 (AnB), New York 1991, 1067–1070.

[5] Diese letzte Formulierung verweist auf einen separaten Ritus in Analogie zu Lev 4,6f.17f.

Im Anschluss daran erfolgt auch eine Reinigung des Brandopferaltars vor dem Heiligtum dadurch, dass der Hohepriester das Blut der beiden Opfertiere des Sündopfers an die »Hörner« des Altars streicht und zudem den Altar siebenmal damit besprengt (V. 18f). Nach dem Ablegen der Kleider im »Zelt der Begegnung« (V. 23) und einer Waschung (V. 24) soll der Priester die Widder des Brandopfers für sich und sein Haus sowie für das Volk darbringen (V. 24). Das Fett des Sündopfers und die Reste der Opfertiere werden auf dem Altar (V. 25) bzw. außerhalb des Lagers (V. 27) verbrannt.

In dieses Opfergeschehen ist die Sündenbockzeremonie als Eliminationsritus zum Fortschaffen der Schuld des Volkes eingebettet. Auch dieses Ritual hat Entsprechungen in der Umwelt des Alten Testaments,[6] ist aber im Rahmen alttestamentlicher Sühnevorstellungen eher ein Fremdkörper.[7]

Bedeutung und Herkunft des Namens »Asasel« (V. 8.10) sind nicht sicher zu bestimmen. Während die Septuaginta volksetymologisch mit »der zum Wegschicken bestimmte (Ziegenbock)« übersetzt (V. 8.10; griech. *apopompaios* – ein Neologismus – bzw. *apopompê*; anders in V. 26), versteht die rabbinische Tradition die Bezeichnung als Ortsangabe. Gleiches gilt für einen Teil der targumischen Überlieferung. Diese Auffassung scheint auch in 1Hen 10,4–8 durch, einer Passage, in der »Azaël« (in Teilen der Textüberlieferung auch »Asasel«, »Aseal« oder »Asalsel«) der Name eines abtrünnigen Engels ist.[8]

Wahrscheinlich, so hat die moderne Exegese herausgearbeitet, sah der Text Lev 16 in »Asasel« einen Wüstendämon, dabei eine ältere außerisraelitische Bezeichnung für einen Eliminationsritus selbst missverstehend.[9]

In der feierlichen Zeremonie legt der Hohepriester beide Hände auf den Kopf des herbeigebrachten Tieres und spricht dabei in Form eines umfassenden Schuldbekenntnisses die Sünden des Volkes aus (V. 20f). Nachdem durch diesen zwei Hand-

---

[6] Vgl. Milgrom, Leviticus 1–16 (s. Anm. 4), 1071–1079; E. Gerstenberger, Das 3. Buch Mose / Leviticus (NTD 6), Göttingen 1993, 203f.

[7] Vgl. H. Gese, Die Sühne, in: ders., Zur biblischen Theologie. Alttestamentliche Vorträge, Tübingen, ²1983, 85–106: 102.

[8] Vgl. auch 4Q180 1,7; 1Hen 8,1; 9,6; 13,1 u.ö.

[9] Vgl. B. Janowski, Art. Azazel, DDD, 1999, 128–131.

lungen umfassenden[10] Gestus die Verfehlungen Israels auf den (zweiten) Bock übergegangen ist, wird das Tier in die Wüste gejagt (V. 22).[11]

Das Kapitel enthält auch Bestimmungen für die Reinigung der weiteren am Ritus beteiligten Personen (V. 26.28) und für die Vorbereitung der Laien (V. 29)

1.2 Weitere Verweise auf Jom Kippur in der hebräischen Bibel

Auch andere Passagen der hebräischen Tora verweisen auf den Jom Kippur: Ex 30,10 erwähnt, im Rahmen der Anweisungen für den Räucheraltar, die einmal jährlich durch Aaron zu vollziehende Entsühnung des Altars und nimmt so auf das Ritual des Versöhnungstags Bezug (vgl. Lev 16,18). Lev 23,26–32 bietet, im Kontext einer Reihe von Anweisungen für den Sabbat und die Jahresfeste, Bestimmungen, die JHWH an Mose gibt und in denen die Rolle des Priesters merklich zurücktritt. Hier ist überhaupt nur von einem »Feueropfer« (V. 27) die Rede; ansonsten liegt der Akzent auf dem Fasten und der Arbeitsruhe des Volkes, welches zu einer »heiligen Versammlung« zusammenkommt. In Num 29,7–11 schließlich, wiederum im Rahmen von Bestimmungen für wöchentliche und jährliche Feiertage, wird eine knappe Zusammenfassung der Kennzeichen des Jom Kippur gegeben, wobei nun die genaue Bestimmung der darzubringenden Opfer im Vordergrund steht, während das priesterliche Ritual selbst nicht beschrieben wird. In den beiden zuletzt genannten Texten – dass sie Lev 16 literarisch voraussetzen, ist möglich –, fehlt jeder Hinweis auf das Asasel-Ritual. Dies ist bereits ein Indiz dafür, dass in der Wahrnehmung der biblisch-jüdischen Tradition der Sündenbockritus keineswegs allein im Vordergrund des Versöhnungstagsgeschehens gestanden haben dürfte. Die Texte Lev 16 und 23,26–32 sind übrigens diejenigen, die der Hohepriester nach Angabe der Mischna (mYom 7,1) im Verlauf des Gottesdienstes am Zweiten Tempel verlas, während er Num

---

[10] Vgl. Gese, Sühne (Anm. 7), 96f.
[11] Die Mischna (mYom 6,6) legt später einen detaillierten Ritus zum Wegführen und Töten des Bockes fest.

29,7–11 auswendig rezitierte. Eine kurze Erwähnung findet der Versöhnungstag auch in Lev 25,9, innerhalb der Bestimmungen zum Jobeljahr. Dort ist er offenbar mit dem Neujahrstag identifiziert. Außerhalb der angegebenen Passagen kommt die Tora auf den Jom Kippur nicht mehr zurück. Auffälligerweise fehlt er auch in der deuteronomischen Gesetzgebung.

Ist die Gesetzgebung zum Jom Kippur in der Tora auf wenige, der priesterlichen Redaktion zuzurechnende Textabschnitte begrenzt, so berichten auch die geschichtlichen Bücher des Alten Testaments nicht von konkreten Feiern dieses Tages aus der Zeit des Zweiten Tempels. Außerhalb der Tora könnte der Versöhnungstag aber in visionären Texten seine Spuren hinterlassen haben. So scheint Ez 40,1 den Beginn der prophetischen Vision über den neuen Tempel auf den Jom Kippur zu datieren. In der Vision über den Hohenpriester Josua in Sach 3 mag der Kleiderwechsel in V. 4 eine Anspielung auf den Jom Kippur sein.

2. Zur frühjüdischen Geschichte der Praxis und Motivik des Jom Kippur[12]

2.1 Übertragungen und Interpretationen der Toravorschriften

Die Übersetzungen der zentralen Texte zum Versöhnungstag in der Septuaginta folgen im Wesentlichen dem hebräischen Text, was im Detail Abweichungen und verdeutlichende Ergänzungen nicht ausschließt. Ähnliches gilt, soweit erkennbar, für das Leviticus-Targum aus der vierten Höhle von Qumran (4QTgLev = 4Q156).

In der Tempelrolle von Qumran (11QT = 11Q19) finden sich in den Kolumnen 25 bis 27 Ausführungen zum Versöhnungstag, welche das Ritual im Detail regeln und dabei teils präskriptiv, teils deskriptiv formulieren. Das Verhältnis des Textes zu den bibli-

---

[12] Zum Folgenden vgl. J. M. Baumgarten, Yom Kippur in the Qumran Scrolls and Second Temple Sources, DSD 6 (1999), 184–191; D. Stökl Ben Ezra, The Impact of Yom Kippur on Early Christianity. The Day of Atonement from Second Temple Judaism to the Fifth Century (WUNT 163), Tübingen 2003; M. R. Lehmann, »Yom Kippur« in Qumran, RdQ 3 (1961/1962), 117–124.

schen Bestimmungen ist nicht einfach zu bestimmen und in sich differenziert; weder handelt es sich um eine genaue Aufnahme des kanonischen Textes, noch ist ein Bezug völlig zu leugnen.

Nur eben zu erkennen ist, dass in 11Q22, einer Zusammenstellung von Tora-Vorschriften, die Mose auf dem Berg Nebo verkünden soll, auch vom Versöhnungstag die Rede ist: Er wird auf den zehnten Tag des zehnten Monats gelegt (3,11), es ist ein Blutritus erkennbar (4,2), die gegebenen Vorschriften sind ewig (4,4), das Ritual wird einmal pro Jahr vollzogen (4,7) und scheint auch den Asasel-Ritus zu enthalten (4,9). Zu erwähnen ist in diesem Zusammenhang auch der Text 4Q375, der ein kultisches Ritual zur Identifikation eines Falschpropheten vorschreibt, das sich in der Bibel nicht findet. Einzelne Formulierungen und Elemente stehen in Nähe zum Jom-Kippur-Ritual nach Lev 16.

Philo von Alexandrien, der jüdische Diasporaphilosoph der ersten Hälfte des 1. Jh. n.Chr., geht in verschiedenen Schriften auf das Ritual des Versöhnungstags ein. So nimmt bereits Spec. Leg. 1,72 auf den Räucherritus des Jom Kippur Bezug. In 1,186–188 wird dann das Ritual ausführlicher erwähnt, ohne allerdings eine detailgetreue Aufnahme von Lev 16 oder des tatsächlichen Ritus am Zweiten Tempel zu bieten. Erneut geht Philo in Spec. Leg. 2,193–203 auf den Versöhnungstag ein, wobei auch hier nicht von einer Paraphrase der biblischen Bestimmungen gesprochen werden kann.

Im Rahmen seiner Darstellung der jüdischen Geschichte kommt auch Flavius Josephus, zuletzt in Rom arbeitender jüdischer Historiker des späteren 1. Jh. n.Chr., in Ant. 3,240–243 auf den Versöhnungstag zu sprechen. Die knappe Darstellung kombiniert Angaben von Lev 16 und Num 29. Sie gibt aber deutlicher als der Tora-Text zu erkennen, dass ein Tempelritual gemeint ist.

2.2 Bezugnahmen auf Jom-Kippur-Feiern der Zeit des Zweiten Tempels

Ausführlich geht die jüdische Weisheitsschrift Jesus Sirach 50,5–21, im Kontext des sog. »Lobs der Väter« (Sir 44–50; erste Hälfte 2. Jh. v. Chr.), auf den Gottesdienst des Hohenpriesters

Simon II. (ca. 210–190 v.Chr.) ein.[13] Ob die Schilderung, wie vielfach angenommen wurde, das Jom-Kippur-Ritual behandelt, ist keineswegs sicher. Alternativ ist an das tägliche Ganzopfer zu denken.[14] Dies würde dem literarischen Kontext entsprechen, denn auch in Bezug auf andere priesterliche Gestalten im Lob der Väter, Aaron und Pinchas (Sir 45,6–25), wird nicht vom Versöhnungstag gesprochen. Die Vermutung, es handele sich um den Gottesdienst am Versöhnungstag, wird vor allem an Sir 50,5 angeschlossen: Simon trat »aus dem Haus des Vorhangs hervor« – d.h. möglicherweise aus dem Allerheiligsten. Doch kann die Bezeichnung »Haus des Vorhangs« auch das Tempelgebäude an sich meinen, das zwei voneinander durch einen Vorhang getrennte Räume umfasst.

Zu bedenken ist bei solchen Überlegungen, dass in der Zeit des Zweiten Tempels die Meinungen darüber, ob und wie oft der Hohepriester am Versöhnungstag in das Allerheiligste eintrat, durchaus auseinander gingen: Während der Bericht in Lev 16 einen dreimaligen Eintritt vorauszusetzen scheint (V. 12.14.15), berichtet Philo in Leg. 307 von einem zweimaligen Akt. Nach Flavius Josephus hingegen trat der Hohepriester gar nicht ins Allerheiligste. Die mischnische Tradition setzt sogar vier Eintritte voraus (mYom 7,4).

Den Abschluss des Rituals in Sir 50 bildet der Segen, bei dem der Name Gottes ausgesprochen wurde. Nach einer talmudischen Aussage (bYom 39b) soll Simon II. der letzte Hohepriester gewesen sein, welcher den Gottesnamen aussprach. Freilich dürfte dies kein Spezifikum des Jom-Kippur-Rituals bezeichnen. Der Text des Siraciden ist jedenfalls wirkungs- und rezeptionsgeschichtlich von besonderer Bedeutung, weil er in die spätere jüdische Jom-Kippur-Liturgie aufgenommen wurde und daneben vielleicht auch auf die Liturgie der Samaritaner einwirkte.[15] Freilich wird in Sir 50 kein einzelner, genau datierbarer Gottesdienst geschildert; es geht um die Verherrlichung des Hohen-

---

[13] Vgl. O. Mulder, Simon the High Priest in Sirach 50. An Exegetical Study of the Significance of Simon the High Priest as Climax to the Praise of the Fathers in Ben Sira's Concept of the History of Israel (JSJ.S 78), Leiden/Boston 2003.

[14] Vgl. F. Ó Fearghail, Sir 50.5–21: Yom Kippur or The Daily Whole-Offering?, Bibl. 59 (1978), 301–316.

[15] Vgl. C. Roth, Ecclesiasticus in the Synagogue Service, JBL 71 (1952), 171–178.

priesters Simon durch die poetische (und unvollständige) Schilderung des wichtigsten kultischen Akts, den er während seiner Amtszeit regelmäßig vollzog.

Die im Habakuk-Kommentar aus Qumran (1QpHab 11,4–8; vgl. auch 4Q171) angedeutete Auseinandersetzung zwischen dem »Frevelpriester« (gemeint ist offenbar ein Jerusalemer Hoherpriester, der vom Text als illegitim angesehen wird, es könnte sich um den Makkabäer Jonathan handeln) und dem »Lehrer der Gerechtigkeit« (möglicherweise der Gründer der jüdischen Gruppe, die zu uns aus den Texten vom Toten Meer spricht) fand offenbar am Versöhnungstag der Gemeinschaft statt (welcher aus kalendarischen Gründen von dem am Jerusalemer Tempel beobachteten Termin abwich). Möglicherweise blickt der »Lehrer der Gerechtigkeit« selbst in einem der Loblieder (*hodayot*) auf dieses Ereignis zurück (1QH 12,5–12).

Bei Flavius Josephus finden sich zwei knappe historische Erwähnungen des Tages (Ant. 14,66.487), als Datum der Einnahme Jerusalems durch Pompeius bzw. durch Herodes den Großen. Über den Vollzug des Tages erfahren wir in diesen Notizen nichts; es ist nicht einmal ganz sicher, ob der Autor bei dem genannten »Fasttag« wirklich an den Jom Kippur denkt. Und auch die Historizität der chronologischen Angabe unterliegt erheblichen Zweifeln. Möglicherweise spielt der ehemalige Hohepriester Ananos in der in Bell. 4,163–192 wiedergegebenen Rede auf den Asasel-Ritus des Versöhnungstags an, wenn er die Möglichkeit erwägt, in der Wüste sein Leben für die Sache Gottes hinzugeben (4,164).

In der vermutlich aus dem 1. Jh. n.Chr. stammenden, christlich interpolierten Schrift *Paralipomena Jeremiae* wird in 9,1 ein neuntätiger Kult von Rückkehrern aus dem Exil um den Propheten in Jerusalem erwähnt. Am zehnten Tag aber – gedacht ist an den Jom Kippur – opfert Jeremia allein und spricht ein Gebet, das im Wortlaut geboten wird (ParJer 9,3–6). Die Fortsetzung der Schilderung (Scheintod Jeremias, Christus-Vision; Steinigung) ist sicher christlich.

2.3. Genauere Angaben zum Ritual des Jom Kippur

Über die tatsächliche Durchführung des Jom Kippur am Zweiten Jerusalemer Tempel sind wir aus den zeitgenössischen Quellen nur unzureichend informiert. Unter den Texten aus Qumran fanden sich Reste eines Gebets für den Versöhnungstag.[16] Es dürfte zu den Texten gehören, die der Gruppe eigen und nicht auf das Tempelritual zurückzuführen sind. Auch 1Q29 könnte eine Schilderung des Ritus enthalten, ist aber zu fragmentarisch, als dass Genaueres zu erkennen wäre.

Philo stellt in Spec. Leg. 2,196 (vgl. auch 203) das Gebet (offenbar des Volkes) um Vergebung aller Sünden als wichtigen Aspekt des Tages heraus, ohne aber genauere Angaben über den rituellen Ort dieses Gebets zu machen. Auch in der Schilderung des Rituals in Leg. Gai. 306f wird das Gebet des Hohenpriesters (für Wohlergehen und Frieden) besonders betont.

In der schon erwähnten Darstellung Ant. 3,240–243 berichtet Flavius Josephus von der Opferung zweier Widder, in Abweichung von Lev 16,5 und Num 29,8. Der eine Bock des Asasel-Ritus werde, so der Historiker weiter, in die »Vorstadt« geschickt zu einem »ganz reinen Ort« und dort verbrannt. In Bell. 5,231–236 gibt der Autor eine ausführliche Beschreibung der Bekleidung, die der Hohepriester nach einer Bemerkung zum Schluss der Ausführungen nur am Jom Kippur, wenn er in das Allerheiligste eintrat, getragen habe.

Schließlich enthält die Mischna, deren Endredaktion vermutlich vor 200 n.Chr. erfolgte, innerhalb der Ordnung »Moed« (»Festzeiten«) einen ganzen Traktat namens »Joma« (»Tag«, gemeint ist der herausragende Tag im jüdischen Festkalender), der sich mit dem Ablauf des Jom-Kippur-Rituals am Zweiten Tempel beschäftigt. Die Darstellung lehnt sich eng an die Regeln von Lev 16 an, nimmt aber anders als das Tora-Kapitel selbst ausdrücklich auf den Tempel Bezug. Das fiktionale Element liegt hier darin, dass der Text zu einer Zeit abgeschlossen wurde, als der Tempel längst zerstört war.

---

[16] 4Q508 Fragm. 2; 1Q34*bis* 1 + 2,6f; Fragm. 3 Kol. II könnte ein Teil des Gebets im Wortlaut sein; vgl. 4Q509 Fragm. 97–98 Kol. I; vgl. auch 1Q34 Fragment 1 und 2, Zeile 6.

In der Aufnahme dieses Traktats in den Babylonischen Talmud fällt vor allem die Polemik gegen sadduzäische Auffassungen über das Ritual dieses Tages auf. Hauptstreitpunkt zwischen Pharisäern und Sadduzäern ist nach dieser Darstellung der rechte Vollzug des Räucherritus (vgl. Lev 16,2.13).

2.4. Hinweise auf die theologische Bedeutung des Versöhnungstages

Was die theologische Bedeutung des Tages angeht, so heben die frühjüdischen Quellen überwiegend Aspekte hervor, die sich aus der Beteiligung des Volkes, der »Laien«, am Ritual ergeben. So wird in manchen Qumran-Texten der Charakter des Tages als eines Trauer-, Umkehr- und Fastentags herausgestellt (4Q508 2,2f). Hierfür finden sich auch Belege im Qumran-nahen Damaskusdokument (CD 6,18f; gemeint ist mit dem »Fasttag« der Versöhnungstag) sowie im Buch der Jubiläen (34,19), in dem der Tag mit der Trauer Jakobs über seinen (angeblich gestorbenen) Sohn Joseph begründet wird.

Eine Sonderrolle spielt der Text 11QMelch (= 11Q13), in welchem der in der hebräischen Bibel nur aus Gen 14 und Ps 110,4 bekannte Melchisedek als himmlisch-eschatologische Gestalt vorgestellt wird. In 11QMelch 1,7–8 wird, im Kontext einer eschatologisch-geschichtlichen Schriftdeutung, der Versöhnungstag am Ende des 10. Jubiläums erwähnt, der die Sühne für die Söhne Gottes und »die Männer des Loses des Melchisedek« bringt. Vielleicht ist Melchisedek auch das Subjekt des Sühnegeschehens, das nicht weiter ausgemalt wird. In Bezug auf 11QMelch wird man jedenfalls von einem eschatologischen Jom Kippur sprechen dürfen, eine Vorstellung, der wir im frühen Christentum im Hebräerbrief wieder begegnen werden.

Im *Liber Antiquitatum Biblicarum*, einer jüdischen Schrift des späten 1. Jh. n.Chr., ist in 13,6 ist vom »Fasten der Barmherzigkeit« (*ieiunium misericordi[a]e*) die Rede; das Fasten, so die kurze Bemerkung zu diesem Tag, geschehe für die Seelen. Auch Flavius Josephus spricht wiederholt vom Fasten an diesem Tag (vgl. noch Bell. 5,236).

Philo von Alexandrien selbst betont in Spec. Leg. 1,187f den Doppelcharakter des Tages: als Festtag und als Reinigung und

»Flucht vor den Sünden«, verstanden als Umkehr. In den breiten Ausführungen in Spec. Leg. 2 wird dann vor allem der Aspekt des Fastens entfaltet und interpretiert. In Vit. Mos. 2,23f wird der Tag durch striktes Fasten von paganen Festzeiten abgehoben. In Leg. All. 2,52 ist der Asasel-Ritus aufgenommen und auf die verschiedenen Kräfte im Menschen bezogen; dabei wird, den Sprachgebrauch der Septuaginta aufnehmend und interpretierend, der Sinn des zweiten Bocks im Fortschicken der Leidenschaft (*pathos*) gesehen. Im Kontext, in Leg. All. 2,55f, wird der Hohepriester-Ritus in ähnlicher Weise umgedeutet. Auch die Darlegungen in Post. 70–72 nehmen, in der allegorischen Auslegung von Lev 16,10, auf den Asasel-Ritus Bezug und beziehen ihn auf den Menschen und seine Anlagen. In Her. 179 und Plant. 61 werden die zwei Böcke auf zwei einander entgegen gesetzte Arten des Denkens – *logoi* – bezogen, die sich auf das Göttliche oder das Gewordene erstrecken. Philos allegorische, anthropologisch und ethisch interessierte Exegese findet auch auf Lev 16,17[17] sowie auf das Gewand des Hohenpriesters nach Lev 16,4[18] Anwendung.

Den festlichen und freudigen Aspekt des Jom Kippur, eines »guten Tags« (hebr. *jom tov*), betonen auch Aussagen in der Mischna, so mYom 7,4 und mTaan 4,8. In paganen Texten ist der jüdische Versöhnungstag dagegen nicht sicher bezeugt, auch wenn immer wieder Texte, z.B. aus Plutarch oder Juvenal, als Anspielungen auf ihn interpretiert wurden. Dass der Versöhnungstag *der* große jüdische Festtag gewesen sei, findet also in den zeitgenössischen Quellen Außenstehender keine Bestätigung.

---

[17] In Somn. 2,188f auf den Logos, in derselben Schrift im Abschnitt 231f auf den Vollkommenen, in Her. 84 auf den menschlichen Verstand (griech. *nous*) bezogen.
[18] Somn. 1,216–218; vgl. Leg. All. 2,56.

3. Leviticus 16 und der Jom Kippur im frühen Christentum

3.1. Vorbemerkungen

Das Neue Testament zitiert weder Lev 16 noch einen anderen der Jom-Kippur-Texte des Alten Testaments. Die scheinbare Ausnahme, Apg 3,23, dürfte eine Zitatkombination von Lev 23,29 und Dtn 18,19 darstellen, stellt aber im Kontext keinerlei Bezug zum Jom Kippur her. Auf die zeitgenössische rituelle Praxis am Zweiten Tempel gehen die urchristlichen Schriften nicht ein. Während andere jüdische Feste wie Pesach/Mazzot, Shavuot oder Sukkot deutlich erwähnt werden, tritt der Versöhnungstag also merkwürdig in den Hintergrund. Allein in Apg 27,9 dürfte mit dem »Fasten« der Jom Kippur gemeint sein – ein Hinweis auf die Bedeutung des jüdischen Feiertags auch in der Diaspora und abgesehen vom Tempelkult. Doch auch ohne ausdrückliches Zitat von Lev 16 oder Schilderungen des dortigen Ritus am Zweiten Tempel hat die Motivik dieses Tages einen merklichen Einfluss auf die urchristliche Verkündigung ausgeübt, soweit sie sich im Neuen Testament niederschlägt. Dies gilt insbesondere für Röm 3,25 und den Hebräerbrief.

Ob in den Evangelien auf den Versöhnungstag angespielt wird, ist dagegen mehr als fraglich. Am ehesten ist noch zu erwägen, ob die Ausgestaltung der Barabbas-Episode im ersten Evangelium (Mt 27,15–26) das Asasel-Ritual zu ihren motivlichen Voraussetzungen hat. Für diese Interpretation könnten folgende Einzelzüge angeführt werden, die im Vergleich mit der literarischen Vorlage Mk 15,6–15 als Eigenheiten des matthäischen Textes besonders auffallen: a) die direkte Gegenüberstellung von Barabbas und Jesus (»Jesus« ist textkritisch nicht sicher), dem »so genannten Messias/Christus« in V. 17; b) die erneute direkte Gegenüberstellung von Barabbas und Jesus in V. 20; c) die Frage des Prokurators, »welchen von beiden« er frei geben solle (V. 21); d) die Erwähnung des Blutes Jesu durch Pilatus (V. 24). Sogar das Händewaschen des Pilatus und sein Unschuldsbekenntnis (V. 24) sowie der gegenüber der mk Vorlage veränderte Farbton des Mantels,[19] den man Jesus nach V. 28 umlegt, werden zuweilen mit dem Jom-Kippur-Ritual in Verbindung gebracht.

---

[19] Statt purpurfarben ist er nun »scharlachrot«; vgl. zu anderen Bezügen U. Luz, Das Evangelium nach Matthäus. 4. Teilband. Mt 26–28 (EKK I/4), Düsseldorf u.a. 2002, 295f.

Die direkte Gegenüberstellung von Christus und Barabbas soll nach dieser Deutung, die schon in der Alten Kirche im 3. Jh. n.Chr. bei Origenes begegnet,[20] nach der Gegenüberstellung der beiden Böcke des Asasel-Ritus ausgestaltet worden sein. Doch überzeugt diese Interpretation schon deshalb nicht, weil es ihr nicht gelingt, die Tatsache, dass im Asasel-Ritus *beide* Böcke eine je eigene soteriologische Funktion haben, plausibel in die Barabbas-Episode einzubeziehen. Ist an diesem zentralen Punkt aber ein Bezug nicht wahrscheinlich zu machen, so können die anderen Indizien die Beweislast allein nicht mehr tragen.

Die Aussage des Täufers über Jesus nach Joh 1,29, dieser sei »das Lamm Gottes, welches die Sünde der Welt trägt«, wird – vielleicht entgegen intuitiver Vermutung – *nicht* auf den Asasel-Ritus nach Lev 16 zu beziehen sein. Denn weder ist dort von einem »Lamm« (griech. *ámnos*), sondern von einem Bock (griech. *ch[e]imaros;* daneben auch *tragos*) die Rede, noch ist die johanneische Rede vom »Tragen« (griech. *airein*) mit der in Lev 16 zu findenden Aussage über das »Fortschicken« oder »Entlassen« (V. 10.21) des Bocks vereinbar. Die Motivik in Joh 1,29 ist daher nicht diejenige des Versöhnungstags, Jesus ist für den vierten Evangelisten nicht der »Sündenbock«.

Auch die Aussage von 1Joh 2,2; 4,10, Jesus Christus sei »Sühne« (griech. *hilasmos*) für unsere Sünden wie die des ganzen Kosmos, ist nicht sicher auf die Motivik des Versöhnungstags zu beziehen, wiewohl dieser einmal in der Septuaginta (Lev 25,9) als »Tag des *hilasmos*« bezeichnet wird.

3.2. Der Befund in den Paulusbriefen

Ob in den ältesten erhaltenen frühchristlichen Texten, den (echten) Briefen des Apostels Paulus, schon auf den Jom Kippur Bezug genommen wird, ist unsicher. Der Befund ist differenziert zu bewerten.

Während die Anspielung auf die kultische Sühne in Röm 8,3 zu allgemein ist, um sie direkt auf das Ritual von Lev 16 beziehen zu können, liegt der Sachverhalt in Röm 3,25 anders. Dort findet sich der Versuch, das Heilsgeschehen in Christus mit Hilfe kultisch-soteriologischer Sprache auszusagen. Möglicherweise übernimmt hier der Apostel eine bereits geprägte Tradition. Jesus Christus wird dabei als »Sühnegabe« (griech. *hilastêrion*)

---

[20] Orig., Hom in Lev 10,2 (ed. Borret, SC 287, 134).

für die Sünden bezeichnet. Vielleicht ist hier, abweichend vom pagan-griechischen Sprachgebrauch, bei dem Wort *hilastêrion* an den Deckel der Bundeslade (hebr. *kapporêt*) gedacht, der, wie gezeigt, im Blutritus im Allerheiligsten nach Lev 16,13–15[21] eine besondere Rolle spielt (vgl. die Erwähnung des Blutes Christi im selben Vers). Da die Verbindung von Blutritus und Sühnemal sonst nur noch in Ez 43,20 begegnet, scheint der Bezug auf die Jom-Kippur-Motivik in der christologisch-soteriologischen Aussage plausibel. Dann würde Röm 3,25 Christus als eine *kapporêt* höherer Ordnung betrachten.[22] Doch stellen sich einer solchen Deutung auch erhebliche Schwierigkeiten entgegen.[23] Jedenfalls wird man das Bild nicht zu sehr pressen dürfen.[24]

Alternativ wird deshalb auch vorgeschlagen, die Passage in Röm 3,24–26 ganz ohne Bezug auf den Sühnetag vor dem Hintergrund jüdischer Märtyrertheologie zu verstehen.[25] Im vierten Makkabäerbuch, einer allerdings wohl erst nachpaulinischen Schrift,[26] wird in 17,22 der Tod der Märtyrer adjektivisch als »sühnend« oder substantivisch als »Sühnegabe« für das Volk bezeichnet; daneben wird das »Blut der Frommen« als rettend erwähnt. Doch spricht manches dafür, auch diese Aussage auf dem Hintergrund der Motivik und Soteriologie des Versöhnungstags zu verstehen. Mit anderen Worten: die Alternative »Sühnetagsmotivik oder Märtyrersprache« ist möglicherweise gar keine.

---

[21] Für die Anfertigung vgl. Ex 25,17–21, s. ferner Ex 31,7; 35,12; 38,5.7, 38,8; Num 7,89; Am 9,1, Ez 43,14.17.

[22] P. Stuhlmacher, Der Brief an die Römer (NTD 6), Göttingen 1989, 56; ähnlich U. Wilckens, Der Brief an die Römer Bd. I (EKK VI/1), Zürich u.a. ²1987, 193.

[23] Vgl. K. Haacker, Der Brief an die Römer (ThHKNT 6), Berlin 1999, 90f.

[24] Vgl. B. Janowski, Sühne als Heilsgeschehen. Traditions- und religionsgeschichtliche Studien zur priesterschriftlichen Sühnetheologie (WMANT 55), Neukirchen-Vluyn, ²2000, 353: Der Gekreuzigte ist »*Ort der Sühne* ..., an dem er, *Gott selbst*, gegenwärtig ist«.

[25] Vgl. etwa Haacker, Röm (s. Anm. 23), a.a.O.; E. Lohse, Der Brief an die Römer (KEK IV), Göttingen 2003, 134f.

[26] Zur Datierung vgl. H.-J. Klauck, 4. Makkabäerbuch (JSHRZ 3/6), Gütersloh 1989, 668f.

3.3. Die Rezeption von Lev 16 im Hebräerbrief

Bleibt der Bezug paulinischer Soteriologie auf den Jom Kippur punktuell und unscharf, so ist die Theologie des Hebr insgesamt von der Motivik des Versöhnungstages geprägt. Die zentrale theologische Leistung des in vieler Hinsicht rätselhaften und historisch nach wie vor schwer einzuordnenden Schreibens besteht darin, das Heilsgeschehen in Christus mit Hilfe biblisch-kultischer Soteriologie auszusagen.[27] Der Tod Christi wird als einmaliges und ein für allemal Heil schaffendes Selbstopfer des himmlischen Hohenpriesters im himmlischen Heiligtum ausgesagt und typologisch-antithetisch dem alttestamentlichen Opferdienst gegenüber gestellt.

Nachdem die Hohepriestertheologie und -soteriologie schon in den thematischen Ankündigungen in Hebr 2,17 und 4,14f vorbereitet wurde, findet sich in Hebr 5 eine erste ausführlichere Darstellung des Vergleichs von irdisch-biblischem und himmlischem Hohenpriestertum. Dabei wird über »jeden Hohenpriester, der von Menschen genommen ist« (V. 1) in V. 3 festgestellt, er müsse für die Sünden des Volkes ebenso Sühne schaffen wie für seine eigenen. Diese Aussage, im Kontext und im Vergleich mit dem Hohenpriestertum Christi abwertend gemeint (verweist sie doch auf die »Schwachheit« des irdischen Priesters, vgl. V. 2, ferner V. 28), dürfte auf den Doppelritus von Lev 16 anspielen, vgl. insbesondere Lev 16,6.15f. Das in V. 7 erwähnte Gebet Jesu ist dagegen sicher keine Anspielung auf die Fürbitte des Hohenpriesters im Tempelritual, und auch nicht auf das Sündenbekenntnis für die eigenen Verfehlungen, sondern ein Gebet um Rettung aus Todesgefahr.

Auch das Bild vom »Anker der Hoffnung«, das in 6,19f kombiniert wird mit der Vorstellung vom Vorhang, hinter den der

---

[27] Vgl. C. Eberhart, Characteristics of Sacrifical Metaphors in Hebrews, in: Hebrews. Contemporary Methods – New Insights, hg. von G. Gelardini (Bibl.-Interpr.S 75), Leiden/Boston 2005, 37–64 (auch zur Kritik am Verständnis der kultischen Sühne bei Hartmut Gese und Bernd Janowski); G. Gäbel, Die Kulttheologie des Hebräerbriefes (WUNT II/212), Tübingen 2006; H. Löhr, Wahrnehmung und Bedeutung des Todes Jesu nach dem Hebräerbrief. Ein Versuch, in: Deutungen des Todes Jesu im Neuen Testament, hg. von J. Frey und J. Schröter, Tübingen 2007, 455–476.

himmlische Hohepriester eingetreten ist, ist wahrscheinlich von Lev 16 inspiriert (vgl. V. 2.12). So wie nach dem in der Tora vorgeschriebenen Ritual der Hohepriester stellvertretend für das Volk hinter den Vorhang des Allerheiligsten in die unmittelbare Präsenz Gottes tritt, so ist für den frühchristlichen Text der himmlische Hohepriester Jesus Christus derjenige, der unmittelbar vor Gott tritt und so auch für die Gläubigen die Hoffnung auf Existenz in uneingeschränkter, »himmlischer« Gottesgemeinschaft eröffnet.

In der ausführlichen Darstellung der Hohenpriesterlehre des Textes in Hebr 7 spielt der Jom Kippur überraschenderweise eine vergleichsweise geringe Rolle. Die Gegenüberstellung zweier Priestertümer ist diejenige des levitischen Priestertums (V. 5.9.11) und des Priestertums »nach der Ordnung Melchisedek« (V. 11; vgl. V.15; vgl. Gen 14 und Ps 110,4). Der Name Aarons, der für die alttestamentlich-biblische Jom-Kippur-Tradition von Lev 16 zentral ist, wird nur einmal genannt (V. 11). Hebr 7,27 betont die Einmaligkeit des Selbstopfers Christi, stellt dem aber nicht, wie für eine Jom-Kippur-Typologie zu erwarten und dann in Hebr 9 tatsächlich vorgenommen, das einmal jährliche Opfer des irdischen Hohenpriesters gegenüber, sondern spricht zunächst von den »täglich« notwendigen Opfern. Da das tägliche Opfer (das sog. Tamid) nicht vom Hohenpriester vollzogen werden musste, wird man die Aussage am einfachsten auf die tägliche *Notwendigkeit* des Opfers beziehen.

Auch in der Gegenüberstellung von irdischem und himmlischem Heiligtum in Hebr 9 finden sich direkte Bezugnahmen auf den Ritus von Lev 16. So erwähnt V. 7 die Tatsache, dass der (irdische) Hohepriester (nur) einmal (*hapax*) im Jahr hinter den zweiten Vorhang tritt, um für sich und das Volk zu sühnen (vgl. Lev 16,16.18f). Es läge nahe, diese Tatsache als positive Vorabbildung des Eintritts Jesu in das himmlische Allerheiligste zu interpretieren. Tatsächlich jedoch wird die Aussage im Sinne eines Defektes des alten Kults verstanden, wie die argumentative Fortführung in V. 8–10 deutlich macht: Der Bestand des ersten Zeltes (vgl. V. 2) ist Gleichnis für die Unvollkommenheit des irdischen Kults. V. 12 sagt dann, dass der himmlische Priester mit dem eigenen Blut »ein für allemal« (*efapax*) in das himmlische Heiligtums gegangen sei. Deutlich steht der Kultakt des

Jom Kippur vor Augen, der zugleich aber überboten und damit abqualifiziert wird. Diese überbietende Gegenüberstellung wird in 9,24–28 noch einmal aufgenommen und weiter geführt bis zur Aussage über die künftige Parusie in V. 29. Zwar wird diese nicht direkt mit dem Ritual des Versöhnungstages verknüpft, doch ist die Annahme plausibel, die Vorstellung von der Rückkehr aus dem Allerheiligsten stehe als Bild im Hintergrund.

Die Analogie zwischen irdischem Jom Kippur und himmlischem Kult wird endgültig zerbrochen in 10,1–3: Der jährliche Sühnekult (und damit dürfte der Jom Kippur gemeint sein) ist Zeichen gerade für seine Unvollkommenheit, denn er bewirkt nicht (endgültige) Befreiung von den Sünden (wie seine Wiederholung verrät), sondern schafft nur Erinnerung an sie (V. 3). Doch wird in V. 10 noch einmal das Stichwort »ein für allemal« aufgegriffen und auf »unsere« Heiligung bezogen.

Schließlich findet sich die Jom-Kippur-Motivik noch einmal in Kap. 13, im Rahmen von abschließenden Mahnungen: V. 11f parallelisieren das Verbrennen der Reste des Sündopfers »außerhalb des Lagers« (vgl. Lev 16,27) und das (leibliche) Leiden Jesu »draußen vor dem Tor« und nehmen damit offenbar die schon traditionelle und historisch wahrscheinlich zutreffende Vorstellung auf, Jesus sei außerhalb der Stadt Jerusalem zu Tode gekommen.[28] Die Schlussfolgerung, die der Text aus dieser Typologie zieht, findet sich in der Mahnung von V. 13. In nichtmetaphorische Sprache übersetzt dürfte auf Verfolgungen der Gemeinde angespielt sein, die es auszuhalten gelte.

Der sich im Hebräerbrief zeigende Befund ist also ambivalent: Einerseits wird auf die Sühnetagsmotivik, wie sie insbesondere in Lev 16 entfaltet ist, positiv Bezug genommen. Der Eintritt des Hohenpriesters in das Allerheiligste wird auf den himmlischen Hohenpriester bezogen, der ewiges Heil schafft. Auf der anderen Seite verliert die Argumentation die Zuordnung des Rituals zum irdisch-biblischen Kult, der als veraltet und wirkungslos aufgefasst wird, nicht aus den Augen: Eine ungebrochen positive Inanspruchnahme ist von daher ausgeschlossen. Der Hebräerbrief ist dabei nicht an der differenzierten Aufnahme der Opferbestimmungen interessiert. Vom Asaselritual wird nur ein Ele-

---

[28] Vgl. Mt 27,32f.parr; Joh 19,17.

ment aufgenommen, freilich nicht dasjenige des in die Wüste geschickten Bocks. Die für die alttestamentliche und frühjüdische Versöhnungstagsmotivik wichtigen Aspekte von Arbeitsruhe und Fasten werden gar nicht verwertet. Der Hebräerbrief nimmt also nicht umfassend die biblisch-jüdische Vorstellung vom Versöhnungstag auf, sondern beschränkt sich auf eine selektive Verwendung im Rahmen seiner Kultsoteriologie. In der Abwertung der irdischen Kultordnung ist nicht der Versöhnungstag mit seinem Heilsversprechen der Sühnung aller Sünden (vgl. Lev 16,34.16.21) im Fokus, sondern der biblisch-irdische Kult des levitischen Priestertums.

Dem Vorgehen in Hebr vergleichbar, aber längst nicht so ausführlich spielt Offb 8,3 auf das Versöhnungstagsritual an. Der Visionär sieht nach der Öffnung des siebten Siegels (V. 1) einen himmlischen, durch Engel vollzogenen Kult, in dessen Rahmen eine an Lev 16,12f erinnernde Manipulation mit Räucherwerk vollzogen wird.

3.4. Die Motivik des Versöhnungstags im Barnabasbrief

Eine bedeutende Rolle spielt die Motivik des Versöhnungstags auch im pseudepigraphischen Barnabasbrief, einem frühchristlichen Text, der zu den »Apostolischen Vätern« gezählt wird und auf ca. 130–132 n.Chr. zu datieren ist. Im ersten Hauptteil (Kap. 1–16) versucht die Argumentation immer wieder das rechte Verständnis der heiligen Schrift aufzuzeigen, das sich aus der Beachtung der Schriftworte selbst sowie durch ihr Verständnis in Hinblick auf Christus ergibt. Der Barnabasbrief propagiert ein »geistliches« Schriftverständnis, welches typologische und allegorische Interpretationsansätze (sowie bisweilen die Gematrie) miteinander verbindet. Deutlich wird, dass die wörtliche Befolgung besonders der rituellen und kultischen Vorschriften ein Missverständnis sei. Dabei geht Kap. 7 auch auf den Versöhnungstag ein. Die Argumentation vollzieht sich in zwei großen Bewegungen (3–5.6–11):

Die erste geht aus vom freien Zitat Lev 23,29 in Barn 7,3, welches die Bewahrung des Fasttages streng vorschreibt. Mit einem weiteren Zitat, dessen Herkunft nicht deutlich zu bestimmen ist,[29] wird dann jedoch darauf hingewiesen, dass die Bestimmungen doch für die Priester das Essen vorsehen (7,4). Die Deutung dieses Widerspruchs ergibt sich, wenn man die alttestamentlichen Aussagen auf das Christus-Geschehen, genauer auf die Passion Jesu, bezieht (7,4f). Dabei wird in der Argumentation unterschieden zwischen den »Priestern des Tempels« (7,3) und dem »Volk, das fastet und in Sack und Asche trauert« (7,5). Erkennbar sind also die Aspekte von Fasten und Umkehr aufgenommen, die auch im jüdischen Verständnis des Versöhnungstags eine große Rolle spielen.

Der zweite Argumentationsgang in Barn 7,6–11 nimmt Bezug auf den Asaselritus, und dies wiederum unter zwei Aspekten: Zum einen werden die beiden Böcke (die hier anders bezeichnet sind als in der Septuaginta) interpretiert, deren einer als Typos (7,10) des leidenden Jesus verstanden wird, der zweite hingegen als derjenige des Wiederkommenden. Zum anderen wird der merkwürdige Wollritus (vgl. mYom 6,6; nicht in Lev 16), der schon in 7,8 erwähnt wurde, aufgenommen und in 7,11 wiederum auf die Leidensnachfolge Christi bezogen. Durch die Gewandsymbolik wird dabei der Wiederkommende als Priester gekennzeichnet; und so dient der Priester des Jom-Kippur-Rituals indirekt zu dessen Vorabbildung.

Am tatsächlichen Vollzug des Jom Kippur am Zweiten Tempel (oder nach der Tempelzerstörung) sind auch diese Passagen nicht interessiert. Allerdings nimmt die Interpretation auf Details des Ritus Bezug, die zuvor im frühen Christentum, soweit wir wissen, keine besondere Beachtung fanden. Es ist dabei auch mit der Kreativität des Verfassers zu rechnen, der wiederholt Bestimmungen zitiert, deren Herkunft unbekannt ist. Damit ist die Rezeption der Sühnetagsmotivik in Barn 7 nicht zuletzt Zeugnis einer intensiveren, christologisch interessierten Schriftlektüre. Sie bezeugt im 2. Jahrhundert n.Chr. eine Entwicklung, die wir im frühen Christentum zuerst bei Paulus angedeutet und im Hebräerbrief näher und anders ausgearbeitet greifen können.

---

[29] Vgl. F. R. Prostmeier, Der Barnabasbrief (KAV 8), Göttingen 1999, 294f.

4. Zusammenfassung

Überblickt man die Rezeptions- und Wirkungsgeschichte von Ritus und Motivik des Versöhnungstags im entstehenden Christentum und im Vergleich zur sonstigen jüdischen Literatur des Zweiten Tempels, so lässt sich Folgendes feststellen:

1. Die besondere, freilich nicht singuläre Bedeutung des Versöhnungstages ist in den Quellen vielfach betont.

2. Als wichtigste Elemente des Rituals und seiner Bedeutung lassen sich einerseits seine kultsoteriologische Dimension, die durch das komplexe Handeln des Hohenpriesters wesentlich zum Ausdruck kommt, andererseits Fasten, Gebet und Umkehr, welche die wesentliche Elemente der Beteiligung des Volkes am Ritual sind, benennen.

3. Wiewohl der Asasel-Ritus auch in der Rezeption der Tora-Vorschriften wahrgenommen und ausgedeutet wird, ist der Jom Kippur in frühjüdischer Wahrnehmung nicht auf diesen Ritus beschränkt.

4. Die frühchristliche Rezeption ist durch ihre Konzentration auf das Heilsgeschehen in Christus einerseits deutlich von der sonstigen jüdischen Tradition unterschieden. Andererseits wird damit eine der mit dem Jom Kippur verbundenen Vorstellungen hervorgehoben, die auch in jüdischen Quellen der Zeit durchaus entfaltet wird: Die eschatologische Inanspruchnahme der kultischen Soteriologie, konzentriert auf die Gestalt des zelebrierenden Hohenpriesters.

Wolfgang Reinbold

Die Nächstenliebe (Lev 19,18)

»Liebe deinen Nächsten wie dich selbst« – kaum ein biblisches Wort ist im allgemeinen Sprachgebrauch so prominent wie dieses aus dem dritten Buch Mose. Zugleich ist kaum ein biblisches Wort zwischen Juden und Christen so umstritten. So einfach und scheinbar selbstverständlich der Satz oft klingen mag, ist er in allen seinen Teilen erklärungsbedürftig: »Liebe« – was ist damit gemeint? »Deinen Nächsten« – wer ist das? »Wie dich selbst« – wie ist diese Begründung zu verstehen?

I. Altes Testament

Im Kontext des 19. Kapitels des Buches Leviticus, das zum sog. »Heiligkeitsgesetz« innerhalb der Priesterschrift gehört und in die zweite Hälfte des 6. Jh. v.Chr. zu datieren ist, ist das Nächstenliebegebot eingebunden in eine lange Reihe von Geboten und Verboten, die als direkte Gottesrede formuliert sind:

»Du sollst nicht unrecht handeln im Gericht: Du sollst den Geringen nicht vorziehen, aber auch den Großen nicht begünstigen, sondern du sollst deinen Nächsten recht richten. Du sollst nicht als Verleumder umhergehen unter deinem Volk. Du sollst auch nicht auftreten gegen deines Nächsten Leben; ich bin der Herr. Du sollst deinen Bruder nicht hassen in deinem Herzen, sondern du sollst deinen Nächsten zurechtweisen, damit du nicht seinetwegen Schuld auf dich lädst. Du sollst dich nicht rächen noch Zorn bewahren gegen die Kinder deines Volks. Du sollst deinen Nächsten lieben wie dich selbst; ich bin der Herr. Meine Satzungen sollt ihr halten: Lass nicht zweierlei Art unter deinem Vieh sich paaren und besäe dein Feld nicht mit zweierlei Samen und lege kein Kleid an, das aus zweierlei Faden gewebt ist. Wenn ein Mann bei einer Frau liegt, die eine leibeigne Magd ist und einem Mann zur Ehe bestimmt, doch nicht losgekauft oder freigelassen ist, so soll das bestraft werden. Aber sie sollen nicht sterben, denn sie ist nicht frei gewesen« (Lev 19,15–20).

Der Kontext zeigt zweifelsfrei, dass der ursprüngliche Bezugsrahmen des Gebotes der Nächstenliebe das Volk Israel ist. »Der Nächste«, das ist der »Bruder« (V. 17), das »Kind deines Volkes« (V. 18), der Israelit. Es geht darum, die alten Ideale des rechten Verhaltens in Familie und Sippe nun auch im größeren Verband des Volkes Israel zu achten: Es sollen keine Unterschiede gemacht werden im Gericht zwischen arm und reich; der Israelit soll nicht verleumden oder dem Volksgenossen nach dem Leben trachten; er soll nicht hassen, sondern sich mit seinem Nächsten aussprechen; er soll nicht Blutrache üben, keine Selbstjustiz, kurz: seinen Nächsten lieben wie sich selbst. Einige Verse später weitet der Text das Gebot der Nächstenliebe aus:

»Wenn ein Fremdling bei euch wohnt in eurem Lande, den sollt ihr nicht bedrücken. Er soll bei euch wohnen wie ein Einheimischer unter euch, und du sollst ihn lieben wie dich selbst; denn ihr seid auch Fremdlinge gewesen in Ägyptenland. Ich bin der Herr, euer Gott« (Lev 19,33–34).

Der Fremdling, der im Land wohnt – er soll nicht anders behandelt werden als der Bruder, der Volksgenosse, der Nächste: auch ihn soll der Israelit lieben wie sich selbst, in Erinnerung daran, dass auch er einst ein Fremdling gewesen ist, im Land Ägypten. Zwar ist und bleibt der Fremdling ein »Fremdling« und wird nicht zum »Nächsten«, in der Praxis aber soll zwischen dem Verhalten ihm gegenüber und dem Verhalten gegenüber dem eigenen Volksgenossen kein Unterschied bestehen.

»Liebe« hat in Lev 19 demnach eine andere Bedeutung als in unserem heutigen, alltäglichen Sprachgebrauch. Mit »Liebe« ist nicht in erster Linie ein Gefühl gemeint, sondern zuallererst ein Verhalten. »Lieben«, das heißt hier wie in vielen anderen biblischen und altorientalischen Texten, eben das zu tun, was Gott im Kontext von Lev 19,18 vom Israeliten fordert: gerecht richten, nicht verleumden, nicht rächen, den Volksgenossen und den Fremden nicht bedrücken.

Begründet wird die Forderung in Lev 19,18 und in Lev 19,34 mit der unbedingten Autorität des heiligen Gottes. »Ihr sollt heilig sein, denn ich bin heilig, der Herr, euer Gott« heißt es zu Beginn des Kapitels (V. 2) und dann, wie ein Refrain, immer wieder, in im Alten Testament singulärer Häufung: »Ich bin der Herr« (V.3.4.10.12.14.16.18.25.28.30.31.32.34.36.37). Das Alltagsleben der Israeliten soll eine Gestalt annehmen, die der Heiligkeit des Herrn, ihres Gottes entspricht.

Strittig ist der zweite Teil des Gebotes der Nächstenliebe und der Fremdlingsliebe. In der althergebrachten Übersetzung scheinen beide die Selbstliebe des Israeliten zu implizieren bzw. zu fordern: Liebe deinen Nächsten/den Fremdling »wie dich selbst«. Dagegen ist vor allem von jüdischer Seite eingewandt worden, die Selbstliebe sei für das Alte Testament kein Thema, die übliche Übersetzung sei, trotz ihrer großen Tradition,[1] fehlerhaft. Tatsächlich gehe es dem Text darum, dass der Nächste und der Fremdling »wie du« sind (hebräisch: *kamoka*):

Martin Buber zufolge bezieht sich Kamoka »weder auf das Maß noch auf die Art des Liebens, als ob man den andern so sehr wie sich selbst oder in solcher Weise wie sich selbst lieben sollte (der Begriff der Selbstliebe kommt im Alten Testament gar nicht vor); es bedeutet: dir gleich, und gemeint ist: verhalte dich darin so, als gelte es dir selber«.[2] Leo Baeck vertritt die Auffassung: »Das Wort aus dem dritten Buch Mosis [...], das gemeinhin übersetzt wird: ›Liebe deinen Nächsten wie dich selbst‹, bedeutet in der ganzen Treue des Sinnes: ›Liebe deinen Nächsten, er ist wie du.‹ In diesem ›wie du‹ liegt der ganze Gehalt des Satzes. Der Begriff Mitmensch ist darin gegeben: Er ist wie du, er ist im Eigentlichen dir gleich, du und er sind als Menschen eins.«[3] In ihrer Bibelübersetzung übersetzen Martin Buber und Franz Rosenzweig: »Heimzahle nicht und grolle nicht den Söhnen deines Volkes. Halte lieb deinen Genossen, dir gleich. Ich bins.«[4]

Erstmals belegt ist diese Interpretation Ende des 18. Jahrhunderts in dem hebräischen Leviticus-Kommentar des jüdischen Aufklärers Naftali Herz (Hartwig) Wessely, den Moses Mendelssohn seiner Übersetzung der Fünf Bücher Mose beigefügt hat. Mendelssohn übersetzt (in hebräischen Buchstaben): »Liebe deinen Nächsten so wie du dich selbst liebst«. Wessely kommentiert:

---

[1] Die alten Übersetzungen verstehen den Text zweifellos im Sinne von »wie dich selbst« (griechisch, Septuaginta: *hos seauton*; lateinisch, Vulgata: *sicut temet ipsum*). Im Neuen Testament wird Lev 19,18 stets nach der Lesart der Septuaginta zitiert.
[2] M. Buber, Zwei Glaubensweisen, in: ders., Werke I, München 1962, 651–782: 701.
[3] L. Baeck, Das Wesen des Judentums, Frankfurt, a.M. [4]1926, 211 (= ders., Werke 1, Gütersloh 1998, 217).
[4] M. Buber/F. Rosenzweig, Die Schrift, Stuttgart (Neuausgabe) 1997.

»Wenn es die Absicht wäre [...] [zu gebieten], jeder Mensch solle lieben, wie er sich selbst liebt, wäre es sehr verwunderlich, denn es würde uns etwas gebieten, was die Kraft jeder Seele übersteigt. [...] Und ich sage: Das Wort *kamoka* enthält in der Sprache der Heiligen Schrift diese Absicht nicht, sondern bedeutet: der dir gleich ist. [...] Und so ist seine Bedeutung auch hier: Du sollst deinen Nächsten lieben: denn er ist dir gleich, wie du, dir ähnlich. Denn auch er wurde geschaffen nach dem Bilde Gottes, und so ist er ein Mensch wie du. [...] So ist es nötig, ins Deutsche zu übersetzen: [Deutsch, in hebräischen Buchstaben] ›Liebe deinen Nächsten, der dir gleich ist.‹«[5]

Liebe deinen Nächsten, denn er ist dir gleich, ein Geschöpf nach dem Bilde Gottes wie du – versteht man den Text so, dann ist seine Pointe die, dass er die Gleichheit aller Israeliten bzw. des Israeliten und des Fremdlings vor Gott konstatiert. Trotz aller sozialen Unterschiede, von denen gerade in Lev 19 immer wieder die Rede ist,[6] gilt in Israel das Gottesgesetz: Der Nächste ist wie du, ein bedürftiges Wesen, das darauf angewiesen ist, in einer lebensfreundlichen Umgebung zu leben.

Die Diskussion um die rechte Übersetzung von Lev 19,18 ist im letzten Jahrhundert zumeist entlang der jüdisch–christlichen Konfessionsgrenzen geführt worden. Erst in jüngerer Zeit wird der jüdischen These vereinzelt auch auf christlicher Seite zugestimmt. Zwar ist Bubers (dahingeworfene) These, Selbstliebe sei für das Alte Testament kein Thema, allgemein kritisiert worden.[7] Die philologische These indes, *kamoka* sei in Lev 19,18 nicht adverbiale Ergänzung zu »lieben«, sondern prädikatives Attribut zu »Nächster«, hat bei näherem Hinsehen manches für sich.[8]

---

[5] M. Mendelssohn, Gesammelte Schriften. Jubiläumsausgabe Bd. 17: Hebräische Schriften II,3, Stuttgart 1990, 273. Vgl. B. Schaller, »... denn er ist wie du ...«. Einer alten Übersetzung auf die Spur kommen, in: Deutscher Koordinierungsrat der Gesellschaften für christlich-jüdische Zusammenarbeit (Hg.), Themenheft 2001, Bad Nauheim, 16–19.

[6] V. 9f: Die Lese auf dem Feld und im Weinberg soll etwas übrig lassen für die Armen und die Fremdlinge in Israel. V. 13: Der Tagelöhner soll noch am selben Tag ausbezahlt werden. V. 14: Der Taube und der Blinde sollen nicht hinterhältig behandelt werden. V. 15: Dem Armen gebührt ein fairer Prozess.

[7] S. nur 1Sam 18,1.3; 20,17; Prov 19,8 und dazu H.-P. Mathys, Liebe deinen Nächsten wie dich selbst (OBO 71), Freiburg, Schweiz/Göttingen 1986, 14–20.

[8] Vgl. z.B. Dtn 18,18 (Luther): »Ich will ihnen einen Propheten, wie du bist (*kamoka*), erwecken aus ihren Brüdern«; 1Kön 3,12 (Einheitsübersetzung): »Sieh, ich gebe dir ein so weises und verständiges Herz, dass keiner ... nach dir kommen wird,

II. Judentum

In den jüdischen Quellen aus der Zeit des Zweiten Tempels wird das Gebot der Nächstenliebe nirgends zitiert. Die klarste Anspielung auf den Text findet sich in der Damaskusschrift aus Qumran (ca. 100 v.Chr.):

Die, die eingetreten sind in den neuen Bund im Land Damaskus sollen darauf achten, »jeder seinen Bruder zu lieben wie sich selbst [*kamohu*; oder: der ist wie er], des Elenden und des Armen und des Fremdlings sich anzunehmen und ein jeder zu suchen die Wohlfahrt seines Bruders, und dass keiner treulos handle an dem, der Fleisch von seinem Fleisch ist« (CD VI,20–VII,1).

Hier wird das Gebot sehr eng ausgelegt: Es gilt nur für den »Bruder«, womit offenbar allein diejenigen gemeint sind, die in den Bund der Essener, »den neuen Bund im Lande Damaskus« eingetreten sind (VI,19). Wie sich der Essener den anderen Juden und den Nichtjuden gegenüber verhalten soll, sagt der Text nicht. Der Kontext stellt aber klar, dass der rechte Weg die Absonderung von den Anderen, von den »Söhnen der Grube« ist (VI,15).

Andere Schriften verstehen Lev 19,18 in einem weiteren Sinne. Im Buch der Jubiläen (3./2. Jh. v.Chr.) gibt Isaak seinen Söhnen eine Weisung mit auf den Weg, die nicht nur für die leiblichen Brüder Jakob und Esau gilt, sondern für die Israeliten insgesamt:

»Und seid, meine Kinder, untereinander (solche), die ihr eure Brüder liebt gleichwie ein Mensch, der seine Seele liebt, und indem ein jeder für seinen Bruder sucht, womit er ihm Gutes tue, und gemeinsam zu handeln auf der Erde! Und sie sollen sich untereinander lieben wie ihre Seelen« (Jub 36,4).[9]

Aus späterer Zeit zu vergleichen ist das berühmte Wort Rabbi Akibas (2. Jh. n.Chr.): »›Liebe deinen Nächsten wie dich selbst‹ (Lev 19,18). R. Akiba sagt: Das ist ein wichtiger Grundsatz in

---

der dir gleicht (*kamoka*)«; 1Kön 8,23 (Luther): »Herr, Gott Israels, es ist kein Gott weder droben im Himmel noch unten auf Erden dir gleich (*kamoka*)«. Zum Ganzen: A. Schüle, »Denn er ist wie Du«. Zu Übersetzung und Verständnis des alttestamentlichen Liebesgebots Lev 19,18, ZAW 113 (2001), 515–534.

[9] Übersetzung nach JSHRZ II 503.

der Tora«.[10] Noch weiter gehen die Testamente der Zwölf Patriarchen (2. Jh. v.Chr.), die das Gebot der Nächstenliebe an vielen Stellen betonen und es an einer Stelle ausdrücklich auf alle Menschen beziehen:

»Frömmigkeit übte ich in allen meinen Tagen, Wahrheit bewahrte ich. Den Herrn liebte ich und ebenso jeden Menschen mit aller meiner Kraft. Das tut auch ihr, meine Kinder« (TestIss 7,5–7).[11]

Gott zu lieben und den Nächsten, das ist es, was das Leben des frommen Juden nach Auffassung der Testamente der Zwölf auszeichnet. Dem entspricht, was Philo von Alexandrien (1. Jh. n.Chr.) über die Eigenart der jüdischen Lehre sagt. Zwei göttliche Grundlehren sind es, die in den Synagogen allerorten gelehrt werden: »in Bezug auf Gott das Gebot der Gottesverehrung und Frömmigkeit, in Bezug auf Menschen das der Nächstenliebe (*philanthropia*) und Gerechtigkeit«.[12]

III. Neues Testament

Mit insgesamt neun Zitaten in den synoptischen Evangelien und den Briefen ist Lev 19,18 das meistzitierte alttestamentliche Wort im Neuen Testament. Nach Mk 12,31.33 hat Jesus selbst die Nächstenliebe im Verbund mit der Gottesliebe (Dtn 6,4–5) zum wichtigsten Gebot erklärt:

»Und es trat zu ihm einer von den Schriftgelehrten … [und] fragte … ihn: Welches ist das höchste Gebot von allen? Jesus aber antwortete ihm: Das höchste Gebot ist das: ›Höre, Israel, der Herr, unser Gott, ist der Herr allein, und du sollst den Herrn, deinen Gott, lieben von ganzem Herzen, von ganzer Seele, von ganzem Gemüt und von allen deinen Kräften.‹ Das andre ist dies: ›Du sollst deinen Nächsten lieben wie dich selbst‹. Es ist kein anderes Gebot größer als diese« (Mk 12,28–31; vgl. Mt 22,36–39; Lk 10,25–28).

---

[10] Sifra, Qedoschim 4 [zu Lev 19,18], nach: Sifra. Halachischer Midrasch zu Leviticus (hg. v. J. Winter), Breslau 1938, 507.

[11] Übersetzung nach JSHRZ III 84. Vgl. TestIss 5,2; Test Benj 3,3–5; 4,2; 6,5 u.ö.

[12] Philo, Spec. Leg. 2,63 (Philo, Werke II, hg. v. L. Cohn, Breslau 1910, 126).

In diesem Doppelgebot der Liebe ist nach den Evangelien der Willen Gottes kurz und bündig zusammengefasst. Zwar bestehen Meinungsverschiedenheiten darüber, welche Konsequenzen das für die vielen »kleinen« Gebote der Mosetora hat – sind sie zu befolgen, oder kommt es darauf nicht so sehr an? In der Hauptsache aber sind sich die synoptischen Evangelien einig: Das Doppelgebot der Liebe ist das Zentrum des Gesetzes. Am klarsten hat Matthäus diesen Sachverhalt formuliert: An diesen beiden Geboten hängt »das ganze Gesetz und die Propheten« (Mt 22,40), alle Gebote der Schrift stehen mit ihnen in irgendeiner Weise in Verbindung.[13]

Ähnlich urteilen der Apostel Paulus und der Verfasser des Jakobusbriefes. Für Paulus erfüllt, wer Nächstenliebe tut, das ganze Gesetz:

»Seid niemandem etwas schuldig, außer dass ihr euch untereinander liebt; denn wer den andern liebt, der hat das Gesetz erfüllt. Denn was da gesagt ist: ›Du sollst nicht ehebrechen; du sollst nicht töten; du sollst nicht stehlen; du sollst nicht begehren‹, und was da sonst an Geboten ist, das wird in diesem Wort zusammengefasst: ›Du sollst deinen Nächsten lieben wie dich selbst.‹ Die Liebe tut dem Nächsten nichts Böses. So ist nun die Liebe des Gesetzes Erfüllung« (Röm 13,8–10; vgl. Mt 19,16–19). »Denn das ganze Gesetz ist in einem Wort erfüllt, in dem: ›Liebe deinen Nächsten wie dich selbst!‹« (Gal 5,14).

Für den Verfasser des Jakobusbriefes ist Lev 19,18 das »königliche Gesetz«, das der Christusgläubige zu tun hat (ohne dass er darüber die übrigen Gebote des Gesetzes vernachlässigen dürfte):

»Wenn ihr das königliche Gesetz erfüllt nach der Schrift: ›Liebe deinen Nächsten wie dich selbst‹, so tut ihr recht; wenn ihr aber die Person anseht, tut ihr Sünde und werdet überführt vom Gesetz als Übertreter« (Jak 2,8–9).

Über alle theologischen Richtungen hinweg sind sich die neutestamentlichen Autoren darüber einig, dass »Nächstenliebe« in einem sehr weiten Sinn zu verstehen ist. Der Nächste, das ist jeder Mensch, nicht nur der Angehörige der eigenen Gruppe oder

---

[13] Vgl. Lk 10,28: »tu das, so wirst du leben«. Mk 12,34: wer das tut, ist »nicht fern vom Reich Gottes«.

des eigenen Volkes. Lev 19,18 ist so auszulegen, dass keine Hintertürchen offen bleiben. Ausdrücklich wendet sich Jesus nach Mt 5,43 gegen eine Auslegung, die für die, die nicht »Nächste« sind, eine ganz andere Behandlung vorsieht als »Liebe«:

»Ihr habt gehört, dass gesagt ist: ›Du sollst deinen Nächsten lieben‹ und deinen Feind hassen. Ich aber sage euch: Liebt eure Feinde und bittet für die, die euch verfolgen, damit ihr Kinder seid eures Vaters im Himmel. Denn er lässt seine Sonne aufgehen über Böse und Gute und lässt regnen über Gerechte und Ungerechte« (Mt 5,43–45).

Hier wird die äußerste, radikale Konsequenz aus dem Gebot der Nächstenliebe gezogen: Sie gilt schlechterdings für jeden Menschen, auch für den Feind. Wogegen sich das berühmte Wort richtet, ist nicht ganz klar. So, wie Matthäus es formuliert,[14] klingt es, als ob die Schrift nicht nur die Nächstenliebe gebiete, sondern auch den Feindeshass, was nicht der Fall ist. Offenbar hat Matthäus rhetorisch zugespitzt, um eine enge Auslegung des Liebesgebotes mit allem Nachdruck zurückzuweisen: Wer aus Lev 19,18 den Schluss zieht, er dürfe also den Fremden und den Ausländer ruhig schlecht behandeln und hassen, der hat nicht verstanden, was der Wille Gottes ist.

Die deutlichste Spur einer solchen Auslegung ist ein berüchtigtes Wort aus einem Midrasch zum Buch Leviticus (ca. 3. Jh.): »›Du sollst dich nicht rächen und du sollst nicht Zorn bewahren gegen die Kinder deines Volkes.‹ (Lev 19,18) Du darfst dich rächen und bewahren Fremden gegenüber.«[15] Der hier propagierten Haltung nahe kommen die Anforderungen an die Mitglieder der Gemeinschaft der Essener, wenn auch ohne Bezug zu Lev 19,18:

»Gott zu suchen [mit ganzem Herzen und ganzer Seele, zu] tun, was gut und recht vor ihm ist, wie er durch Mose und durch alle seine Knechte, die Propheten, befohlen hat; und alles zu lieben, was er erwählt hat, und alles zu hassen, was er verworfen hat; ... und alle Söhne des Lichtes zu

---

[14] Anders (und näher beim ursprünglichen Text der Logienquelle) Lk 6,27–28: »Liebt eure Feinde; tut wohl denen, die euch hassen; segnet, die euch verfluchen; bittet für die, die euch beleidigen.«
[15] Sifra, Qedoschim 4 [zu Lev 19,18]), nach: Sifra. Halachischer Midrasch zu Leviticus (hg. v. J. Winter), Breslau 1938, 507.

lieben, jeden nach seinem Los in der Ratsversammlung Gottes, aber alle Söhne der Finsternis zu hassen, jeden nach seiner Verschuldung in Gottes Rache« (1QS I,1–11).

Es ist schwer einzuschätzen, wie verbreitet diese Haltung in neutestamentlicher Zeit gewesen sein mag. In älteren christlichen Publikationen hat man sie oft als »typisch jüdisch« charakterisiert: Der Jude helfe eben dem Juden, hasse aber den Heiden und fühle sich dabei auch noch auf der Seite der Heiligen Schrift. Dieses Urteil ist durch die Quellen keinesfalls gedeckt, es gehört in das reiche Arsenal antijüdischer Polemik.[16] Tatsächlich gibt es in der antiken jüdischen Literatur nur wenige Belege für eine Auslegung, die in die zitierte Richtung geht,[17] und wir haben keinen Grund anzunehmen, sie seien nur die Spitze eines Eisberges.

Verbreiteter als der ausdrückliche Hass gegen die Anderen wird eine Haltung gewesen sein, die aus dem von der Schrift geforderten Hass des Bösen[18] den Schluss zog, dass es also recht ist, bösen Menschen mit Verachtung zu begegnen und Hilfe zu verweigern.

»Willst du Gutes tun, so sieh zu, wem du es tust; dann verdienst du Dank damit. Tu dem Frommen Gutes, so wird dir's reichlich vergolten ... Tu denen nichts Gutes, die beharrlich Böses tun und die selbst nicht gern Almosen geben; gib dem Gottesfürchtigen, doch nimm dich des Gottlosen nicht an. Tu Gutes dem Demütigen, aber dem Gottlosen gib nichts. Verweigere ihm dein Brot und gib ihm nichts ... Denn auch der Allerhöchste ist den Sündern Feind und wird die Gottlosen bestrafen« (Sir 12,1–6).

Auch ist damit zu rechnen, dass viele sich die (damals wie heute) populäre vulgärethische Maxime »Wie du mir, so ich dir« zu eigen machten: Ich grüße nur den, der mich grüßt, ich tue nur dem Gutes, der mir auch Gutes tut (vgl. Mt 5,46–47). Gegen solche und ähnliche Einstellungen wird sich das Wort von der Feindesliebe ursprünglich richten.

---

[16] Vgl. schon Tacitus, Hist. V 5: Unter den Juden waltet unverbrüchliche Treue und Mitleid, »gegen alle anderen aber feindseliger Hass«.
[17] Vgl. R. Neudecker, »And You Shall Love Your Neighbor as Yourself – I Am the Lord« (Lev 19,18) in Jewish Interpretation, Bib. 73 (1992), 496–517: 499–503.
[18] Z.B. Spr 8,13; Ps 97,10; Am 5,15.

Vieles spricht dafür, dass es sich beim Gebot der Feindesliebe um ein Wort des historischen Jesus handelt. Welche praktischen Konsequenzen es hat, kommt exemplarisch zum Ausdruck im Gleichnis vom barmherzigen Samariter, das im Lukasevangelium unmittelbar an die Diskussion über das höchste Gebot anschließt. Es antwortet auf die Frage: »Wer ist denn mein Nächster?« (Lk 10,29): Der »Nächste« kann nicht nur ein Mann (oder eine Frau) aus dem eigenen Volk sein, sondern auch der Fremde, der Ausländer. Zwischen Juden und Samaritanern herrschte in römischer Zeit in der Regel offene Feindschaft:

»Zwei Völker sind mir zuwider, das dritte aber ist für mich überhaupt kein Volk: das Volk, das auf dem Gebirge Seïr wohnt, die Philister und die törichten Leute von Sichem [= Samaria]« (Sir 50,27–28 [50,25f]; vgl. Joh 4,9).

Hier aber ist der sonst so verhasste Samaritaner derjenige, der dem unter die Räuber gefallenen Juden zum »Nächsten« wird, weil er ihm als Mensch begegnet, weil er die Not sieht, weil er Mitleid hat und hilft.

IV. Heutige Auslegung

Im Gleichnis vom barmherzigen Samariter verdichtet sich in unüberbotener Weise, was christliche Nächstenliebe sein kann: Tätige Hilfe an jedermann, ohne Ansehen der Person, der Herkunft, der Religion, der Hautfarbe. Zugleich wird an der Art und Weise der Überlieferung des Gleichnisses deutlich, wie schnell solche Nächstenliebe in der Praxis an Grenzen stoßen kann.

Gilt das Gebot der Nächstenliebe auch zwischen Christen und Juden? Gewiss!, sollte man meinen. Und doch »liebt« Lukas den jüdischen Gesprächspartner Jesu an eben dieser Stelle keineswegs, sondern unterstellt ihm von vornherein niedere Motive. Seine Frage nach dem höchsten Gebot richtet er überhaupt nur deshalb an Jesus, weil er ihn »versuchen« will (Lk 10,25)[19] – ein ernsthaftes Anliegen hat er nicht, es ist bloß vorgespiegelt. Eben-

---

[19] Anders noch Lukas' Quelle Markus (12,28–34; dazu W. Reinbold, Der Prozess Jesu [BTSP 28], Göttingen 2006, 155–157).

so steht es nach lukanischer Darstellung um die Frage »Wer ist denn mein Nächster?«, auf die das Gleichnis antwortet. Auch sie verdankt sich nicht dem Bemühen des frommen Juden, den erklärungsbedürftigen Text von Lev 19,18 recht zu verstehen und darüber mit Jesus zu diskutieren, sondern niederen Beweggründen. Der Schriftgelehrte ist bequem, er will es sich leicht machen, will nicht hören, was Gott zu sagen hat: »Er aber wollte sich selbst rechtfertigen und sprach zu Jesus: Wer ist denn mein Nächster?« (Lk 10,29).

So enthält bereits der Kontext des Gleichnisses vom barmherzigen Samariter in nuce christlichen Antijudaismus, wie er für die christliche Sicht auf die Juden bis ins späte 20. Jahrhundert typisch werden sollte. Mehr und mehr drängen die Christen die Juden in die Rolle derjenigen, die sich und anderen in die Tasche lügen, die den Sinn der Schrift böswillig verdrehen, ja mit dem Teufel im Bund sind.[20] Man gewinnt den Eindruck: Das Gebot der Nächstenliebe, es gilt nach dem Wort Jesu gegenüber jedermann, auch gegenüber dem Feind – gegenüber dem Juden aber gilt es nicht.

Diese unheilvolle Geschichte schlägt sich auch in der Auslegung von Lev 19,18 nieder. Lange Zeit ist es für die Mehrheit der Christen ausgemacht, dass erst Jesus das biblische Gebot recht verstanden hat. Die Juden, so ist man überzeugt, legen es stets so aus, dass es sich nur auf Ihresgleichen bezieht, dass es ihnen gestattet, die eigenen Leute zu lieben, die Anderen aber zu hassen.

»Allerdings hatte Israel Grund, wenn es sich für die Regel: hasse deinen Feind! auf die Schrift berief Denn diese machte den Unterschied zwischen den Juden und den Heiden [...] tief. Für jene war die Liebe geboten, diesen aber war sie im Namen der göttlichen Strafgewalt versagt. Darnach griff jedermann mit Eifer und ließ es sich gern gesagt sein, daß er die Heiden zu hassen habe und jedem feind sein dürfe, der ihm Böses tut. Dem Juden half der Jude treulich, dem Heiden nicht; mit dem Pharisäer war der Pharisäer fest verbunden, die Zöllner stieß er weg.«[21]

---

[20] Joh 8,44; Apk 2,9; 3,9 und sehr oft seitdem.
[21] A. Schlatter, Erläuterungen zum Neuen Testament, Bd. 1, Calw/Stuttgart 1908, 60 – stellvertretend für viele.

Dass Juden energisch gegen diese tendenziöse Sicht der Dinge protestierten, half lange Zeit wenig, nicht zuletzt deshalb, weil manche in apologetischem Interesse in die andere Richtung übertrieben.

»Wer ist der Nächste? Christliche Ausleger, nach deren Glauben die *allgemeine* Menschenliebe vor dem Evangelium durchaus nicht bekannt gewesen sein darf, erklären bis auf den heutigen Tag, dass unter %r [*rea* = Nächster, W.R.] nur der ›Volksgenosse‹ gemeint ist. Der Zusammenhang, in dem der Satz sich findet, und der andere nur wenig davon entfernte: ›Wie ein Eingeborener aus euch, soll euch der Fremdling sein, der sich aufhält bei euch, und *liebe ihn wie dich selber*‹ (das.[elbst] 34), machen es klar, dass das Gebot der Nächstenliebe auch auf den Fremdling sich ausdehnt. Im neutestamentlichen Zeitalter herrschte unter den Juden kein Zweifel über die Ausdehnung des Gebotes der Nächstenliebe *auf alle Menschen*.«[22]

Erst in jüngerer Zeit beginnen sich diese althergebrachten Fronten aufzulösen. Auf der einen Seite haben Christen erkannt, dass die universale Auslegung von Lev 19,18 älter ist als Jesus; seine Interpretation ist keineswegs »unjüdisch«, sondern steht in bester jüdischer Tradition. Zugleich ist das Recht der jüdischen Kritik an einer christlichen Praxis, die universale Nächstenliebe zwar gelehrt, aber nicht getan hat, im letzten Jahrhundert auf beschämende Weise evident geworden.

Auf der anderen Seite beginnen Juden wahrzunehmen, dass es in der jüdischen Tradition streng partikulare Deutungen des Gebotes der Nächstenliebe gegeben hat (und bis heute gibt), die vom Ganzen der Schrift und wohl auch vom Wortsinn von Lev 19,18 her zu kritisieren sind. Gegen sie steht die moderne Deutung des *kamoka* im Sinne des »Liebe deinen Nächsten, denn er ist wie du«. Mit ihr hat das Judentum seine universale Auslegung von Lev 19,18 gefunden. So herrscht zwischen Juden und Christen heute im Kern Einigkeit über den Sinn des Textes. Sie macht den Weg frei für eine gemeinsame Praxis für Recht und Gerechtigkeit in einer globalisierten Welt, im Verhältnis von Nord und Süd, von Reich und Arm, von Schwarz und Weiß, im Verhältnis zwischen den Religionen.

---

[22] I. Elbogen, Die Religionsanschauungen der Pharisäer, Berlin 1904, 75 (von [H.L. Strack/]P. Billerbeck, Kommentar zum Neuen Testament aus Talmud und Midrasch I, München ³1961, 356f an prominenter Stelle zitiert und zurückgewiesen).

Nicht zuletzt im Verhältnis zu den Muslimen, die seit den Anschlägen des 11. September 2001 von vielen als Bedrohung wahrgenommen werden, ist das Gebot aus Lev 19,18 heute von elementarer Bedeutung, und zwar, wie mir scheint, in zweifacher Hinsicht. Zum einen als Gebot an Juden und Christen, dass sie auch die Muslime wie »Nächste« behandeln und ihnen mit Liebe und Fairness begegnen. Zum anderen als Wort an diejenigen unter den Muslimen, die es für gut islamisch halten, die Menschheit in Gläubige und Ungläubige einzuteilen und Liebe, Freundschaft und Solidarität nur unter den Gläubigen zu pflegen, die Ungläubigen aber zu hassen. Der Wille Gottes, dessen Offenbarung nach den Worten des Korans zu Abraham, Ismael, Isaak, Jakob, den Stämmen Israels, Mose, Jesus und den Propheten herabgesandt wurde (Sure 2,136), ist ein anderer, nämlich: Den Nächsten recht zu behandeln, wer immer es sei, denn er ist ein Mensch wie du, ein Geschöpf dessen, der Himmel und Erde gemacht hat.

Rainer Albertz

Elia, der biblische Prophet

Elia gehört zu den wenigen Gestalten, die sowohl im Alten als auch im Neuen Testament eine wichtige Rolle spielen. Begegnet sein Name im Alten Testament 68-mal, so nimmt das Neue Testament immerhin 30-mal auf ihn Bezug, mehr als auf alle übrigen Propheten (Jesaja 22-mal, Jona 9-mal; Jeremia 3-mal), und am dritthäufigsten von allen alttestamentlichen Gestalten, übertroffen nur von Mose (80-mal) und Abraham (53-mal). Dieser Befund hängt mit der einzigartigen Wirkungsgeschichte Elias zusammen. Als geschichtliche Person und als wiederkommender Wegbereiter Gottes bzw. des Messias ist er der einzige wirklich »biblische Prophet«.

1. Elia im Alten Testament

Der Ausgangspunkt dieser faszinierenden Wirkungsgeschichte ist relativ bescheiden. Vom historischen Propheten, der im zweiten Viertel des 9. Jh. v. Chr. unter den Königen Ahab und Ahasja im Nordreich auftrat, wissen wir kaum etwas. Er stammte, wie sein Name belegt (*'Elijahu*, »mein Gott ist JHWH«), aus einer frommen Familie, die JHWH nicht nur als National-, sondern auch als Familiengott verehrte, und wuchs in der ostjordanischen Provinz auf, wie sein Beiname, »der Tischbiter« zeigt (1Kön 17,1 u.ö.). Mit einem zottigen Fellmantel und einem ledernen Hüftschurz auffällig gekleidet (2Kön 1,8), gehörte er zur Gruppe der institutionell ungebundenen wandernden Einzelpropheten, die sich als Wunderheiler, Exorzisten und Orakelgeber ihren Lebensunterhalt verdienten (1Kön 17,18–24). Als ein solcher gesellschaftlicher Außenseiter konnte Elia den Königen unabhängiger und kritischer gegenübertreten, als dies etwa Hofpropheten wie Natan möglich war. Dabei scheint für Elia die Verbindung von mantischem und magischem Wirken typisch gewesen zu sein: Auf der einen Seite kündigte er wie ein Prophet zukünftiges Geschehen an (1Kön 21,19), auf der anderen Seite zwang er wie ein Magier durch ein wirkmächtiges Ritual den Regen herbei (18,41–46). JHWH hatte sich offenbar auf besonders enge Weise an seine Person gebunden und verlieh ihm übernatürliche Kräfte.

Auch die Erzählüberlieferung über Elia ist relativ schmal.[1] Erhalten haben sich zwei Einzelerzählungen, die Nabot-Erzählung 1Kön 21,1–20a und die Ahasja-Anekdote 2Kön 1,2.5–8.17aα, die in ihrer ursprünglichen Form wahrscheinlich aus der zweiten Hälfte des 8. Jh. stammen, d.h. gut ein Jahrhundert später sind, als Elia gelebt hat. Etwas älter (erste Hälfte des 8. Jh.) ist wohl die Erzählung von der Himmelfahrt Elias in 2. Kön 2,1–15, die aber eigentlich schon eine Elisa-Erzählung darstellt. Dagegen ist die große Dürrekomposition 1. Kön 17–18 wahrscheinlich erst im letzten Drittel des 6. Jh. entstanden. Sie verarbeitet zwar noch ältere Elia-Überlieferung, setzt aber schon das Deuteronomistische Geschichtswerk (Dtn 1 – 2Kön 25) voraus, das nach 562 v.Chr. verfasst wurde, um den staatlichen Untergang von Israel und Juda (722 und 587) theologisch zu bewältigen. An die Dürrekomposition wurde wohl erst im 5. Jh. die Erzählung von Elia am Horeb (1Kön 19) angefügt, um neben Mose nun auch einen Propheten mit einer Offenbarung auf dem Gottesberg zu würdigen. Da diese Offenbarung auf die Beauftragung Elisas durch Elia zuläuft (V. 15–18), wurde wohl auch erst damit die umfangreiche Elisa-Biographie (1Kön 19,19–21; 2Kön 2–6; 13,14–21), die schon im 8. Jh. verfasst worden war, in das Deuteronomistische Geschichtswerk eingefügt.

Die älteren Elia-Erzählungen präsentieren uns den Propheten als Kämpfer an zwei Fronten: Elia kämpfte erstens gegen das soziale Unrecht, das die Kehrseite des gewaltigen wirtschaftlichen Aufschwungs bildete, den Israel unter den Omriden erlebte. Der Vater Ahabs, Omri, hatte das junge Nordreich tatkräftig aus einer Phase der innenpolitischen Instabilität und der außenpoliti-

---

[1] Im Einzelnen vgl. dazu R. Albertz, Elia. Ein feuriger Kämpfer für Gott (BG 13), Leipzig 2006, 64–88 und S. Otto, Jehu, Elia und Elisa. Die Erzählung von der Jehu-Revolution und die Komposition der Elia-Elisa-Erzählungen (BWANT 152), Stuttgart 2001, 119–246.

schen Isolierung herausgeführt. Er hatte dem Reich mit dem Bau der Hauptstadt Samaria eine von den Stämmen unabhängige Residenz geschaffen und es durch eine geschickte Heiratspolitik in Bündnisse mit den Nachbarstaaten eingebunden. Prominentester Schritt war dabei die Verheiratung seines Sohnes Ahab mit der phönizischen Königstochter Isebel. Die Erfolge dieser Politik sind beeindruckend: Binnen weniger Jahrzehnte stieg Israel zur führenden militärischen Macht in der Region auf; bei der Schlacht von Qarqar im Jahr 853 konnte Ahab 2000 Streitwagen gegen den assyrischen König Salmanassar aufbieten, mehr als alle anderen Verbündeten. Die Überreste der Palast- und Festungsbauten in Samaria, Megiddo, Hazor und Jesreel zeugen von einer großen wirtschaftlichen und kulturellen Blüte, die das Nordreich in der Mitte des 9. Jh. erlebte. Allerdings hatte dieser Aufschwung seinen Preis: Königliche Beamte, Militärs und Kaufleute, die von dem Aufschwung profitierten, setzten sich immer rücksichtsloser über die Lebensinteressen der traditionellen Kleinbauern hinweg. Wir hören in dieser Zeit erstmals von einem Fall der Schuldsklaverei, bei dem ein Kreditgeber sogar die Kinder des verstorbenen Schuldners versklaven wollte (2Kön 4,2). Und wir hören vom Fall des Kleinbauern Nabot, der gegen den unersättlichen Landbedarf der Krone ein Zeichen setzen wollte und sich darum demonstrativ weigerte, dem König Ahab seinen Weinberg zu verkaufen (1Kön 21,1–4). Als die Königin Isebel Nabot durch einen geschickt eingefädelten Justizmord, in den auch die lokale Rechtsgemeinde verstrickt wurde, aus dem Wege räumen ließ (V. 5–14), ist es der Prophet Elia, der dem König, der gerade den Weinberg Nabots in Besitz nehmen wollte, furchtlos in den Weg trat (V. 17–18), um ihn im Namen Jahwes des Mordes anzuklagen und ihm einen ebenso schändlichen Tod anzusagen (V. 19). Nachdem alle Rechtsinstanzen korrumpiert waren, ist es der Prophet Elia, der das schreiende Unrecht öffentlich aufdeckte.

Dieses Prophetenwort ist übrigens nicht eingetroffen, was für seine Historizität spricht. Ahab kam nicht gewaltsam zu Tode, sondern starb friedlich im Bett (1Kön 22,40). Erst seinen Sohn Joram raffte die blutige Jehu-Revolution hinweg einschließlich der gesamten omridischen Dynastie (2Kön 9,24; 10,1–11). Darum hat der Deuteronomist das Gerichtswort Elias einerseits erweitert (1Kön 21,20b–26), andererseits eine Bekehrung Ahabs konstruiert (V. 27f), um den Aufschub des Gerichts zu erklären.

Die zweite Front, an der Elia kämpfte, war die Baalsverehrung. Die internationale Einbindung des Nordreiches durch Omri hatte dazu geführt, dass auch die Götter der Nachbarvölker näherrückten. Insbesondere das Bündnis mit Phönizien hatte zur Folge, dass Ahab für seine Frau Isebel einen Baalstempel in Samaria errichten ließ (1Kön 16,32). Damit wollte er den alten westsemitischen Wettergott offenbar dem eigenen Nationalgott JHWH zuordnen. Dieser diplomatische Synkretismus machte wohl Baal in Hofkreisen auch sonst populär. In der Ahasja-Anekdote (2Kön 1,2–17*) wird eine relativ begrenzte Auseinandersetzung Elias mit dem Sohn Ahabs berichtet. Als der junge König nach einem Unfall zum Baal von Ekron geschickt hatte, um eine Krankheitsprognose zu erhalten, trat Elia seinen Boten in den Weg und kündigte Ahasja den baldigen Tod an (V. 6), der auch eintraf (V. 17). Erst in einer späteren Erweiterung der Anekdote (V. 9–14.15b–16) wurde diese Begegnung zu einer Konfrontation des Propheten mit der bewaffneten Staatsmacht ausgebaut; Elia verfügte hierbei über das »Gottesfeuer vom Himmel« (V. 12), um sich gegen die Kohorte, die ihn festnehmen wollte, zu verteidigen.

Zu einem großen Drama ist der Kampf gegen die Baalsverehrung dann in der spätexilischen Dürrekomposition (1Kön 17–18) ausgestaltet. Indem Elia hier auf den Baalskult Ahabs (16,31f) mit einem regelrechten Schwurzauber reagiert, der drei Jahre lang jeglichen Niederschlag verhindert (17,1), will er in aller Öffentlichkeit den Nachweis führen, dass JHWH dem alten Wettergott Baal gerade auf seinem ureigensten Feld himmelweit überlegen ist. Während sich Elia den königlichen Nachstellungen entzieht, von Gott ernährt wird (17,2–7) und in der Stille, sogar in Baals Heimat, trotz der Dürre seine heilvollen Wunder tut, darben Mensch und Tier in Israel dahin; fast der ganze Staat gerät in Auflösung (18,2–12*). Als JHWH, um die Dürre zu beenden, Elia befiehlt, sich Ahab zu stellen (18,1.15f), kommt es zu einem scharfen Schlagabtausch: Ahab beschimpft Elia als »Verderber Israels« (18,17), Elia jedoch gibt dem König und seinem Baalskult die Schuld am Verderben (18,18). Er veranstaltet einen regelrechten Götterwettstreit auf dem Karmel, um die alleinige Göttlichkeit JHWHs und die Nichtigkeit Baals zu erweisen (V. 20–38). Dadurch gelingt es ihm, Israel wieder zu JHWH zurückzuführen, das dessen alleinige Göttlichkeit bekennt (V. 30a.39).[2] Mit dieser Umkehr des Volkes ist der Weg frei: Elia setzt seine Wundermacht wieder heilvoll zugunsten Israels ein und führt endlich den ersehnten Regen herbei (V. 41–46).

Die stilisierte Form der Auseinandersetzung lässt vermuten, dass es in der exilischen Dürrekomposition schon um mehr geht als bloß um den Propheten des 9. Jh. Die Vermutung wird zur Gewissheit, wenn man erkennt, dass bei dem Götterwettstreit auf dem Karmel nicht nur die Einzigartigkeit JHWHs, sondern auch die Legitimität des Propheten auf dem Spiel steht: Die Israeliten sollen erkennen, dass Elia im Auftrag Gottes die furchtbare Dürrenot veranlasst habe (1Kön 18,36), weil JHWH sie auf diese Weise wieder zu sich habe zurückbringen wollen (V. 37). Es geht in 1Kön 17–18 somit um eine Legitimation der vorexilischen Gerichtspropheten insgesamt: Auch wenn es so aussehen könnte, als seien diese am Untergang Israels schuld, wird anhand der Person Elias der Nachweis geführt, dass all das furchtbare Leid, in das sie Israel gestürzt hatten, nur darauf zielte, das Volk wieder zu seinem Gott zurückzubringen. Und dabei belegt der große Sieg, den Elia nach 1Kön 18 errungen hat, den Optimismus der späten Exilszeit, dass eine Umkehr Israels und damit eine Erneuerung seines Gottesverhältnisses möglich sei.

Wird Elia schon in der Dürrekomposition zum Vertreter der Gerichtsprophetie, so steigt er in deren Erweiterung 1Kön 19 endgültig zum Repräsentanten aller Prophetie auf: Wie sonst nur Mose wird Elia einer direkten göttlichen Offenbarung auf dem Horeb gewürdigt, d.h. seine prophetische Verkündigung steht der mosaischen kaum nach. Nach Sicht von 1Kön 19 hat sich der große Sieg Elias in eine totale Niederlage gewandelt. Aufgestachelt von Isebel, haben die Israeliten die JHWH-Altäre niedergerissen und alle JHWH-Propheten umgebracht. Elia ist als einziger übrig geblieben und muss vor den Nachstellungen der Köni-

---

[2] Mit der gemeinsamen Abschlachtung der Baalspropheten durch Elia und das Volk in 1Kön 18,40 findet eine sehr drastische und aus heutiger Sicht inakzeptable Form der Distanzierung von der früheren Fehlhaltung statt.

gin fliehen. In dieser extremen Notlage, da die JHWH-Verehrung abzubrechen droht, erlaubt Gott auf dem Sinai, dass die Propheten nicht mehr nur mit bloßen Worten kämpfen, sondern sogar in die Politik eingreifen dürfen (V. 15f), um Israel zur Räson zu bringen, wie es dann durch Elisa in der Jehu-Revolution geschah (2Kön 9,1–10). Dennoch setzt Gott vom Sinai her dem prophetischen Eifer des verzweifelten Elia auch Grenzen: Im schlimmen Reinigungsgericht, dem Gott sein Volk in der folgenden Aramäernot unterziehen wird, wird, so verfügt er, ein Rest von 7000 treuen JHWH-Anhängern übrig bleiben (1Kön 19,18).

Die alte Erzählung von der Himmelfahrt Elias in 2Kön 2,1–15 bedeutet in ihrem jetzigen Kontext, dass JHWH, der sich auf so außergewöhnlich enge Weise an diesen Propheten gebunden hat, ihn trotz seines Scheiterns nicht aufgibt, sondern ihn dadurch bestätigt, dass er ihn mit feurigen Rossen und Wagen zu sich in den Himmel holt (V. 11). Daraus entwickelte sich in der nachexilischen Zeit die Vorstellung, dass dieser Prophet, dem es schon einmal gelungen war, Israel zu seinem Gott zurückzuführen, noch einmal wiederkehren werde, um Ähnliches noch einmal vor dem endzeitlichen Gottesgericht zu tun (Mal 3,23–24). Elia wird damit zu dem Boten Gottes, den der Prophet Maleachi (3,1) in Anlehnung an Deuterojesaja (Jes 40,5) angekündigt hatte: Er wird Gott den Weg in eine abtrünnigen Welt bahnen, den Streit zwischen Vätern und Söhnen schlichten und viele durch das furchtbare Gericht am Tage JHWHs hindurchretten (Mal 3,23f). Mit der Vorstellung vom wiederkehrenden Elia, dessen Wirken die ganze Geschichte Israels umgreift, wird dieser Prophet endgültig zum Repräsentanten der israelitischen Prophetie und rückt zu Mose auf eine vergleichbare Stufe (V. 22).

2. Elia im frühen Judentum

Welche herausragende Rolle Elia schon im frühen Judentum zukam, lässt sich gut an Jesus Sirach erkennen. Im »Preis der Väter der Vorzeit« (Sir 44,1–50,24) gerät dieser Weisheitslehrer an der Wende vom 3. zum 2. Jh. regelrecht ins Schwärmen, sobald er auf Elia (Sir 48,1–11) zu sprechen kommt. Er widmet ihm nicht nur mehr Aufmerksamkeit als allen »klassischen Propheten« zusammen, sondern redet ihn teilweise sogar direkt an. Damit stilisiert Jesus Sirach Elia zum Propheten par excellence.

Zuerst werden die Machttaten und Wunder Elias ausführlich gepriesen (Sir 48,1–9): Sein Wort hatte die Gewalt eines »brennenden Ofens« (48,1b); dreimal gebot Elia über das himmlische Feuer (Sir 48,3b; vgl. 1Kön 18,38; 2Kön 1,10.12). Und durch eine feurige Kampfschar wurde Elia in den Himmel entrückt (Sir 48,9b; vgl. 2Kön 2,11). Das Feuer steht für Elias besondere Gottesnähe, seinen Eifer für JHWH (Sir 48,2b) und die Vollmacht, die ihm JHWH verlieh (48,3.5).

Scharf arbeitet Sirach die Ambivalenz dieses Propheten heraus: Auf der einen Seite stürzte er Israel in eine Hungersnot, dezimierte das Volk (Sir 48,2), schickte Könige in den Tod (V. 6) und beauftragte Menschen im Namen Gottes zu Vergeltungstaten (V. 7f), auf der anderen Seite erweckte er einen Verstorbenen vom Tode (48,5; vgl. 1Kön 17,17–24). Die unvergleichliche Vollmacht Elias hatte eine erschreckende und eine faszinierende Seite (V. 4). Dabei lässt Jesus Sirach keinen Zweifel, dass er das Gerichtshandeln Elias an Israel für berechtigt hält; sein strafendes wie sein helfendes Wirken zielte auf die Umkehr und damit letztlich auf die Rettung Israels (V. 15).

Sodann geht Jesus Sirach kurz auf den wiederkehrenden Elia ein (Sir 48,9f). Er versteht die Entrückung Elias als eine göttliche Bestimmung zu einem erneuten Einsatz in der Zukunft, wenn das große Zornesgericht Gottes kommen wird. In der Zukunft wird die Aufgabe Elias eine eindeutig rettende, schützende und aufbauende sein: Er wird den drohenden göttlichen Zorn abwenden, er wird die Familien befrieden und er wird die Stämme Israels wiederherstellen (V. 10). Sirach erwartete somit über Mal 3,24 hinaus auch eine politische Wiederherstellung der zwölf Stämme Israels.

Ob Jesus Sirach mit Elias Wiederkehr auch noch eine individuelle Auferstehungshoffnung verband, ist unsicher, da der hebräische Text von Sir 48,11 stark zerstört ist und Sirach sonst in seinem Buch einer solchen Hoffnung reserviert gegenübersteht. Doch bei seinem Enkel, der 60 Jahre nach ihm die griechische Übersetzung anfertigte, ist zweifellos von Auferstehung die

Rede. In einem Makarismus werden all diejenigen glückselig gepriesen, die Elia erleben werden und damit dem Gericht und dem Tod entgehen können, daneben aber auch all diejenigen, die in Liebe zu Gott und in Treue zu seinen Geboten gestorben sind, weil sie am Rettungswerk Elias Anteil bekommen, und schließlich auch die gegenwärtige Gemeinde der Frommen, da sie ihres zukünftigen Lebens wegen Elia gewiss sein kein. Damit wachsen Elia sogar die Qualitäten eines eschatologischen Heilsbringers zu.

3. Elia im Neuen Testament

In den jüdischen Gruppierungen Palästinas, in denen das Christentum entstand, gehörte die Wiederkehr Elias zum festen Bestand der eschatologischen Erwartungen.[3] Die Diskussion in den Evangelien kreiste dabei um zwei Hauptfragen: War Johannes der Täufer der wiedergekehrte Elia, was überwiegend bejaht wird, oder war es Jesus, was überwiegend verneint wird. Stattdessen wurde Jesus stärker mit dem geschichtlichen Elia in Beziehung gesetzt.

3.1 Elia und Johannes der Täufer

Der Evangelist, der am eindeutigsten Johannes den Täufer mit dem wiederkehrenden Elia identifizierte, war Matthäus: Johannes ist für ihn »Elia, der da kommen soll« (Mt 11,14); wenn Jesus davon sprach, dass Elia schon gekommen sei, dann hat er nach ihm »von Johannes dem Täufer geredet« (17,13). Dagegen hat der Evangelist Johannes diese Identifikation verneint. In seinem Evangelium lässt er den Täufer auf die Frage nach seiner Identität klar dementieren: Er sei weder der Messias, noch Elia (Joh 1,20f). Doch wenn der Evangelist den Täufer erklären lässt,

---

[3] Zur neutestamentlichen Wirkungsgeschichte vgl. M. Öhler, Elia im Neuen Testament. Untersuchungen zur Bedeutung des alttestamentlichen Propheten im frühen Christentum (BZAW 88), Berlin/New York 1997; ders., Elija und Elischa, in: ders. (Hg.), Alttestamentliche Gestalten im Neuen Testament. Beiträge zur Biblischen Theologie, Darmstadt 1999, 184–203.

er sei »die Stimme des Predigers in der Wüste: Ebnet den Weg des Herrn«, von der Deuterojesaja sprach (Jes 40,3), dann gibt auch er zu erkennen, dass er die verbreitete Einschätzung des Täufers als Wegbereiter Gottes kennt (Mk 1,2f; Mt 3,3; Lk 3,4), aber seine Rolle möglichst herunterspielen will (Joh 1,6–8; 3,30; 5,34–36; 10,41). Der Evangelist Markus vollzog die Identifikation implizit, indem er die Tätigkeit des Täufers programmatisch unter die längst auf Elia bezogene Verheißung Mal 3,1 stellte (Mk 1,2). Für Lukas war die »geistige« Identität des Täufers mit Elia selbstverständlich (Lk 1,16f), aber sie hatte für ihn keine große weitere Bedeutung.

Hinter diesem vielstimmigen Disput in den Evangelien steht wahrscheinlich ein Streit zwischen den Johannesjüngern und der sich bildenden christlichen Gemeinde, wie die heilsgeschichtliche Rolle Johannes des Täufers im Vergleich zu der Rolle Jesu von Nazareth zu bestimmen sei. Die Zuordnung war deswegen so heikel, weil beide Gruppen in ihrer Herkunft eng miteinander verknüpft waren: Jesus hatte sich selber von Johannes taufen lassen und gehörte damit zu seinem weiteren Jüngerkreis (Mk 1,9–11). Soweit erkennbar, hatte Jesus eine sehr hohe Meinung von dem Täufer; er sah in ihm »mehr als einen Propheten« (Mt 11,9; Lk 7,26) und hielt ihn, wenn er die Verheißung Mal 3,1 auf ihn bezog, wahrscheinlich selber für den wiedergekehrten Elia (Mt 11,10; Lk 7,27). Das Leidensschicksal, das Elia in der Gefangennahme und der Hinrichtung des Täufers hatte erdulden müssen, hatte für das Verständnis seines eigenen Geschicks unmittelbare Bedeutung (Mk 9,13; Mt 17,12). Da eine solche erstaunlich positive Einschätzung des Täufers durch Jesus angesichts der späteren Konkurrenz von Johannes- und Jesusjüngern kaum eine Erfindung der Evangelisten sein kann, hat sie wahrscheinlich Anhalt an historischen Gegebenheiten.

Es gibt unabhängig davon in der Darstellung der Evangelien eine ganze Reihe von Hinweisen, dass Johannes der Täufer sich selber als der wiedergekehrte Elia verstand oder doch von seinen Jüngern leicht so verstanden werden konnte.[4] Er war mit einem

---

[4] So etwa auch H. Stegemann, Essener, Qumran, Johannes der Täufer und Jesus (Herder Spektrum 4128), Freiburg ³1994, 292–306; M. Öhler, Elija und Elischa (s.

»Gewand aus Kamelhaaren und einem ledernen Gürtel um seine Hüften gekleidet« (Mk 1,6), ähnlich wie Elia nach 2Kön 1,8. Er trat in der Wüste jenseits des Jordan auf (Joh 1,26), wahrscheinlich in der Nähe der Stelle, von wo Elia zum Himmel gefahren war (2Kön 2,7–13). Seine Predigt vom unmittelbar bevorstehenden Feuergericht Gottes (Lk 3,17) hatte Anhalt an der Eliatradition (Sir 48,1.3) und an Mal 3,19. Und die Aufgabe, möglichst viele zur Umkehr zu bewegen (Lk 3,7–18), war sowohl die vornehmste Aufgabe des geschichtlichen Elia (vgl. 1Kön 18,37) gewesen als auch die zentrale des eschatologischen (Mal 3,24). Wohl war Johannes' Taufe im Jordan, die Umkehr und Sündenvergebung besiegelte (Mk 1,4), ein neues Element, aber die damit verbundene Vorstellung einer Schutzhandlung, welche die Bußfertigen durch das göttliche Gericht hindurchretten sollte, entspricht durchaus der Elia in Mal 3,24 zugeschriebenen Funktion. So könnte dem Selbstverständnis des Täufers in etwa dem nahe kommen, was Lukas den Engel des Herrn in der Geburtsgeschichte über ihn sagen lässt (Lk 1,15-17). Danach ist Johannes von Gott dazu bestimmt, die Rolle des wiederkehrenden Elias zu übernehmen, von dem in Mal 3,1.23 die Rede war. Er soll Gott den Weg für sein Kommen bereiten, indem er die Familien zur Eintracht bekehrt (Mal 3,24), die Frevler zur Einsicht der Gerechten führt und so ihm ein Volk zurüstet, das auf sein Kommen vorbereitet ist. Damit übt Johannes selbst die Funktion eines Heilsmittlers oder sogar eines Heilsbringers im eschatologischen Drama aus und tritt in unmittelbare Konkurrenz zu Jesus von Nazareth.

3.2. Elia und Jesus von Nazareth

Das Erscheinungsbild Jesu von Nazareth war offenbar dem des Täufers so ähnlich, dass ihn viele Leute, unter ihnen angeblich auch der Tetrarch Herodes Antipas, nach dessen Hinrichtung für den auferstandenen Johannes hielten (Mk 6,14.16; 8,28par). Andere wiederum identifizierten nunmehr Jesus anstelle des

---

Anm. 3), 190–196. Die These ist umstritten, vgl. G. Theißen/A. Merz, Der historische Jesus. Ein Lehrbuch. Göttingen 1996, 187–193.

ermordeten Johannes mit dem wiedergekehrten Elia (Mk 6,15; 8,28par). Doch scheint diese Identifikation nicht so zwingend gewesen zu sein, denn es gab offenbar auch die Meinung, Jesus sei der Prophet Jeremia (Mt 16,14) oder einer der Propheten (Mk 8,28par). Wir können nur noch erahnen, was die Gefangennahme und Ermordung des Johannes durch Herodes Antipas (Mk 6,17–28; Lk 3,19f), den der Täufer wegen Inzest angeklagt hatte, für dessen Anhängerschar und für Jesus bedeutete. War damit dessen Rettungswerk vor dem großen Gottesgericht gescheitert? War seine Identifikation mit dem wiederkehrenden Elia falsch gewesen? Oder würde sein Werk in irgendeiner Weise weitergehen, etwa durch Jesus von Nazareth, der ebenfalls Wunder wie Elia tat? Möglicherweise war Johannes im Gefängnis von ähnlichen Fragen umgetrieben (vgl. Lk 7,18–35). Jesus scheint sie so beantwortet zu haben, dass er trotz allem an der Identifikation des Täufers mit Elia festhielt, für sich aber die Konsequenz zog, dass auch der eschatologische Elia habe abgelehnt werden und leiden müssen (Mk 9,13), wie dies schon vom geschichtlichen Elia berichtet worden war (1Kön 19). Da Jesus aber überzeugt war, dass mit Johannes der eschatologische Elia schon gekommen sei (Mk 9,13), musste er daraus folgern, dass nach dessen Tod die kommende Gottesherrschaft endlich angebrochen sei und dass damit sein Wirken, seine Dämonenaustreibungen, seine Heilungen und Sündenvergebungen, in unmittelbarem Zusammenhang stände (Lk 7,21–23; 10,18; 11,20). Allerdings sah Jesus anders als Johannes im Kommen Gottes nicht primär das große Reinigungsgericht, sondern eine barmherzige Zuwendung Gottes zu den Sündern. Doch dass er dabei seine Heilsmittlerschaft in Analogie zum Schicksal des Johannes als Leidensweg begriff, wie es Markus in 9,12f darstellt, ist nicht unmöglich. Die Identifikation des Täufers mit Elia hatte somit für das Verständnis des Wirkens Jesu als Anbruch der Endzeit und die Ausbildung einer Leidenschristologie fundamentale Bedeutung.

Wenn die Wiederkunft Elias mit Johannes dem Täufer schon geschehen und im Wirken Jesu die Gottesherrschaft schon sichtbar angebrochen war, dann stellte sich die Frage nach der eschatologischen Identität Jesu. Diese Frage wird in der Szene vom Petrusbekenntnis (Mk 8,27–33) ausdrücklich verhandelt: Jesus fragt seine Jünger, für wen ihn die Leute halten. Die Jünger berichten von den verschiedenen Einschätzungen, Jesus sei der Täufer, Elia oder sonst ein Prophet, d. h. er gehöre noch zu den Vorläufern des erwarteten Kommens Gottes. Darauf fragt Jesus die Jünger nach ihrer Meinung. Nur Petrus antwortet und spricht das entscheidende Bekenntnis: »Du bist der Christus, d.h. der Messias!« (V. 29). Für Petrus ist Jesus von Nazareth der erwartete Heilskönig, der selber schon die Gottesherrschaft heraufführt und das Kommen Gottes realisiert. Er ist nicht nur Heilsmittler, sondern auch Heilsbringer.

Es ist hier nicht der Ort, die verschlungenen Pfade der alttestamentlichen und frühjüdischen Messiaserwartungen zu verfolgen.[5] Deutlich ist jedoch, dass dort nirgends die Wiederkunft Elias mit dem Auftreten des Messias verbunden war.[6] Erst die Christen, die spätestens nach dem Tod und der Auferstehung Jesu die Messianität Jesu erkannten und bekannten (vgl. 1Kor 15,3; Röm 6,4; 14,9), haben aufgrund der bestehenden Nähe Jesu zu Johannes dem Täufer diese Verbindung hergestellt. Sie machten konsequent Elia, der einmal ein Wegbereiter Gottes gewesen war (Mal 3,1.23f), zum Vorläufer des Messias und damit Johannes zum Wegbereiter Jesu (Mk 1,1–8; Lk 7,18–23.24–35). Diese neue Zuordnung hatte eine doppelten Konsequenz: Sie bestritt gegen den Anspruch der Johannesjünger dem Täufer jegliche eigene Heilsmittlerschaft; er hatte gegenüber dem Messias Jesus nur eine Vorläuferfunktion. Und sie lieferte ein zusätzliches starkes Argument, um die Messianität Jesu zu begründen: Wenn der Täufer der wiedergekehrte Elia war, der auf das Kommen des Messias verwies, dann konnte Jesus nur der Messias sein. So wurde die neu ausgerichtete Vorstellung vom eschatologischen Elia für die frühen christlichen Gemeinden eine nicht unwesentliche Stütze für ihren Christusglauben (vgl. Mt 11,15).

Eine ganz andere Weise, Jesu Verbindung mit Elia bei gleichzeitiger Überlegenheit über ihn darzustellen, findet sich in der Verklärungsgeschichte (Mk 9,2–8par). Auf einem hohen Berg, der an den Sinai bzw. Horeb erinnert (vgl. 2Mose 24; 1Kön 19), werden die Jünger Petrus, Jakobus und Johannes einer Gotteserscheinung gewürdigt. Jesus wird dabei vor ihren Augen in eine

---

[5] Vgl. dazu z.B. Theißen/Merz, Jesus, 462–470.
[6] So mit Recht Öhler, Elia (s. Anm. 3), 29.

himmlische Gestalt verwandelt (Mk 9,2f), und es erscheinen Mose und Elia und reden mit ihm wie alte Bekannte (9,4). Petrus will sich gleich auf dem Berg häuslich einrichten, aber solche Gottesunmittelbarkeit kommt den Jüngern Jesu nicht zu (9,5f). Stattdessen kommt eine Wolke und überschattet die beiden Vorgänger, während eine göttliche Stimme Jesus als geliebten Gottessohn proklamiert, auf den die Jünger hören sollen (9,7).

Mose und Elia repräsentieren hier die beiden Kanonteile, das Gesetz und die Propheten;[7] diese Funktion war Elia neben Mose schon im Abschluss des Prophetenkanons, Mal 3,22–24, zugewachsen. Ob dabei an den irdischen oder den entrückten Elia gedacht ist, kann man nicht entscheiden, sicher ist nicht der wiederkehrende Elia gemeint. Vorausgesetzt ist nur, dass die für das Gottesverhältnis Israels so entscheidend wichtigen Personen bei Gott aufgehoben sind und in Theophanien auf Erden erscheinen können. Die geschilderte Theophanie vermittelt den Jüngern die entscheidende Erkenntnis, dass Jesus nicht allein auf der gleichen Ebene wie diese führenden Gottesmänner Israels steht, sondern von Gott sogar noch über diese herausgehoben und mit einer eigenen Weisungsbefugnis gegenüber den Jüngern ausgestattet wird (Mk 9,7). Das abschließende Sätzchen »auf den sollt ihr hören« erinnert an das Prophetengesetz in Dtn 18,15; es ist dort bezogen auf den Propheten, den Gott statt Mose in Zukunft erwecken wird. Dies bedeutet: Jesus ist für die Jünger dieser zukünftige Prophet in der Linie von Mose und Elia, ja, sogar mehr als das. Er ist von Gott autorisiert, seinen Jüngern eigene Weisungen und Verheißungen zu verkünden, die sogar über das von Mose Gebotene und von Elia Verkündete hinausgehen können. So begründet und legitimiert die Verklärungsgeschichte die Bildung eines eigenen christlichen Kanons, der gegenüber dem alten Kanon aus »Gesetz und Propheten« für die christliche Gemeinde seine eigenständige Berechtigung hat.

War erst einmal geklärt, dass Jesus von Nazareth nicht der eschatologische Elia, sondern der Messias war, dann konnte man

---

[7] Öhler, Elia (s. Anm. 3), 122–126.192, leugnet diese alte, seit dem Kirchenvater Tertullian vertretene Auslegung und will in Elia nur einen Repräsentanten der himmlischen Welt sehen, da er keine eigenen Schriften hinterlassen habe; doch übersieht er, dass Elia schon im Alten Testament längst zum Repräsentanten auch der Schriftprophetie aufgestiegen war.

ohne Gefahr das Wirken Jesu mit dem geschichtlichen Elia in Analogie setzen, ohne damit Missverständnisse hervorzurufen. Dieses ist im Lukasevangelium der Fall: In seiner Antrittspredigt verweist Jesus hier auf das heilvolle Wirken Elias an der Witwe im phönizischen Sarepta, um zu begründen, warum er sein Rettungswerk, abgelehnt von vielen seiner Landsleute, auf die Heiden ausdehnt (Lk 4,25f). Darüber hinaus gestaltet Lukas einige Heilungsgeschichten Jesu und der Apostel in Analogie zur Totenerweckung Elias (7,11–17; Apg 9,36–43; 20,7–12; vgl. 1Kön 17,17–24); auch seine Erzählung von der Himmelfahrt Jesu (Apg 1,1–12) weist einige sprachliche Anspielungen an die Himmelfahrt Elias auf (2Kön 2,1–15). Doch konnte sich Jesus nach Lukas auch von Elia distanzieren; so wenn er sich weigerte, Feuer vom Himmel auf die ungastlichen Samaritaner fallen zu lassen (Lk 9,54)[8] wie weiland Elia auf die Militärkohorte (2Kön 1,10.12). Die Erwartungen, die mit dem eschatologischen Elia verbunden waren, verlegte Lukas dagegen auf die Wiederkunft Christi (Apg 1,6; 3,19–21).

So ist die alttestamentliche Verheißung von der Wiederkunft Elias durch den Bezug auf Johannes den Täufer keineswegs abgegolten; die Person Elias wird aber, nachdem die Naherwartung verblasst war, in der christlichen Zukunftsvorstellung durch Jesus ersetzt.[9]

3.3. Elia als Orientierung für die frühen Christen

In den christlichen Gemeinden des 1. Jh. n. Chr. wird neben vielen anderen Gestalten des Alten Testaments zuweilen auch auf

---

[8] In vielen Textzeugen wird der Bezug auf Elia explizit gemacht.

[9] Nicht recht einordnen lässt sich die Tradition, dass Jesu Klageruf am Kreuz »*Eli, Eli lama ʿasabtani*« (»Mein Gott, mein Gott, warum hast du mich verlassen?«) von den Umstehenden als Hilferuf an Elia missverstanden sein soll (Mk 15,34–36par). Real ist ein solches Missverständnis kaum vorstellbar, da Jesus hier den Anfang eines bekannten Psalms zitiert (Ps 22,2), den eigentlich alle Juden kennen müssten; zudem besteht zwischen dem hebräischen Wort *ʾeli* (»mein Gott«) und noch mehr zwischen dem aramäischen Pendant *ʾelahi* und dem Namen des Propheten, der hebräisch *ʾElijah* lautet, ein erheblicher klanglicher Abstand. So handelt es sich wohl nur um ein rein literarisches Motiv, das das völlige Unverständnis und die pure Sensationslust der Volksmenge bei der Kreuzigung aufzeigen will.

den Propheten Elia zurückgegriffen, um Orientierung für das eigene christliche Leben zu erhalten. Abschließend soll hier nur auf ein Beispiel eingegangen werden. Paulus verwendet in seinem Römerbrief die Erzählung von Elias Begegnung mit Gott am Horeb (1Kön 19), um die nach wie vor gültige Erwählung Israels zu beweisen, obwohl viele Juden Jesus nicht als Messias Israels anerkennen (Röm 11,1–6): Selbst auf die Klage Elias hin, dass Israel Gottes Propheten getötet und seine Altäre zerbrochen habe, hat sich Gott damals nicht zur Verstoßung Israels hinreißen lassen, sondern trotz allem an einem Rest des erwählten Volkes festgehalten (V. 2–4). Elia wurde somit von Gott eines besseren belehrt; seine Klage über das abtrünnige Volk hat Gott nicht mit dessen Verwerfung beantwortet. Das Beispiel ist gut gewählt, da es in 1Kön 19 in der Tat um den Fortbestand des Gottesverhältnisses Israels ging. Selbst die Ermordung von Propheten, selbst die Tötung des Christus, so sagt Paulus, kann Gott nicht von seiner Treue zu Israel abbringen. Hätten die Christen diese Auslegung der Eliatradition durch den Apostel beherzigt, hätten sie dem jüdischen Volk und der ganzen Welt unendliches Leid ersparen können!

Wolfgang Reinbold

Die Klage des Gerechten (Ps 22)

I. Altes Testament

Das Tun des Menschen steht in unmittelbarem Zusammenhang mit seinem Ergehen, das ist die feste Überzeugung der altisraelitischen Erfahrungsweisheit. Gerechtigkeit führt zum Leben. Ungerechtigkeit führt zum Tod. Das Haus des Gerechten wird gesegnet. Das Haus des Gottlosen wird verflucht.

Gott hat der Welt eine gute Ordnung gegeben. Wer sie befolgt, der wandelt auf dem Weg des Lebens. Darin ist sich Israel mit dem gesamten alten Orient einig, wie insbesondere die weisheitliche Tradition zeigt:

»Im Hause des Gottlosen ist der Fluch des Herrn, aber das Haus der Gerechten wird gesegnet« (Prov 3,33). »Es wird dem Gerechten kein Leid geschehen; aber die Gottlosen werden voll Unglücks sein« (Prov 12,21; vgl. 12,13; 13,6). »Der Gerechte kann essen, bis er satt ist; der Gottlosen Bauch aber leidet Mangel« (Prov 13,25; vgl. 10,3).[1]

Die Erfahrung der Jüngeren aber ist eine andere. Je mehr sich die alten sippenbäuerlichen Strukturen auflösen und Israel zu einem Staat wird mit König, Verwaltung und Marktwirtschaft, desto mehr bekommt das Weltbild der alten Weisheit Risse. Keineswegs ist es so, dass dem Gerechten kein Leid geschieht. In Wahrheit geht es ihm im Gegenteil oft schlecht, schlechter sogar als dem Gottlosen, der sich nicht schert um seine Mitmenschen und die gute Ordnung Gottes.

Die Freunde Hiobs verteidigen die alten Grundsätze noch gegen Hiob: Wäre er wirklich ein Gerechter, wie er selbst immer wieder behauptet, dann hätte Gott ihn nicht so furchtbar gestraft (Hiob 1), so sagen sie. Sein Schicksal zeigt, dass er in Wahrheit ein Gottloser ist:

---

[1] Vgl. weiter Prov 10,6.24; 11,6.19; 12,7.28; 13,9.21; 21,21 u.ö.

»Ist deine Bosheit nicht zu groß, und sind deine Missetaten nicht ohne Ende? Du hast deinem Bruder ein Pfand abgenommen ohne Grund, du hast den Nackten die Kleider entrissen; du hast die Durstigen nicht getränkt mit Wasser und hast dem Hungrigen dein Brot versagt; dem Mächtigen gehört das Land, und sein Günstling darf darin wohnen; die Witwen hast du leer weggehen lassen und die Arme der Waisen zerbrochen. Darum bist du von Schlingen umgeben, und Entsetzen hat dich plötzlich erschreckt« (Hiob 22,5–10).

Doch Hiob selbst weiß es besser:

»An meiner Gerechtigkeit halte ich fest und lasse sie nicht; mein Gewissen beißt mich nicht wegen eines meiner Tage« (Hiob 27,6).[2]

Im dritten Jahrhundert v.Chr. bringt der »Prediger Salomo« die neue Überzeugung auf den Punkt. Der Gerechte, er hat keinen Vorteil vor dem Gottlosen. Dem Guten geht es wie dem Bösen, wenn nicht schlechter:

»Es ist eitel, was auf Erden geschieht: Es gibt Gerechte, denen geht es, als hätten sie Werke der Gottlosen getan, und es gibt Gottlose, denen geht es, als hätten sie Werke der Gerechten getan. Ich sprach: Das ist auch eitel« (Koh 8,14). »Dies alles hab ich gesehen in den Tagen meines eitlen Lebens: Da ist ein Gerechter, der geht zugrunde in seiner Gerechtigkeit, und da ist ein Gottloser, der lebt lange in seiner Bosheit« (Koh 7,15).

Psalm 22 ist das exemplarische Gebet eines Gerechten, der zugrunde zu gehen droht in seiner Gerechtigkeit. Nirgendwo sonst in den Psalmen wird seine Klage in solcher Härte formuliert. Seine Feinde haben ihn umzingelt wie die wilden Tiere. Er ist ihnen hilflos ausgeliefert, ausgeschüttet wie Wasser, seine Knochen haben sich voneinander gelöst, und sein Herz ist wie zerschmolzenes Wachs (V. 13–15). Unerträglich ist sein Leiden inmitten der Rotte der Bösen (V. 17), die ihn mit dem Tod bedrohen (V. 21). Das Schlimmste aber ist: Gott selbst, auf den die Väter hofften und nicht enttäuscht wurden (V. 5–6), er hat ihn verlassen (V. 2–3). Ja, Gott selbst ist es, der ihn in des Todes Staub legt (V. 16).

Dann aber, mitten im Psalm, ändert sich die Stimmung, von einem auf den anderen Satz. Gott, der den Beter verlassen zu haben schien, hat ihn am Ende doch noch erhört. Sein Schreien

---

[2] Vgl. Hiob 12,4; 32,1; 34,5 u.ö.

zum Heiligen Israels ist nicht ohne Antwort geblieben (V. 22b.25). Als Dank für diese wunderbare Rettung kündigt der Beter an, dass er nun alle Gelübde, die er in den Tagen seiner Qual abgelegt hat, erfüllen wird (V. 23–27). Er lädt ein zu einer großen Lob- und Dankfeier (V. 23.26), mit Festmahl für die Armen und für all die, die Gott suchen (V. 27). Bei dieser Feier wird er die Geschichte seines Leidens und seiner Rettung durch den Herrn erzählen, darüber hinaus einen neuen, eigens gedichteten Hymnus vortragen (V. 26).

Der Psalm endet mit einem Nachtrag, der offenbar von dritter Hand hinzugefügt wurde (V. 28–32). Ist die Klage (V. 2–22) und die Einladung zur Dankfeier (V. 23–27) ganz aus der Sicht des (ehemals) leidenden Gerechten formuliert, weitet der Nachtrag den Blick abschließend ins Universale. Die Geschichte des Beters von Ps 22,2–27 zeigt, dass der Herr die rettet, die ihn anrufen, auch wenn es zunächst nicht danach aussehen mag. Daher werden, so fügt der Kommentator hinzu, ihn einst anbeten aller Welt Enden und alle Geschlechter der Heiden (V. 28), sogar die Toten (V. 30). Denn des Herrn ist das Reich (V. 29).

Die Entstehung von Psalm 22 lässt sich recht gut rekonstruieren. Am Anfang steht die Klage des leidenden Gerechten (V. 2–22), die er, so mag man es sich mit etwas Phantasie vorstellen, schriftlich im Tempel deponiert haben mag. Als die Klage erhört wird, fügt der Beter die Aufforderung zum Rühmen Gottes hinzu, mit der Einladung zur Dankfeier (V. 23–27). Ein Dritter erkennt die exemplarische Bedeutung der Geschichte und setzt den eschatologischen Nachtrag hinzu (V. 28–32).

So sehr Psalm 22 auf die Klage eines Einzelnen in einer konkreten Notlage zurückgehen wird, so wenig ist diese Notlage indes im Text noch deutlich zu erkennen. Was wir vor uns haben, ist ein vielfach überarbeitetes Gebet, dessen Formulierungen offen geworden sind für fast alle Leiden, die über den Frommen kommen mögen: »Krankheit, ... Feinde, ... Armut, ... falsche Anklage und Verhöhnung; es sind ... fast alle erdenklichen Leiden auf den Beter kumuliert.«[3] Gerade darin besteht die Kompetenz der Gebetssprache des Psalms. Es ist eine »offene Notsprache« mit vielen Identifikationsmöglichkeiten, die zum

---
[3] G. v. Rad, Theologie des Alten Testaments, Bd. I, München [4]1962, 412f.

universalen Gebetsformular für die Leiden der Frommen des nachexilischen Israel geworden ist (und vielleicht darf man es sich so vorstellen, dass der Psalm im Jerusalemer Tempel als Gebetsformular für die Klage eines Einzelnen vorlag).[4]

Noch ein Wort zur Stellung des Psalms in der Sammlung der Psalmen: Ps 22 steht genau in der Mitte des ersten Davidpsalters (Ps 3–41), und in seiner Mitte wiederum steht der Lobpreis der Verse 23–27. Das dürfte kaum ein Zufall sein. Die offenbar sorgfältig arrangierte Anordnung weist den Versen eine Leitfunktion zu für den Glauben und die Lebensgestaltung Israels insgesamt:[5]

»Ich will deinen Namen kundtun meinen Brüdern, ich will dich in der Gemeinde rühmen: Rühmet den Herrn, die ihr ihn fürchtet; ehret ihn, ihr alle vom Hause Jakob, und vor ihm scheuet euch, ihr alle vom Hause Israel! Denn er hat nicht verachtet noch verschmäht das Elend des Armen und sein Antlitz vor ihm nicht verborgen; und als er zu ihm schrie, hörte er's. Dich will ich preisen in der großen Gemeinde, ich will mein Gelübde erfüllen vor denen, die ihn fürchten. Die Elenden sollen essen, dass sie satt werden; und die nach dem Herrn fragen, werden ihn preisen; euer Herz soll ewiglich leben« (Ps 22,23–27).

II. Judentum

Grob lassen sich fünf Typen der Wirkungsgeschichte von Psalm 22 im antiken Judentum unterscheiden. Drei sind bereits in vorneutestamentlicher Zeit belegt, zwei sind jüngeren Datums:

1) Psalm 22 als Modell für neue Klagegebete
Wenn der Fromme leidet, formuliert er seine Klage, wenn er errettet wird, seinen Dank in Anlehnung an die Worte des 22. Psalms (und ähnlicher Psalmen). Besonders eindrucksvoll sind die aus dem zweiten Jahrhundert v.Chr. stammenden »Loblie-

---

[4] H. Irsigler, Psalm 22: Endgestalt, Bedeutung und Funktion, in: J. Schreiner (Hg.), Beiträge zur Psalmenforschung. Psalm 2 und 22 (fzb 60), Würzburg 1988, 193–239.

[5] J. Schreiner, Zur Stellung des Psalms 22 im Psalter. Folgen für die Auslegung, in: ders. (Hg.), Psalmenforschung (s. Anm. 4) 241–277.

der«, die in Höhle 1 von Qumran am Toten Meer gefunden worden sind. Hier klagt der Beter:

»Ich aber, mich hatten Zittern und Schrecken ergriffen, und alle meine Gebeine zerbrachen. Es zerfloss mein Herz wie Wachs vor dem Feuer, und meine Knie bewegten sich wie Wasser, das am Abhang hinunterstürzt« (1QH IV,33f).

Und er dankt Gott für die Rettung mit den Worten:

»In der Bedrängnis meiner Seele hast du mich nicht verlassen und mein Schreien hast du gehört in den bitteren Erfahrungen meiner Seele und hast Recht verschafft meinem Kummer, hast auf mein Seufzen geachtet. Und du rettetest die Seele des Armen am Ort des Löwen, die ihre Zunge geschärft hatten wie ein Schwert. Und du, mein Gott, hast um ihre Zähne herum verschlossen gehalten, damit sie nicht das Leben des Armen und Geringen zerrissen. Du ließest ihre Zunge wie ein Schwert in seine Scheide zurückkehren, ohne daß es das Leben deines Knechtes [traf]« (1QH V,12–15).

2) Interpretation des Leidens Israels im Licht von Ps 22
Zuweilen werden die Leidenserfahrungen des Volkes Israel als ganzem im Licht von Ps 22 und der Tradition des Leidens des Gerechten interpretiert. Zwar werden die Einzelheiten des Psalms nur selten und nach unseren Quellen erst im Mittelalter ausdrücklich auf Israel bezogen.[6] Die Deutung des Schicksals des Volkes als Leiden des Gerechten ist allerdings sehr viel älter. Insbesondere die Zerstörung der Stadt Jerusalem durch die Römer im Jahr 70 n.Chr. ließ sich auf diese Weise theologisch verstehen: nicht als Grund zur bitteren Resignation, sondern als Grund zur Freude. Beizeiten, so ermutigt der Verfasser der syrischen Baruchapokalypse (1/2. Jh.) seine Leser, wird Gott das Schicksal seines Volkes wenden:

»Was sollen die Gerechten heute tun? Habt eure Lust am Leiden, das ihr heute leidet! Weswegen schaut ihr aus, dass eure Hasser noch zu Fall kommen? Bereitet euch auf das euch Zugedachte vor und macht euch wert des Lohnes, der für euch hinterlegt worden ist« (2Bar 52,5–7).

---

[6] Vgl. die Auszüge aus Midrasch Psalmen (3.–13 Jh.?) zu Ps 22 bei (H.L. Strack/) P. Billerbeck, Kommentar zum Neuen Testament aus Talmud und Midrasch II, München ³1961, 576.

3) Psalm 22 als Beleg für die Auferstehung

In der Septuaginta und in rabbinischen Zeugnissen wird der Psalm zum Zeugnis für ein Leben nach dem Tod. Im hebräischen Original von Ps 22 lautete der Text von Vers 30b–31a etwa so:

»Vor ihm sollen sich beugen alle, die in den Staub absteigen: Und seine Seele hat er noch nicht lebendig gemacht. Der Same, der ihm dient – erzählt soll werden vom Herrn dem Geschlecht.« Oder: »Vor ihm sollen sich beugen alle, die in den Staub absteigen. Und der Same, dessen Seele er noch nicht lebendig gemacht hat, soll ihm dienen. Erzählt soll werden vom Herrn dem Geschlecht.«[7]

Vor ihm sollen sich beugen alle, die in den Staub absteigen: Auch die Toten werden Jahwe verehren, das ist die (für das Alte Testament ungewöhnliche) Grundaussage des hebräischen Textes. Wie aber ist das Folgende zu verstehen? Die griechische Übersetzung der Psalmen legt den Text wie folgt aus:

»Vor ihm niederfallen werden alle, die in die Erde hinabsteigen, und meine Seele lebt für ihn.« (Ps 21,30LXX)

Meine Seele lebt für ihn: Mit dieser eigenwilligen Auslegung des hebräischen Textes bringt die Septuaginta die Überzeugung zum Ausdruck, dass es für das Verhältnis des Beters zu Gott gleichgültig ist, ob er tot ist oder lebendig. Meine Seele lebt für Gott, gleich ob ich lebe oder in den Staub hinabgestiegen bin. Damit ist die in den älteren Teilen des Alten Testaments unüberwindbare Schranke des Todes als des Endes der Beziehung zu Gott durchbrochen. Ps 22,30 wird zum Zeugnis für die Erwartung eines Lebens nach dem Tode.[8]

In der rabbinischen Literatur wird in späterer Zeit auch Ps 22,32 gelegentlich als Zeugnis für die Auferstehung gedeutet. Im babylonischen Talmud (ca. 5. Jh.) wird die Frage diskutiert, wie alt ein Kind sein muss, damit es in die zukünftige Welt kommt. Eine der vertretenen Auffassungen ist die Folgende:

»Es wurde gelehrt: Von wann an kommt ein Kind in die zukünftige Welt? ... Einer sagt, von der Stunde an, da es geboren wird, denn es heißt

---

[7] K. Seybold, Die Psalmen (HAT I/15), Tübingen 1996, 96; vgl. 99f.
[8] Vgl. auf christlicher Seite Irenäus, Haer. 5,7,1: Die Seele ist unsterblich, wie David sagt Ps 22,30.

(Ps 22,32): ›Kommen und verkündigen wird man von seiner Gerechtigkeit dem Volk, das geboren wird‹« (bSanh 110b).[9]

4) Psalm 22 als Gebet der Esther
In der rabbinischen Literatur verbreitet ist die eigentümliche Deutung des Psalms als Gebet der Esther.

»Und [Esther] stellte sich in den inneren Vorhof des königlichen Palastes [Ahasvers]. Rabbi Levi sagte: Als sie an das Götzenhaus herangereicht war, wich die Göttlichkeit von ihr, denn es heißt (Ps 22,2): ›Mein Gott, mein Gott, warum hast du mich verlassen?‹« (bMeg 15b).[10]

5) Deutung auf den leidenden Messias
Selten und sehr spät wird Psalm 22 auf den leidenden Messias gedeutet, so in der Predigtsammlung Pesiqta Rabbati in den späten, aber kaum näher zu datierenden Homilien 36–37.[11]

III. Neues Testament

Kaum ein alttestamentlicher Text ist im Neuen Testament so prominent wie Psalm 22. Im Lichte dieses Psalms vor allem[12] interpretiert die christliche Gemeinde das unschuldige Leiden des Gerechten Jesus.

Drei Mal wird im Passionsbericht des ältesten Evangeliums Ps 22 zitiert oder das Geschehen mit Worten beschrieben, die an die Worte des Psalms erinnern. Als Jesus gekreuzigt wird, teilen die römischen Soldaten seine Kleider unter sich auf:

»Und sie teilten seine Kleider und warfen das Los, wer was bekommen solle« (Mk 15,24, entspricht Ps 22,19). Mt 27,35 und Lk 23,34 folgen Markus. Das Johannesevangelium zitiert den Psalm ausdrücklich: »Da sprachen sie untereinander: Lasst uns das nicht zerteilen, sondern darum losen, wem es gehören soll. So sollte die Schrift erfüllt werden, die sagt

---

[9] L. Goldschmidt, Der Babylonische Talmud Bd. 9, Berlin 1934, 136.

[10] L. Goldschmidt, Der Babylonische Talmud Bd. 4, Berlin 1933, 64. Vgl. bJoma 29a und oft im Midrasch Psalmen, vgl. Billerbeck, Kommentar II (s. Anm. 6), 576–579.

[11] Vgl. Billerbeck, Kommentar II (s. Anm. 6), 579f.

[12] Vgl. weiter: Ps 31 (Mk 14,50 par.); 38 (Mk 15,5 par.); 41 (Mk 14,20 par.); 69 (Mk 15,36par), u.a.

(Ps 22,19): ›Sie haben meine Kleider unter sich geteilt und haben über mein Gewand das Los geworfen.‹ Das taten die Soldaten« (Joh 19,24).

Die Jesus hängen sehen, zwischen zwei Verbrechern, schütteln die Köpfe und lästern ihn:

»Und die vorübergingen, lästerten ihn und schüttelten ihre Köpfe und sprachen: ...« (Mk 15,29, erinnert an Ps 22,8). Mt 27,39 folgt Markus. Vgl. Lk 22,35.

Schließlich betet er mit den Worten des Psalms:

»Und zu der neunten Stunde rief Jesus laut: ›Elohi, Elohi, lema sabachthani?‹ Das heißt übersetzt: ›Mein Gott, mein Gott, warum hast du mich verlassen?‹« (Mk 15,34, entspricht der aramäischen Übersetzung von Ps 22,2 = hebräisch ›Eli, Eli, lama asabtani‹, vgl. Luthers Übersetzung). Mt 27,46 folgt Markus.

Einen vierten Hinweis auf Ps 22 fügt das Matthäusevangelium hinzu. Die Hohepriester, Schriftgelehrten und Ältesten verspotten Jesus mit den Worten:

»Andern hat er geholfen und kann sich selber nicht helfen. Ist er der König von Israel, so steige er nun vom Kreuz herab. Dann wollen wir an ihn glauben. (Ps 22,9:) Er hat Gott vertraut; der erlöse ihn nun, wenn er Gefallen an ihm hat« (Mt 27,42f).

So wird Psalm 22 in neutestamentlicher Interpretation zu *dem* Psalm der Passion Jesu und damit zu einem messianisch interpretierten Text.[13] Man las ihn als Prophetie auf Jesus, den Christus, den gekreuzigten »König der Juden« (Mk 15,26par) und Sohn Gottes (15,39), den leidenden Messias Israels (15,32).

Unsicher ist, wie man sich die Entstehung der ältesten Schichten des Passionsberichtes im Blick auf Ps 22 vorzustellen hat. Hat hier das Alte Testament »Geschichte« *produziert*? Las man die Psalmen und insbesondere Psalm 22 gewissermaßen als den authentischen, weil von Gott selbst durch David vorhergesagten Passionsbericht des Sohnes Gottes? (mit der Konsequenz, dass die Bedeutung des psalmeninspirierten Passionsberichtes für die historische Rekonstruktion der letzten Tage Jesu gering

---

[13] Vgl. Hebr 2,11f: Der Anfänger des Heils schämt sich nicht, die Geheiligten Brüder zu nennen, »und spricht: ›Ich will deinen Namen verkündigen meinen Brüdern und mitten in der Gemeinde dir lobsingen‹« (Ps 22,23).

wäre). Oder *interpretierte* man diejenigen Details der Leidensgeschichte Jesu, an die sich die ältesten Zeugen erinnerten, im Licht der Psalmen (mit der Konsequenz, dass auch die die Psalmen zitierenden oder auf sie hinweisenden Texte sehr wohl historisch zuverlässig sein können)?[14]

IV. Christliche Auslegungsgeschichte

Verweisen die neutestamentlichen Passionsberichte zunächst nur auf einige wenige Verse des Psalms, so wird in späterer Zeit der ganze Psalm im Licht des Schicksals Jesu gedeutet. Wichtigstes und ältestes Zeugnis für diese Interpretation ist der »Dialog mit dem Juden Tryphon« (ca. 150/160) des Kirchenvaters Justin.

Justin zitiert Ps 22,1–24 und betont: Der ganze Psalm ist auf Christus hin gesagt (Dial. 99,1), und er enthält darüber hinaus den klaren Beweis dafür, dass dieser Christus niemand anderes ist als Jesus von Nazareth. Wer anders als er könnte von sich sagen (Ps 22,17): »Viele Hunde umlagern mich, eine Rotte von Bösen umkreist mich. Sie durchbohren mir Hände und Füße«?[15]

David sagte »mit Bezug auf das Leiden und das Kreuz in geheimnisvollem Gleichnis so: ›Sie haben meine Hände und meine Füße durchbohrt, alle meine Gebeine haben sie gezählt; sie aber sahen mich und schauten mich an. Meine Kleider verteilten sie unter sich, und über mein Gewand warfen sie das Los‹ (Ps 22,17–19). Als sie nämlich Jesus kreuzigten, durchbohrten sie mit Nägeln seine Hände und Füße, und nach der Kreuzigung verteilten sie beim Würfelspiel unter sich seine Kleider, dem Los die Entscheidung darüber lassend, was jeder gewollt hatte.[16] Ihr [Juden] bezieht auch den erwähnten Psalm [22] nicht auf Christus, da ihr völlig verblendet seid, und da ihr es nicht einseht, dass in eurem Volk außer unserem Jesus allein niemals einer, der den Namen König hatte, in seinem Leben an Händen und Füßen durchbohrt wurde und durch das er-

---

[14] Zur Diskussion s. W. Reinbold, Der Prozess Jesu (BTSP 28), Göttingen 2006.

[15] Einheitsübersetzung, nach dem griechischen Text, dessen Bedeutung allerdings unsicher ist (Luther: »sie haben meine Hände und Füße durchgraben«). Vgl. E. Bons, Die Septuaginta-Version von Psalm 22, in: D. Sänger (Hg.), Psalm 22 und die Passionsgeschichten der Evangelien (BThSt 88), Neukirchen-Vluyn 2007, 12–32.

[16] Vgl. Barn 6,6; Irenäus, Epideixis 80.

wähnte Geheimnis, das ist den Kreuzestod, starb« (Justin, Dial. 97,3–4; vgl. Mk 15,24; Joh 19,24; 20,25.27).

So erschließt sich nach Justin der wahre Sinn von Ps 22 nur dem Christen, der ihn auf das Leiden Jesu bezieht, nicht aber dem Juden Tryphon, der sich weigert, die offensichtliche Bedeutung des Textes zu erkennen. Im Einzelnen:

Ps 22,2: »Mein Gott, mein Gott, warum hast du mich verlassen«. – Damit wurde »in alter Zeit eben das vorhergesagt, was zur Zeit Christi gesprochen werden sollte« (Dial. 99,1; vgl. Mk 15,34par).

Ps 22,3: »Mein Gott, des Tages rufe ich, doch antwortest du nicht, und des Nachts, doch finde ich keine Ruhe«. – »An dem Tag nämlich, da er gekreuzigt werden sollte, nahm er drei seiner Jünger mit sich auf den sogenannten Ölberg ... und betete mit den Worten: ›Vater, wenn es möglich ist, so gehe dieser Kelch an mir vorüber‹« (Dial. 99,2; vgl. Mt 26,39).

Ps 22,4: »Du aber wohnst im Heiligtum, Gepriesener, Israel«.[17] – Die Worte lehren, dass Christus »nach der Kreuzigung am dritten Tag von den Toten auferstehen wird«, denn Christus wird im Alten Testament gelegentlich auch »Jakob« und »Israel« genannt (Dial. 100,1).

Ps 22,5–6: »Unsere Väter hofften auf dich; und da sie hofften, halfst du ihnen heraus. Zu dir schrien sie und wurden errettet, sie hofften auf dich und wurden nicht zuschanden.« – »Die Väter, welche nach diesen Worten auf Gott hofften und von ihm gerettet wurden, sind nun offenbar die, welche auch Väter der Jungfrau waren, durch welche Jesus Mensch wurde und geboren wurde« (Dial. 101,1).

Ps 22,7: »Ich aber bin ein Wurm und kein Mensch, ein Spott der Leute und verachtet vom Volke.« – Mit diesen Worten sagte Christus »vorher, war vor aller Augen ist und ihm geschieht. Zum Spotte sind nämlich wir, die wir an Jesus glauben, überall; des Volkes Verachtung ist er aber, weil er von eurem Volk verachtet und entehrt, all das erduldete, was ihr ihm bestimmt habt« (Dial. 101,2).

---

[17] Nach dem griechischen Text des Psalms, so wie Justin ihn versteht (Alternative: »Gepriesener Israels«).

Ps 22,8–9: »Alle, die mich sehen, verspotten mich, sperren das Maul auf und schütteln den Kopf: ›Er klage es dem Herrn, der helfe ihm heraus und rette ihn, hat er Gefallen an ihm.‹« – Damit »wurde vorhergesagt, dass ihm so geschehen werde. Diejenigen nämlich, welche ihn am Kreuz sahen, schüttelten sämtlich das Haupt, verzerrten die Lippen, und unter Nasenrümpfen sagten sie einer wie der andere spöttisch[e Worte]« (Dial. 101,3; vgl. Mt 27,42f; Lk 23,35; Mk 15,30).

Ps 22,10–11: »Du hast mich aus meiner Mutter Leibe gezogen; du ließest mich geborgen sein an der Brust meiner Mutter. Auf dich bin ich geworfen von Mutterleib an, du bist mein Gott von meiner Mutter Schoß an.« – »Kaum nämlich war Jesus in Bethlehem geboren, da wollte ... der König Herodes ... ihn töten lassen« (Dial. 102,2; vgl. Mt 2).

Ps 22,16a: »Meine Kräfte sind vertrocknet wie eine Scherbe, und meine Zunge klebt mir am Gaumen.« – »Denn die Kraft seines gewaltigen Wortes ... wurde eingedämmt gleich einer wasserreichen, gewaltigen Quelle, deren Wasser abgeleitet wurde: vor Pilatus schwieg er, und keinem wollte er mehr ... eine Antwort geben« (Dial. 102,5; vgl. Mk 15,4–5par).

Ps 22,12–14: »Angst ist nahe; denn es ist hier kein Helfer. Gewaltige Stiere haben mich umgeben, mächtige Büffel haben mich umringt. Ihren Rachen sperren sie gegen mich auf wie ein brüllender und reißender Löwe.« – Auch diese Worte sind eine Prophezeiung: »Denn in jener Nacht, als Leute aus eurem Volk von den Pharisäern, Schriftgelehrten und Lehrern abgesandt wurden, um an Jesus auf dem Ölberg Hand anzulegen, da haben sie ihn umrungen. Diese nannte der Logos stößige und frühzeitig gefährliche Kälber« (Dial. 103,1; vgl. Mk 14,43–52par).

Ps 22,15: »Ich bin ausgeschüttet wie Wasser, alle meine Knochen haben sich voneinander gelöst; mein Herz ist in meinem Leibe wie zerschmolzenes Wachs.« – Als Jesus in Gethsemane betete, da fiel »Schweiß wie Blutstropfen zur Erde ..., da sein Herze und ebenso seine Gebeine offenbar bebten und sein Herz wie Wachs in seinem Innern zerfloss« (Dial. 103,8; vgl. Lk 22,44).

Ps 22,16b–17a: »Du legst mich in des Todes Staub. Denn Hunde haben mich umgeben, und der Bösen Rotte hat mich umringt.« – Wenn die Gegner Jesu »Hunde heißen, so wird auf die Jagd hingewiesen, welche sie gemacht haben; denn in der Gier, Jesus zu verurteilen, haben sie, ehe sie Versammlung hielten, nach ihm gejagt« (Dial. 104; vgl. Mk 3,6; 11,18; 12,12 par).

Ps 22,22a: »Hilf mir aus dem Rachen des Löwen und vor den Hörnern wilder Stiere.« – Eine Prophezeiung der Todesart: Die Hörner sind ein Bild für das Kreuz (Dial. 105,2).[18]

Nach den übrigen Worten des Psalms schließlich (22,23–32) wusste Jesus, »dass sein Vater auf seine Bitte ihm alles gewähre und ihn von den Toten erwecken werde; er hielt alle, die Gott fürchten, an, Gott zu loben, da dieser sich des ganzen gläubigen Menschengeschlechts durch das Geheimnis des gekreuzigten Jesus erbarmte« (Dial. 106,1).

Gern wüssten wir, wie die jüdische Seite Mitte des 2. Jahrhunderts auf diese Auslegung reagiert und welche alternative Interpretation sie vorgetragen hätte. Leider erfüllt uns Justin diesen Wunsch nicht. Sein Gegenüber Tryphon kommt im Folgenden nicht zu Wort.

Noch ein kurzer Blick auf die spätere christliche Auslegung des Psalmwortes 22,2 im Kontext seiner Rezeption in der Passionsgeschichte. Was drückt sich in Jesu Gebetsruf »Mein Gott, mein Gott, warum hast du mich verlassen?« aus? In den Antworten auf diese Frage spiegelt sich die europäische Frömmigkeitsgeschichte in ihren vielen Facetten.[19] Für das antike und mittelalterliche Christentum birgt das Gebet zuallererst ein schwieriges dogmatisches Problem: Ist Jesus nicht nur wahrer Mensch, sondern auch wahrer Gott, so kann Gott ihn keinesfalls verlassen haben. »Verlassen« kann er sich allenfalls der menschlichen Natur nach fühlen, oder er meint nicht, was er sagt, sondern spricht den Psalm stellvertretend für den sündigen Menschen, für den er stirbt. Im Hochmittelalter wird das Mitleiden mit dem Menschen Jesus wichtig. Compassio ist die rechte Antwort des Christen, ihr Urbild die klagende Maria unter dem Kreuz, wie sie auf so vielen Bildern jener Zeit abgebildet ist. Martin Luther wendet sich gegen spitzfindige Differenzierungen und betont die Passion des ganzen Christus, der menschlichen wie der göttli-

---

[18] Vgl. Barn 5,13; Irenäus, Epideixis 79.
[19] Ein Überblick bei U. Luz, Das Evangelium nach Matthäus Bd. 4 (EKK I/4), Zürich/Neukirchen-Vluyn 2002, 335–342.

chen Natur: Er durchleidet die Verzweiflung des sündigen Menschen vor Gott.[20] Seit der Aufklärung schließlich wird das Wort gelegentlich in größter Radikalität verstanden: Jesu »Geständnis ... [lässt] sich ohne offenbaren Zwang nicht anders deuten ..., als daß ihm Gott zu seinem Zweck und Vorhaben nicht geholfen, wie er gehoffet hatte.«[21] Ja, Gott selbst scheitert, er ist ohnmächtig und verlassen.[22]

V. Schluss

Vergleicht man die christlichen und die jüdischen Auslegungen, so ergibt sich, aufs Ganze besehen, ein Bild von großer Übereinstimmung und geringer Differenz (allerdings wird die Übereinstimmung oft, wie bei Justin, von polemischer Rhetorik überdeckt): Juden wie Christen beten den Psalm in Zeiten von Not und Anfechtung. Juden wie Christen vertrauen darauf, dass Gott das Schicksal seiner Frommen wenden wird, wie er es zugesagt hat. Juden wie Christen sehen in dem Psalm ein Zeugnis für die Unsterblichkeit der Seele bzw. ein Leben nach dem Tode. Juden wie Christen deuten ihn zuweilen kollektiv, als Zeugnis für die Verfolgung und kommende Rettung des Volkes Israel bzw. der verachteten Christen. Juden wie Christen deuten den Psalm als messianischen Text.

Strittig ist namentlich der Punkt, der zwischen Judentum und Christentum konfessionstrennend geworden ist: Ob der Psalm auf (den Messias) Jesus hin gesagt ist oder nicht. Formuliert man diese Frage zeitgemäßer, auf dem Fundament historisch-kritischer Schriftauslegung, dürfte allerdings selbst an diesem Punkt heute eine beträchtliche Übereinstimmung zwischen jüdischer und christlicher Auslegung festzustellen sein: Juden gestehen zu, dass man den Psalm durchaus so verstehen kann, und

---

[20] »[W]enn ich das gleube, das allein die menschliche natur fur mich gelidden hat, so ist mir der Christus ein schlechter heiland, so bedarff er wol selbs eines heilands« (M. Luther, Vom Abendmahl Christi, Bekenntnis [1528], WA 26,319).
[21] H. S. Reimarus, Von dem Zwecke Jesu und seiner Jünger (hg. G. E. Lessing, Werke 7 [Hg. H. G. Göpfert] München 1976, 492–604: 555).
[22] H. Blumenberg, Matthäuspassion, Frankfurt a.M. 1988, 15.

Christen geben zu, dass der ursprüngliche Sinne des Psalms nicht der ist, den Justin ihm einst entnahm.

Das Wichtigste, das Psalm 22 uns heute zu sagen hat, scheint mir dies zu sein: Auch die Frommen sind vom Leiden betroffen. Sie haben weder einen Schlüssel zu seinem Sinn noch ein Patentrezept, wie es leichter zu ertragen ist. Ihr Trost ist, dass sie, wenn es darauf ankommt, wissen: Gott ist da und hört ihr Schreien. Dermaleinst wird er ihr Schicksal wenden.

Bernd Kollmann

Der Priesterkönig zur Rechten Gottes (Ps 110)

Kein anderer Text aus dem Alten Testament ist im Neuen Testament in Zitaten und Anspielungen derart präsent wie Ps 110, der eine zentrale Rolle bei der Entwicklung der Christologie spielte. Zudem hat sich Ps 110 auch mit der Aussage des Apostolischen Glaubensbekenntnisses, dass der in den Himmel aufgefahrene Jesus Christus zur Rechten Gottes sitzt, um von dort zum Gericht über Lebende wie Tote wiederzukehren, tief in das christliche Bewusstsein eingeprägt. Martin Luther hat ihn als den »rechten hohen Hauptpsalm von unserem lieben Herrn Jesu Christo« bezeichnet. Vorbereitet wurde dieses christologische Verständnis von Ps 110 durch eine messianische Deutung des dort angesprochenen Priesterkönigs zur Rechten Gottes, wie sie im antiken Judentum allerdings nur ganz am Rande wahrnehmbar ist. Auf einem ganz anderen Blatt steht die Frage nach dem ursprünglichen Sinn von Ps 110, wobei sich die Kontroversen insbesondere um das Alter des Psalms und den zeitgeschichtlichen Kontext der darin getroffenen Königsaussagen drehen.

1. Psalm 110 und seine jüdische Wirkungsgeschichte

1.1 Die ursprüngliche Bedeutung von Psalm 110

Ps 110 stellt die alttestamentliche Wissenschaft seit jeher vor große Rätsel. Klar ist, dass es sich um einen Königspsalm handelt, der beim feierlichen Akt der Thronbesteigung spielt. Als Ort des Geschehens ist Jerusalem gedacht, wo die Melchisedektradition ihren Ursprung hat. Anlässlich des Herrschaftsantritts werden dem König Heilsworte zugesprochen, die seine einzigartige Bedeutung dokumentieren. Sie betreffen die Einsetzung des Königs zum Mitregenten Jahwes, die Durchsetzung seiner Herrschaft gegenüber Feinden und sein ewiges Priestertum nach der Weise Melchisedeks.

Der erste Abschnitt des Psalms (110,1–4) beginnt mit der aus prophetischer Tradition bekannten Offenbarungsformel »Spruch Jahwes«, die den nachfolgenden Ausführungen den Charakter eines anlässlich der Thronbesteigung zugesprochenen Heilsorakels verleiht. Die Gottesspruchformel wird um die Adressatenangabe »für meinen Herrn« ergänzt, die den Stil der höfischen Anrede repräsentiert oder nachahmt. Der bei der Inthronisation ergehende Gottesspruch setzt mit der Weisung an den König ein, zur Rechten Jahwes Platz zu nehmen, und bietet gleichzeitig die Zusicherung, dass Jahwe ihm seine Feinde zu Füßen legen werde. Das Sitzen zur Rechten Gottes stellt im Alten Orient ein gängiges Motiv dar, das eine Ehrenstellung zum Ausdruck bringt. Die Herrschaft des inthronisierten Königs geht damit von Jahwe aus und ist durch ihn legitimiert. Dass der König am Tag der Thronbesteigung konkret einen neben der Lade im Allerheiligsten platzierten Thronsessel besteigt und sich damit sichtbar zur Rechten Gottes niederlässt,[1] ist der bildlich gemeinten Aussage von Ps 110,1 indes kaum entnehmbar. Das Motiv des Fußschemels ist zwar gut biblisch, aber sonst immer auf Jahwe und nicht den König bezogen. Die Vorstellung von den Feinden als Fußschemel des Königs hat außerbiblische Parallelen und ist ein weiterer Anhaltspunkt für die Aufnahme altorientalischer Königsideologie in Ps 110.[2]

Nachfolgend wünscht der prophetische Sänger dem Regenten, dass Jahwe ihm vom Zion her das als Symbol der Macht geltende und zu den traditionellen Herrschaftsinsignien zählende Zepter sende, um ihm damit die Oberherrschaft über die Völker zu übertragen. Vor gravierende Verständnisprobleme stellt die in rätselhaften Bildern sprechende Aussage von Ps 110,3c. Gegen die Vokalisation der Mosoreten lässt sich der Text mit »aus dem Schoß der Morgenröte habe ich dich als den Tau gezeugt« übersetzen und repräsentiert dann »die altorientalische Vorstellung

---

[1] So die Vermutung von H.-J. Kraus, Psalmen 60–150 (BK.AT XV/2), Neukirchen-Vluyn ⁵1978, 931.

[2] M. von Nordheim, Geboren von der Morgenröte? Psalm 110 in Tradition, Redaktion und Rezeption (WMANT 117), Neukirchen-Vluyn 2008, 58–60.

der göttlichen Abstammung des Königs, die durch die Motive des Zeugens JHWHs mit der Göttin ›Morgenröte‹ als Mutter, und durch die Namensbezeichnung ›Tau‹ als Kind eines Gottes unterstrichen wird.«[3] Ähnlich wie in Ps 2 wird der König der göttlichen Sphäre zugerechnet, wobei allerdings die Zeugung durch Gott dort erst im Moment der Thronbesteigung, hier dagegen bereits vor Zeiten erfolgte.

Der zweite Teil des Psalms (110,4–7) besteht aus einer eidlich bekräftigten Zusage und Verheißung Jahwes. Der Schwur Jahwes hat in einzigartiger Weise die ewige Priesterschaft des Königs zum Inhalt. In diesem Zusammenhang werden vom Psalmdichter an der Gestalt des Melchisedek haftende vorisraelitische Kulttraditionen aus dem jebusitischen Jerusalem auf den angesprochenen Herrscher übertragen. Dabei scheint eine direkte Bezugnahme auf Gen 14,18–20 vorzuliegen. Melchisedek, der sagenumwobene König der Jebusiterstadt Salem, begegnet dort als Priester des höchsten Gottes. Diese Kulttraditionen lebten nach der Eroberung Jerusalems durch David weiter. Ps 110,4 hebt auf die Fortsetzung der im vorisraelitischen Jerusalem gültigen Herrschaftsform ab, indem der Herrscher als Rechtsnachfolger Melchisedeks gilt und auch an dessen priesterlichen Funktionen partizipiert. Jahwe hat in einem unwiderrufbaren Schwur den inthronisierten König zum fortwährend gültigen »Priester nach der Ordnung des Melchisedek« bestimmt. An die Übermittlung dieses Gottesorakels schließt sich der prophetische Zuspruch an, dass Jahwe dem zu seiner Rechten sitzenden König zur Seite stehen und sich vor allem in kriegerischen Auseinandersetzungen als Beistand erweisen wird. Der inthronisierte König kann auf Jahwe als Kriegsmann und Weltrichter vertrauen, der die den Zion bedrohenden feindlichen Mächte vernichten wird.

Völlig umstritten ist die Datierung des Psalms. Eng damit zusammen hängt das Problem, ob Ps 110 aus einer Zeit stammt, als in Jerusalem tatsächlich ein Königtum existierte, oder ob er auf einen erhofften jüdischen König gemünzt ist und messianische

---

[3] Von Nordheim, Morgenröte, 89. Vgl. auch K. Seybold, Die Psalmen (HAT I/15), Tübingen 1996, 439: In mythischen Farben solle die göttliche Geburt des Königs im Zeichen der Morgenröte und des Taus angedeutet werden.

Implikationen hat. Vielfach wird davon ausgegangen, dass Ps 110 aus der frühesten Königszeit stammt.⁴ Er greife auf vorisraelitische Traditionen Jerusalems zurück und spiegle ein altes Inthronisationsritual wider, in dessen Verlauf ein am Hofe wirkender Prophet dem inthronisierten Herrscher göttliche Heilsworte zuspreche. Größere Wahrscheinlichkeit dürfte die Annahme einer nachexilischen Entstehungszeit für sich haben. Vielleicht entstand Ps 110 während der Ptolemäerherrschaft über Palästina, um in königsloser Zeit die Hoffnung auf einen eigenen israelitischen König wachzuhalten, der durch die Überschrift als neuer David verstanden werden konnte.⁵ Es begegnet aber auch eine noch spätere Datierung in die Makkabäerzeit. Ps 110 habe seinen Ursprungsort in der Legitimation der Hasmonäerherrschaft und sei auf Simon gemünzt,⁶ unter dem Mitte des 2. Jh. v. Chr. die Vereinigung von weltlicher Macht und hohepriesterlicher Funktion in einer Hand verfassungsrechtlich festgeschrieben wurde.

1.1 Die Rezeption von Psalm 110 im antiken Judentum

Die Rezeption von Ps 110 im jüdischen Schrifttum aus der Zeit des zweiten Tempels ist nur schwach ausgeprägt. Zitate aus dem Psalm finden sich an keiner Stelle. Es werden allenfalls Motive aufgegriffen, wie sie auch in Ps 110 begegnen, wobei oftmals unklar bleibt, ob eine direkte Bezugnahme vorliegt.⁷

---

⁴ Kraus, Psalmen (s. Anm. 1), 925–938; Seybold, Psalmen (s. Anm. 3), 437 (»sicher vorexilisch«).

⁵ Vgl. von Nordheim, Morgenröte (s. Anm. 2), 134–141, die bei Ps 110 mit bewusster Nachahmung archaischen Stils rechnet und ihn als jüdisches Pendant zu den alexandrinischen Enkomien auf die Ptolemäerkönige betrachtet.

⁶ B. Duhm, Die Psalmen (KHC 14), Tübingen 1922, 398.400; H. Donner, Der verlässliche Prophet. Betrachtungen zu 1 Makk 14,41ff und zu Ps 110, in: R. Liwak/S. Wagner (Hg.), Prophetie und geschichtliche Wirklichkeit im alten Israel (FS S. Herrmann), Stuttgart 1991, 89–98: 92–95.

⁷ Vgl. M. Tilly, Psalm 110 zwischen hebräischer Bibel und Neuem Testament, in: D. Sänger (Hg.), Heiligkeit und Herrschaft. Intertextuale Studien zu Heiligkeitsvorstellungen und zu Psalm 110 (BThSt 55), Neukirchen-Vluyn 2003, 146–170; von Nordheim, Morgenröte (s. Anm. 2), 221–273.

Inhaltlich am bedeutsamen sind die Bezüge zwischen Ps 110 und dem ersten Makkabäerbuch. In 1Makk 14,41 ist von dem 140 v.Chr. durch eine Volksversammlung in Jerusalem verabschiedeten Verfassungsdokument die Rede, das Simon »auf ewig« (vgl. Ps 110,4) und damit im erblichen Sinne die politisch-militärische wie die hohepriesterliche Gewalt zuspricht. Die nicht aus dem alten Geschlecht Zadoks stammenden hasmonäischen Priesterkönige legitimierten ihre von Essenern wie Pharisäern scharf kritisierte Verbindung der weltlichen Herrschaft mit dem hohepriesterlichen Amt durch den Rückgriff auf Ps 110,4. Dabei stellten sie sich gezielt in die Tradition des Melchisedek, der im vorisraelitischen Jerusalem als Priesterkönig die weltliche und geistliche Macht in einer Hand vereinigt hatte.[8] Auch TestLev 8, wo Levi in Anknüpfung an Ps 110 als Priester *und König* gezeichnet wird, deutet darauf hin, dass die Hasmonäer den Psalm zur Legitimation ihrer Herrschaft benutzt haben. Keine zeitgeschichtlichen Implikationen hat dagegen die mutmaßliche Rezeption von Ps 110 im Jubiläenbuch. Dieses bietet, bevor es von der Abgabe des Zehnten durch Jakob berichtet, eine von Gen 14,18 und Ps 110,4 inspirierte Erzählung von einem Traum Levis, dass er und seine Söhne in Ewigkeit zum Priesterdienst für den höchsten Gott eingesetzt seien (Jub 32,1). Dabei handelt es sich um eine ätiologische Legende über die Verbindung des levitischen Priestertums mit der Abgabe des Zehnten.

In der rabbinischen Tradition wird Ps 110 im Rahmen des hermeneutischen Prinzips der Intertextualität wegen seiner engen sachlichen Nähe zu Gen 14,18–20 fast durchgängig auf Abraham bezogen.[9] Abraham überragt dabei sogar Mose, indem er Mitschöpfer ist und zur Rechten Gottes sitzt, während dieser seine Kriege führt. Justin bezeugt zudem eine jüdische Auslegungstradition, die den Ps 110 angesprochenen Priesterkönig mit Hiskia identifiziert (Dial. 33). Im Targum, der aramäischen Bibelübersetzung, findet sich in Ps 110,1 auch die Bezugnahme auf David.[10] Weder in der jüdischen Literatur aus der Zeit des zweiten

---

[8] Vgl. Donner, Prophet (s. Anm. 6), 89–92.
[9] G. Bodendorfer, Abraham zur Rechten Gottes. Der Ps 110 in der rabbinischen Tradition, EvTh 59 (1999) 252–266.
[10] Vgl. von Nordheim, Morgenröte (s. Anm. 2), 197–206.

Tempels noch in den älteren Schichten der rabbinischen Tradition lässt sich eine eschatologisch-messianische Interpretation von Ps 110 nachweisen.[11] Der auf den regierenden bzw. inthronisierten König gemünzte Psalm wird mit Figuren der Vergangenheit in Verbindung gebracht und nicht auf eine kommende Rettergestalt der Endzeit bezogen.

Einen davon abweichenden Befund bietet allerdings die Septuaginta (Ps 109LXX). Durch die Anrede des Königs als Kyrios und die partielle Verlagerung des Geschehens in die Zukunft wird ein eschatologisch-messianisches Verständnis des Psalms gefördert.[12] Höchst bedeutsam ist die aktualisierende Interpretation bei der Übersetzung von Ps 110,3,[13] der nun im Griechischen mit »Ich habe dich aus einem Schoß (noch) vor dem Morgenstern hervorgebracht« wiedergegeben wird. Während der hebräische Text den König wohl als Sohn der Morgenröte und als Tau bezeichnete, begegnet in der Septuaginta »Heosphorus« (Morgenstern), der in der griechischen Mythologie der Sohn der Morgenröte ist. Im Blick auf den inthronisierten König ist davon die Rede, dass dieser noch *vor* dem Morgenstern hervorgebracht wurde. Im Zuge theologischer Reflexion wird dem Priesterkönig nicht nur eine göttliche Zeugung zugesprochen, sondern auch der Gedanke einer Präexistenz noch vor der Entstehung des Morgensterns und damit vor der Erschaffung der Welt zum Ausdruck gebracht. Gleichzeitig ergeben sich Verbindungslinien zur Menschensohntradition, die Ansatzpunkte für eine endzeitlich-messianische Interpretation der Aussagen vom Priesterkönig nach der Ordnung Melchisedeks bieten. Denn in den Bilderreden des Henochbuches heißt es auch von dem als richterliche Endzeitgestalt fungierenden Menschensohn, dass er bereits vor den Sternen des Himmels erschaffen wurde (äthHen 48,2). Darüber

---

[11] Erst in mittelalterlichen Midraschim ist vereinzelt eine Deutung von Ps 110 auf den davidischen Messias belegt, vgl. Bodendorfer, Abraham (s. Anm. 9), 263f.

[12] Bereits im Kontext des hebräischen Psalters trägt Ps 110 vor dem Hintergrund der Davidverheißungen und ihrer Wirkungsgeschichte zumindest insoweit messianische Untertöne, als er in die Nähe der thematisch verwandten und ebenfalls von einem Schwur Jahwes sprechenden Psalmen 89 und 132 rückt, die eine Bekräftigung bzw. Aktualisierung der Nathansweissagung von 2Sam 7 zum Inhalt haben.

[13] Vgl. Tilly, Psalm 110 (s. Anm. 7), 165–168; E. Bons, Die Septuaginta-Version von Psalm 110 (Ps 109LXX), in: Sänger, Heiligkeit und Herrschaft (s. Anm. 7), 122–145: 134–137; von Nordheim, Morgenröte (s. Anm. 2), 183–185.

hinaus dürfte in Ps 109,3LXX »Mit dir (ist) die Herrschaft am Tag deiner Macht« ein Verständnis des Priesterkönigs als kommender Rettergestalt intendiert sein, indem ihn die Septuaginta mit ihrer Wortwahl an die Gestalten des Friedefürsten aus Jes 9,5 und des Menschensohns aus Dan 7,12 annähert, denen ebenfalls die künftige Herrschaft verliehen ist.

2. Psalm 110 im Neuen Testament

2.1 Allgemeine Beobachtungen zur Rezeption

Ps 110 ist im Neuen Testament geradezu allgegenwärtig.[14] Zitate oder Anspielungen auf das christologisch gedeutete Königslied finden sich in den Evangelien, den Briefen und der Apostelgeschichte, fehlen allerdings im johanneischen Schrifttum. Grundlage und Bezugspunkt für die biblischen Autoren ist dabei die Septuaginta.

Eindeutig im Mittelpunkt der neutestamentlichen Rezeption steht die auf den erhöhten Christus bezogene Aussage vom Sitzen zur Rechten Gottes in Ps 110,1. Sie begegnet an Stellen wie Apg 5,31, Röm 8,34 oder Kol 3,1 isoliert, ohne dass auf andere Aussagen des Psalms Bezug genommen würde. Vereinzelt ist dabei eine Verknüpfung mit der Menschensohntradition gegeben, indem durch eine Verbindung von Ps 110,1 mit Dan 7,13 die Erhöhung Jesu Christi zur Rechten Gottes als Einsetzung zum Menschensohn interpretiert wird (Mk 14,62parr; Apg 7,56). An anderen Stellen des Neuen Testaments beschränkt sich die Bezugnahme auf Ps 110,1 nicht auf die Aussage vom Sitzen zur Rechten Gottes, sondern es rückt auch die damit verbundene Zusage in den Blick, dass Gott dem inthronisierten König die Unterwerfung der Feinde zugesagt hat.[15] Vereinzelt wird dabei

---

[14] Vgl. G. Dautzenberg, Psalm 110 im Neuen Testament, in: ders., Studien zur Theologie der Jesustradition (SBA 19), Stuttgart 1995, 63–97; M. Hengel, »Setze dich zu meiner Rechten!« Die Inthronisation Christi zur Rechten Gottes und Psalm 110,1, in: ders., Studien zur Christologie. Kleine Schriften IV (WUNT 201), Tübingen 2006, 281–367; L. Bormann, Psalm 110 im Dialog mit dem Neuen Testament, in: Sänger, Heiligkeit und Herrschaft (s. Anm. 7), 171–205.

[15] Mk 12,36parr; Apg 2,35; 1Kor 15,25; Hebr 1,13; Eph 1,22; 1 Petr 3,22.

die Eingangsformel von Ps 110, die den Kyriostitel enthält, mitzitiert (Mk 12,36parr; Apg 2,35). Während Ps 110,1 somit eine breite Wirkungsgeschichte entfaltet hat, treten die übrigen Verse des Psalms in den Hintergrund. Die Vorstellung vom Priesterkönig nach der Weise Melchisedeks aus Ps 110,4 hat in den neutestamentlichen Schriften ausschließlich im Hebräerbrief einen Nachhall gefunden. Erstaunlicherweise überhaupt nicht rezipiert wird Ps 110,3, obwohl er sich zur schrifttheologischen Vertiefung der Glaubensaussage von der Präexistenz Jesu Christi geradezu aufgedrängt hätte.

2.2 Die Erhöhung Jesu Christi zur Rechten Gottes

Ausgangspunkt der neutestamentlichen Rezeption von Ps 110 ist der Osterglaube, dass Gott den gekreuzigten Jesus Christus nicht nur von den Toten auferweckt, sondern auch zu seiner Rechten erhöht und damit zu seinem Throngenossen eingesetzt hat. Dieses Bekenntnis, das die Erhöhung Jesu Christi im Lichte von Ps 110,1 als ein Sitzen zur Rechten Gottes versteht, erweist sich als die älteste und in den Schriften des Neuen Testaments mit Abstand am weitesten verbreitete Bezugnahme auf den Psalm. Untrennbar damit verbunden ist die aus Ps 110,1c abgeleitete Aussage von der Unterwerfung der Feinde unter die Füße des erhöhten Christus, auch wenn sie bei der Rezeption des Psalms oftmals nicht mitzitiert wird. Die Erhöhung des Sohnes beinhaltet die Einsetzung in eine einzigartige Herrschaftsstellung über die kosmischen Gewalten.

In prägnanter Kürze und Dichte wird dieser Gedanke in Christushymnen und alten christologischen Bekenntnisaussagen entfaltet. Während das Christuslied in Phil 2,6–11 ohne schrifttheologische Vertiefung von der einzigartigen Machtfülle des Erhöhten spricht, wird diese in Hebr 1,3 ausdrücklich mit dem Verweis auf Ps 110,1 begründet. Der Hymnus thematisiert zunächst die Präexistenz des Sohnes als Abglanz der Herrlichkeit des Vaters und Abbild seines Wesens, der als Welterhalter das Universum nach der Schöpfung davor bewahrte, in das Chaos zurückzufallen. Danach streift der Verfasser mit dem Verweis auf die geschichtliche Heilstat des von Sünden reinigenden Kreuzestodes in prägnanter soteriologischer Knappheit die irdische Wirksamkeit des Sohnes, um schließlich unter Rezeption von Ps 110,1 das Ende des Weges als Einsetzung in die eschatologische Königsstellung zu beschreiben. Der Sohn kehrt auf seinen angestammten Platz zur Rechten Gottes zurück, um an dessen Macht und Herrlichkeit teilzuhaben. In vergleichbarer Weise sprechen christologische Bekenntnisformeln wie Eph 1,20–22 oder 1 Petr 3,22 davon, dass dem von den Toten auferweckten und zur Rechten Gottes erhöhten Herrn als Kosmokrator alle Mächte unterworfen sind. Der Autor des Epheserbriefes erweitert dabei die kosmische Perspektive des Herrschens Jesu Christi auf die Kirche (1,22b) und bietet zudem eine innerhalb des Neuen Testaments singuläre Übertragung der Aussage von Ps 110,1 auf die Gläubigen, die an der Einsetzung des Herrn in die himmlischen Gefilde partizipieren werden (2,4–6).

Während die angesprochenen Christushymnen und christologischen Bekenntnisaussagen statisch von einer mit der Erhöhung vollzogenen zeitlosen Unterwerfung der Mächte unter den Herrn sprechen, ist die Rezeption von Ps 110,1 in 1 Kor 15,20–28 von einem prozesshaft–dynamischen und zeitlich begrenzten Verständnis der Herrschaft des zur Rechten Gottes sitzenden Christus geprägt.[16] Paulus umreißt den Ablauf des Endgeschehens, indem er die Etappen der apokalyptischen Ordnung zur Sprache bringt. Ausgangspunkt des eschatologischen Dramas ist die Auferweckung Jesu Christi als Erstling, in der seine Stellung als Herr begründet ist und mit der das aus Ps 110,1 abgeleitete Herrschen des Erhöhten (15,24) einsetzt. In diesem Zusammenhang hebt Paulus dezidiert auf die noch im Gange befindliche Unterwerfung der Mächte ab. Der nächste Schritt des apokalyptischen Geschehens besteht in der Auferweckung der zu Christus gehörenden Gläubigen bei der Parusie, die Paulus noch zu eigenen Lebzeiten erwartet. Der Schlussakt des apokalyptischen Dramas (1 Kor 15,24–28) wird mit dem Ende dieser Weltzeit erreicht und ist dadurch gekennzeichnet, dass Christus nach Unterwerfung aller Mächte die Regentschaft an den Vater zurückgibt und sich ihm unter Verlust seiner Herrschergewalt unterordnet. Darin

---

[16] Vgl. W. Schrage, Der erste Brief an die Korinther (1Kor 15,1–16,24) (EKK VII/4), Zürich u.a. 2001, 172f.

zeigt sich ein ausgeprägter theozentrischer Grundzug der paulinischen Eschatologie. Christus fungiert als Platzhalter Gottes, ohne dass damit die Geschichte bereits zu ihrem Ende gekommen wäre. Mit dem Ostergeschehen und der Erhöhung des Sohnes zur Rechten Gottes ist die Phase der aus Ps 110,1 abgeleiteten Herrschaft Christi angebrochen, die eine zeitlich begrenzte Phase des Kampfes gegen die gottfeindlichen Mächte darstellt und mit dem Sieg über den Tod als letzten und mächtigsten Feind enden wird.

An zwei Stellen des Neuen Testaments finden sich Zitate von Ps 110,1 unter Einschluss der Einleitungsformel »Es sprach der Herr zu meinem Herrn«. In der Pfingstpredigt des Petrus, wo Ps 110,1 innerhalb des christologischen Kerygmas als Schriftbeweis für die Inthronisation und das Herrschen Jesu zur Rechten Gottes dient (Apg 2,35), wird der Psalm dabei als Text verstanden, den Gott der Kyrios an den Kyrios Jesus gerichtet hat. Rätselhafter erscheint die Bezugnahme auf Ps 110,1 in der Streitfrage um die Davidsohnschaft des Messias Mk 12,35–37. Das wohl im hellenistischen Judentum entstandene Apophthegma ist als Monolog Jesu im Jerusalemer Tempel gestaltet. Es bietet eine im Neuen Testament beispiellose Relativierung der Davidssohnschaft des Messias durch den Verweis auf die aus Ps 110 abgeleitete Kyrioswürde. Ps 110,1 wird in der Septuagintafassung als christologischer Schriftbeweis zitiert und im Sinne einer von David an Jesus gerichteten Aussage verstanden. Da David sich in Ps 110,1 an Jesus als den Kyrios wendet – so scheinbar die Argumentation von Mk 12,35–37 –, kann vom Messias nicht als Sohn Davids gesprochen werden, wie es die Schriftgelehrten tun. Unklar bleibt, welche Absicht diese Problematisierung der Davidssohnschaft Jesu verfolgt. In Betracht kommt, dass Mk 12,35–37 apologetisch die Messianität Jesu angesichts des Vorwurfs verteidigen will, dass er nicht von David abstamme. Denkbar ist aber auch, dass das Christusbekenntnis gegenüber der jüdischen Davidssohnerwartung profiliert oder die Gottessohnschaft Jesu betont herausgestellt werden soll.[17]

---

[17] Vgl. zu diesen Interpretationsmöglichkeiten Dautzenberg, Psalm 110 (s. Anm. 14), 74f.

2.3 Der Priesterkönig nach der Weise Melchisedeks

Der Hebräerbrief ist die einzige neutestamentliche Schrift, die neben Ps 110,1 auch das Melchisedekmotiv aus Ps 110,4 rezipiert. Das alles beherrschende Thema des Hebräerbriefes ist die Neuinterpretation des kirchlichen Christusbekenntnisses in kultischen Kategorien. Die Christologie des Schreibens ist dadurch gekennzeichnet, dass sie im Rahmen des christologischen Dreistufenschemas die soteriologische Bedeutung des Todes Jesu als sühnender Lebenshingabe besonders akzentuiert und dabei auf den alttestamentlichen Kult als unvollkommenen Hinweis auf das christologische Heilsgeschehen rekurriert. Eine entscheidende Rolle spielt in diesem Zusammenhang die Gestalt des Melchisedek aus Gen 14,18–20 und Ps 110,4.

Der lehrhafte Abschnitt Hebr 5,1–10 legt als Hinführung zu Hebr 7–10 die Grundlage für die Vorstellung von Jesus Christus als dem großen Hohenpriester, der die Himmel durchschritten hat. Der Autor benennt zunächst Ausübung von Mitmenschlichkeit, Opferdarbringung für die Sünden und Berufung durch Gott als elementare Bedingungen für das Hohepriesteramt, um dann den Nachweis zu führen, dass Christus in qualitativer Überbietung des von Aaron repräsentierten irdischen Priestertums diese bestens erfüllt. Als Schriftbeweis dafür werden Ps 2,7 und Ps 110,4 herangezogen. Ps 2,7 hebt ursprünglich auf den kultischen Rechtsakt der im Sinne einer Adoption verstandenen göttlichen Zeugung des Herrschers bei Amtsantritt ab. Im frühen Christentum wurde Ps 2,7 christologisch verstanden und als Bürge für die Gottessohnschaft Jesu betrachtet (Mk 1,11; Apg 13,33), wie es auch der Verfasser des Hebräerbriefes tut. Der Bezug von Ps 110,4 auf das Christusgeschehen ist dagegen seiner eigenen theologischen Reflexion entsprungen.[18] Mit den Zitaten aus Ps 2,7 und Ps 110,4 greift er auf das Ritual der Königsinthronisation zurück, um von der Schrift her zu untermauern, dass kein anderer als der göttlich gezeugte Christus der Träger des ewigen

---

[18] Wenn in Röm 8,34 davon die Rede ist, dass der zur Rechten Gottes sitzende Christus beim Endgericht als Fürbitter für die Gläubigen eintritt, steht dabei kaum Ps 110,4 im Hintergrund (gegen Hengel, »Setze dich zu meiner Rechten« [s. Anm. 14], 307–316).

Priestertums nach der Weise Melchisedeks ist. Die Hohepriesterchristologie wird damit aus dem Gemeindebekenntnis der aus Ps 2,7 abgeleiteten Gottessohnschaft Jesu entwickelt und entfaltet.[19] Nachdem so der Nachweis der ordnungsgemäßen Einsetzung Christi in das Hohepriesteramt erbracht ist, stellt Hebr 5,7–10 heraus, dass er durch seine in der Passion bekundete Leidenserfahrung und Mitleidsfähigkeit in besonderer Weise zur mitmenschlichen Wahrnehmung des hohepriesterlichen Dienstes befähigt ist. Er erfüllt demnach die beiden entscheidenden Qualifikationsmerkmale für das Amt des Hohenpriesters, nämlich Mitmenschlichkeit und ordnungsgemäße Berufung, wie kein anderer.

Damit ist die Grundlage für Hebr 7–10 gelegt, wo die Vorstellung vom ewigen Hohepriestertum Christi nach der Ordnung Melchisedeks breit entfaltet und dabei erneut auf Ps 110,4 Bezug genommen wird. Hebr 7,1–10 ist dabei als eine Art Midrasch zu Gen 14,17–20LXX unter intensiver Mitverwertung von Ps 109,4 LXX angelegt und stilisiert die Figur des Melchisedek geradezu zum »Doppelgänger« Jesu.[20] Das Christus und Melchisedek Verbindende und ihr Priestertum Prägende sind die göttliche Herkunft und die Nichtzugehörigkeit zum Stamm Levi. Im Mittelpunkt steht zunächst der Nachweis, dass Jesu von der Norm abweichendes Hohepriestertum durch die alttestamentliche Melchisedektradition als schriftgemäß erwiesen wird. Zu diesem Zweck wird die göttliche Erhabenheit Melchisedeks herausgestellt. Dem Priesterkönig von Salem werden die Attribute »vaterlos, mutterlos, ohne Stammbaum, weder einen Anfang der Tage noch ein Lebensende habend« (7,3) beigelegt, die der Verfasser des Hebräerbriefes aus den Präexistenzaussagen von Ps 109,3 LXX erschlossen haben könnte. Melchisedeks Priestertum ist für ihn göttlichen Ursprungs und steht in betontem Kontrast zum levitischen oder aaronitischen Priestertum, das aus leiblicher

---

[19] Treffend E. Gräßer, An die Hebräer (Hebr 1–6) (EKK XVII/1), Zürich u.a. 1990, 292: Ps 109,4 stehe epexegetisch zu Ps 2,7, um das Sohnsein Jesu durch sein Priestersein zu erläutern. Mit Ps 2,7 stellte sich der Verfasser »erst einmal mit beiden Beinen fest auf den Boden der Gemeindehomologie, die er dann von der Hohepriesterschaft Jesu her zu erhellen sucht«.
[20] Vgl. E. Gräßer, An die Hebräer (Hebr 7,1–10,18) (EKK XVII/2), Zürich u.a. 1993, 11.

Abstammung und gesetzlich geregelter Geschlechterfolge resultiert. Daraus ergibt sich, dass Jesu Priestertum nach der Weise Melchisedeks das am Jerusalemer Tempel praktizierte irdische Priestertum transzendiert und ablöst. Im Gegensatz zur Vielzahl der alttestamentlichen Priester besitzt Christus im Horizont von Ps 110,4 ein ewiges, unwandelbares Priestertum.

Der nachfolgende Abschnitt Hebr 7,11–28 präsentiert dann in Auslegung von Ps 110,4 Christus als Bürgen des neuen Priestertums nach der Ordnung Melchisedeks. Dabei werden aus der Inthronisation des melchisedekischen Priesterkönigs die Unvollkommenheit des levitischen Priestertums und die Notwendigkeit eines Wechsels abgeleitet, der für den Verfasser des Hebräerbriefes mit einem tiefgreifenden Umschwung im Blick auf das Gesetz einhergeht. Mit der Ablösung des levitischen Priestertums durch das neue Priestertum nach der Ordnung Melchisedeks ist eine Aufhebung des alttestamentlichen Gesetzes verbunden, dem Schwachheit und Nutzlosigkeit attestiert wird (7,17–19). Ähnlich wie im Galaterbrief ist das Gesetz von zeitlich begrenzter Geltung und darauf angelegt, mit Christus zu seinem Ende zu kommen und abgelöst zu werden.

Mit diesen Aussagen ist die Rezeption von Ps 110,4 noch nicht abgeschlossen. Vielmehr richtet der Autor des Hebräerbriefes nun den Blick auf die Einleitung »Geschworen hat der Herr, und es wird ihn nicht gereuen: Du bist Priester in Ewigkeit« und leitet daraus weitere Vorzüge des neuen Priestertums gegenüber dem levitischen Priestertum ab. Einerseits ist der melchisedekische Hohepriester durch einen Schwur Gottes in sein Amt eingesetzt. Andererseits bleibt er im Gegensatz zu den sterblichen levitischen Priestern in Ewigkeit und kann daher auch für alle Zeiten bei Gott für die Gläubigen eintreten. Als vollkommener Hoherpriester nach der Weise Melchisedeks ist Christus der Bürge eines höher stehenden Bundes (7,22). Dieser neue Bund erweist gegenüber dem ersten Bund dadurch seine Überlegenheit, dass Christus sich in einem alle irdischen Opfer überbietenden einmaligen Selbstopfer darbrachte und damit der im Ritual des Versöhnungstages gipfelnde Opferkult am Tempel seine Geltung verloren hat (9,24–28).

3. Fazit

Ps 110 besitzt durch die Aussagen, die über den von Gott erwählten König in Jerusalem getroffen werden, herausragende Bedeutung. Es ist davon die Rede, dass Jahwe den König zu seiner Rechten platziert und als Mitregenten eingesetzt hat. Zudem wird der Herrscher unter Rückgriff auf alte jebusitische Kulttraditionen zum Priester nach der Art Melchisedeks erklärt, dem Jahwe als Kriegsheld und Weltrichter bei der Überwindung aller Feinde hilfreich zur Seite stehen wird. Entstanden ist der Psalm wahrscheinlich nach dem Exil, wo er in königsloser Zeit die Hoffnung auf einen israelitischen König wach hält. Später diente er den hasmonäischen Priesterkönigen zur Herrschaftslegitimation.

Bei der Rezeption im antiken Judentum dominiert eine Identifikation des Priesterkönigs von Ps 110 mit Gestalten der Vergangenheit wie Abraham, Hiskia oder David. In der Septuaginta allerdings ist eine messianische Interpretation greifbar, die den Nährboden für die Rezeption im frühen Christentum bietet. Im Neuen Testament ist Ps 110,1 als Schriftbeweis für die Erhöhung des auferstandenen Herrn zur Rechten Gottes geradezu allgegenwärtig und wurde zum zentralen Bezugstext, um Aussagen über Jesu himmlische Würde und Herrscherfunktion zu treffen. Die Vorstellung vom Priesterkönig nach der Weise Melchisedeks aus Ps 110,4 hat in den neutestamentlichen Schriften ausschließlich im Hebräerbrief einen Nachhall gefunden. Der Verfasser des Hebräerbriefs entwickelt daraus das Herzstück seiner Christologie, nämlich die Lehre von Christus als dem wahren Hohenpriester nach der Ordnung Melchisedeks, der durch sein Selbstopfer am Kreuz ein für alle Mal Sündenvergebung bewirkt und damit den alttestamentlichen Opferkult zu seinem Ende gebracht hat.

Ingo Broer

Die Ankündigung des Immanuel (Jes 7,14)

Gerhard Hufnagel zum 70. Geburtstag am 2. April 2009

Das von Matthäus in der Geschichte, in der Josef die übernatürliche Zeugung des von Maria empfangenen Kindes mitgeteilt wird (1,18–25), gebrauchte Zitat aus Jes 7 gilt als der meist zitierte und kommentierte Vers des Alten Testaments und entspricht fast genau dem Wortlaut der Septuaginta. Dieser alttestamentliche Vers begegnet im Neuen Testament nur an dieser Stelle. Wenn man gelegentlich auch in Lk 1,31 ein Zitat von Jes 7,14 findet, so wird dabei übersehen, dass Jes 7,14 und Lk 1,31 dem alttestamentlich vorgegebenen Schema der Geburtsankündigung folgen (vgl. Gen 16,7–12; 17,19; Ri 13,3–5). Auch für Apk 12,1.2.5 muss keine Abhängigkeit von Jes 7,14 angenommen werden, wenn dort zusätzlich auch noch wie in Jes 7,14 von einem »Zeichen« die Rede ist.

1. Jes 7 im Kontext des Jesajabuches

Im Jesajabuch geht es insgesamt um die Beziehung zwischen Jahwe und Israel. Diese Beziehung erscheint in Jes 1–5 stark gefährdet. In den Kapiteln 6–8, der sog. Denk- oder auch Immanuelschrift, bahnt sich mit dem Immanuelmotiv eine Wende in diesem Verhältnis an. Die in Jes 7 angesprochene Szene spielt im syrisch-ephraimitischen Krieg (734–732 v.Chr.), in dem der König des Nordreiches zusammen mit dem König von Syrien gegen das Südreich unter König Ahas kämpfte und nach Ausweis von 7,4 versuchte, in Jerusalem einen neuen König, Tabeal mit Namen, einzusetzen. Damit stand freilich nicht nur Ahas, sondern die gesamte Davidsdynastie und die ihr geltenden Verheißungen auf dem Spiel. Dieser Angriff gegen das Südreich wird auch in 2 Kön 16,5 erwähnt und ist in Jes 7 möglicherweise von dort übernommen – jedenfalls spricht die große Ähnlichkeit der beiden Stellen dafür. Allerdings handelt es sich bei Jes 7 nicht einfach um das Protokoll einer Episode aus dem syrisch-ephraemitischen Krieg, wenn auch in der Literatur die zugrunde liegende Quellenschrift gelegentlich als noch in diesem Krieg abgefasst angesehen worden ist. Letzteres ist aber keineswegs sicher. Der Ursprung des Textes von Jesaja wird in der Literatur durchaus auch bestritten, und der Text ist im Laufe der Überlieferung mit Sicherheit noch mehrfach bearbeitet worden, stellt also keinen in sich geschlossenen einheitlichen Wurf dar.

Das Scheitern des feindlichen Angriffs steht nach V. 1 von vornherein so fest, dass es ausdrücklich konstatiert werden kann, in V. 9 wird es freilich erheblich relativiert und an eine Bedingung gebunden: »Glaubt ihr nicht, so bleibt ihr nicht!« Dabei deutet der auffällige Wechsel in die 2. Person Plural in V. 9 an, dass das Ganze nicht nur Ahas, sondern ganz Israel-Juda angeht. Dieser Vorgang wiederholt sich in der zweiten Szene, denn auch die Verheißung von V. 14 richtet sich im Unterschied zum Kontext nicht nur an Ahas, sondern an »das ganze Haus Davids«.

Das Kapitel 7 ist nicht nur durch die positive Verheißung in V. 14 in besonderer Weise hervorgehoben, sondern auch noch dadurch, dass hier anders als in den umgebenden Kapiteln nicht in der ersten Person Singular, sondern neutraler in der 3. Pers. Singular »gesprochen« wird (sog. »Er-Bericht«). Der Abschnitt ist aber innerhalb des Jesajabuches auch noch dadurch betont, dass eine Parallelität oder besser eine Polarität zwischen dem Verhalten des Königs Ahas und dem des Königs Hiskija in ähnlicher Situation (vgl. Jes 36–39) besteht. Der Autor des Jesajabuches weist in nicht zu übersehender Weise auf diese Polarität hin, indem er die beiden Szenen mit Ahas und Hiskija jeweils an derselben Stelle in Jerusalem, nämlich an der Wasserleitung des oberen Teiches, auf der Walkerfeldstrasse, lokalisiert (Jes 7,3; 36,2) und weitere verbindende Signale setzt. Beiden Personen wird beispielsweise ein Zeichen gewährt. Ahas und Hiskija reagieren dabei völlig entgegengesetzt. Während Ahas sich in Jes 7 der prophetischen Weisung entzieht und die Forderung eines Zeichens unter Hinweis darauf, dass man

Gott nicht versuchen soll, ablehnt, vertraut Hiskija in ähnlicher Situation Jahwe und wendet sich mit Erfolg an diesen, so dass ihm von Gott ein Zeichen gegeben wird. Dieser Gegensatz ist beabsichtigt und soll die unterschiedliche religiöse Haltung der beiden Könige verdeutlichen. Ahas antwortet nämlich weder auf die Vertrauensaufforderung in V. 7 noch auf die Ankündigung des Immanuel – das Verständnis des 7. Kapitels wird dadurch erheblich erschwert, zumal die auf die beiden Episoden folgenden V.18ff häufig als Zusätze aus späterer Zeit angesehen werden. Ob die beiden Episoden V. 2–9 und 10–17 von Anfang an miteinander verbunden waren, ist ebenfalls nicht eindeutig. Angesichts der ausbleibenden und eigentlich geforderten Reaktion des Königs kann man aber die zweite Episode durchaus als notwendige Fortsetzung der ersten begreifen.

Dass Jesaja der Weisung Jahwes folgt, sich auf die Walkerfeldstraße begibt und dort dem König Ahas begegnet, wird in Jes 7 nicht ausdrücklich gesagt, ist aber vorausgesetzt, wie spätestens V. 10 zeigt. Wenn Ahas sich für seine Weigerung, vom Herrn das vom Propheten angebotene Zeichen zu fordern, auch auf das Alte Testament (Dtn 6,16; Ps 78,18.41.56 u.ö.) berufen kann, so ist seine Weigerung hier durch den Kontext doch negativ qualifiziert. Denn der Prophet antwortet auf diese Reaktion des Ahas mit einem Drohwort, das sich nicht mehr nur an Ahas, sondern an das Haus Davids wendet und damit Bedeutsamkeit für das ganze Volk beansprucht. In diesem Drohwort qualifiziert der Prophet die Weigerung des Ahas, das von Gott angebotene Zeichen zu fordern, als Ermüdung der Menschen und Gottes. Was auch immer mit diesem Begriff gemeint sein mag (das zugrunde liegende hebräische Verb kann auch »belästigen« bedeuten und ist emotionsgeladen), so ist die Zurückweisung des vom Propheten angebotenen göttlichen Zeichens durch den König im vorliegenden Zusammenhang eindeutig als eine Entscheidung gegen den göttlichen Heilsplan gekennzeichnet. Die Weigerung des Königs gleichzeitig als Bruch des Bundes mit Jahwe anzusehen, wie einige Autoren wollen, ist aber vielleicht doch etwas übertrieben, wenn auch Jesaja in V. 13 im Gegensatz zu V. 11 Gott nur noch in Beziehung zu sich selbst und nicht mehr zu Ahas setzt. Zu dem Drohwort gehört auch die im Auftrage Gottes erfolgende Ankündigung der Geburt eines Kindes durch den Propheten, die sich wie bereits erwähnt an das Schema der Geburtsankündigungen im Alten Testament anlehnt. Der Name des zu gebärenden Kindes signalisiert zwar eindeutig Heil – das Sein Gottes mit seinem Volk bedeutet eine Zusage von Schutz und Fürsorge, die im Zusammenhang mit Kapitel 7 sicher nicht ohne Bezug auf die zugrunde liegende Situation gedacht ist, zumal V. 16 eindeutig die anfangs erwähnte Gefährdung des Südreiches anspricht. Aber die Reaktion des Propheten im Namen Gottes trägt nicht ausschließlich heilhaften Charakter, da sie in der Form eines Drohwortes ergeht, d.h. der heilvolle Name wird in den Zusammenhang eines ebenso möglichen Unheils gestellt. Ob sich das Zeichen zum Heil oder zum Unheil auswirken wird, wird offensichtlich davon abhängen, wie Ahas und das Volk sich entscheiden, für oder gegen Jahwe. Die Drohung von V. 9 bleibt so trotz des heilhaften Charakters des in V. 14 angekündigten Zeichens präsent und letzteres ist deswegen ambivalenter, als es auf den ersten Blick scheint.

2. Jes 7,14 in der hebräischen Bibel

Wie der alttestamentliche Text von Jes 7,14 zu lesen ist, ist aufgrund der textlichen Überlieferung nicht völlig eindeutig. Es ist aber davon auszugehen, dass zwischen der Erwähnung der Geburt und der Namensnennung ein Subjektwechsel vorliegt, so dass zu übersetzen ist: »Siehe, die junge Frau wird schwanger werden und einen Sohn gebären. Du sollst seinen Namen ›Immanuel‹ nennen.« So hat den Satz auch der Übersetzer des Jesajabuches ins Griechische verstanden.

Den näheren Charakter dieses Zeichens genau zu bestimmen, ist allerdings sehr schwierig und umstritten. Die folgenden Fragen haben die Forschung intensiv beschäftigt: 1) Wer ist die junge Frau und was bedeutet der zugrunde liegende hebräische Terminus *almah* genau? 2) Wer ist mit dem Immanuel gemeint?

Zu 1) Wenn auch die Ansicht, es handele sich bei der jungen Frau um die Frau des Propheten, bereits bei den Kirchenvätern belegt ist, bis heute weiterwirkt und durchaus auf einige Merkmale des Textes zurückgreifen kann, hat sie doch einige wichtige Textmerkmale gegen sich. Dabei ist die Tatsache, dass das zu gebärende Kind in 8,8 als Königskind vorgestellt ist, besonders wichtig. Darüber hinaus kann darauf hingewiesen werden, dass der Prophet sich sonst offen zu seinen Kindern bekennt und angesichts dessen die verborgene Art und Weise, in der von der Vaterschaft in 7,14 die Rede ist, einigermaßen erstaunlich wäre. Und kann eine weitere Schwangerschaft der Frau des Propheten wirklich als Beglaubigungszeichen für Ahas angesehen werden? Der Immanuel ist in 8,8 als König gedacht und Ahas wird in 7,14 direkt angesprochen. Angesichts dessen ist die heute weit verbreitete Ansicht, dass die Mutter dieses Kindes aus der Umgebung des Ahas stammen muss und (wohl mit Abi, der in 2Kön 18,2 genannten Frau des Ahas und Mutter Hiskijas identisch ist), am plausibelsten,[1] auch wenn von der (unklaren) Chronologie her möglicherweise Probleme entstehen und in Jes 37,22 von Zion als Jungfrau die Rede ist (wo aber im hebräischen Text nicht wie in 7,14 *almah*, sondern *betulah* gebraucht ist). Der bestimmte Artikel, mit dem die junge Frau gekennzeichnet wird, muss auf eine ganz bestimmte Frau hindeuten, die in einer nicht näher gekennzeichneten Verbindung zu Ahas steht. Nur so kann sie zum Zeichen für Ahas werden. Für diese Ansicht spricht auch, dass es im Kontext um den Fortbestand des Hauses Davids geht. Spricht schon diese Interpretation nicht unbedingt für ein Verständnis des Begriffes *almah* als »Jungfrau«, so besteht weitgehend Einigkeit, dass dieser Terminus im Hebräischen auf eine heiratsfähige, geschlechtsreife Frau (vgl. Gen 24,43; Ex 2,8; Ps 68,26 u.ö.) zielt und deren Jungfräulichkeit nicht direkt anspricht, wenn diese auch für die meisten jungen Frauen in

---

[1] Deswegen sei auf die zahlreichen anderen Deutungen, die dieses Zeichen in der Literatur im Laufe der Zeit erfahren hat, hier nur in einer Anmerkung hingewiesen: die Immanuelweissagung wird auch in einem allgemeinen messianischen Sinn verstanden oder kollektiv auf den Heiligen Rest Israels gedeutet. In letzterem Verständnis wird die Jungfrau als Symbol für Israel beziehungsweise Sion/Jerusalem angesehen. Daneben gibt es auch noch die mythische Interpretation, in der der Immanuel als mythische Figur und göttliches Kind verstanden wird, während in der rhetorischen Interpretation der Ausdruck Immanuel als Hilferuf im Sinne von »Gott sei bei uns!« erklärt wird.

Israel vor der Hochzeit selbstverständlich gegeben gewesen sein dürfte. Dass dieses Zeichen in nicht allzu großer zeitlicher Entfernung gegeben werden muss, versteht sich angesichts der Situation von selbst.

Zu 2) Dem zu gebärenden Kind soll Ahas den Namen Immanuel geben. In diesem Namen kommt die rettende Nähe Gottes zum Ausdruck, die Israel im Laufe seiner Geschichte vielfach erfahren hat, die ihm auch immer wieder verheißen worden ist (vgl. nur Gen 26,3.24; 28,15; Ex 3,12; Dtn 31,8.23; 1Sam 16,18; 17,37; 2Sam 7,3.9) und auf die hier in dieser gefahrvollen Situation nicht ohne Bedacht hingewiesen wird. Das bedeutet nicht mehr und nicht weniger, als dass das Drohwort zugleich die leitenden positiven Erfahrungen Israels mit seinem Gott in Erinnerung ruft und Ahas vor Augen stellt. In und mit dem Immanuel erhält Israel die Zusage der bleibenden Nähe Gottes, d.h. seiner Hilfe und seines Schutzes, allerdings unter dem Vorbehalt von V. 9. Dieser Sohn wird dem Ahas in Kürze geboren werden, womit sich das Zeichen erfüllen wird. Ahas weiß von dieser Schwangerschaft offensichtlich noch nichts.

Die Weissagung spricht in eine konkrete Situation hinein, die für uns nicht mehr völlig rekonstruierbar ist. Die Unbestimmtheit dieses Textes dürfte aber nicht nur für uns bestehen, sondern auch bereits für viele Generationen in Israel gegolten haben und zumindest von dem letzten Verfasser der Texteinheit auch so gewollt gewesen sein, da er sich sehr allgemein und unbestimmt ausdrückt. Das könnte durchaus daran liegen, dass das Jesajabuch nicht ein Wurf aus einer Hand ist und mehrmaligen Überarbeitungen unterzogen wurde.

3. Jes 7,14 in der Septuaginta

Der Septuaginta-Übersetzer interpretiert die an sich im hebräischen Text vorhandenen Ambivalenzen eindeutig und versteht diesen in ganz bestimmtem Sinn. Den hebräischen Begriff der *almah* gibt er mit *parthenos* (Jungfrau) wieder. Hierbei wird häufig eine Abweichung vom hebräischen Text angenommen. Es muss aber gefragt werden, ob das wirklich zutrifft. Vom Wortsinn her ist das nicht unbedingt der Fall, da der Begriff *parthenos* im Griechischen zwar die Bedeutung der Jungfräulichkeit tragen kann, aber nicht notwendig tragen muss. Wenn etwa bei Pausanias in der Beschreibung Griechenlands von der hässlichsten der *parthenoi* die Rede ist, so dürften hier nicht die unberührten Jungfrauen, sondern einfach junge Frauen gemeint sein (III 7,7). Ein anderer Gebrauch dürfte dagegen bei Xenophon vorliegen, wenn er von folgendem Fall spricht: »Gesetzt ferner, wir sähen unser Lebensende vor uns und suchten einen Mann, dem wir Söhne zur Erziehung, unverheiratete Töchter zur Bewahrung ihrer Ehre[2] oder Gelder zur Sicherung anvertrauen könnten…« (Mem. I 5,2) Dasselbe Bild findet sich in der Septuaginta, auch hier kann *parthenos* für Mädchen oder junge Frau gebraucht werden, aber auch die Jungfräulichkeit ausgesprochenermaßen betonen. Es ist dann in aller Regel Übersetzung für das hebräische *betulah*, das in drei der 51 Belege des hebräischen Textes eindeutig im Sinne einer unberührten Jungfrau gemeint ist (Lev 21,13f; Deut 22,19; Ez 44,22), wie der Zusammenhang ergibt. In Joel 1,8 ist dagegen der Sinn der Jungfräulichkeit mit hoher Wahrscheinlichkeit direkt ausgeschlossen, während an zahlreichen anderen Stellen die Jungfräulichkeit wahrscheinlich nicht mitgemeint ist. Die Übersetzung von *almah* mit *parthenos* ist im Rahmen der Septuaginta ungewöhnlich, wenn auch nicht ohne Parallele (vgl. Gen 24,43[3]). Entscheidend gegen die These, in Jes 7,14LXX werde der Begriff im einschlägigen Sinne verstanden, scheint mir aber zu sprechen, dass der Begriff *parthenos* vom Septuaginta-Übersetzer des Jesajabuches noch weitere viermal ge-

---

[2] Allerdings ist diese Übersetzung eindeutiger als der griechische Wortlaut, der nur von der sorgfältigen Bewachung/Bewahrung der *parthenoi* (θυγατέρας παρθένους διαφυλάξαι) spricht. Der Zusammenhang mag freilich durchaus in die Richtung der zitierten Übersetzung weisen.

[3] An dieser Stelle wird der Begriff auf Rebekka angewendet, die in der Tat nach Gen 24,16 eine unberührte Jungfrau ist, wie sich aus dem Zusatz »die noch kein Mann erkannt hatte« ergibt. Aber zum einen sagt dieser Zusatz sehr viel über das Verständnis des zugrunde liegenden hebräischen Wortes aus, dass nämlich dieses allein jedenfalls nicht als terminus technicus anzusehen ist, und zum anderen ergibt der Sinn in Gen 24,43, dass hier von einer jungen Frau und nicht von einer Jungfrau im »technischen« Sinne die Rede ist. Vgl. dazu auch noch A. van der Kooij, Die Septuaginta Jesajas als Dokument jüdischer Exegese. Einige Notizen zu LXX-Jes 7, in: Übersetzung und Deutung. Studien zu dem Alten Testament und seiner Umwelt. A.R. Hulst gewidmet, Nijkerk 1977, 91–102: 97.

braucht wird und dass an keiner dieser Stellen die spezielle Bedeutung von unberührter Jungfrau vorliegt, obwohl dort im hebräischen Text das in diesem Sinne wesentlich einschlägigere hebräische Wort *betulah* gebraucht wird. Auch die konsequente Änderung der Übersetzung unserer Stelle in den auf die Septuaginta folgenden griechischen Übersetzungswerken (Aquila, Theodotion und Symmachus schreiben anstelle von *parthenos* alle *neanis*, [junges] Mädchen), kann für diesen speziellen Sinn nicht angeführt werden. Denn diese Änderung muss sich nicht notwendig gegen den Sprachgebrauch der Septuaginta richten, sondern kann sich auch nur gegen dessen Usurpation durch die christlichen Theologen im Gefolge des Matthäus und Lukas wenden.

Für ein Verständnis des griechischen Wortes im einschlägigen Sinne kann also der Wortgebrauch kaum angeführt werden, dieser Sinn vermag sich allenfalls aus dem Gesamtzusammenhang der Septuagintaübersetzung des Buches Jesaja zu ergeben. Auf diesen hat denn auch die Untersuchung von M. Rösel abgehoben und dafür plädiert, *parthenos* hier im einschlägigen Sinn zu verstehen. Als Begründung dafür führt der Autor an, der Übersetzer von Jes 7 habe den im Hebräischen durchaus ambivalenten Text offenbar durchgängig als Heilsweissagung verstanden, durchgängig positiv interpretiert, diesen dementsprechend umgestaltet und aus diesem Zusammenhang ergebe sich dann auch der Sinn der jungfräulichen Empfängnis.[4]

In der Tat hat die Übersetzung der Septuaginta in Jes 7 einige Änderungen vorgenommen bzw. den Text anders verstanden, und die Abweichungen vom hebräischen Text sind zum Teil durchaus gravierend. Beispielsweise hat der Übersetzer in dem für das Verständnis des hebräischen Textes wichtigen V. 9 nicht wie dort geschrieben: »Glaubt ihr nicht, so bleibt ihr nicht!«,

---

[4] Vgl. M. Rösel, Die Jungfrauengeburt des endzeitlichen Immanuel, JBTh 6 (1991) 135-151; anders D. Zeller, Religionsgeschichtliche Erwägungen zum »Sohn Gottes« in den Kindheitsgeschichten, in: ders., Neues Testament und hellenistische Umwelt (BBB 150), Hamburg 2006, 83–94, 90–92; vgl. auch R.L. Troxel, Isaiah 7,14–16, EThL 79 (2003) 1–22: 13f. D. Zeller hat mir großzügiger- und dankenswerterweise den noch unveröffentlichten 4. Teil »Das Motiv von der jungfräulichen Empfängnis vom heiligen Geist« seiner für ANRW 26.4 verfassten Ausführungen zur Verfügung gestellt.

sondern »Glaubt ihr nicht, so werdet ihr nicht verstehen!« Damit soll nach der Untersuchung von Rösel ein für das Heil notwendiges apokalyptisches Verstehen gemeint sein. Die Hörer sollen die in dem Kapitel nach der Ansicht des Übersetzers zum Ausdruck kommende durchgehende Heilsabsicht Gottes verstehen, und das können sie nur, wenn sie im Glauben bleiben. Auch in V. 13 soll der Übersetzer gravierende Änderungen vorgenommen haben. Denn hier werde nicht mehr ein Vorwurf gegen Ahas ausgesprochen, der dann zum Zeichenangebot führt, sondern Ahas führe hier nach der Seputaginta-Version »ein verdienstvolles Ringen mit Gott«, weswegen vom Übersetzer V. 11 konsequent auch nicht »als Tat zur Bewährung des Glaubens« (wie im hebräischen Text), »sondern als Versuchung gewertet wurde«.[5] Gegen dieses Verständnis von V. 13 scheint mir aber der Sprachgebrauch der LXX zu sprechen, wo das für diese Deutung entscheidende griechische Wort *agon* durchaus nicht nur im Sinne eines edlen Ringens (so in der Tat z.B. Sap 4,2), sondern auch im Sinne eines lebensgefährdenden Kampfes gebraucht werden kann (Est 4,17; 2Makk 10,28; 14,43; 15,9). Ginge es nur um eine Versuchung des Ahas, die dieser glatt besteht, so würde sich ja auch das Zeichen erübrigen, weil Ahas ja ohnehin Gott vertraut. Auch der Ausdruck »deswegen/darum«, mit dem Jes 7,14LXX als Reaktion auf die die Ablehnung des angebotenen Zeichens aufnehmende vorwurfsvolle Frage des Propheten beginnt, deutet wohl eher auf einen Gegensatz zum vorangehenden V. 13 als auf einen nahtlosen Übergang hin. Schließlich behält der Übersetzer auch die Drohung der V. 17–20 bei.

Aber letztlich entscheidend für die Deutung des Begriffs der Jungfrau in Jes 7,14LXX sind diese Aussagen nur insofern, als der Begriff *parthenos* von Rösel mit heidnischen, insbesondere ägyptischen Vorstellungen verbunden wird, die auf die Geburt eines Heilskönigs durch eine Jungfrau hinweisen, und diese Assoziationen passten in der Tat sehr gut zu dem Verständnis des ganzen Kapitels durch den Übersetzer, wenn es sich tatsächlich um eine Heilsweissagung handelte. Allerdings ist dagegen einzuwenden, dass das Zugrundeliegen dieser beispielsweise in Ägypten vorhandenen Assoziationen in dem Text selbst nicht erkennbar ist

---

[5] Rösel, Jungfrauengeburt (s. Anm. 4), 142.

und sich ausschließlich aus dem von Rösel vermuteten alleinigen Heilscharakter von Jes 7LXX ergibt. Da man, wie dargelegt, daran wohl erhebliche Zweifel anmelden muss, ist dieser durchgehende Heilscharakter nicht so deutlich wie behauptet.

Aufgrund der allgemein akzeptierten Tatsache, dass die Jesaja-Übersetzung der Septuaginta nach 200 v.Chr. in Alexandrien entstanden ist, ist es an sich durchaus naheliegend, dass der Begriff hier vom Übersetzer auf dem Hintergrund entsprechender ägyptischer Vorstellungen im Sinne einer unberührten Jungfrau verstanden worden sein kann – wenn diese tatsächlich weit verbreitet waren (Näheres dazu unten). Nur muss man gleichzeitig zugestehen, dass er den Leser mit keinem Wort darauf hingewiesen hat, dass er hier an eine unberührte Jungfrau denkt bzw. dass er diesen Begriff auf dem Hintergrund der entsprechenden Vorstellungen versteht. Da auch der Kontext diese Deutung nicht erzwingt oder auch nur nahelegt, scheint es angemessener, von einem offenen Gebrauch des Wortes auszugehen und dieses in Jes 7,14LXX nicht im »technischen« Sinne zu verstehen. Der Text gibt keinen Hinweis darauf, dass »in der Zeit und der Umgebung des Übersetzers die Vorstellung herrschend war, die Mutter des Erlösers sei eine Jungfrau«.[6] Allerdings ist in diesem Zusammenhang sofort darauf hinzuweisen, dass jedenfalls Matthäus in 1,18–25 entsprechende Vorstellungen voraussetzt, weil er die Geburt des Erlösers eindeutig mit dessen jungfräulicher Empfängnis verbindet und die Zeugung auf Gott ohne Zutun eines Mannes zurückführt, was so in Jes 7,14LXX beides gerade nicht der Fall ist. Auch die Aussage von Mt 1,25 weist auf die Kenntnis entsprechender Geschichten hin.

3. Die übernatürliche Zeugung in einer Jungfrau bei Matthäus

Sowohl für die matthäische Geburtstradition als auch für die lukanische Geburtsankündigungserzählung sind die beiden soeben genannten Momente wichtig, das Motiv der Jungfräulich-

---

[6] R. Kittel, Die hellenistischen Mysterienreligionen und das Alte Testament (BWAT NF 7) Stuttgart 1924, 14.23f.

keit der Mutter Jesu und das der Zeugung durch Gott bzw. den Heiligen Geist ohne Zutun eines Mannes. Da Jes 7,14 als »Quelle« dieser Aussage nicht in Frage kommt, muss nach einer Brücke für diese Aussagen gesucht werden, wenn man sie nicht von vornherein als analogielose Fakten, die auf eine Aussage aus der Familie Jesu, speziell Mariens, zurückgehen, ansehen will, was dem Charakter der evangelischen Überlieferung aber wenig angemessen wäre. Da eine wunderbare Zeugung in dem Zitat aus Jes 7,14 nicht angesprochen ist, kann sie hier so weit unerörtert bleiben, wie das möglich ist. In der Literatur wird häufig beides miteinander vermengt, weil beide Motive auch in den Quellen zusammen begegnen.

Die der Intention nach der Präexistenzaussage ähnliche Idee von der Jungfrauengeburt hat »Parallelen« in Texten und Bildern aus Ägypten und Griechenland von der göttlichen Zeugung eines Menschen. In den Geschichten aus Griechenland findet sich in der Tat das Motiv der Empfängnis einer noch jungfräulichen Frau, allerdings ist dieses häufig nicht betont und bei weitem nicht alle Götterkinder sind mit einer Jungfrau gezeugt (vgl. nur Herodot, Hist. VI,69). Man kann das sehr schön am Alexander-Roman sehen, wo zwar davon die Rede ist, dass in der Hochzeitsnacht ein Blitz in den Leib der (späteren) Mutter des Alexander eingeschlagen ist und sich ein starkes Feuer verbreitet und nach der Hochzeit(snacht) Philipp auf den Leib seiner Frau ein Siegel gedrückt hat, aber dass die zukünftige Mutter Alexanders noch Jungfrau war, wird durch den zeitlichen Hinweis »vor der Nacht nun, in der sie im Brautgemach vereinigt wurden« eher insinuiert als betont. Auch bei Platon ist zwar von seiner wunderbaren Zeugung, nicht aber, oder allenfalls sehr indirekt, von der Jungfräulichkeit seiner Mutter die Rede: »Ariston habe der in voller Schönheit blühenden Periktione Gewalt antun wollen, ohne seinen Willen durchzusetzen; und als er sich beschied, sei ihm Apollon erschienen, woraufhin er sie unberührt gelassen habe bis zur Niederkunft« (Diog. Laert. III,2; vgl. auch Orig., Cels. I 37). Deutlicher spricht die 4. Ekloge Vergils von der Jungfrau und deren neugeborenen Sohn:

»Groß von Anfang an neu wird geboren der Zeitalter Reihe. Schon kehrt wieder die Jungfrau, kehrn wieder saturnische Reiche, schon wird neu ein Sprössling entsandt aus himmlischen Höhen. Sei nur dem eben geborenen Jungen, mit dem das Geschlecht von Eisen vergeht und in aller Welt das von Gold wieder aufsteht, sei nur, Lucina, du reine, ihm gut; schon herrscht dein Apollo!«

In Ägypten gibt es eine Reihe von Belegen, die allerdings auch nicht so eindeutig sind, wie wir es gerne hätten. Auf einschlägige Ansichten in Ägypten weist schon eine Bemerkung Plutarchs hin, wenn diese auch nicht eine Geburt aus einer Jungfrau anführt: »Es klingt zunächst nicht unwahrscheinlich, wenn die Ägypter unterscheiden und sagen, es sei nicht unmöglich, dass der Geisthauch eines Gottes in ein Weib eingehe und eine Befruchtung in ihr hervorrufe« (Numa 4,4). Bei den Kirchenvätern finden sich zwei Belege über Zeremonien in Alexandria, bei denen der Ausruf »Die Jungfrau hat geboren« o.ä. erfolgt. Ob damit eine Empfängnis ohne Zutun des Mannes gedacht ist, ist nicht deutlich, aber offensichtlich ist der Gedanke der Jungfrauenschaft – der Göttin! – für das zutreffende Verständnis der Geburt bzw. des Geborenen wichtig. Diese Zeugnisse sind zwar spät, weisen aber bereits auf die ptolemäische Zeit, also auf das dritte Jahrhundert v.Chr., hin. Seit dem 2. Jahrtausend v.Chr. gibt es in Ägypten des Weiteren Zeugnisse von einem Mythos von der Zeugung und Geburt des neuen Königs, nach dem der Gott Amun zunächst die Gestalt des regierenden Königs annimmt (um die Palastwachen zu täuschen?), sich dann aber in seiner göttlichen Gestalt der jungfräulichen Königin nähert und mit ihr einen Sohn zeugt, der mit göttlicher Würde ausgestattet ist. Allerdings ist die Tatsache der Jungfräulichkeit der Königin auch hier nicht hervorgehoben. Sie ergibt sich vielmehr aus dem Umstand, dass ihr Gemahl noch nicht mannbar ist, der durchaus auch andere Aussagen intendieren kann, z.B. dass allein der Gott und nicht der König der Vater des Kindes der Königin ist. Allerdings ist die Aussage von der Nicht-Mannbarkeit des Pharao, an der die Jungfräulichkeit der Königin hängt, inzwischen auch in Frage gestellt worden, sie bedarf also offensichtlich noch weiterer Klärung. Diesen Mythos haben die ptolemäischen Könige adaptiert, er war also in Ägypten in hellenistischer Zeit durchaus noch aktuell. Die bislang vorgelegten Belege sind freilich in Bezug auf den Gedanken der Jungfrauengeburt eher schwach. Das gilt allerdings nicht für Philo von Alexandrien. Er ist beredter Zeuge dafür, dass im Judentum Ägyptens um die Zeitenwende das Thema der Jungfräulichkeit eine besondere Bedeutung getragen hat und in direkter Verbindung mit der Zeugung durch Gott stand. Philo deutet die Patriarchenfrauen nicht nur als Tugenden, sondern lässt diese auch von Gott schwanger sein – aber offensichtlich wäre es unangemessen, wenn Gott in einer Frau ein Kind entstehen lässt, deswegen müssen die Patriarchenfrauen zuvor wieder zu Jungfrauen werden,

»denn bei den Menschen macht die Vereinigung zum Zwecke der Kindererzeugung die Jungfrau zum Weibe; wenn aber Gott mit der Seele zu verkehren begonnen hat, erklärt er die, die zuvor schon Weib war, wieder zur Jungfrau, da er die unedlen und unmännlichen Begierden, durch die sie Weib wurde, aus ihr weggeschafft und dafür die edlen und unbefleckten Tugenden in sie einführt. So verkehrt er mit Sara nicht eher, als bis sie alle Eigenschaften des Weibes verloren hat und wieder zum Rang einer reinen Jungfrau zurückgekehrt ist ... Der ungewordene und unwandelbare Gott pflanzt also angemessenerweise die Ideen unsterblicher und jungfräulicher Tugenden in die Jungfräulichkeit, die sich niemals in die Gestalt eines Weibes verwandelt.«[7]

Hier ist die Zeugung aus einer Jungfrau durch Gott im Judentum belegt, wenn es sich dabei auch um allegorische Auslegung handelt. Es sind also beide Elemente, die den Text Mt 1,18–25 konstituieren, vorhanden. Auch die am Ende des slavischen Henoch überlieferte Melchisedeklegende weist nach Alexandrien und spricht dafür, dass dort entsprechende Traditionen bekannt waren.[8]

---

[7] Philo, Cher. 50.52. Ein ähnliches Motiv findet sich bei Herodot, Hist. I 182, wenn von den Priesterinnen in Babylon, die der Gott im Tempel »besucht«, gesagt wird: »Es heißt, diese beiden Frauen hätten niemals mit einem sterblichen Manne Umgang.«
[8] Vgl. Zeller, Erwägungen (s. Anm. 4), 92–94.

4. Jes 7,14 in Mt 1,18–25

Während früher Mt 1,18–25 häufig auf den Evangelisten selbst zurückgeführt wurde, geht man heute bisweilen auch von einer zweistufigen Entstehung der Perikope aus. Zunächst hätte dann die Geschichte ohne das Reflexionszitat existiert, dieses wäre dann vom Evangelisten in seine Vorlage eingefügt worden. Für diese Zweistufigkeit der Entstehung unserer Perikope lässt sich anführen, dass die Perikope ohne das Zitat eindeutig auf den Jesusnamen hinausläuft, zu dem der Immanuel-Name des Zitats in Spannung steht. Danach stammte also die Geschichte von der göttlichen Zeugung des Jesuskindes in der noch nicht mit Josef verheirateten Maria aus der Tradition, oder besser, von einem judenchristlichen Autor, und der Evangelist hätte diese dann überarbeitet – wofür der deutlich matthäische Sprachgebrauch spricht – und in sein Evangelium aufgenommen. Bei dieser Gelegenheit hätte er das Septuaginta-Zitat eingefügt. Die Spannung zu dem Jesusnamen hätte er angesichts der Jesus passend qualifizierenden inhaltlichen Aussage des Immanuel-Namens in Kauf genommen.

Dass dieses AT-Zitat in judenchristlichen Kreisen nach Ausbildung der Idee von der göttlichen Zeugung des Jesuskindes schnell bekannt wurde und also keineswegs ursächlich die Geschichte erst hervorgebracht haben muss, kann ohne weiteres angenommen werden. Matthäus verfügt auch sonst über einen Schatz von passenden Zitaten, mit denen er sein Material ergänzt und in seinem Sinn theologisch prägt. Offensichtlich gab es nicht erst zu seiner Zeit bereits zumindest eine gewisse Auswahl alttestamentlicher Zitate, die zur Erläuterung und Verteidigung der theologischen Ansichten der Jesusbewegung geeignet waren (vgl. nur Mal 3,1 und Jes 40,3 zur Kennzeichnung des Täufers als Vorläufer Jesu in Mk 1,2f). Allerdings hat der Evangelist das Zitat an einer Stelle verändert. Denn während der hebräische Text in Bezug auf die Person des Namengebers uneindeutig ist und der Septuaginta-Text Ahas in der zweiten Person anspricht[9] und ihn zur Namengebung für das Kind auf-

---

[9] Allerdings votiert Troxel, Isaiah 7,14–16 (s. Anm. 4), 9 Anm. 37; 20 Anm. 79, hier für die 2. Person Plural.

fordert, ist es nach Matthäus eine Größe, die in der dritten Person Plural erwähnt wird, die diese Namensgebung vornehmen soll. Die 2. Person Singular konnte Matthäus schon deswegen nicht übernehmen, weil er dann einen direkten Gegensatz zu dem göttlichen Auftrag der Namensgebung durch Josef in V. 21 geschaffen hätte. Vermutlich ist mit der 3. Person Plural die Gemeinde gemeint.

Die Übersetzung des Kindesnamens findet sich so nicht in Jes 7,14. Offensichtlich kannte sich aber die Gemeinde, in der die Zitatensammlung entstand, in der Septuaginta sehr gut aus. Denn in Jes 7,14; 8,8.10 begegnet im hebräischen Text dreimal derselbe Ausdruck »Immanu-El«. In 7,14 übersetzt der Autor der LXX den Begriff nicht, sondern gibt ihn nur in griechischen Buchstaben wieder, während er ihn in Jes 8,8.10 jeweils als »Gott mit uns« übersetzt. Diese Übersetzung schließt sich im Matthäus-Text der wörtlichen Wiedergabe der Septuaginta an. Aus Jes 8,9f ergibt sich auch schön der Sinn dieses Terminus: »Tobt, ihr Völker, und erschreckt! Und horcht auf, all ihr fernen Bewohner der Erde! Gürtet euch und erschreckt, gürtet euch und erschreckt! Schmiedet einen Plan, er geht in die Brüche! Beredet die Sache, sie wird nicht zustande kommen! Denn Gott ist mit uns.« (mit kleineren Abweichungen in der LXX). Es geht also um die Zusage von Gottes Heil und Hilfe für das Volk Israel, die in dieser Aussage zum Ausdruck kommt. Jesu Person und Wirken wird in diesem Zitat als Zusage solchen Heils veranschaulicht. Die Geburt Jesu verdankt sich einer Initiative Gottes und ist die Erfüllung einer Israel schon lange gegebenen Verheißung, in ihm kommt Gott seinem Volk nahe und tritt für es ein. Das alttestamentliche Zitat wird durch die Einführungsformel ausdrücklich als Vorhersage des im Kontext zur Sprache gekommenen Geschehens bezeichnet. Die in der Immanuel-Bezeichnung für den neugeborenen Jesus zum Ausdruck kommende Würde hat zum einen ihren Grund darin, dass dieses Kind anders als die übrigen Menschen seine Herkunft in besonderer Weise dem Heiligen Geist verdankt (V. 20), und die besondere Nähe Gottes zu seinem Volk in Jesus wird sich darin erfüllen, dass er sein Volk von seinen Sünden erlösen/retten wird (V. 21). Das Motiv von Jesus als Immanuel, durch den Gott selbst heilvoll und rettend bei seinem Volk gegenwärtig ist, zieht sich wie ein roter Faden durch das Matthäusevangelium und wird in der an die matthäische Gemeinde gerichteten Verheißung von 28,20 nochmals betont aufgegriffen. Jesus erweist sich nicht nur zu seiner Erdenzeit, sondern auch als Erhöhter bis an das Ende der Welt als der Immanuel.[10]

---

[10] Weitere Literaturhinweise in Auswahl (außer Kommentaren zum Jesajabuch und zum Matthäusevangelium): E. Blumenthal, Die biblische Weihnachtsgeschichte und das alte Ägypten, München 1999; H. Brunner, Die Geburt des Gottkönigs, Wiesbaden 1964; R.E. Clements, The Immanuel Prophecy of Isa.7,10–17 and Its Messianic Interpretation, in: Die Hebräische Bibel und ihre zweifache Nachgeschichte. FS R. Rendtorff, hg. v. E. Blum u.a., Neukirchen 1990, 225–240; M. Ebner, Vom Versuch, einen hellenistischen Topos zu rejudaisieren, in: R. Kampling (Hg.), »Dies ist das Buch...« – Das Matthäusevangelium. Für H. Frankemölle, Paderborn 2004, 177–202; P. Höffken, Grundfragen von Jesaja 7,1–17 im Spiegel neuerer Literatur, BZ 33 (1989) 25–42; A. Laato, Who is Immanuel? The Rise and the Foundering of Isaiah's Messianic Expectations, Abo 1988; F. Sedlmeier, Überlegungen zu einem umstrittenen Vers und zu seiner Auslegungsgeschichte, in: A. Ziegenaus (Hg.), »geboren aus der Jungfrau Maria«. Klarstellungen, Regensburg 2007, 13–43; D. Zeller, Die Menschwerdung des Sohnes Gottes im Neuen Testament und die antike Religionsgeschichte, in: ders., Neues Testament (s. Anm. 4), 61–82; ders., Geburtsankündigung und Geburtsverkündigung, in: K. Berger u.a., Studien und Texte zur Formgeschichte (TANZ 7), Tübingen 1992, 59–134.

Friedrich Wilhelm Horn

Die Verheißung des neuen Bundes (Jer 31,31–34)

1. Der Text und sein alttestamentlicher Kontext

Die Verheißung eines neuen Bundes findet sich im Alten Testament ausschließlich in Jer 31,31–34 (bzw. in Jer 38,31–34LXX), genauer in demjenigen Textabschnitt des Buches (Jer 30–31), der durch Jer 30,1–3 und Jer 31,27–34 einen Rahmen erhalten hat und Trostbüchlein (vgl. Jer 30,2) genannt wird.[1] In ihm wird Israel eine dreifache Verheißung zugesagt: Die Exilierten sollen in das Land der Väter zurückgeführt werden (Jer 30,3). Eine Neusaat Israels und die Aufhebung der Kollektivhaftung sollen durchgeführt werden (Jer 31,27–30). Schließlich soll ein neuer Bund für Israel konstituiert werden, der sich vom Exodusbund unterscheidet.

Jede dieser drei Verheißungen ist durch »Siehe, es kommt die Zeit, spricht der Herr« eingeleitet. Diese Verheißungen werden sich in mehreren Phasen erfüllen, deren letztes Glied »nach dieser Zeit« (Jer 31,33) den Höhepunkt dieser Staffel darstellt und inhaltlich im neuen Bund mit dem Haus Israel und dem Haus Juda bestehen wird. Dieser neue Bund unterscheidet sich von dem Exodusbund – gedacht ist an den Sinaibund – und steht doch gleichzeitig in einer Beziehung zu ihm. Obgleich das ei-

---

[1] Walter Groß hat sich mehrfach mit diesem Text, seinem Kontext und seiner Wirkungsgeschichte bzw. seiner Rezeption beschäftigt. Seine Publikationen hierzu sind grundlegend: W. Groß, Neuer Bund oder erneuerter Bund. Jer 31,31–34 in der jüngsten Diskussion, in: Vorgeschmack. Ökumenische Bemühungen um Eucharistie. FS Theodor Schneider, Mainz 1995, 89–114; ders., Erneuerter oder neuer Bund? Wortlaut und Aussageintention in Jer 31,31–34, in: Bund und Tora. Zur theologischen Begriffsgeschichte in alttestamentlicher, frühjüdischer und urchristlicher Tradition (WUNT 92), hg. v. F. Avemarie und H. Lichtenberger, Tübingen 1996, 41–66; ders., Der neue Bund in Jer 31 und die Suche nach übergreifenden Bundeskonzeptionen im Alten Testament, ThQ 176 (1996) 259–272.

gentlich zu erwartende Pendant »alt« zu »neu« keine Erwähnung findet, gehört der Exodusbund der Vergangenheit an und findet seine Begrenzung durch das Aufrichten des neuen Bundes »nach dieser Zeit«. Kennzeichen des Exodusbundes war auf Seiten Israels von der Exodusgeneration an ein schuldhaftes, den Bund brechendes Verhalten bis zur Gegenwart. Der neue Bund bezieht sich wieder auf Israel als Adressat und erneut bildet die Tora die Bundesgabe. Allerdings wird die Tora eben nicht mehr in steinernen Tafeln Israel gegenüberstehen, sondern sie wird vollkommen in den Herzen verinnerlicht sein, so dass ein zukünftiger Bundesungehorsam im Gegensatz zur Vorgängergeneration unmöglich sein wird. Dies und die mehrfachen Negationen im Text zur Vergangenheit unterscheiden die Zeit der Verheißung des neuen Bundes kategorial vom Exodusbund und raten an, nicht undifferenziert von einem »erneuerten« Bund zu sprechen. Jer 31,31–34 unterscheidet sich schließlich mit dieser Vorstellung der verinnerlichten Tora auch von solchen alttestamentlichen Konzeptionen, denen zufolge die Tora als nahes Wort leicht zu tun ist (Dtn 30,14). Nach Jer 31,31–34 erscheint das Konzept der schriftlichen Tora als Grundlage des Bundes als gescheitert.

Über die sachgemäße Zuordnung von Exodusbund und neuem Bund nach Jer 31,31–34 bestehen innerhalb der alttestamentlichen Wissenschaft jedoch Differenzen, die mehr als Akzentverschiebungen ausmachen. Sie verknüpfen sich mit unterschiedlichen, eher grundsätzlichen Positionen der Verhältnisbestimmung christlicher Theologie zum Judentum. Forscher, die von dem erneuerten Bund sprechen, betonen die Kontinuität zum Exodusbund, der nach ihrer Sicht grundsätzlich in Geltung bleibt. Andere hingegen akzeptieren nur die Übersetzung »neuer Bund«, da der Exodusbund gebrochen sei und nicht mehr existiere. Zudem lehne Jer 31,31–34 bereits den Versuch, die äußerlich vorgegebene Tora zu rezipieren, ab und verneine auch deren lehrmäßige Vermittlung.[2] Innerhalb des Alten Testaments finden sich vielfältige und unterschiedliche Bundesvorstellungen, die jedoch nur in

---

[2] So Groß, Der neue Bund (s. Anm. 1), 261. C. Levin, Die Verheißung des neuen Bundes in ihrem theologiegeschichtlichen Zusammenhang ausgelegt (FRLANT 137), Göttingen 1985, 138–141, möchte einen absoluten Gegensatz zum Exodusbund ausschließen, spricht aber gleichzeitig von einem erneuerten bzw. von einem neuen Bund (141).

begrenztem Maße aufeinander bezogen wurden. Im Blick auf Jer 31,31–34 und mögliche Berührungen dieses Textes mit anderen Bundesvorstellungen im Alten Testament betont Walter Groß:

»Es bleibt bei der isolierten Stellung des neuen Bundes von Jer 31 und bei der unreduzierten Vielfalt bundestheologischer Entwürfe; beides ist im Alten Testament offenkundig nicht als zu beseitigender Mangel wahrgenommen worden.«[3]

Selbst zu der deuteronomisch-deuteronomistischen Bewegung, die dazu aufruft, Gott zu lieben und seine Gebote zu halten, bestehen nur vordergründig Parallelen. Wenn dieser neue Bund gar nicht mehr gebrochen werden kann, da die Tora absolut verinnerlicht worden ist, und wenn jegliche Fixierung auf die schriftliche Tora sozusagen zum Scheitern verurteilt ist, dann unterwirft Jer 31 das deuteronomische Konzept in Wahrheit einer tief greifenden Korrektur.[4]

2. Die Bedeutung für das antike Judentum

Diesem vereinzelten Vorkommen der Vorstellung eines neuen Bundes im Alten Testament[5] in Jer 31 entspricht der Befund einer überaus schmalen und nicht unumstrittenen Rezeptions- und Wirkungsgeschichte des Textes innerhalb des antiken und rabbinischen Judentums.[6] Auf die Vielfalt bundestheologischer Themen im Frühjudentum kann hier nicht eingegangen werden.[7]

Seitdem Christian Wolff überzeugend die These kritisiert hat, in Bar 2,25 und Jub 1,17ff sei eine Anspielung auf Jer 31 zu

---

[3] Groß, Der neue Bund (s. Anm. 1), 270.

[4] K. Schmid, Buchgestalten des Jeremiabuches. Untersuchungen zur Redaktions- und Rezeptionsgeschichte von Jer 30–33 im Kontext des Buches (WMANT 72), Neukirchen 1996, 66–69.

[5] Schmid, Buchgestalten (s. Anm. 4), 67, spricht die »eigentümliche Wirkungslosigkeit dieser Perikope im Alten Testament« an.

[6] C. Wolff, Jeremia im Frühjudentum und Urchristentum (TU 118), Berlin 1976, 146, kam noch zu dem Ergebnis, dass Jer 31,31–34 im Frühjudentum keine Rolle gespielt habe.

[7] Recht umfassend informiert M. Vogel, Das Heil des Bundes. Bundestheologie im Frühjudentum und im frühen Christentum (TANZ 18), Tübingen/Basel 1996.

finden,⁸ reduziert sich die Frage nach der Rezeptions- und Wirkungsgeschichte von Jer 31 auf wenige Texte aus Qumran. Das Jeremiabuch spielt in den Schriftrollen keine bedeutende Rolle. Von 17 Bezugnahmen auf Texte des Prophetenbuchs finden sich allein 13 in 1QH, in dem Buch der Loblieder. In keinem Fall aber ist Jer 31 aufgenommen.⁹ Zu beachten sind insgesamt vier Texte aus der Damaskusschrift, in denen jeweils die Wendung neuer Bund begegnet (CD 6,19; 8,21; 19,33; 20,12).¹⁰ Die Damaskusschrift (CD = Cairo Damascus Document), deren Bezeichnung sich durch die in 6,19; 8,21; 19,33 belegte Wendung der »Gemeinde des neuen Bundes im Land Damaskus« ergab,¹¹ gehört in die Anfänge der essenischen Bewegung und stellt einen grundlegenden und frühen Text der Qumran-Essener dar. Der Text ist seit dem Fund im Jahr 1896/97 in einer Synagoge in Kairo bekannt. In Qumran wurden sodann nochmals zehn Handschriften gefunden, die den Text wiedergeben und auch zeigen, dass man an einer älteren Fassung weiter gearbeitet hat. Diese in den genannten Belegen angesprochene Gemeinde des neuen Bundes im Land Damaskus stellt nicht die gegenwärtige oder zukünftige Gemeinde der Essener dar, vielmehr wird deren Vorgängergemeinde noch vor der Zeit des Auftretens des für die Gemeinschaft grundlegenden Lehrers der Gerechtigkeit so bezeichnet. Möglicherweise stehen die Anfänge der Bewegung in seleukidischer oder frühmakkabäischer Zeit im Hintergrund. »Im Rückblick wird deren Zeit als das Vorbild für das Verhalten der Gemeinde in der jetzigen ›Zeit des Frevels‹ (6,14) wahrnehmbar.«¹² Die Gemeinde des neuen Bundes tritt exklusiv in den Bund der Väter ein, steht in Kontinuität zum Sinaibund, weiß sich aber von den Frevlern im eigenen Volk geschieden. Im Einzelnen sprechen diese Texte die kultische Reinheit und Hei-

---

⁸ Wolff, Jeremia (s. Anm. 6), 117–124.

⁹ Vgl. die Zusammenstellung bei J. Maier, Die Qumran-Essener: Die Texte vom Toten Meer III, München/Basel 1996, 172.

¹⁰ Dazu H. Lichtenberger, Alter Bund und neuer Bund, NTS 41 (1995) 400–414, vor allem 404–406. Die Texte sind in deutscher Übersetzung bei J. Maier, Die Qumran-Essener: Die Texte vom Toten Meer, Band I (UTB 1862), München 1995, leicht zugänglich.

¹¹ Die kryptische Wendung »im Land Damaskus« bedeutet auf jeden Fall: nicht im Land Juda (CD 6,5).

¹² Lichtenberger, Alter Bund (s. Anm. 10), 404.

ligkeit der Gemeinde sowie die grundlegende Einhaltung der Sabbat-, Fest- und Fastentage an. Insofern geht die Rede vom neuen Bund mit umfassender Torabeachtung einher.

Aber kann hier überhaupt von einer Rezeption von Jer 31,31–34 gesprochen werden? Ein expliziter Bezug darauf, etwa durch eine Zitationsformel, liegt nicht vor. Lichtenberger benennt als Sachdifferenzen, dass Jer 31 sich an das Haus Israel und das Haus Juda wendet, die Damaskusschrift jedoch nur an den Rest in Juda. Auch fehle in der Damaskusschrift die Vorstellung der ins Herz geschriebenen Tora, vielmehr insistiere die Schrift der Essener auf dem Gesetzesstudium. Ausschließen möchte Lichtenberger einen Bezug gleichwohl nicht, da CD 4,8f von Gottes Vergeben gegenüber den Früheren spricht und zumindest darin auf Jer 31,31–34 blicken kann. Wolff hingegen kam zu dem m.E. überzeugenderen Ergebnis, dass die Rede von einem »neuen« Bund bewusst als antithetische Formulierung gewählt, aber nicht von Jer 31 beeinflusst sei.[13] So bleibt im Blick auf das antike Judentum eher ein negativer Befund, der die isolierte Stellung von Jer 31 im AT auf seine Weise nur spiegelt.

3. Die Rezeption im Neuen Testament

Im Neuen Testament und im frühen Christentum beziehen sich Hebr 8,8b–12 und der um 165 n.Chr. gestorbene Apologet Justinus in seinem Dialog mit Tryphon direkt auf den Text aus Jer 31, den beide weitgehend wörtlich zitieren und in einer auf Christus bezogenen Deutung auslegen. Justinus überträgt den neuen Bund auf die Kirche aus den Heidenchristen, die diesen neuen Bund repräsentiert und das Erbe des wahren und geistigen Israels angetreten hat (Dial. XI). Bei der Frage nach der Rezeptions- und Wirkungsgeschichte ist jedoch bei zwei älteren Textkomplexen einzusetzen, die in die Frühzeit des Christentums zurückführen. Der Befund und die Argumente für oder gegen die These einer Bezugnahme sind zunächst vorzustellen. Ob die Rezeptionsgeschichte von Jer 31,31–34 im Neuen Testament neben diesen Texteinheiten noch weiter gefasst werden darf, ist sehr umstrit-

---

[13] Wolff, Jeremia (s. Anm. 6), 130.

ten.¹⁴ Ein eindeutiger Nachweis für eine Rezeption ist nicht zu erbringen. Man sollte in diesem Zusammenhang auch anmerken, dass die Verkündigung Jesu sich nicht auf die Kategorie eines neuen Bundes bezieht.

a) Paulus

Von »Bund« (διαθήκη) spricht Paulus in Röm 9,4; 11,27; 1Kor 11,25; 2Kor 3,6.14; Gal 3,15.17; 4,24; aus der deuteropaulinischen Literatur kommt mit Eph 2,12 nur ein weiterer Beleg hinzu. Das Syntagma »neuer Bund« (καινὴ διαθήκη) erscheint zum einen in 1Kor 11,25, also in der Abendmahlsüberlieferung, und wird sogleich im Kontext der Abendmahlsworte zu besprechen sein, zum anderen aber in 2Kor 3,6. In 2Kor 3,14 findet sich dann auch der logische Gegenbegriff des alten Bundes (παλαιὴ διαθήκη).¹⁵ Das Buch Jeremia spielt für Paulus ausweislich möglicher Zitate oder Anspielungen eine absolut untergeordnete, ja geradezu vernachlässigte Rolle. Allein bei 2Kor 3 kann man die Frage stellen, ob er sich in diesem Textkomplex an Jer 31 anlehnt.¹⁶

Paulus setzt sich einleitend in 2Kor 3,1 von anderen Aposteln ab, die sich über Empfehlungsbriefe legitimieren. Er hingegen verzichtet auf solche Briefe im eigentlichen Sinn, betrachtet aber in metaphorischer Weise die korinthische Gemeinde als einen

---

[14] E. Gräßer, An die Hebräer. Hebr 7,1–10,18 (EKK XVII/2), Zürich 1993, 96 Anm. 3, nennt wenige Texte, die neben Hebr 8 eventuell auf einzelne Motive oder Worte aus Jer 31,31–34 – »einen selten bemühten Text« (96) – Bezug nehmen. Wenn man das paulinische Gesetzesverständnis in seinen positiven Akzentuierungen auch für Heidenchristen (Gal 6,2; Röm 8,2–4) in einen direkten Bezug zu Jer 31,31–34 stellt und von einer klaren Rezeption dieses Textes durch Paulus spricht, dann bewegt man sich auf einer Ebene, die sich jeder Textkontrolle entzieht (so aber P. Stuhlmacher, Biblische Theologie des Neuen Testaments, Band 1, Göttingen 1992, 266–268).

[15] Die frühchristlichen Theologen Melito von Sardes (gest. um 180) und Irenäus von Lyon (gest. um 200) entfalten ausgehend von 2Kor 3 und Jer 31 die Bezeichnung der Schriftensammlungen als Neues Testament (καινὴ διαθήκη) und Altes Testament (παλαιὴ διαθήκη); vgl. dazu M. Tilly, Einführung in die Septuaginta, Darmstadt 2005, 100.

[16] Vgl. zu dem Abschnitt den Kommentar von E. Gräßer, Der zweite Brief an die Korinther. Kapitel 1,1–7,16 (ÖTK 8/1), Gütersloh 2002.

solchen, allen zugänglichen Brief. Dieser wiederum wurde nicht mit Tinte und auf steinerne Tafeln geschrieben, sondern mit dem Geist Gottes in die menschlichen Herzen. Die Zuversicht, die das apostolische Amt des Paulus prägt, gründet daher nicht in der Tüchtigkeit seiner Person, sondern in der Wirkmächtigkeit Gottes, der sich des Apostels als eines Dieners bedient und Menschen zu öffentlichen Zeugen (Briefen) gemacht hat. Endete bereits 2Kor 3,3 mit der Stilform der Antithese, so fügt Paulus – die Stichwörter Geist einerseits und aufschreiben/Buchstabe andererseits aus V. 3 aufgreifend – zwei weitere Antithesen an, die diesen Dienst des »neuen Bundes« interpretieren: es ist nicht ein Dienst des Buchstabens, sondern des Geistes. Denn der Buchstabe tötet, der Geist aber macht lebendig (2Kor 3,6).

Allein das Syntagma des neuen Bundes (2Kor 3,6) erinnert an Jer 31. Darüber hinaus verbindet das Stichwort Herz (καρδία) noch beide Texte, wenn auch in einer voneinander abweichenden Aussage. Nach Jer 31,33 soll das Gesetz in das Herz des Volkes Israel gegeben werden, nach 2Kor 3,1–6 sind die Herzen der korinthischen Gemeinde eben nicht mit Tinte und in steinernen Tafeln, sondern mit dem Geist Gottes beschrieben worden. Und dieses Beschreiben der Herzen der Christen hatte nicht das auf steinernen Tafeln kodifizierte Gesetz zum Gegenstand. Denn das in steinerne Tafeln Geschriebene führt nach 2Kor 3,6 zum Tod. Der direkte Bezug auf das Gesetz (so Jer 31,33) wird also vermieden, klingt aber, wenn auch negativ, in den steinernen Tafeln an. Alles in allem verbindet 2Kor 3 die Neuheit des Bundes mit dem Geist und nicht mit dem Gesetz, Jer 31 hingegen verbindet die Neuheit des Bundes exklusiv mit dem internalisierten Gesetz.

Es mag sein, dass andere alttestamentliche Texte bei der Abfassung von 2Kor 3,1–6 für Paulus wesentlich waren: Ex 31,18 (steinerne Tafeln, geschrieben; auch Ex 34,1; Dtn 4,13; 10,1f); Ez 36,26 (neues Herz und neuer Geist; auch Ez 11,19); Ex 34,28 (Bund) u.a. Jedenfalls begegnet in Jer 31 nicht die Antithese Geist – Buchstabe, die in 2Kor 3,3 anklingt und in 3,6 explizit erscheint. Diese Antithese allerdings, die auch in Röm 2,29 und 7,6 wiederkehrt, mag der spezifisch paulinische Zusatz in einem von alttestamentlichen Stellen undeutlich geprägten Textzusammenhang sein. Eine direkte Rezeption von Jer 31, die über das eine gemeinsame Stichwort des neuen Bundes hinausgeht, ist also unwahrscheinlich. Aber selbst dieses Stichwort wird Paulus wohl bereits durch eine frühchristliche Überlieferung, nämlich die Abendmahlsworte, übermittelt worden sein, so dass in 2Kor 3 ein direkter Bezug auf Jer 31 wohl völlig ausgeschlossen werden kann.[17]

b) Die Abendmahlsworte

In den Einsetzungsworten des Abendmahls (Mk 14,22–25; Mt 26,26–29; Lk 22,16–20; 1Kor 11,23–26) wird das Kelchwort in jeder Fassung mit einem Bundesgedanken, wenn auch in unterschiedlicher Gestalt, verbunden. Hier stimmen Lk 22,20 und 1Kor 11,25 im Kern darin überein, dass sie den Becher als »neuen Bund in meinem Blut« bezeichnen. Dies ist nicht die einzige Übereinstimmung, die Lukas und Paulus von der Fassung bei Markus und Matthäus unterscheidet. Nach dem Brotwort etwa bieten nur Lukas und Paulus einen Wiederholungsbefehl (1Kor 11,25 sogar auch nach dem Kelchwort) und beide verbinden das Brotwort mit der Zusage, »für euch« gegeben zu sein. Beide Textgruppen, die markinisch-matthäische und die lukanisch-paulinische, repräsentieren daher unterschiedliche Varianten der Abendmahlsworte. Ob eine allen Fassungen vorausgehende, möglicherweise auf Jesus zurückreichende Urform gefunden werden kann, wird gegenwärtig eher in Frage gestellt. Da der Ausdruck neuer Bund nur eine schmale alttestamentlich-jüdische Vorgeschichte hat, muss die Frage gestellt werden, ob die lukanisch-paulinische Fassung des Kelchwortes von Jer 31 her beeinflusst worden ist bzw. sich bewusst auf Jer 31 bezieht.[18] Es empfiehlt sich jedoch zuvor, alle Kelchworte in den beiden Varianten kurz in ihrer Eigenart zu beleuchten.

---

[17] So auch J. Schröter, Der versöhnte Versöhner. Paulus als Mittler im Heilsvorgang zwischen Gott und Gemeinde nach 2Kor 2,14–74 (TANZ 10), Tübingen/Basel 1993, 83; Wolff, Jeremia (s. Anm. 6), 136.

[18] Eine ausgezeichnete Darstellung zu den exegetischen und theologischen Fragen der frühchristlichen Abendmahlstexte bietet jetzt J. Schröter, Das Abendmahl. Frühchristliche Deutungen und Impulse für die Gegenwart (SBS 210), Stuttgart 2006; zuvor B. Kollmann, Ursprung und Gestalten der frühchristlichen Mahlfeier (GTA 43), Göttingen 1990, 173f, zur Frage des Einflusses von Jer 31,31–34 auf die Einsetzungsworte.

Mk 14,24: Dies ist mein Blut des Bundes, das für viele vergossen wird.

Mt 26,28: Denn dies ist mein Blut des Bundes, das für viele vergossen wird zur Vergebung der Sünden.

Beide Texte beziehen sich auf den alttestamentlichen Text, der vom Bundesschluss am Sinai berichtet. Mose nimmt das Blut des Opfertieres, besprengt das Volk damit und sagt: Seht, das ist das Blut des Bundes, den der Herr mit euch geschlossen hat (Ex 24,8).

Lk 22,20: Dieser Kelch ist der neue Bund in meinem Blut, das für viele vergossen wird.

1Kor 11,25: Dieser Kelch ist der neue Bund in meinem Blut. Dies tut, sooft ihr daraus trinkt, zu meiner Vergegenwärtigung.

In diesen Texten wird gleichfalls von Bundesblut gesprochen, aber eben von einem neuen Bund. Daher kann man eventuell eine schwache Anspielung auf Jer 31,31 erkennen, obwohl in dem Prophetenwort das Blut keine Rolle spielt und obwohl die Verinnerlichung des Gesetzes auch kein Thema der Abendmahlsworte ist. Jer 31,31 distanziert sich ja gerade von dem Sinaibund und kündigt einen geistigen Bund an, der ohne äußere Zeichen auskommt.

Beide Fassungen gehen aber über einen möglichen alttestamentlichen Bezugstext hinaus, da sie den in den Einsetzungsworten angesprochenen Bund mit dem Blut Jesu verbinden. Insofern wird der Bund mit dem Volk Israel ohnehin in eine neue Perspektive gestellt. Der Tod Jesu ermöglicht nach Lukas wie nach Paulus gerade den neuen Bund und er tritt an die Stelle des bisherigen Bundes mit Israel. In diesen neuen Bund treten diejenigen ein, die das Abendmahl in Brot und Wein einnehmen, die Kirche aus Juden und Heiden. Angesichts dieser Zusammenhänge ist es auch denkbar, einen Bezug zu Jer 31,31, der sachlich in der Abendmahlsüberlieferung ohnehin nichts austrägt, ganz abzulehnen.[19] Die Rede von der »Neuheit« des Evangeliums

---

[19] Wolff, Jeremia (s. Anm. 6), 132–134. T. Söding, Das Mahl des Herrn. Zur Gestalt und Theologie der ältesten nachösterlichen Tradition, in: Vorgeschmack. Ökumenische Bemühungen um Eucharistie. FS Theodor Schneider, Mainz 1995, 134–163, stellt eine gezielte Rezeption von Jer 31,31–34 in Abrede, vermutet in diesem informativen Aufsatz hingegen allenfalls eine Anspielung (136 Anm. 7).

durchzieht früheste und unterschiedliche urchristliche Aussagen (2Kor 3,6; 5,17; Gal 6,5; Röm 6,4; 7,6; Eph 2,15; 4,24; Joh 13,34; 1Joh 2,7f; 2Joh 5; Mk 1,27; 2,21; Offb 2,17; 3,12 u.a.) und stellt das urchristliche Selbstverständnis dar. Es ist gut möglich, dass dieses Bewusstsein Eingang in die Einsetzungsworte der paulinisch-lukanischen Tradition gefunden hat.

c) Der Hebräerbrief

Die erste unstrittige Rezeption von Jer 31,31–34 im Christentum bietet der Hebräerbrief, wohl eine der jüngeren Schriften im Neuen Testament. Er zitiert in Hebr 8,8b–12 das Prophetenwort aus Jer 31,31–34 bzw. Jer 38,31–34LXX fast wörtlich (vgl. dann auch noch 9,15; 10,16f), ohne allerdings die Quelle, das Buch Jeremia, zu benennen. Drei kleinere Abweichungen zur LXX lassen sich durch andere Textfassungen der LXX erklären. In sechs weiteren kleinen Abweichungen mögen stilistische Freiheiten beim Zitieren vorherrschen, sie haben jedoch keinerlei sachliche Bedeutung. Es steht aber außer Zweifel, dass auch der Hebräerbrief nur auf die griechische Übersetzung und nicht auf die hebräische Fassung zurückgreift.[20]

In einer von Hebr 8,1–10,18 reichenden, klar strukturierten Komposition beschreibt dieser den Dienst Jesu als eines Hohepriesters und er kommt damit zum Kern (Hebr 8,1) dessen, was sein Schreiben grundsätzlich bestimmt. Ihm geht es um den Nachweis, dass Jesus, der sein Hohepriesteramt im himmlischen Allerheiligsten ausübt, der Mittler eines besseren Bundes geworden ist, der den ersten Bund abgelöst hat. Diesen Nachweis erbringt er in drei vergleichenden Schritten: er spricht zunächst über die Sühnestätte (Hebr 8), sodann über die Sühnemittel (Hebr 9) und schließlich über die Sühnewirkung (Hebr 10). Das Beweisverfahren wird durchgehend mittels einer typologischen Parallelisierung geführt. Es werden alte und neue Ordnung, Erde und Himmel, viele Priester und ein Priester, Fleisch und Geist gegenübergestellt. In dieser Perspektive erscheint der irdische Priesterdienst als unzureichender Schattendienst, der eben nicht

---

[20] So Gräßer, Hebräer (s. Anm. 14), 98.

die volle und wirkliche Gestalt des Hohepriestertums repräsentiert (Hebr 8,3–5). Für den Verfasser des Hebräerbriefs hat allein Jesus das wahre Hohepriesteramt im himmlischen Heiligtum empfangen und allein er ist Mittler eines besseren Bundes geworden.

Die nun folgende exegetische Beweisführung greift auf Jer 31,31–34 zurück. Sie setzt mit einem Zugeständnis ein: »Denn wenn der erste Bund untadelig gewesen wäre, würde nicht Raum für einen anderen gesucht« (Hebr 8,7). Es folgt das Zitat Jer 31,31–34, das hier dazu dient, den Nachweis zu erbringen, dass die im Zugeständnis angesprochene Bedingung nicht erfüllt wurde (Hebr 8,8–12). Die Schlussfolgerung in Hebr 8,13 lautet: »Indem er sagt: ›einen neuen Bund‹, erklärt er den ersten für veraltet. Was aber veraltet und vergreist ist, das ist seinem Ende nahe« (Hebr 8,13).

Erich Gräßer hat in der Auslegung dieses Textes davon gesprochen, dass der Rückgriff auf Jer 31,31–34 als »Konkursanzeiger des alten Bundes« eingesetzt wird.[21] Der erste Bund sei das negative Gegenbild des zweiten, der ihn zugleich aufhebt und doch wiederum überbietet. Der erste Bund trägt das Zeichen, schuldbehaftet gewesen zu sein (Hebr 8,7). Gerade dies begründet die Möglichkeit und den neuen Raum, die Gott gewährt. Die Leserinnen und Leser des Hebräerbriefes werden das Zitat als einen Textteil aus dem Buch Jeremia wiedererkennen, wenn sie mit der LXX vertraut sind. Doch zielt die Rezeption auf die gegenwärtige, aktuelle Bedeutung des Textes. So begegnet ihnen jetzt dieses Zitat durch die neue Einleitung (Hebr 8,8a) als eine Scheltrede, als ein Tadel Gottes. Die alte Ordnung, das Gesetz hat das eigentliche Ziel verfehlt (Hebr 7,19), deswegen wurde Christus als Mittler des neuen Bundes eingesetzt. Der Verfasser des Hebräerbriefs kommt zu dieser Sicht, indem er von Christus ausgehend zurückblickt. Weil Christus der wahre Hohepriester ist, müssen die Priester Israels vorläufig und fehlerhaft sein, eben Schatten der wahren Ordnung. Diese Interpretation und diese Funktion des Zitates aus Jer 31,31–34 ergeben sich nur aus diesem Rückblick, der von der gegenwärtigen Stellung Christi als des wahren Hohepriesters ausgeht. Die abschließende Kommen-

---

[21] Gräßer, Hebräer (s. Anm. 14), 96.

tierung des Zitates durch Hebr 8,13 deklariert den ersten Bund als veraltet, wörtlich »greisenhaft«, also dem Untergang nahe. Die neue Setzung Gottes hebt die erste Setzung auf.

Nun wird man, wenn man diese Linie des Textes und diese Verwendung des Zitates wahrgenommen hat, fragen müssen, welche Setzung der Verfasser des Hebräerbriefes denn konkret als überholt und aufgehoben ansieht. Wenn man unter dem ersten Bund die Geschichte Israels oder das Judentum an sich versteht, dann kann Hebr 8,13 als Zeuge des so genannten Substitutionsmodells gelesen werden, demzufolge die Geschichte Israels aufgehoben wird. Diese Interpretation greift jedoch zu weit. Der Verfasser des Hebräerbriefs thematisiert den priesterlich-kultischen Charakter des ersten Bundes. Er sieht diese Setzung aufgrund des Kreuzestodes Christi an ihr Ende gekommen und stellt aufgrund dieser Voraussetzung den ersten Bund und den neuen Bund schroff gegenüber. »Der Gegenbegriff zum neuen Bund ist daher nicht ›alter Bund‹ im heilsgeschichtlichen, sondern ›irdischer Kult‹ im metaphysischen Sinn«.[22]

4. Ergebnisse

Die Verheißung eines neuen Bundes in Jer 31,31–34 stellt im Alten Testament einen Sonderfall dar. Die Entgegensetzung zum Exodus- bzw. Sinaibund der Väter und die Verheißung des neuen Bundes, in dessen Zeit die Tora nicht mehr in schriftlicher Form gegenübertritt, sondern in den Herzen internalisiert wird, markieren eine deutliche Spannung zur exilischen bzw. nachexilischen Theologie. Eine wirkliche, breite Rezeption dieses Textes wird im Judentum und im Neuen Testament vermisst. Allein das Stichwort des neuen Bundes mag eventuell aus dem Textzusammenhang herausgegriffen worden sein. Hierbei wird allerdings das Signum der neuen Zeit, die ins Herz geschriebene Tora, nicht aufgenommen. Was neuer Bund bedeutet, entfalten

---

[22] K. Backhaus, Gottes nicht bereuter Bund. Alter und neuer Bund in der Sicht des Frühchristentums, in: Ekklesiologie des Neuen Testaments. FS Karl Kertelge, Freiburg u.a. 1996, 33–55, hier 44; vgl. auch ders., Der neue Bund und das Werden der Kirche. Die Diatheke-Deutung des Hebräerbriefs im Rahmen der frühchristlichen Theologiegeschichte (NTA 29), Münster 1996.

Paulus in 2Kor 3 und die Einsetzungsworte der lukanischen und paulinischen Abendmahlsüberlieferung mit Bezug auf das apostolische Amt und das Kreuz Jesu Christi. Die erste wörtliche Rezeption des Textes aus Jer 31,31–34 bietet ein Zitat im Hebräerbrief. Dieser verortet den Text in einer Beweisführung, die ihn nicht mehr als Verheißung des neuen Bundes, sondern als Tadel des ersten Bundes nutzt. Was Jer 31 als Zukunft für Israel und Juda verkündet, ist nach Hebr 8,6 gegenwärtige Wirklichkeit, da Christus als himmlischer Hohepriester der Mittler des neuen Bundes geworden ist (Hebr 9,15). Fragt man also im strengen Sinn nach der Rezeption des alttestamentlichen Textes, dann bleibt in frühjüdischer Zeit und in den neutestamentlichen Schriften letztlich allein Hebr 8,8–12.

Johannes Woyke

Der leidende Gottesknecht (Jes 53)

In Jesaja 53 – genauer: in Jes 52,13–53,12 – findet christliche Theologie und Frömmigkeit die Heilsbedeutung des Todes Jesu in singulärer Weise alttestamentlich vorgezeichnet. Der dort geschilderte Vorgang eines stellvertretenden Erleidens von Gottes Strafe zum Heil anderer spiegelt sich in Textzeilen klassischer Passionslieder wie etwa Paul Gerhards »O Haupt voll Blut und Wunden« wider: »Nun, was du, Herr, erduldet, / ist alles meine Last; / ich hab' es selbst verschuldet, / was du ertragen hast« (EG 85,4). Oder: »Du nimmst auf deinen Rücken / die Lasten, die mich drücken« (EG 84,5). Oder, aus der Feder Johann Heermanns (EG 81,3): »Was ist doch wohl die Ursach solcher Plagen? / Ach, meine Sünden haben dich geschlagen; / ich, mein Herr Jesu, habe dies verschuldet, / was du erduldet.« Nicht zuletzt in Karfreitagspredigten wird zudem immer einmal wieder, mit einem einlinigen, heilsgeschichtlich gefärbten Verständnis biblischer Prophetie, das Erstaunen zum Ausdruck gebracht, dass Jesu Leidensweg bereits Jahrhunderte im Voraus vom Propheten Jesaja geschildert bzw. geweissagt worden sei. Auf der anderen Seite ist es gerade die propagierte Selbstverständlichkeit solcher geradezu naiv daherkommenden christologischen Lesart von Jes 53, zumal im Kontext von Missionierungsbemühungen unter Jüdinnen und Juden, welche von Seiten der jüdischen Gemeinschaft massiven Widerspruch gegen die christliche Vereinnahmung, ja Enteignung dieses Texts hervorruft.

Auch im bibelwissenschaftlichen Diskurs haben die Auseinandersetzung mit der innerchristlichen Theologie- und Frömmigkeitsgeschichte sowie der christlich-jüdische Dialog Spuren hinterlassen. Herkömmliche Interpretationsmuster sind untermauert oder differenziert, hinterfragt oder modifiziert worden, und neue Auslegungsperspektiven haben sich eröffnet. Wie also ist Jes 53 in seinem ursprünglichen, historischen Zusammenhang zu verstehen? Was für eine Wirkung hat der Text im Frühjudentum bis in neutestamentliche Zeit hinein entfaltet? Wo finden sich Spuren einer vergegenwärtigenden Interpretation im Neuen Testament, und wie lässt sich die Aufnahme der Passage durch neutestamentliche Autoren charakterisieren?

I. Jesaja 53 in der hebräischen Bibel

1. Jesaja 53 als vierte Gottesknechtsdichtung und als Teil der Botschaft Deuterojesajas

Seit Bernhard Duhms Jesaja-Kommentar von 1892 ist es üblich, vier Dichtungen vom Knecht bzw. Diener Jhwhs aus dem Kontext zu isolieren. Jes 42,1–4; 49,1–6; 50,4–9 und 52,13–53,12 fallen, laut Duhm, durch ihr formales poetisches Ebenmaß auf, und aus ihnen spricht ein anderes, stilleres Temperament als im übrigen Zusammenhang Deuterojesajas. Zwar gebe es, wenn auch nicht mit dem unmittelbaren Kontext, so doch mit Themen Deuterojesajas Berührungspunkte. Jedoch behandelten die Gottesknechtslieder solche Motive charakteristisch anders. Deuterojesaja selbst könne also weder Autor dieser Gedichte sein, noch selbst sie in seine Prophetie integriert haben. Ja, im vierten Lied von Diener Jhwhs werde

»die Frage, wie das blinde Volk der Sündenschuld entledigt werden kann, auf eine Weise beantwortet, daß Dtjes. seine eigenen Ausführungen über dies Thema widerrufen haben müßte, wenn er diese Lieder gedichtet oder auch nur von anderswoher in seine Schrift aufgenommen hätte«[1].

---

[1] B. Duhm, Das Buch Jesaja. Übersetzt und erklärt, [5]1968, 311. Zur historisch-kritischen Auslegung von Jes 53 sei insbesondere auf folgende Aufsätze verwiesen: H.-J. Hermisson, Das vierte Gottesknechtslied im deuterojesajanischen Kontext, in: Der leidende Gottesknecht. Jesaja 53 und seine Wirkungsgeschichte, hg.v. B. Janowski/P. Stuhlmacher (FAT 14), Tübingen 1996, 1–25; B. Janowski, Er trug unsere Sünden. Jes 53 und die Dramatik der Stellvertretung, in: Janowski/Stuhlmacher, Gottesknecht, 27–48 (vgl. in dem genannten Sammelband auch die umfangreiche Bibliographie zu Jes 53 [a.a.O., 251ff]); H. Graf Reventlow, Basic Issues in the Interpretation of Isaiah 53, in: Jesus and the Suffering Servant. Isaiah 53 and Christian Origins, hg.v. W.H. Bellinger/W.R. Farmer, Harrisburg 1998, 23–38.

Hier urteilt die moderne Exegese zu Recht zurückhaltender und mahnt an, dass eine angemessene theologische Deutung der vier Lieder einer Einbettung in das Ganze des Deuterojesaja-Buches bedarf. Was charakterisiert also die Botschaft Deuterojesajas (Jes 40–55)? Es ist die tröstende Proklamation an das 597/6 bzw. 587/6 v.Chr. ins babylonische Exil verbannte Gottesvolk, dass die Zeit der göttlichen Bestrafung für seine Schuld zu Ende geht, dass Gott mit Macht kommen – »Seht, euer Gott!« – und sein Volk sammeln wird (Jes 40,1–11). Dem entmutigten und ermatteten Volk, das klagt, sein Weg sei Jhwh verborgen, sein Recht entgehe Gott, Jhwh habe es verlassen und vergessen, werden die unerforschlichen Wege Gottes offenbart, gegen die es blind und taub ist: Er war es, nicht die babylonischen Götter, der Israel in die Verbannung geführt hat, weil sein Volk ihn ermüdet hatte mit ihren Sünden, ihrer Verehrung hilfloser fremder Götter und lebloser Götterbilder. Und auch er allein wird jetzt, durch den Perserkönig Kyros, ihr Retter – und Babylons Richter – sein, der einen Weg im Meer und in der Wüste bahnt, der allein als Schöpfer Himmels und der Erde für sein Volk Neues schafft, und dies als Zeichen für die nichtjüdischen Völker.

Nun wird auch außerhalb der vier besonderen Gottesknechtstexte bei Deuterojesaja vom Diener/Knecht bzw. Erwählten Jhwhs gesprochen. In DtJes 41,8f; 44,1f.21f; 45,4 und 48,20 ist damit ausdrücklich Israel/Jakob (vgl. Gen 32,29) als Volk bezeichnet. Dieser kollektive Gottesknecht erhält den Zuspruch, dass Gott ihn erwählt und nicht verworfen hat, dass Gott ihn mit der rechten Hand seiner Gerechtigkeit hält und ihm gegen seine Feinde beistehen wird als sein Erlöser (41,8–14). Gott wird seinen Geist über die Nachkommen seines Dieners ausgießen (44,1–5) und seine Frevel und Sünden wie Wolken wegwischen (44,21f). Durch den Propheten wirbt Gott um seinen Knecht Israel: »Kehrt zurück zu mir!« (44,22), »Fürchtet euch nicht, ich bin bei euch und bin euer Gott!« (41,10). An zwei weiteren Stellen, nämlich DtJes 43,10 und 44,26, wird der Knecht Jhwhs pointiert einer Mehrzahl an Zeugen bzw. Boten zur Seite gestellt, erscheint also eher individuell als kollektiv.

Hierin nun sind die vier besonderen Gottesknechtslieder verwoben, die zueinander in einem gegenüber dem Kontext des restlichen Buches eigentümlichen Zusammenhang stehen.

In Jes 42,1–4, dem ersten Gedicht, präsentiert Jhwh seinen Knecht in seinem Thronrat (»Sieh, mein Diener, mein Erwählter!«) und setzt ihn in seinen Auftrag ein (»Ich habe meinen Geist auf ihn gelegt«), unter den Völkern und Inseln Gottes Recht und Weisung aufzurichten. Ob damit eher Gericht an den Völkern für ihr Handeln an Israel oder aber ihr Heil im Blick ist, wird nicht spezifiziert. Der Diener wird jedenfalls mit der Verheißung versehen, dass er zum Ziel kommen wird, und dies trotz seines stillen, gewaltlosen Auftretens.

Im zweiten Gedicht (Jes 49,1–6) proklamiert der Gottesknecht seine Berufung und Beauftragung an die Inseln und Völker (»Hört mich, ihr Inseln, und ihr Völker in der Ferne, gebt Acht!«). Trotz seines vergeblichen Mühens wird sein Auftrag ausgeweitet: Zum einen soll er Israel zu Jhwh zurückführen, zum anderen aber zum Licht für die Völker gemacht werden, damit Gottes Heil bis ans Ende der Erde reicht.

Ein Umschwung wird in der Selbstreflexion des dritten Gedichts (Jes 50,4–9) deutlich: Obwohl – oder gerade weil – er Gottes Reden gegenüber uneingeschränkt offen war und den Müden mit einem Wort zu helfen wusste, ist er zum Objekt von Hass und Gewalt geworden – durch wen, wird nicht gesagt –, und dennoch nicht zurückgewichen (»Denen, die schlugen, habe ich meinen Rücken dargeboten«). Angesichts dessen, dass er nun selbst als Frevler beschuldigt wird, verweist er darauf, dass Gott ihm beistehen und Gerechtigkeit verschaffen wird.

Ist damit nun Gottes Plan, sein Auftrag an seinen Diener, den er eingesetzt und auf den er seinen Geist gelegt hat, gescheitert? Auf diese sich aus dem Duktus der ersten drei Texte ergebende Frage gibt das vierte Gedicht Jes 52,13–53,12 Antwort: »Sieh, mein Diener wird Erfolg haben«, ja »die Sache Jhwhs wird Erfolg haben durch ihn«! Nicht nur wird der Diener Jhwhs rehabilitiert (»Bei Frevlern gab man ihm sein Grab, obwohl kein Trug in seinem Mund war«). Seinem Sterben wird vielmehr ein Sinn gegeben als integralem Bestandteil von Gottes Plan (»Jhwh ließ ihn unser aller Schuld treffen«). Und darüber hinaus wird Jhwh seinen Knecht erhöhen, ihm Leben schenken.

Welche Beziehung besteht nun zwischen dem Knecht Gottes der vier Gedichte und dem restlichen Deuterojesaja-Buch?

Manche Formulierungen weisen eine frappierende Ähnlichkeit auf: So ist sowohl in 42,1 als auch in 44,3 davon die Rede, dass Gottes Geist auf den Knecht bzw. seine Nachkommen kommt. Und die Hoffnung des von Feinden bedrängten Dieners ist in beiden Zusammenhängen auf Jhwhs Beistand (41,14; 50,7.9) und Gerechtigkeit gerichtet bzw. darauf, dass ihm zum Recht verholfen wird (41,10; 50,8). So könnte man mit einer gewissen Plausibilität auch den Knecht Jhwhs der vier Gedichte mit Israel identifizieren, wie dies im Übrigen die griechische Übersetzung der hebräischen Bibel – die sog. Septuaginta – in DtJes 42,1 auch tut. Israel bringt, gerade auch durch die Verbannung nach Babylon, Gottes Recht und Weisung, seine Mischpath und Torah, zu den Völkern. Doch gibt es auch Textsignale, die bei aller engen Verbindung eine Unterscheidung nahelegen. Der Gottesknecht des zweiten Gedichts, der als »Israel« angeredet wird (49,3), hat ja nicht zuletzt die Aufgabe, Israel zu Jhwh zurückzubringen (V. 5f), und er ist es wohl, der Gottes Umkehrruf an Israel (44,22) artikuliert! Sodann lässt die Rede von den »Müden«, unter denen der Diener laut dem dritten Gedicht ermutigend wirkt (50,4), die Vermutung zu, dass es sich bei diesen (auch) um die Resignierten Israels handelt, denen der Zuspruch gilt: »Die auf Jhwh vertrauen, bekommen neue Kraft« (40,27–31). Zuletzt: Während im vierten Gedicht herausgestellt wird, dass der Knecht, obschon er von Gott geschlagen wurde, weder Unrecht getan hat, noch Trug aus seinem Mund gekommen ist, spricht DtJes 42,24f; 43,22–28 unmissverständlich davon, dass Israels Sünde den Zorn Jhwhs heraufbeschworen hat. Die Relation der ›beiden‹ Knechte Jhwhs – Israel und sein Prophet, der es verkörpert und zu seinem Dienst allererst ruft und befähigt – genauer zu klären: dazu kann das vierte Gottesknechtsgedicht beitragen.

2. Aufbau und theologische Schlüsselaussagen von Jesaja 53

Das vierte Gedicht vom Gottesknecht ist gerahmt durch Reden Jhwhs (»mein Knecht«, 52,13–15; 53,11b–12) und bietet in seinem Mittelteil eine Reflexion über das Geschick des Knechts und dessen Interpretation durch eine Gruppe (»wir«/»uns«, 53,1–

11a).² Alle drei Stücke sind jeweils zweigeteilt. In den Jhwh-Orakeln wird der im dritten Gedicht infrage gestellte Erfolg des Knechts – nämlich seines Auftrags aus DtJes 42,1ff – als zukünftig gewiss proklamiert und gerade durch sein schmachvolles Geschick begründet, als Unschuldiger zu den Frevlern gerechnet worden zu sein. Zugleich wird ein Umschwung in der Interpretation des Leidens des Gottesknechts prophezeit:

52,13	Siehe mein Knecht wird Erfolg haben,
	wird hoch und erhaben und sehr groß sein.
14b	So wie viele sich über ›ihn‹ entsetzten
	– so entstellt, nicht menschlich war sein Aussehen
	und seine Gestalt von der von Menschen verschieden –,
15b	so werden viele Völker ›sich erregen‹,
	über ihm werden Könige den Mund verschließen;
	denn was ihnen nie gesagt wurde, haben sie gesehen [werden sie gesehen haben],
	und was sie nie hörten, haben sie vernommen [werden sie vernommen haben].
53,11b	›Gerecht macht‹ mein Knecht die Vielen,
	und ihre Sünden – er schleppt sie.
12b	Darum geb' ich ihm Anteil unter den Vielen,
	und mit Zahlreichen wird er Beute teilen
	dafür, dass er sein Leben dem Tod preisgegeben hat
	und zu den Frevlern gerechnet wurde.
	Er aber trug die Schuld der Vielen
	und trat für die Frevler ein.

Die zukünftige Sinneswandlung der »Vielen« angesichts der unglaublichen Erkenntnis, dass das Handeln Jhwhs sich gerade

---

² Der von den Masoreten überlieferte hebräische Text ist an mehreren, zum Teil inhaltlich gewichtigen Stellen schwer zu deuten. Dies hat Forscher dazu bewogen, Korrekturen – zum Teil unter Zuhilfenahme der Septuaginta – vorzunehmen. Ich stütze mich im Folgenden auf die Übersetzung und Gliederung durch H.-J. Hermisson, Gottesknechtslied (s. Anm. 1), 6–9 und, an wenigen Stellen (53,5a: »wegen«; 53,10a: »Schuldtilgung«), durch B. Janowski, Sünden (s. Anm. 1), 39f. Dabei werden strittige Stellen in einfache Anführungszeichen gesetzt. Die kursiv hervorgehobenen Worte sind (zumeist) meine eigenen Betonungen.

an dem nach dem Augenschein gescheiterten Knecht offenbart hat (53,1: »Wer kann das glauben, was uns [jetzt] kund ward!, und der Arm Jhwhs, über was für einem hat er sich enthüllt?«), wird wiederum, in Anlehnung an 52,14f, im Wechsel von einstigem Urteil und jetzigem Erkennen dargestellt. Ausgangspunkt ist der sog. Tun-Ergehen-Zusammenhang, nach welchem das Leiden und Sterben des Dieners wie ein Frevler (53,9a) auf dessen Schuld zurückgeführt und sein Geschick folgerichtig als Strafe Gottes interpretiert werden kann (53,4b). Dieser quasi logische Konnex wird durchbrochen durch das Bekenntnis der Vielen zur eigenen Schuld (53,5a.6a) einerseits wie auch durch die Erkenntnis der Unschuld des Einen andererseits (53,9b).

53,2b ...

3b Verachtet und verlassen von Menschen,
    ein Mann der Schmerzen, mit Krankheit vertraut;
    wie einer, vor dem man das Gesicht verhüllt,
    war er verachtet, wir achteten ihn nicht.

4b Wir ... achteten ihn für einen Getroffenen,
    einen von Gott Geschlagenen und Gebeugten.

4a Fürwahr, unsere Krankheiten – er trug sie,
    und unsere Schmerzen – ›er‹ schleppte sie.

5a Er ... war durchbohrt wegen unserer Frevel,
    zerschlagen wegen unserer Sünden;
    Züchtigung zu unserem Heil lag auf ihm,
    und durch seine Striemen ward uns Heilung.

6a Wir alle irrten umher wie Schafe,
    ein jeder kümmerte sich um seinen Weg.
    Aber Jhwh ließ ihn treffen
    unser aller Sünde.

8b Denn er wurde abgeschnitten vom Land der Lebenden,
    wegen des Frevels ›seines‹ Volks ›wurde er geschlagen zum Tode‹.

9a Und man gab bei Frevlern sein Grab
    und bei ›Übeltätern‹ ›seine Grabstätte‹,
    obwohl er kein Unrecht getan
    und in seinem Munde kein Trug war.

Das Schuldeingeständnis der Vielen und die Erkenntnis des unschuldigen Leidens des Einen wie ein Frevler nun führt allerdings nicht allein auf die neue Sinngebung eines ansonsten absurden Leidens als stellvertretende Übernahme der Folgen der Sünden anderer. Hinzu kommt notwendig der Anspruch dieses Einen, von Gott als Diener erwählt, eingesetzt und beauftragt worden zu sein, Gottes Recht und Weisung unter den Völkern aufzurichten (vgl. 42,1ff). So kann dessen Geschick nicht bloß, wie in DtJes 50,4–9, als Konsequenz seines demütigen, stillen Wirkens, sondern als konstitutiver Bestandteil von Gottes Plan gedeutet werden. Und es ist das Orakel Jhwhs vom durchgreifenden Erfolg seines Dieners, welches diese Erkenntnis überhaupt erst anstößt. Der von Gott geplante Akt der Stellvertretung, in 53,10a hebräisch als *ašam* bezeichnet, ist dabei wohl nicht im Sinne eines kultischen Schuldopfers (vgl. Lev 5,14–26) oder Sühnerituals (vgl. Lev 16,10.20–22) zu verstehen. Der Textzusammenhang ist von Kultterminologie frei, und es geht gerade nicht um das Eliminieren bzw. Wegtragen, sondern um das Aushalten bzw. Ertragen von Schuld anderer, um Ersatzleistung zur Kompensierung von Schuld (vgl. Gen 26,10; 1Sam 6,3f8.17). Der trotz eigener Gerechtigkeit und Wahrhaftigkeit wie ein Frevler sterbende Knecht Jhwhs übernimmt die Konsequenzen des fremden Tun-Ergehens-Zusammenhangs der Vielen, die in ihrer Gottvergessenheit schuldig geworden sind. Dieser unerhörte Plan zum Heil der Vielen muss nun aber über das Sterben des Knechts hinausgehend zum Gelingen kommen. Ganz im Sinne des Tun-Ergehens-Zusammenhangs nämlich soll ja die Gcrechtigkeit des Jhwh-Knechts zum Leben führen. Die Zukunftsperspektive der noch ausstehenden Erhöhung des Gottesknechts und der Vollendung des göttlichen Auftrags bzw. Plans bleibt also erhalten.

53,10 Aber Jhwh, dessen Plan es war, ihn zu schlagen, ›heilte den, der‹ sein Leben als Ersatzleistung zur Schuldtilgung [hebr. *ašam*] ›einsetzte‹.
Er wird Nachkommen sehen, lange leben,
und der Plan Jhwhs wird durch ihn gelingen.

Wer nun ist mit den »Vielen« aus der Rahmung DtJes 52,14a und 53,11b.12ac gemeint? Im unmittelbaren Zusammenhang des vierten Gedichts vom Knecht Jhwhs sind es ja die »Völker« und ihre »Könige«, die zu einem Sinneswandel in ihrer Beurteilung des Geschicks dieses Dieners Gottes kommen (52,15a). Andererseits lässt sich Israels Leiden in Form der Verschleppung aus dem Land der Verheißung durch die Babylonier im Gesamtzusammenhang der Botschaft Deuterojesajas schwerlich als stellvertretende Ersatzleistung zugunsten der Völker deuten, wird das Exil doch ausdrücklich als Strafe Gottes für die Gottvergessenheit Israels interpretiert (DtJes 42,24f; 43,22–28). Plausibel ist es indessen, im Knecht Jhwhs aus Jes 53 einen einzelnen Repräsentanten Israels zu sehen, dessen stellvertretende Ersatzleistung Israel aus seinem verhängnisvollen Zusammenhang von Vergehen und Ergehen (aus)löst und die Voraussetzung dafür bildet, dass Gott die Sünden seines Volks tilgt, ihrer nicht mehr gedenkt und sie wegwischt (DtJes 43,25; 44,22). Als Repräsentant des Jhwh-Dieners Israel, durch dessen Leiden, Tod und Erhöhung Jhwh seinem Volk Vergebung und eine Zukunft verheißt und gewährt und sie zu sich zurück- und aus der Verbannung führt, richtet dieser einzelne Jhwh-Diener nun auch unter den Völkern Gottes Recht und Weisung auf und wird gemäß seinem Auftrag zum Licht für die Völker, damit Gottes Heil bis ans Ende der Erde reicht (DtJes 49,1ff).

3. Jhwhs Diener: Historische oder poetische Figur?

Unsere bisherige Auslegung hat das Geschick des Jhwh-Knechts des Gedichtzyklus eng mit der Verkündigung des Deuterojesaja-Buchs verwoben. Andererseits lässt die poetische Sprache, die bis hinein in die Rede vom schmachvollen Sterben reicht und Analogien in Klageliedern des Einzelnen findet (vgl. Ps 6; 88), kaum Rückschlüsse auf ein historisch greifbares Geschehen zu. Und auch die weitere Fortschreibung der Botschaft Deuterojesajas, wie sie uns in der sog. tritojesajanischen Sammlung von Jes 56–66 entgegentritt, gibt keine weiteren Hinweise auf das Geschick jenes namenlosen Propheten, obschon auch hier Einer auftritt als durch Gottes Geist ermächtigter Herold des jesajanischen Friedensreichs und der deuterojesajanischen Königsherrschaft Gottes (TrJes 61,1ff; vgl. Jes 11,2ff; 35,1ff; DtJes 52,7ff).

In das Bild vom stellvertretend leidenden Diener Jhwhs des (dritten und) vierten Gedichts ist sicherlich die Erfahrung prophetischen Leidens eingeflossen, wie sie insbesondere in den sog. Bekenntnissen Jeremias (Jer 11,18–12,6; 15,10–21; 17,4–18; 18,18–23; 20,7–18) artikuliert wird. Man könnte auch an Jeremias unbekannteren Zeitgenossen Uria denken, von dem berichtet wird, dass er aufgrund seiner Unheilsbotschaft getötet wurde und sein Grab beim niedrigen Volk fand (Jer 26,20–23). Zugleich ist verwiesen auf das prophetische Amt, vor Gott fürbittend für Israel einzutreten (vgl. Jer 15,1), das in der Person des Mose in Ex 32,30–35 zudem zugespitzt wird auf das Angebot der stellvertretenden Sühneleistung, was aber ausdrücklich von Gott verworfen wird. Schließlich besteht eine gewisse Analogie zu Ezechiel, der in einer langwierigen, unerträglichen Zeichenhandlung die Schuld des Hauses Israel und des Hauses Juda tragen soll (Ez 4,4–6); dass aus dieser Zeichenhandlung nun aber für das Volk die unheilvolle Konsequenz ihre Unglaubens abgewendet sei, sagt der Text gerade nicht.

Somit liegt mit der Deutung des Geschicks des Jhwh-Knechts als stellvertretende Ersatzleistung zur Schuldtilgung für die Vielen nach dem Plan Jhwhs im sog. vierten Gedicht vom Gottesknecht ein ganz eigentümlicher, ja einzigartiger Sachverhalt in der hebräischen Bibel vor. Und gerade die poetische Unbestimmtheit, das Changieren zwischen individueller, kollektiver und repräsentativer Füllung der Gottesknechtsgestalt scheint bewusst gezeichnet zu sein. So wird dieser konkrete Diener Jhwhs zu einer Symbolgestalt, die zu immer neuer Identifikation einlädt.

II. Zur Rezeption von Jes 53 im Frühjudentum vorneutestamentlicher Zeit

Fragen wir nach der Wirkungsgeschichte von Jes 53, so können wir nicht davon ausgehen, dass für das Frühjudentum oder auch für die frühe Christenheit Jes 52,13–53,12 als in sich geschlossene Einheit oder gar als letztes Stück eines Gedichtzyklus – zumal als von einem Exilspropheten verantwortet – aufgefasst wurde. Vielmehr weist vieles darauf hin (so Sir 48,22–25), dass das gesamte Jesajabuch als Botschaft des Südreich-Propheten aus dem 8. Jh. gelesen wurde. Zudem müssen wir damit rechnen, dass zur damaligen Zeit ein in den Heiligen Schriften Unterwiesener

»gerade nicht auf das ›banale‹ Zitat angewiesen« war, »um einen Zusammenhang zu erkennen; ihm genügte eine kleine Anspielung, und er liebte das teppichartige bunte ›Gewebe‹ von andeutenden Verweisen aus verschiedenen Texten [...]. Man wird daher aus einer gewissen Häufung von Anspielungen auch auf eine bewußte Auslegung eines Textes zurückschließen dürfen«[3].

In unserem Zusammenhang werden wir zunächst neuere Textfassungen von Jes 53 in den Blick nehmen, bevor einige wenige Texte angezeigt werden, in denen möglicherweise Anspielungen zur Sprache kommen.

1. Textfassungen im hellenistischen und im palästinischen Judentum

Bestimmte Eigenheiten der griechischen Übersetzung des Jesaja-Buchs, die wir in der Septuaginta finden, lassen auf eine Herstellung zur Mitte des 2. Jh. v.Chr. im ägyptischen Judentum schließen (Jes 19,16–26; 23,10 LXX). Offenkundig deutete der Übersetzer Ereignisse seiner Gegenwart als Erfüllung jesajanischer Prophetien. Vor diesem Hintergrund ist die Fassung von Jes 53 in Augenschein zu nehmen, auch wenn nicht klar ist, an welchen Stellen der Übersetzer auf eine von der masoretischen Überlieferung verschiedenen hebräischen Text zurückgreift und wo er den ihm vorliegenden Text einer eigenen Interpretation unterzieht.

---

[3] So M. Hengel, Zur Wirkungsgeschichte von Jes 53 in vorchristlicher Zeit, in: Janowski/Stuhlmacher, Gottesknecht (s. Anm. 1), 49–91: 52f. Wenn wir für die folgenden Ausführungen Hengels Darstellung auch einiges verdanken, so muss man Hengels eigenes Forschungsinteresse in Rechnung stellen: nämlich zu »erklären, daß wohl schon Jesus selbst und dann seine Jünger nach Ostern voraussetzen konnten, daß ihre Botschaft vom stellvertretenden Sühnetod des Messias (1Kor 15,3f) unter ihren jüdischen Volksgenossen verstanden würde« (91).

Wie schon zu Jes 42,1ff angedeutet, verstärkt die Septuaginta eine durchgehende Deutung des Dieners des Herrn (gr. *pais kyriou*) auf Israel. Die griechischen Begriffe, mit denen in Jes 52,13 die Erhöhung des Gottesknechts ausgesagt werden (*hypsoumai, doxazomai*), verbinden den Vers mit der eigenwilligen Übertragung von Jes 4,2(f), wo von der Verherrlichung (*hypsoō, doxazō*) der übrig gebliebenen Heiligen Israels die Rede ist (vgl. Dan 12,2f). Wenn nun im Eingangsorakel Jes 52,13–15 vom Entsetzen der Vielen die Rede ist, so bezieht sich dies nicht, wie im hebräischen Text, auf die geschundene, entstellte Gestalt des Knechts, sondern auf die zukünftige – möglicherweise bereits anbrechende – Verherrlichung dessen, den sie für keiner Ehre würdig gehalten haben; der Text wird so zur Gerichtsansage an die Völker und ihre Könige. Dieser Gerichtsaspekt wird verstärkt durch die gegenüber dem Hebräischen veränderte Aussage und Logik aus Jes 53,9, Gott werde die Bösen und Reichen anstelle des Grabes und Todes seines Dieners ihm zum Gericht übergeben, da dieser selbst kein Unrecht getan habe und kein Trug aus seinem Mund gekommen sei. Und es werden, wiederum gegen die hebräische Fassung, nur diejenigen an der herrlichen Zukunft des Dieners Anteil erhalten, die für ihre Vergehen ein Sündopfer – gr. *peri hamartian* für hebr. *ašam*, nun wohl von Lev 4f; 16 her im Sinne eines kultischen Ritus verstanden – darbringen (53,10); nur so wird der durch seine Erhöhung Gerechtfertigte – wiederum eine inhaltliche Verschiebung gegenüber dem Grundtext, der davon spricht, dass der eine Knecht die Vielen gerecht macht – den Vielen gut dienen, deren Sünden er trägt (53,11).

Hier ist offensichtlich gegenüber dem hebräischen Text der Aspekt der stellvertretenden Schuldtilgung durch die Ersatzleistung dessen, der als Frevlern zugerechneter Unschuldiger stirbt, deutlich abgeschwächt. Gleichwohl behält die Septuaginta in einer Vielzahl von Formulierungen das Schuldbekenntnis der Wir bei, dass der Knecht des Herrn, der selbst »keine Gesetzlosigkeit getan hat« (53,9), »unsere Sünden trägt und um unseretwillen (gr. *peri hēmon*) Schmerzen erleidet« (53,4, vgl. V. 12), »aufgrund (gr. *dia*) unserer Gesetzlosigkeit verwundet und wegen (gr. *dia*) unserer Sünden krank ist« (53,5); dass er »vom Herrn aufgrund unserer Sünden [Dativ der Ursache] dahingegeben wurde« (53,6, vgl. V. 12), »anstelle (gr. *anti*) der Vielen seine Seele in den Tod gegeben hat und sich unter die Gesetzlosen rechnen ließ« (53,12). Auch wenn nicht mehr davon die Rede ist, dass die Sünder durch das stellvertretende Sterben des Einen gerecht gemacht sind – so 53,11 im hebräischen Wortlaut –, so sind es doch auch hier nach 53,5 die Striemen des Knechts, aufgrund deren den Sündern Heilung zuteil wird. Allerdings ist diesbezüglich nicht mehr von Gottes verborgenem Plan die Rede. Das betonte Wollen des Herrn (53,10f) bezieht sich allein auf die Reinigung von der Plage, auf die Rechtfertigung und Erhöhung des unschuldig leidenden Gerechten.

Will man nun, entsprechend der aktualisierenden Wahrnehmung des griechischen Übersetzers, Jes 53 LXX auf eine bestimmte zeitgenössische Person als Repräsentant des übrig gebliebenen heiligen Rests Israels deuten, so könnte der letzte legitime zadokidische Priester Onias III. im Blick sein, von dessen Martyrium das 2. Makkabäerbuch (2Makk 4) berichtet und der nach 2Makk 15,11b–16 dem Judas Makkabäus in einer Traumvision in verherrlichter Gestalt neben Jeremia fürbittend für das jüdische Volk erschienen sei. Doch solches muss im Bereich der Spekulation verbleiben.

Eine der in Qumran gefundenen (hebräischen) Jesaja-Rollen – nämlich die wohl ebenfalls um die Mitte des 2. Jh. v.Chr. entstandene Rolle A – weist gegenüber dem masoretisch überlieferten Text charakteristische Eigenheiten auf. So ist in Jes 52,14b davon die Rede, dass allein der Knecht Jhwhs von Gott gesalbt wurde. Außerdem wird in Jes 53,10 neben V. 5 nochmals vom Durchbohrtwerden gesprochen. Ob hier eine Verbindung zu Dan 9,26 (Vernichtung des Gesalbten) und zu Sach 12,10 (Klage über den Durchbohrten) besteht, ist allerdings nicht eindeutig zu klären.

Schließlich muss noch auf eine aramäische, ebenfalls aktualisierend interpretierende Übersetzung von Jes 53 eingegangen werden – den sog. Targum Jonathan.[4] Auch wenn der gesamte

---

[4] Siehe bes. J. Ådna, Der Gottesknecht als triumphierender und interzessorischer Messias. Die Rezeption von Jes 53 im Targum Jonathan untersucht mit besonderer Berücksichtigung des Messiasbildes, in: Janowski/Stuhlmacher, Gottesknecht (s. Anm. 1), 129–158.

Prophetentargum Jonathan erst aus dem 3. oder 4. Jh. n.Chr. stammt, scheint eine zeitliche Ansetzung der Übersetzung von Jes 53 kurz vor dem Bar-Kochba-Aufstand 132–135 n.Chr. einige Plausibilität beanspruchen zu können. Zudem ist es alles andere als ausgemacht, dass der Targum nur vor dem Hintergrund der christlichen Interpretation von Jes 53 auf Tod und Auferweckung Jesu von Nazareth hin als antichristliche Polemik sinnvoll gedeutet werden kann. Charakteristisch ist für TJon zu Jes 53, dass gleich zu Beginn des ersten Jhwh-Orakels der Gottesknecht als Messias gedeutet wird (»Siehe, es wird meinem Knecht, dem Messias gelingen«). Dieser Bezug kann über die Rede vom messianischen »Spross« aus Jes 4,2 – der Zusammenhang von Jes 52,13 und 4,2 legte sich ja bereits, wenn auch charakteristisch anders, für die Septuaginta nahe –, möglicherweise von Jer 23,5 (»gerechter Spross für David« –»eschatologischer König«) und Sach 3,8 (»mein Knecht« – »Spross«) aus, hergestellt worden sein. Doch ist es nun im Targum nicht der messianische Jhwh-Knecht, der entstellt und verachtet ist, der leidet und von Gott bestraft wird, ja als verstoßen gilt, sondern Israel (TJon zu Jes 52,14; 53,3.4.8). Es ist auch nicht der Gottesknecht, der wie ein Schaf zur Schlachtbank geführt wird, sondern die Völker, über die die Schuld Israels kommen wird, wenn das Königtum des Messias Gericht über die Völker bringt (TJon zu Jes 53,7–9). Dass Israel in die Zerstreuung gehen musste und den Verlust des Heiligtums zu beklagen hat, wird als göttliche Strafe anerkannt und bekannt. Der Fürbitte des Messias wird es zu verdanken sein, dass Gott Israel bzw. den umkehrenden Rest läutert, von Schuld reinigt und seine Sünden vergibt (TJon zu Jes 53,4.6.11). Außerdem soll durch den Messias der Tempel wieder aufgebaut werden (TJon zu Jes 53,5). Diese interpretierende Übersetzung von Jes 53 durch den Targumisten, so eigenwillig sie angesichts des masoretischen Texts wie auch der Septuagintafassung erscheint, liegt doch ganz im Duktus der Botschaft Deuterojesajas und versucht wohl, der textlichen Schwierigkeiten so Herr zu werden.

2. Anklänge in frühjüdischen Texten

Deutliche Signale eines Rückgriffs auf Jes 53 bieten Passagen des auf griechisch verfassten Buchs der Weisheit Salomos, das wohl um die Zeitenwende in Alexandria in Auseinandersetzung mit der nichtjüdischen Umwelt und mit Apostaten der jüdischen Gemeinde entstanden ist. In Kapitel 2 sind es die Gottlosen und vom jüdischen Gesetz, in dem sie erzogen wurden, Abgefallenen, die eine Schmährede auf den Gerechten halten. Dieser nenne sich selbst einen Knecht des Herrn (gr. *pais kyriou*) und prahle, Gott sei sein Vater. Wenn der Gerechte wirklich Gottes Sohn (gr. *hyios theou*) ist, dann werde Gott sich seiner annehmen und ihn aus der Hand derer entreißen, die ihn zu einem ehrlosen Tod verurteilen wollen (Sap 2,13–20). Offenkundig ist hier deuterojesajanische Begrifflichkeit aufgenommen und das Bild des unschuldig einen schamvollen Tod Sterbenden nachgezeichnet. Mehr noch: Im Endgericht, wenn die Gerechten aus der Hand des Herrn ewiges Leben empfangen werden (Sap 5,15f), werden die Gottlosen sich entsetzen über die unerwartete Rettung des Gerechten (4,20–5,2) – wiederum ein Nachklang von Jes 53,13–15. Ähnlich wie in Jes 53,1–7 findet ein Sinneswandel statt. Im Erkennen, dass der von ihnen für ehrlos Gehaltene jetzt zu den Söhnen Gottes gerechnet wird und bei den Heiligen sein Erbteil hat, kommen sie zur Einsicht ihrer eigenen Schuld und Gottlosigkeit. Anders als in Jes 53 – sei es im Hebräischen oder aber in der Septuaginta-Version – mündet der Text in eine weisheitliche Sentenz über das Ende des Gottlosen im Unterschied zum Gerechten. An ein stellvertretendes Sterbens des Gerechten zur Schuldtilgung der Gottlosen ist nicht gedacht. Vielmehr wird nach Sap 4,16 der entschlafene Gerechte die Gottlosen verurteilen.

Aufgrund inhaltlicher Berührungen mit Jes 53, allerdings ohne direkte begriffliche Anknüpfung, muss auf die dramatisch ausgestaltete Märtyrererzählung aus 2Makk 7 eingegangen werden. Weil sie nicht entgegen dem göttlichen Gesetz Schweinefleisch essen wollen, nehmen sieben Brüder und ihre Mutter schwere Folter und schließlich den Tod auf sich. Dies tun sie im Vertrauen darauf, dass Gott sie, seine Diener – hier gr. *doulos* (nicht *pais*!) mit Bezug auf Dtn 32,36 –, aufgrund ihres Festhaltens an den Gesetzen bis in den Tod zum ewigen Leben auferwecken werde, während ihre Peiniger nur das Gericht Gottes und göttliche Strafe erwarte (7,9.14.36). Die Folterer glaubten zu Unrecht, dass Gott das jüdische Geschlecht verlassen habe (7,16). Vielmehr – und jetzt machen sich die in ihrem Glauben an Gott und in ihrer Gesetzestreue Gerechten die Schuld des Volkes zu eigen – sei das jetzige Leid der Juden die Straffolge ihrer Sünden (7,18.32). Die Brüder sterben mit dem Wunsch, mit ihrem Martyrium werde der Zorn des Allherrschers, der auf ihrem Geschlecht zu Recht liege, zum Stehen kommen (7,38). Und tatsächlich folgt in der weiteren Erzählung der von Judas Makkabäus angeführte Aufstand, dessen Erfolg damit begründet wird, dass der Zorn des Herrn sich in Erbarmen verkehrt habe (8,5). Man kann diese Erzählung plausibel vor dem Hintergrund von Jes 53 (sowie dem von Jes 53 möglicherweise beeinflussten Text Dan 12,2f) lesen und entdecken, wie in einer konkreten Märtyrersituation stellvertretendes Leiden und Sterben im Sinne der Übernahme von göttlicher Strafe für die Sünden des Volkes in aller Konsequenz gedacht werden kann, und zwar unter Beibehaltung der Hoffnung auf zukünftiges, eschatologisches, ewiges Leben. In 2Makk 7 bleibt der Aspekt des Leidens dezidiert Gerechter für die Schuldigen allerdings unterhalb der Textoberfläche.

Dass in bestimmten frühjüdischen Kreisen die Vorstellung eines solchen stellvertretenden Sterbens ausdrücklich lebendig war, zeigt das Buch der Testamente der zwölf Patriarchen, dessen Zusammenstellung und Redaktion als Gesamtwerk wohl in neutestamentliche Zeit fällt, das uns allerdings nur in christlicher Überarbeitung vorliegt. Für uns von Interesse ist eine Passage aus dem Testament Benjamins (TestBen 3,1–8), wo zur Nachahmung Josefs aufgerufen wird. Dieser habe seinen Vater Jakob gebeten, für seine Brüder zu bitten, dass Gott ihnen ihre Bosheit nicht als Sünde anrechnen solle. Daraufhin habe Jakob geweissagt, dass sich an Josef die himmlische Prophetie erfüllen solle, welche besagt: »Der Unschuldige wird für (gr. *hyper*) Gesetzlose befleckt werden, und der Sündlose wird für (gr. *hyper*) Gottlose sterben.« (TestBen 3,8) Sollte es sich hierbei nicht um eine christliche Einfügung handeln – und der hinzugefügte Hinweis auf das Lamm Gottes und den Heiland der Welt sind m.E. Indizien, dass dem christlichen Interpolator die ihm vorliegende jüdische Stelle nicht deutlich genug auf Christus hinwies –, so zeigt sich hierin ein Nachklang der für Jes 53 laut der hebräischen Fassung eigentümlichen Vorstellung der stellvertretenden Schuldtilgung, gepaart mit dem prophetischen Amt der Fürbitte für die Sünder.

III. Die Rezeption von Jes 53 in den Schriften des Neuen Testaments

Nochmals sei daran erinnert, dass es unterschiedliche Modi gibt, in denen ein Text wie Jes 53 im Neuen Testament aufgegriffen wird: das direkte Zitat oder aber Anspielungen. In Bezug auf Letztere ist bereits darauf hingewiesen worden, dass man auch mit einem Gewebe von Andeutungen aus verschiedenen Texten rechnen kann. Zugleich ist aber auch Vorsicht geboten: Nicht jede Anspielung impliziert zugleich, dass auch der gesamte ursprüngliche Textzusammenhang sozusagen zwischen den Zeilen mitschwingt. Hier ist der neue Kontext, in den die Anspielung oder das (Misch-)Zitat integriert wurde, maßgeblich für die Identifizierung des Inhalts, der durch den intertextuellen Verweis bezeichnet bzw. hervorgehoben werden soll. Außerdem gilt: Je subtiler die Anspielung ist, umso mehr ist sie auf Vorkenntnisse der Leserinnen und Hörer angewiesen. Und hier dürfte es insbesondere in den heidenchristlich geprägten Gemeinden, sosehr diese auch im Dunstkreis der Diaspora-Synagogen entstanden sein mögen, signifikante graduelle Unterschiede gegeben haben.[5]

---

[5] Vgl. zum Folgenden aus dem bereits genannten Sammelband Janowski/ Stuhlmacher, Gottesknecht (s. Anm. 1), die beiden Aufsätze: P. Stuhlmacher, Jes 53 in den Evangelien und in der Apostelgeschichte, 93–105; O. Hofius, Das vierte Gottesknechtslied in den Briefen des Neuen Testaments, 107–127; aus dem ebenfalls bereits genannten Sammelband Bellinger/Farmer, Jesus (s. Anm. 1), neben anderen vor allem die Beiträge: O. Betz, Jesus and Isaiah 53, 70–87; M.D. Hooker, Did the Use of Isaiah 53 to Interpret His Mission Begin with Jesus?, 88–103; schließlich M. Karrer, Jesus Christus im Neuen Testament (GNT), Göttingen 1998, 82f.

1. Direkte Zitate aus Jes 53

Folgt man den gängigen Einleitungswerken ins Neue Testament, so liegen mit dem Matthäusevangelium, der Apostelgeschichte und dem ersten Petrusbrief chronologisch relativ spät innerhalb des neutestamentlichen Schrifttums unmittelbare Zitate aus Jes 53 vor, nämlich erst im letzten Jahrzehnt des ersten Jahrhunderts.

Das Matthäusevangelium, das bekanntlich immer wieder auf sog. Erfüllungszitate vorzugsweise aus den Prophetenbüchern verweist, begründet die in einer Zusammenfassung geschilderte Exorzismus- und Heilungstätigkeit Jesu mit einem Wort aus dem Propheten Jesaja (Mt 8,16f): »Er nahm unsere (körperlichen) Schwächen (fort) und trug die Krankheiten« (Jes 53,4).

Dieses Zitat steht der hebräischen Fassung von Jes 53,4 wesentlich näher als die Septuagintaversion, die hier schon vom »Tragen unserer Sünden« spricht. Ob Matthäus hier bereits – wie dann später in Mt 12,17–21, wo Jes 42,1–4.9 in ganzer Länge zitiert wird – die Gestalt des Gottesknechts ins Spiel bringt, liegt im Ermessen des bzw. der jeweils den Text Auslegenden. Deutlich ist aber in jedem Fall, dass Matthäus die Heilungstätigkeit Jesu in den Zusammenhang seiner Botschaft von der nahen Königsherrschaft Gottes bringt, wie dies die Summarien Mt 4,23f; 9,35 deutlich zeigen. Ein Indiz dafür, dass dabei die Logik von Jes 53,5 (»durch seine Striemen ward uns Heilung«), die in der hebräischen wie griechischen Textüberlieferung übereinstimmt, im Raum steht, liefert die dem Zitat von Jes 53,4 unmittelbar vorgeschaltete Erzählung der Heilung des Knechts eines römischen Hauptmanns (Mt 8,5ff), bei der als griechisches Verb nicht das bei Matthäus vornehmlich gebrauchte *therapeuō*, sondern vermutlich aus der Vorlage der Spruchquelle *iaomai* – wie Jes 53,5LXX – übernommen und verstärkt wird (Mt 8,8.13). In jedem Fall wirft das Zitat aus Jes 53,4 in Mt 8,17 die Frage auf, wie denn der Heilende die Krankheiten tragen kann. Damit ist eine Spur gelegt, die geradewegs in die Passion Jesu mit ihren Folterungs-, Verspottungs- und Kreuzigungsszenen (Mt 27,26. 27ff.32ff) führt, die wiederum erhebliche Anklänge an Sap 2 zeigt: »Anderen hat er geholfen, sich selbst vermag er nicht zu helfen« (Mt 27,42).[6]

Eindeutig auf die Frage nach der Identität dessen bezogen, der nach Jes 53 leidet, gibt sich Apg 8,30–35. Ein äthiopischer Eunuch, der – wohl als Sympathisant der dortigen Synagoge – nach Jerusalem gepilgert war, bittet den hellenistischen Christen Philippus, ihn zum Verstehen der Textstelle Jes 53,7b–8aLXX anzuleiten. Vom wem sage der Prophet aus, er sei wie Kleinvieh zur Schlachtbank geführt worden und wie ein Schaf vor seinem Scherer verstummt, durch seine Niedrigkeit sei sein Urteil aufgehoben und sein Leben von der Erde hinweggenommen worden: von sich selbst oder von einem anderen? Nach dem lukanischen Bericht beantwortet Philippus diese an ihn gerichtete Frage nicht durch eine direkte Identifikation mit Jesus. Vielmehr »begann er, von dieser Schriftstelle ausgehend, ihm (die gute Nachricht von) Jesus zu verkündigen« (Apg 8,35). Was diese Verkündigung beinhaltete, zumal angesichts der Tatsache, dass in dem zitierten Stück zwar vom Sterben eines Menschen die Rede ist, die Passagen, an denen das »um unserer Sünde willen« oder gar die stellvertretende Schuldtilgung artikuliert wird, gleichwohl fehlen, bleibt im unmittelbaren Erzählduktus offen. Zieht man allerdings den weiteren Kontext hinzu – und dies ist m.E. vom Verfasser beabsichtigt –, so wird deutlich, dass Lukas in Jes 53,7f einen Text sieht, der in einem Gewebe anderer Passagen aus den Prophetenbüchern (nach Lk 24,44–47 aus »Mose, den Propheten und den Psalmen«) vom Leiden des Gesalbten spricht (Apg 3,18). Dass der Verfasser des lukanischen Doppelwerks dabei durchaus den dramatischen Duktus von Jes 52,13–53,12 im Blick haben kann, erhellt Apg 3,13–15: Hier wird in

---

[6] An dieser Stelle sei die Bemerkung erlaubt, dass der vielfach Oscar-prämierte Monumentalfilm Ben Hur diesen matthäischen Zusammenhang beeindruckend umsetzt. Ben Hurs Mutter wird mit ihrer Tochter, die wie sie selbst an Lepra erkrankt ist, und Ben Hurs Verlobter Esther Zeugin des Kreuzwegs Jesu und reflektiert über den Anblick: »... als trüge er auf seinen Schultern mit diesem Kreuz die Schmerzen der Welt«. Und während Esther die beiden kranken Frauen in einen nahe gelegenen Wald bringt, bricht ein Gewitter los. Es folgen szenische Schnitte zwischen dem Gekreuzigten, dessen Hände denen von Grünewalds Gekreuzigtem am berühmten Isenheimer Altar frappierend ähneln, und den Frauen im Wald. Und während Jesus stirbt, bemerkt Esther, dass die beiden anderen Frauen von ihrer Lepra geheilt sind.

offensichtlicher Anlehnung an Jes 52,13 von der Verherrlichung (gr. *doxazō*) von Gottes Knecht (gr. *pais*) Jesus gesprochen. Damit nicht genug: Den Adressaten der in Apg 3,11ff aufgezeichneten Rede wird vorgeworfen, sie hätten den Heiligen und Gerechten verleugnet und statt seiner das Leben eines Mörders erbeten; Gott aber habe ihn von den Toten auferweckt. Ähnlich Apg 2,22–24, wo Jesu Leiden qualifiziert wird als das Leiden eines von Gott gesandten Mannes (vgl. Jes 42,1), der nach Gottes Ratschluss (vgl. Jes 53,10) in die Hände Gesetzloser zur Kreuzigung übergeben wurde und schließlich auferweckt und aus den Wehen des Todes befreit wurde (Apg 2,23). Frappierend ist bei alledem – und wir befinden uns bei dieser Kontextanalyse von Apg 8,32f bereits mitten im Bereich der intertextuellen Anspielungen (s.u. III.2.) –, dass zwar die Dramatik vom unschuldigen Sterben des von Gott gesandten Gerechten und seiner Erhöhung nach Gottes Ratschluss augenscheinlich im Licht von Jes 53 formuliert wurde, die dort angegebene Ursache (»aufgrund unserer Sünden«) hingegen lediglich zwischen den Zeilen hervorlugt und der Zweck dieses Leidens (»als Ersatzleistung zur stellvertretenden Schuldtilgung«) ganz ausgespart bleibt.

Dieser ausdrückliche Bezug ist nun im 1. Petrusbrief hergestellt. Zunächst wird 1 Petr 1,10f auf die Propheten verwiesen, welche Leiden (gr. pathēmata) und die darauf folgende Herrlichkeit (gr. *doxai*) auf Christus hin bezeugt hätten. Dass dabei nicht zuletzt an Jes 52,13–53,12 gedacht ist, zeigt die auf das Geschick Christi hin präzisierte bzw. kommentierende Zitierung einiger Verse aus Jes 53 in 1Petr 2,22–25. Im Zusammenhang ruft der Verfasser – ähnlich wie die in Sap 2; 5 und 2Makk 7 greifbare frühjüdische Tradition – dazu auf, ungerechtfertigtes Leiden als evangeliumsgemäße Berufung aufzufassen im Vertrauen auf die zukünftige Herrlichkeit und auf Gottes eschatologisches Gericht. Diese Berufung wird begründet mit dem Leiden Christi »für (gr. *hyper*) euch«, durch welche Christus ein Vermächtnis hinterlassen habe, in dessen Fußstapfen die Gemeinde folgen solle (1Petr 2,21):

1Petr	Ihm, der Sünde nicht getan hat,
2,22	in dessen Mund auch kein Trug gefunden wurde,
(Jes 53,9)	der, obwohl geschmäht, nicht zurück schmähte,
	der, obwohl leidend, nicht drohte,
	vielmehr der sich dem hingab, der gerecht richtet.

1Petr	Ihm, der unsere Sünden selbst trug
2,24	an seinem Leib ans Holz hinauf
(Jes	damit wir, die wir den Sünden abgeschieden sind,
53,4.12)	der Gerechtigkeit leben werden/sollen,
(Jes 53,5)	durch dessen Striemen ihr geheilt seid.

1Petr	Ihr wart nämlich wie Kleinvieh umherirrend,
2,25	aber nun seid ihr umgekehrt zum Hirten
(Jes 53,6)	und Aufseher unserer Seelen.

Das Tragen »unserer« Sünden einerseits und »eure« Heilung durch die Striemen andererseits werden also vom Kreuzesgeschehen Christi her interpretiert. Dies impliziert laut der in den Jesajatext verwobenen Kommentierung ein den Sünden Abscheiden derer, für die dies stellvertretend geschah, und das Eröffnen eines Lebens in Gerechtigkeit. Man erhält also den Eindruck, dass die Logik der Heilung durch stellvertretendes Tragen der Sünde nur dadurch plausibel wird, wenn diejenigen, für die Christus gelitten hat, nicht nur von der Stellvertretung profitieren, sondern selbst mit hineingenommen bzw. inkludiert sind; indem Christus unsere Sünden an seinem Leib trägt, sterben auch wir den Sünden ab. Damit sind Kernaussagen des vierten Gottesknechtsgedichts vom Christusgeschehen her weiter vertieft worden. Eine ähnliche Vorstellung, ebenfalls mit Jes 53 im Hintergrund, scheint in 1Petr 3,18 (vgl. 1Tim 3,16) vorzuliegen:

1Petr	Christus hat ein einziges Mal um der Sünden willen (gr. *peri*)
3,18	gelitten – der Gerechte für (gr. *hyper*) die Ungerechten –,
	damit er euch zu Gott hinführe.
	Er wurde zwar getötet im Fleisch,
	lebendig gemacht aber im Geist.

Wenn es allerdings darum geht, die Wirkung des Todes Jesu genauer zu fassen, so rekurriert der 1. Petrusbrief auf kultische Terminologie wie das Besprengen mit dem Blut Jesu Christi (1Petr 1,2; vgl. 1,19), was Anordnungen zur Sühne durch ein Schuldopfer widerspiegelt (vgl. Lev 5,9; 16,15–19). Dabei ist es durchaus möglich, dass hier das hebr. *ašam* aus Jes 53,10 – ähnlich der Septuaginta – in kultischem Sinne verstanden worden ist, auch wenn im kommentierenden Zitieren von Jes 53 in 1Petr 2,22–25 nicht davon die Rede ist. Belegen lässt sich das indes nicht.

2. Anspielungen

In den Ausführungen zum Matthäusevangelium, zur Apostelgeschichte und zum ersten Petrusbrief sind schon die Schwierigkeiten und Unsicherheiten deutlich zutage getreten, die die Suche nach Spuren, nach Sinn und Zweck der Aufnahme von Jes 53 in neutestamentlichen Texten begleiten. Dennoch können einige Beobachtungen hinsichtlich weiterer Anspielungen gemacht werden.

Deutlich klang in der Kommentierung von Jes 53 durch den Autor des ersten Petrusbriefs paulinische Tauftheologie und -ermahnung des 56 n.Chr. verfassten Römerbriefs nach. Dort – in Röm 6 – jedoch begegnet kein wirklicher Hinweis auf einen Rekurs auf das vierte Gedicht vom Gottesknecht. Eine offensichtliche Reminiszenz liegt hingegen in Röm 4,25 vor, einem Text, den Paulus wohl nicht selbst geprägt, sondern als urchristliche Lehrtradition übernommen hat. Dort wird Jesus als derjenige charakterisiert, »der [von Gott] dahingegeben wurde aufgrund (gr. *dia*) unserer Übertretungen und [von Gott] auferweckt wurde um unserer Rechtfertigung willen (gr. *dia*)«. Offenkundig werden hier Formulierungen aus Jes 53 aufgenommen: die Dahingabe aufgrund unserer Sünden aus Jes 53,6.12 LXX sowie, nun zum Vordersatz parallel konstruiert, das Gerecht-gemacht-Werden nach der hebräischen Fassung von Jes 53,11. Ob man allerdings einen signifikanten Einfluss von Jes 53 auf das ebenfalls von Paulus aufgenommene Traditionsstück 1Kor 15,3b–5 ausmachen kann, ist für mein Dafürhalten eher fraglich. Hier ist zwar vom Sterben Christi für (gr. *hyper*) unsere Sünden und seinem Auferweckt-Werden die Rede, und zwar ausdrücklich »gemäß den (heiligen) Schriften«. Jedoch wird dies nicht weiter spezifiziert. Außerdem ist, anders als in Jes 53 LXX, von dem Sterben »für« (gr. *hyper*), nicht »aufgrund, wegen« (gr. *dia*) die Rede. Dies allein ist zwar kein hinreichendes Argument gegen Jes 53 als Hintergrund, wie TestBen 3,8 lehrt. Doch werden dort zusätzlich, wie im Übrigen auch in 1Petr 3,18, ausdrücklich der Gerechte, der stirbt, und die Sünder bzw. Gottlosen, für (gr. *hyper*) die er stirbt, einander gegenübergestellt.

Solches liegt bedingt in Röm 5,6–8 (»als wir noch Sünder waren, starb Christus für uns Gottlose«), sicher aber in 2Kor 5,19b.21 vor: »Gott [...] rechnete ihnen ihre Übertretungen nicht zu. [...] Den, der Sünde nicht kannte, hat er [Gott] für (gr. *hyper*) uns zur Sünde gemacht, damit wir würden Gerechtigkeit Gottes in ihm.« Ist dem so, dann hat Paulus die ihm vorgegebene Lehre der Apostel vom Sterben Jesu »für uns« bzw. »für unsere Sünden« – ähnlich übrigens auch in den Abendmahlstexten 1Kor 11,24; Lk 22,19f; Mk 14,24; Mt 26,28 – von Jes 53 her nochmals pointiert zugespitzt. Dass die Interpretation des Jesajatexts allein für die urchristliche Formel vom Sterben Jesu »für uns« verantwortlich zeichnet, wird man schwerlich plausibel machen können.

Anders steht es nach meinem Ermessen mit Mk 10,45b: In der Formulierung, der Menschensohn sei gekommen, »seine Seele zu geben als ein Lösegeld für (gr. *anti*) viele«, scheint eine Zitatkombination von Jes 43,3 (»Ägypten habe ich [Gott] als Lösegeld für dich gegeben«) einerseits und Jes 53,6.12 LXX (»Der Herr gab ihn für unsere Sünden«, »er [der Knecht] wird die Vielen als Erbbesitz erhalten, für [gr. *anti*] die seine Seele in den Tod gegeben wurde«) andererseits vorzuliegen. Ein dieses Logion aufnehmender später Text wie 1Tim 2,6 zeigt, dass die Anspielung auf Jes 53 wohl nicht mehr erkannt, vielmehr eingeebnet wurde, so dass das »für uns« nicht mehr mit der griechischen Präposition *anti*, sondern mit dem gängigeren *hyper* wiedergegeben wurde. Gerade die eigenartige Formulierung zum Sterben Jesu »für uns« mit *anti* in Mk 10,45 lässt sich nicht aus der nachösterlichen urchristlichen Tradition, die bevorzugt mit *hyper* konstruiert, ableiten. Dies könnte ein Indiz dafür sein, dass bereits Jesus selbst seinen bevorstehenden Leidensweg im Licht unter anderem von Jes 53 gesehen hat. Doch dies ist, darauf muss hingewiesen werden, in der Forschung höchst umstritten. In jedem Fall ist es auch nach Aussage der Evangelien erst nach Ostern im Licht der Wirklichkeit der Auferweckung Jesu von den Toten zu einer neuen Erschließung der Schriften Israels gekommen (Lk 24,25–27.44–47; vgl. Joh 14,16f; 15,26; 16,13).

Abschließend sei noch auf eine von Paulus verwendeten urchristliche Tradition zu Jesu Kreuzestod eingegangen, die nicht die Formel vom Sterben Christi »für uns« verwendet und für die neben anderen Motiven auch Jes 52,13–53,12 den Hintergrund bilden könnte: der sog. Philipperhymnus Phil 2,6–11. Hier werden die Selbsterniedrigung Christi und sein Gehorsam bis zum Tode am Kreuz gepriesen, der das Fundament bildet für seine Erhöhung über alles. Beide Begriffe, das Erniedrigen (gr. *tapeinoō, tapeinōsis*) wie auch das Erhöhen (gr. [*hyper*]*hypsoō*), finden sich im vierten Gedicht vom Knecht Gottes (vgl. auch Joh 3,14; 12,32.34).

Insgesamt ist es schwer zu beurteilen, ob sich auch da, wo keine terminologischen Anleihen bei Jes 53 genommen wurden, allein aufgrund des inhaltlichen Duktus auf Einflussnahme durch das Gedicht vom Knecht Jhwhs schließen lässt. Möglich ist eben auch, dass da, wo einmal Jes 53 als Schlüsseltext zur Erschließung des Kreuzes- und Auferweckungsgeschehens entdeckt wurde, plötzlich auch andere urchristliche Traditionsstücke wie etwa das Sterben Jesu »für uns« oder aber die Rede von Jesus als dem »Lamm Gottes, das die Sünden der Welt hinwegnimmt« (Joh 1,29) im Licht dieses Textes gelesen werden konnten.

IV. Welcher Knecht Jhwhs? Wessen Knecht Jhwhs?

So ist nun abschließend nach der Berechtigung zu fragen, mit der das Neue Testament Jes 53 auf das Geschick Jesu von Nazareth hin gedeutet hat.[7] Zunächst einmal sei darauf hingewiesen, dass das Neue Testament nirgends behauptet, Jesus sei der Gottes-

---

[7] Vgl. hierzu insbesondere M. Reiser, Drei Präfigurationen Jesu: Jesajas Gottesknecht, Platons Gerechter und der Gottessohn im Buch der Weisheit (2005), in: ders., Bibelkritik und Auslegung der Heiligen Schrift. Beiträge zur Geschichte der biblischen Exegese und Hermeneutik (WUNT 217), Tübingen 2007, 331–353.

knecht (Deutero-) Jesajas. Vielmehr ist es stehende Wendung, dass das Leiden, Sterben und Auferweckt-Werden Jesu von den Toten »gemäß den Schriften« (1Kor 15,3b–5) geschehen ist, dass die Heiligen Schriften Israels, sozusagen als Vor-Evangelium, »über« (gr. *peri* mit Genitiv, *epi* mit Akkusativ) Jesus reden (Röm 1,2f; Lk 24,27.44; Mk 9,12).[8] Im Blick ist dabei nicht eine einzelne Textpassage oder eine einzelne konzeptionelle Gestalt wie die des Gottesknechts. Vielmehr entdeckt die frühe Christenheit, nachdem der Auferstandene selbst ihnen dies erschlossen hat, in allen Teilen der Schriften – »im Gesetz des Mose genauso wie in den Propheten und Psalmen« (Lk 24,44) – Spuren, die es erlauben, dem Christusgeschehen einen Sinn zu geben, ja in ihm staunend einen göttlichen Plan wahrzunehmen – und eine dieser Spuren liegt eben in Jes 53. Und die Entdeckung solcher Spuren in der Biographie Jesu konnte auch nach und nach erfolgen, wie die Aufnahme von Jes 53,12 in Lk 22,37 im Unterschied zum markinischen und zum matthäischen Passionsbericht zeigt.

Für die Hermeneutik des hellenistischen Judentums zur neutestamentlichen Zeit lässt sich die Vorstellung nachweisen, dass der biblischen Erzählung über Personen der Vergangenheit wie etwa der Erzväter ein tieferer, allgemeinerer Sinn zugrunde liegen kann (z.B. Philo von Alexandrien, Abr. 119; Flavius Josephus, Ant. 1,24). Wie viel mehr eignete sich ein Text wie Jes 53, der sich aufgrund seines poetischen Charakters gerade nicht zur Interpretation auf eine einzelne Gestalt der Vergangenheit aufdrängte, zu einer vergegenwärtigenden Auslegung! Hinzu kommt nun aber noch die mehrfach verschränkte Zeitstruktur von Jes 52,13–53,12: Das Leiden und schmachvolle Sterben des Knechts Jhwhs liegt bereits zurück, seine durch Gott verheißene Erhöhung steht noch aus. Zugleich blicken die »wir« aus der Retrospektive zurück in eine Zeit, als sie das Leiden dieses Menschen noch fälschlich als verdient, weil selbst verschuldet betrachteten. Die eschatologische Erhöhung des bzw. der Leiden-

---

[8] Interessant und wichtig ist in diesem Zusammenhang auch die Einordnung der Person Johannes des Täufers: Während das Markusevangelium suggeriert, dass in ihm in geheimnisvoller Weise (nach Mal 3,24) Elija wiedergekommen sei (Mk 9,11–13), lässt das Johannesevangelium des Täufer dies explizit verneinen (Joh 1,21). Man vgl. auch die Selbstreflexion des Paulus in Gal 1,15f, die mit begrifflichen Anleihen an Jes 49,1 formuliert sind.

den bleibt in frühjüdischen Texten wie Sap 2; 5 und 2Makk 7 noch ausstehende Hoffnungsperspektive. Anders das Neue Testament: Fasziniert von demjenigen, der landauf, landab als Herold der nahenden Königsherrschaft Gottes auftrat und sie in seinem Handeln in geheimnisvoller, autoritativer Weise geradezu vergegenwärtigte, ja verkörperte; schockiert von seinem vermeintlichen Scheitern und irritiert fragend, ob dieses Ende wie ein Verbrecher nicht doch Rückschlüsse auf seine Gottesferne zuließ; sodann überwältigt durch die Erfahrung der Wirklichkeit der Auferweckung Jesu von den Toten, bot sich Jes 53 als Teil der Trostbotschaft des Jesajabuchs auf eigenartige Weise an, dies alles als Gottes Ratschluss staunend zu begreifen und zu artikulieren.

Dass eine solche vergegenwärtigende Art der Textauslegung gleichermaßen legitim ist wie die (früh-)jüdische – zumal sich das frühe Christentum zunächst als Teil der jüdischen Gemeinschaft verstand –, liegt auf der Hand und wird heute sogar von jüdischen Autoren zugestanden[9]. Dass ein Text auch gegen seine ursprüngliche Bedeutung als Ganzes staunend als Weissagung auf das Geschick Jesu hin gelesen werden kann, ließe sich sogar für ein Gedankenspiel Platons über die Folgen eines konsequent gerechten Lebens, das zwangsläufig zur Kreuzigung führen müsse (Platon, Resp. 2,361e), formulieren. Ob man schließlich mit dem Neuen Testament glaubend bekennt, dass schon die alten Schriften Israels vorgreifend über das Geschick Jesu reden, sein Geschick also dem Ratschluss des Gottes Israels entspricht, bleibt eine offene Kontroverse zwischen der christlichen und der jüdischen Gemeinschaft.[10]

---

[9] So M. Hilton, »Wie es sich christelt, so jüdelt es sich«. 2000 Jahre christlicher Einfluss auf das jüdische Leben. Mit einem Vorwort von Rabbiner Arthur Hertzberg (1994), Berlin 2000, 121–127.

[10] Man darf daran erinnern, dass eine Kontroverse um die korrekte Deutung von messianischen Weissagungen der Heiligen Schriften Israels auch für das Frühjudentum bezeugt ist, und zwar in einer politisch brisanten Situation: Der Priester, Feldherr und Geschichtsschreiber Josephus behauptet von sich selbst, dass er die Gabe besitzt, zweideutige Weissagungen der Schrift richtig auszudeuten. Dies demonstriert er im Zuge des jüdischen Krieges gegen die Römer 66–70 n.Chr. an einer messianischen Weissagung, wobei er jüdische militärische Hoffnungen zerschlägt: Von Vespasian und nicht von einem jüdischen Feldherrn sei gesagt, er werde über den bewohnten Erdkreis herrschen (Joseph., Bell. 3,352.401f; 4,312–315).

Christoph Bultmann

Hiob: Bild und Ton

I. Das alttestamentliche Hiobbuch

Das Buch Hiob ist die größte dialogische Dichtung des antiken Juda, die in der Hebräischen Bibel (dem Alten Testament) überliefert ist. Sein Autor gebraucht die drei Gestalten des Elifas von Teman (4,1), Bildad von Schuach (8,1) und Zofar von Naama (11,1) als Sprecher, die dem weisen Hiob in stilistisch ausgereiften Reden ein religiöses Lehrsystem vorhalten, dem dieser im Lichte seiner eigenen Erfahrung nicht mehr zustimmen kann. Dies bekundet Hiob seinerseits in vielgestaltigen, aspektreichen Reden. Auf den entsprechenden Zyklus kontroverser, lehrhafter und anklagender Ausführungen über eine gültige Deutung des menschlichen Lebens und der Wege Gottes mit Frevlern und Gerechten (Kap. 3–31) folgt eine weitere Entfaltung des von Hiob bestrittenen Lehrsystems durch Elihu, Sohn Berachels, aus einer Sippe Ram, der als ein »junger« Sprecher gegenüber Elifas, Bildad und Zofar seine Rolle durch einen noch höheren Grad an Überzeugtheit definiert, aber ohne Antwort bleibt (Kap. 32–37). Die Dichtung erreicht abschließend ihren Höhepunkt in einer Art Theophanie, in der der Autor Gott selbst als Sprecher »aus dem Sturm« auftreten und Hiob zu dem Bekenntnis bewegen lässt: »vom Hörensagen hatte ich von dir gehört, jetzt aber hat mein Auge dich gesehen«. Damit bringt er die Kontroverse über die Gotteserkenntnis des Menschen zu einem Ende (Kap. 38–42).[1]

Das Buch Hiob ist von Katharine Dell als ein Hauptwerk »skeptischer Literatur« beschrieben worden.[2] Innerhalb eines

---

[1] Soweit nicht anders angegeben, werden die biblischen Texte nach der Übersetzung der Zürcher Bibel in der Revision von 2007 zitiert.

[2] K. Dell, The Book of Job as Sceptical Literature, Berlin 1991; dies., Job: Sceptics, Philosophers and Tragedians, in: Das Buch Hiob und seine Interpretationen, hg. v. Th. Krüger u.a., Zürich 2007, 1–19.

religiösen Denkens, für das die Existenz Gottes nicht in Frage steht, wird nach Gerechtigkeit als einem verstehbaren Attribut Gottes gefragt. Die skeptische Position kommt darin zum Ausdruck, dass Gottes Gerechtigkeit in einer unüberwindlichen Spannung zur menschlichen Lebenserfahrung gesehen wird; diese – zumeist als Theodizeeproblem bezeichnete – Spannung wird von Hiob konsequent betont, während seine drei Dialogpartner (und sowieso der junge Elihu) die Wahrnehmung einer solchen Spannung zu einer Selbsttäuschung des Menschen erklären. Der Autor der Dichtung beherrscht souverän die konkurrierenden Denkmöglichkeiten und bringt sie in kunstvollen Sequenzen von Sentenzen zur Darstellung. Elifas, Bildad und Zofar erhalten etwa 200 Verse für die Entfaltung ihrer Position (Kap. 4–5, 8, 11, 15, 18, 20, 22, 25), während Hiob in etwa 500 Versen seine kritische, skeptische Stimme erhebt (in seinen Anteilen in Kap. 3–31 einschließlich der Eröffnungsrede mit der Verfluchung des Tages seiner Geburt in Kap. 3 und des selbständigen Liedes über die Weisheit in Kap. 28).

Ungeachtet ihrer Kontroverse über Gottes Gerechtigkeit als eine verstehbare Eigenschaft Gottes teilen alle Sprecher einen Konsens über die Erhabenheit und das Wirken Gottes. Neben den Erzählungen der Genesis (Gen 1–3) gehört das Hiobbuch zu den wichtigsten Grundtexten der Schöpfungstheologie in der Hebräischen Bibel. Nicht nur die abschließenden Gottesreden sind im wesentlichen Dichtungen über Gottes Schöpfungswerk (bes. Kap. 38–39, aber auch die Beschreibungen des Behemot in 40,15–24 und des Leviathan in 40,25–41,26), auch in den Reden Hiobs wird die Erschaffung der Welt und des Menschen als Ausgangspunkt für das religiöse Denken anerkannt (9,8–10; 10,8–12; 12,7–10; 26,7–13), und während die erste Rede des Elifas Gottes Macht über seine Schöpfung nur kurz anklingen lässt (5,8-11), weiß Elihu das Schöpfungsargument in großer Breite zu gebrauchen (33,4–6; 34,12–15; 35,10f; 37,14–18). Ein Konsens besteht zwischen den Sprechern auch darin, dass Gott nicht nur als Schöpfer am Ursprung der Welt und des Menschen gehandelt hat, sondern dass er in der Welt wirkt, sei es in den Phänomenen der Natur, sei es im Schicksal der Menschen. Umso nachdrücklicher stellt sich die Frage nach Gottes Gerechtigkeit.

Das Buch Hiob ist insofern ein literarisches Produkt des »weisheitlichen« Denkens im antiken Juda, als wiederum zwischen allen Sprechern ein Konsens darüber besteht, dass Menschen mit ihrem natürlichen Erkenntnisvermögen die Frage nach Gottes Gerechtigkeit und einer verstehbaren, gerechten Ordnung, in die sie sich mit ihrem Leben einfügen sollen, untersuchen können. Zwar kann punktuell eine Erweiterung der natürlichen Erkenntnis durch eine besondere Ahnung vorgestellt werden (so Elifas in 4,12–16; vgl. Elihu in 33,15–18), doch ist es das eigentliche Anliegen des »weisheitlichen« Denkens, eine verstehbare Ordnung der Welt in Lehrsätzen auszudrücken, die sich als eine verbindliche Orientierung für die Lebensführung und eine gültige Deutung von Lebenserfahrung bewähren, wenn sie nach vernünftigen Maßstäben kritisch diskutiert werden. So stellt Hiob in der charakteristischen Form bildlicher Rede die rhetorische Frage:

»Soll nicht das Ohr die Worte prüfen,
wie der Gaumen die Speise kostet?« (12,11),

um den durch langfristige Lebenserfahrung begründeten Anspruch auf Weisheit (hebr. *chokmah*, griech. *sophía*) angesichts seiner aktuellen Erfahrung von Leid in Frage zu stellen (12,12) – und sowieso im Hinblick auf Gottes Weisheit zu relativieren (12,13–16), ohne aber dadurch den eigenen Anspruch auf Erkenntnis aufzugeben (13,1–3).

Verstehbar soll in erster Linie eine Ordnung der Welt in der moralischen Dimension sein: Es gibt eine Unterscheidung zwischen gut und böse, und es gibt – so das traditionelle, auch pädagogisch gemeinte weisheitliche Postulat – einen Unterschied im Ergehen von Frevler und Gerechtem. Der Dichter der Dialoge über das kontroverse Verständnis einer solchen Ordnung stellt nicht die Unterscheidung zwischen gut und böse in Frage; auch hier herrscht wieder ein Konsens zwischen den Sprechern. Gegenstand ihrer Kontroverse ist dagegen der Zusammenhang von Tun und Ergehen, von Handeln und Erleiden, und während die Freunde die klassische Lehrmeinung über diesen Zusammenhang vertreten:

»Bedenke: Wann ist je ein Schuldloser umgekommen,
und wo wurden Aufrechte je vernichtet?« (4,7: Elifas) oder
»Verdreht denn Gott das Recht,
und Schaddai [Gott], verdreht er die Gerechtigkeit?« (8,3: Bildad),

bricht Hiob den traditionellen Konsens über diese Lehrmeinung auf, die er zwar bestens kennt:

»Auch ich könnte reden wie ihr,
wenn ihr an meiner Stelle wärt.
Ich könnte mit Worten gegen euch glänzen
und meinen Kopf über euch schütteln.« (16,14),

die er aber angesichts seiner Erfahrung nicht mehr als gültig gelten lassen kann:

»Seht, er [Gott] wird mich töten, nichts habe ich zu hoffen.
Doch meine Wege will ich vor ihm verteidigen. [...] –
Was sind meine Vergehen und Sünden?
Lass mich mein Verbrechen und meine Sünde wissen!« (13,15.23).[3]

Hiob wird zum Skeptiker, weil er keinen Grund hat, seine Gewissheit über seine Schuldlosigkeit aufzugeben:

»Er [Gott] aber kennt meinen Weg,
wenn er mich prüfte, wäre ich wie Gold.
Mein Fuß ist auf seiner Spur geblieben,
seinen Weg hielt ich ein und wich nicht ab.
Ich ließ nicht ab vom Gebot seiner Lippen,
die Worte seines Mundes bewahrte ich in meiner Brust.
Er aber hat es beschlossen, und wer könnte ihn umstimmen?
Und was er wollte, hat er getan.« (23,10–13; vgl. 27,6)

Bei der Debatte über Gottes Gerechtigkeit geht es also um Erfahrungen von unverdientem – und auch nicht funktionalisierbarem (vgl. 5,17: Elifas) – Leid, während bei allen Beteiligten der Gedanke einer für den Menschen verbindlichen moralischen Ordnung anerkannt bleibt. Eine solche Ordnung ist dort jeweils vorausgesetzt, wo vom »Frevler« und vom »Gerechten« die Rede ist; sie wird mehrfach an Beispielen verdeutlicht (22,5–9: Elifas; 24,1–4: Hiob) und in Hiobs Schlussrede umfassend vor-

---

[3] V. 23 in Anrede an Gott. – In der hebräischen Textüberlieferung ist in V. 15 aus »nichts kann ich hoffen« ein »auf ihn kann ich hoffen« geworden (Ketib-Qere). Vgl. zum Text D.J.A. Clines, Job 21–37, Nashville, TN, 2006, 312f.

gestellt (Kap. 31). Dabei ist es für das Hiobbuch charakteristisch, dass die Sprecher auf die Evidenz des moralisch Richtigen setzen und dass es keine Bezugnahmen auf eine besondere Gebotsoffenbarung Gottes etwa im Sinne der Torah des Mose gibt. Die »Spur« oder der »Weg« Gottes (23,11) sind Gegenstand eines weisheitlich geprägten moralphilosophischen Denkens.[4]

Die Frage nach Gottes Gerechtigkeit erhält im Hiobbuch keine Antwort. Es ist offenkundig, dass der Dichter Elifas, Bildad und Zofar an ihrer Überzeugung festhalten lässt, auch wenn sich ihre rhetorischen Kräfte am Ende erschöpft haben (22: Elifas; 25: Bildad; keine dritte Rede Zofars), und es ist noch offenkundiger, dass er mit dem jungen Elihu einen Lehrhausvertreter auftreten lässt, der überhaupt nur mit Empörung auf die Skepsis eines Hiob reagieren kann (32–37). Die Gottesreden »aus dem Sturm« (38,1) haben demgegenüber ihre eigene Dynamik, die im Verständnis des Dichters nicht einfach auf eine Überwältigung Hiobs zielt, sondern auf eine echte, sinnerschließende Begegnung mit dem Wunder der Schöpfung und der Erhabenheit Gottes des Schöpfers. Nach der Interpretation, die Robert Alter den Gottesreden im Hiobbuch gewidmet hat, lässt sich durch eine Erschließung der poetischen Qualität der Bilder das abschließende Bekenntnis Hiobs:

»Vom Hörensagen hatte ich von dir gehört,
jetzt aber hat mein Auge dich gesehen [...]« (42,5)

plausibel machen.[5] In diesem Schlussakkord findet das Thema der Gotteserkenntnis für den Autor seine letzte Gestalt – eine Gestalt, die nach der breiten dialogischen Erörterung der Gerech-

---

[4] Vgl. zu den Begriffen im Text von 23,11f. Clines a.a.O. 598. – In der frühneuzeitlichen Rezeptionsgeschichte konnte das Verhältnis des Hiobbuchs zur Torah nicht zuletzt in der Weise reflektiert werden, dass gefragt wurde, ob das Buch Hiob vor Mose (oder von Mose vor dem Empfang der Gebote am Sinai/Horeb) geschrieben wurde; vgl. z.B. Robert Bellarmin:»Wäre Hiob der Autor des Buches, das heute bekannt ist, wäre der erste heilige Schriftsteller Hiob, nicht Mose.« (De scriptoribus ecclesiasticis, 1613; lateinisch zitiert in Ch. Bultmann, Das Handbuchwissen über Mose in der Frühen Neuzeit, in: Biblische Theologie und historisches Denken, hg. v. M. Keßler und M. Wallraff, Basel 2008, 110–135 [133 Anm. 45]).

[5] R. Alter, The Art of Biblical Poetry, Edinburgh 2000 (^{1}1985), 85–110 (»Truth and Poetry in the Book of Job«). Vgl. auch E.W. Nicholson, The Limits of Theodicy as a Theme of the Book of Job, in: Wisdom in Ancient Israel, hg. v. J. Day u.a., Cambridge 1995, 71–82.

tigkeit Gottes und der durch diesen Gott begründeten Ordnung oder Unordnung nun trotz der Begrenztheit des menschlichen Erkennens der authentischen Erfahrung eines leidenden Hiob Raum lässt.

Die Hiobdichtung ist im antiken Juda durch eine Hioberzählung eingeleitet und gerahmt, der Ton Hiobs durch ein vereinfachtes Bild Hiobs ergänzt worden. Wie Timo Veijola gezeigt hat, greift der Erzähler, der Hiobs Leiden als eine Versuchung deutet, die auf Verhandlungen zwischen Gott und dem Satan im himmlischen Thronsaal zurückgeht (1,1–2,10; plus 2,11–13; 42,7–17), auf die Erzählung über die Versuchung Abrahams durch Gottes Befehl, den Sohn Isaak darzubringen, in Gen 22,1–14 zurück.[6] Während in der Lehrerzählung über Abraham die Probe auf die »Gottesfurcht« des Gegenübers Gottes erst am Ende entschlüsselt wird (Gen 22,12), wird in der Lehrerzählung über Hiob die »Gottesfurcht« schon gleich am Anfang als der eigentliche Gegenstand der Probe benannt, so dass am Ende nur noch – implizit – bestätigt wird, dass die Reden Hiobs trotz ihrer kritischen Wucht keine Verletzung der Ehrfurcht vor Gott bedeutet haben (1,1.8f; 2,3.9f; 42,7; vgl. auch 28,28 sowie 15,4). Darüber hinaus malt der Erzähler die Wiederherstellung des Lebensglücks Hiobs aus: »Und der HERR wendete das Geschick Hiobs [...], und der HERR gab Hiob doppelt so viel, wie er besessen hatte. [...] Der HERR aber segnete Hiob danach mehr als zuvor.« (42,10.12). Anders als die Dichtung baut die Erzählung

---

[6] T. Veijola, Abraham und Hiob. Das literarische und theologische Verhältnis von Gen 22 und der Hiob-Novelle, in: Vergegenwärtigung des Alten Testaments. Beiträge zur biblischen Hermeneutik, hg. v. Ch. Bultmann, W. Dietrich und Ch. Levin, Göttingen 2002, 127–144. Nach Veijola dürfte die Hiob-Geschichte mit ihren charakteristischen »midraschischen Zügen« »aus dem 4. oder 3. Jahrhundert stammen« (142), habe aber dem Hiob-Dichter »wahrscheinlich« schon vorgelegen (134). Diese Wahrscheinlichkeit dürfte jedoch nicht groß sein. Für weitere Orientierung über die Beurteilung des Verhältnisses zwischen »Hiobnovelle« und »Hiobdichtung« vgl. z.B. einerseits O. Kaiser, Grundriß der Einleitung in die kanonischen und deuterokanonischen Schriften des Alten Testaments, Bd. 3, Gütersloh 1994, 70–83; M. Witte, Das Hiobbuch (Ijob), in: J. Gertz (Hg.), Grundinformation Altes Testament, Göttingen 2006, 422–434; andererseits L. Schwienhorst-Schönberger, Das Buch Ijob, in: E. Zenger u.a., Einleitung in das Alte Testament, Stuttgart [7]2008, 335–347. Witte nimmt an, dass »sowohl die Hiobnovelle als auch die vermutlich ältere Hiobdichtung [...] zunächst getrennt [...] überliefert« wurden (429). Im Licht von Veijolas Analyse bleibt indessen der Begriff »Hiobnovelle« zu überprüfen.

mit ihrem Leitbegriff der »Gottesfurcht« – auch wenn dieser Begriff in einer aufzählenden Beschreibung begegnet: »[Hiob war] schuldlos und aufrecht, er fürchtete Gott und mied das Böse« – nicht auf dem Bild des urzeitlichen Gerechten auf, wie es sich in dem Bezug auf eine Dreiergruppe »Noah, Daniel und Hiob« in Ez 14,12-20 findet.[7]

Die Hioberzählung wurde in der späteren Literaturgeschichte Israels ihrerseits zur Motivvorgabe für weitere Ausmalungen, von denen eine vollständige Fassung, das sog. Testament Hiobs (TestHi), erhalten ist.[8] Hiob wird hier nicht nur als unbeschränkt reich und wohltätig, sondern auch als ein einsichtiger Überwinder von Götzendienst vorgestellt, der sich genau dadurch den Satan zum Feind machte (TestHi 2–5). Der Erzähler betont für sein Hiobbild mit Nachdruck das Motiv der standhaften Geduld (*hypomoné*) Hiobs (TestHi 1,5; 27,7),[9] fasst aber das Thema der dialogischen Hiobdichtung nur in einen kurzen Redewechsel zusammen (TestHi 37,1–8; vgl. auch 43,13–17). Der Text endet mit einem Ausblick auf die Aufnahme von Hiobs Seele in das Paradies (TestHi 52).[10]

---

[7] Im griechischen Text wird in Hi 1,1 »gerecht« (*dikaios*) ergänzt, danach auch das Zitat in 1Clem 17,3. Vgl. Septuaginta Deutsch. Das griechische Alte Testament in deutscher Übersetzung, hg. v. W. Kraus u.a., Stuttgart 2009; A. Lindemann, Die Clemensbriefe, Tübingen 1992, 65. Zu Ez 14 vgl. K.-F. Pohlmann, Das Buch des Propheten Hesekiel (Ezechiel), Bd. 1, Göttingen 1996, 195–206; M. Greenberg, Ezechiel 1–20, Freiburg 2001, 285–302. Während Hiob, der Gerechte, im Neuen Testament unberücksichtigt bleibt, findet Noah, der Gerechte, in 2Petr 2,5 Erwähnung.

[8] Einzelne ausmalende Züge sind schon im griechischen Text von Hi 1–2 und 42 zu finden. Den Text des TestHi bietet in kommentierter Übersetzung: B. Schaller, Das Testament Hiobs, in: JSHRZ, Bd. 3, Gütersloh 1978, 303–387. Schaller erwägt für den Text eine Datierung »zu Beginn oder Mitte des 2. Jh. n.Chr.« (312). Vgl. auch J. Collins, Testaments, in: Jewish Writings of the Second Temple Period, hg. v. M.E. Stone, Assen 1984, 349–355; G. Oberhänsli-Widmer, Hiobtraditionen im Judentum, in: Krüger (Hg.), Buch Hiob (s. Anm. 2), 315–328, bes. 316–318.

[9] Vgl. Schallers Anmerkung »a« zu TestHi 1,5. Das Motiv ist im griechischen Text von Hi 2,9a vorbereitet.

[10] Vgl. Schallers Anmerkungen »a–c« zu TestHi 52,10; Collins, Testaments (s. Anm. 8), 353. Das Motiv ist im griechischen Text von Hiob 42,17a vorbereitet.

II. Das Buch Hiob im Jakobusbrief

Für die Autoren des Neuen Testaments konnte das Buch Hiob kein großes Interesse besitzen. Der frühchristliche Konflikt über die Deutung der Torah des Mose als Bezugspunkt für die Gerechtigkeit des Menschen vor Gott hätte am Hiobbuch trotz seiner konsequenten Behauptung der Schuldlosigkeit Hiobs (27,5f u.a.) keinen Anhalt finden können, weil die Torah im Hiobbuch keine Rolle spielt.[11] Die frühchristliche Deutung der Identität Israels in der Tradition der Väter, besonders der Linie Abrahams, konnte am Hiobbuch keinen Anhaltspunkt finden, weil sich Hiob »aus dem Lande Uz« (Hi 1,1) allenfalls genealogisch mit Abrahams Bruder Nachor verbinden lässt (Gen 22,20–23).[12] Für die frühchristliche Deutung Jesu Christi aus der prophetischen Tradition heraus, die in erster Linie bei David als Dichter der Psalmen und bei Jesaja unter den Schriftpropheten festgemacht wurde, waren im Hiobbuch keine ergänzenden Verheißungen zu entdecken.[13] Der Leidensweg Jesu an das Kreuz ist in einem Grade analogielos, dass sich auch hier kein Bezug auf Hiob nahelegen konnte,[14] und wo die frühen Christen Trost im Leiden suchen, steht ihnen das Vorbild Jesu vor Augen (2Kor 1,5; 4,10). Auch schöpfungstheologische Reflexionen, in denen Christus als Schöpfungsmittler gedeutet (Joh 1,1–3; 1Kor 8,6; Kol 1,15–17) oder im Verhältnis von Typus und Antitypus auf Adam bezogen wird (Röm 5,12–20; 1Kor 15,45–49), haben keinen Bezugspunkt in den Dichtungen des Hiobbuchs. Auf der

---

[11] Diese Frage würde sich im Blick auf die Bücher der weisheitlichen Schultraditionen in anderer Weise für das Buch Jesus Sirach stellen; vgl. J. Marböck, Das Buch Jesus Sirach, in: Zenger u.a., Einleitung (s. Anm. 6), 408–416; Kaiser, Grundriß (s. Anm. 6), 97–105.

[12] Eine andere genealogische Konstruktion könnte über Gen 10,21–23 laufen (aufsteigend: Uz – Aram – Sem – Noah). – Für Beziehungen zwischen Abraham und Hiob in rabbinischer Sicht vgl. Veijola, Abraham (s. Anm. 6), und Oberhänsli-Widmer, Hiobtraditionen (s. Anm. 8).

[13] Die Beziehung von Hi 19,25 auf Christus als »Erlöser« (hebr. *go'el*) ist eine rezeptionsgeschichtliche Wendung, die durch die lateinische Übersetzung des Hieronymus (Vulgata) bedingt ist.

[14] Allerdings wurden in den Evangelien Züge des Motivs des »leidenden Gerechten« verwendet; vgl. besonders zu Mk D. Lührmann, Das Markusevangelium, Tübingen 1987, 15–20.42–44.

anderen Seite bezieht sich Lukas dort, wo er Paulus vor einer vorgestellten heidnisch-hellenistischen Hörerschaft von Gott als Schöpfer sprechen lässt, nicht auf die Dichtung des Hiobbuchs, sondern noch allgemeiner auf ungenannte heidnische Dichter (Apg 17,28: »wie auch einige eurer Dichter gesagt haben«).

Entgegen der negativen Erwartungen aufgrund solcher Vorüberlegungen gibt es jedoch im Neuen Testament einen direkten Verweis auf Hiob als eine Gestalt der (mündlichen) Erzähltradition und zwei Anspielungen auf Gedanken, die in der dialogischen Dichtung formuliert sind.[15] Indessen ist zunächst festzuhalten, dass weder in den Evangelien des Markus und des Matthäus, noch im Lukasevangelium und der Apostelgeschichte, noch in der johanneischen Tradition (Joh-Ev und 1–3Joh) das Hiobbuch als möglicher Teil des frühchristlichen Lektürekanons Spuren hinterlassen hat. Eine Analyse intertextueller Bezüge muss sich auf Jak 5,11 sowie 1Kor 3,19 und Röm 11,35 beschränken.[16]

Der Jakobusbrief – trotz wiederholter Anrede der Leser als »Brüder« und Gebrauchs der 2. Person Plural »eigentlich [...] eine Spruchsammlung« – dokumentiert das Denken eines frühchristlichen Lehrhauses oder Gemeindemilieus in einer Zeit, in der die grundlegende Gestaltung der christlichen Verkündigung bereits vorausgesetzt werden konnte und nur an einzelnen Punkten eine weitere Ermutigung oder eine Korrektur verflachender Missverständnisse nötig schien. Die symbolisch »an die zwölf Stämme in der Diaspora« (Jak 1,1) adressierte Abhandlung argumentiert nicht mit einer »entfalteten theologischen Reflexion«, sondern legt nur »rhetorisch pointiert formulierte Ermahnungen« vor.[17] Ihr Autor zeigt sich im Besonderen von einschüchternder

---

[15] Eine umfassende Untersuchung der Belege ist: J. Herzer, Jakobus, Paulus und Hiob: Die Intertextualität der Weisheit, in: Krüger (Hg.), Buch Hiob (s. Anm. 2), 329–350. Diese Studie kann im Folgenden nur um einzelne Akzentsetzungen ergänzt werden.

[16] Vgl. Herzer a.a.O.; dort auch 342 mit Anm. 44 zu Phil 1,19.

[17] Vgl. P. Pokorný/U. Heckel, Einleitung in das Neue Testament, Tübingen 2007, 715–728 (die Zitate dort 716.725); R. Feldmeier, Der Jakobusbrief, in: K.-W. Niebuhr (Hg.), Grundinformation Neues Testament, Göttingen ²2003, 338–342; M. Konradt, Der Jakobusbrief, in: M. Ebner/S. Schreiber (Hg.), Einleitung in das Neue Testament, Stuttgart 2008, 496–510; sowie die Einleitungen in die neueren Kommentare: Ch. Burchard, Der Jakobusbrief, Tübingen 2000, 2–8; W. Popkes, Der

Rücksichtslosigkeit reicher Gemeindeglieder (1,9–11; 2,1–4.5–7; 4,13–17; 5,1–6), von überzogener Konfliktbereitschaft in der Gemeinde (3,3–12.13–18; 4,1–3.11f; 5,9) und von einer achtlosen – aber absichtsvollen – Vernachlässigung des Zusammenhangs zwischen christlicher Glaubensgewissheit und Orientierung für die Lebensführung durch das Liebesgebot (2,8) betroffen.[18] In diesem Kontext einer Kritik von Misslichkeiten, die das Gemeindeleben beeinträchtigen, mahnt er nicht zuletzt mit einem Hinweis auf Hiob zu Geduld und Beständigkeit:

»Seht, wir preisen selig, die standhaft geblieben sind (*hypoménein*). Von der Standhaftigkeit (*hypomoné*) Hiobs habt ihr gehört, und das gute Ende, das ihm der Herr geschenkt hat, konntet ihr sehen: Voll Mitleid und Erbarmen ist der Herr.« (5,11)

Im Leseablauf des Jakobusbriefes insgesamt wird mit dem Ausspruch in 5,11 ein Thema wieder aufgenommen, das in der Eröffnung schon zweimal angeschlagen worden war.

Zuerst: »Nehmt es für lauter Freude, meine (lieben) Brüder (und Schwestern), wenn ihr mancherlei Prüfungen (*peirasmós*) zu bestehen habt, denn ihr wisst, dass die Erprobung eures Glaubens Ausdauer (*hypomoné*) bewirkt.« (1,2–3). Sodann: »Selig der Mann, der die Prüfung (*peirasmós*) besteht (*hypoménein*), denn wenn er sich bewährt, wird er die Krone des Lebens empfangen [...].« (1,12)

Brief des Jakobus, Leipzig 2001, 39f.59–69. Für ein Entstehungsdatum wird in der Regel eine Zeit kurz vor oder um 100 n.Chr. vorgeschlagen. Johann Gottfried Herder kommentierte 1775 den Jakobus- und Judasbrief unter dem Titel »Briefe zweener Brüder Jesu in unserm Kanon« (Sämtliche Werke, hg. v. B. Suphan, Bd. 7, 1884, Nachdruck Hildesheim 1978, 471–560), doch sind diese Autorfiktionen heute nur noch in analytischer Hinsicht ein Thema; vgl. M. Konradt, Der Jakobusbrief als Brief des Jakobus, in: Der Jakobusbrief. Beiträge zur Rehabilitierung der ›strohernen Epistel‹, hg. v. P. von Gemünden u.a., Münster 2003, 16–53.

[18] Für die präzisere Erschließung theologischer Leitgesichtspunkte im Jakobusbrief vgl. die in Anm. 17 genannten Titel sowie M. Konradt, Christliche Existenz nach dem Jakobusbrief. Eine Studie zu seiner soteriologischen und ethischen Konzeption, Göttingen 1998. Die klassische Frage ›Jakobus vs. Paulus‹ ist insofern unergiebig, als Paulus das Liebesgebot mit mindestens derselben Intensität lehrt wie der Jakobusbrief; vgl. Gal 5,6.13f; Röm 13,8–10; 1Kor 13,1–3; ferner Phil 4,8f; Gal 6,10, auch Phil 2,14–16. Zum Thema vgl. W. Schrage, Ethik des Neuen Testaments, Göttingen 1989, 286–300; W. Meeks, The Origins of Christian Morality, New Haven 1993, 150–173; F. W. Horn/R. Zimmermann (Hg.), Jenseits von Indikativ und Imperativ. Kontexte und Normen neutestamentlicher Ethik/Contexts and Norms of New Testament Ethics, WUNT 238, Tübingen 2009.

Diese Einführung des Themas zu Beginn der Spruchsammlung ist jedoch keine wirkliche Vorbereitung des Hinweises auf die Gestalt Hiobs in 5,11, denn der Autor schließt seinem Ausspruch über die Bewährung bei Prüfungen den Lehrsatz an, dass solche Prüfungen in keinem Fall Gott als Urheber zugeschrieben werden könnten, sondern dass sie stets auf die menschliche Begierde (*epithymía*) zurückzuführen seien, die den Menschen in die Sünde hineinziehe (1,13–15).[19] Vergleicht man diesen Lehrsatz mit dem Hiobbuch, dann zeigt sich, dass der Autor des Jakobusbriefes der erzählten Szene im himmlischen Thronsaal nach Hi 1,1–2,8 (und deren Hintergrund in Gen 22) direkt widerspricht und sich allenfalls in einer gewissen Nähe zu Elifas, Bildad und Zofar in der dialogischen Dichtung bewegt, die Hiob nur ihre Lehrmeinung über die eigene Schuld als Ursache seiner als quälend erfahrenen Situation anzubieten hatten.

In seinem unmittelbaren Kontext[20] ist der tröstend und ermutigend gemeinte Hinweis auf Hiob in Jak 5,11 ein Zwischengedanke in einer Spruchreihe, in der der Verfasser zunächst mit einer anderen thematischen Orientierung angesetzt hatte. Nachdem in einer Drohrede an die Reichen auf Vorstellungen von der Nichtigkeit des Reichtums und der Unentrinnbarkeit des Gerichts über unrechtmäßigen Erwerb am Ende der Zeiten angespielt worden war (5,1–6), hatte er eine Ermahnung zur Geduld »bis zum Kommen des Herrn« (*parousía*) an eben diesem Ende der Zeiten folgen lassen und diese mit einem Bildwort über die Geduld und Gewissheit des Bauern bei Saat und Ernte illustriert (5,7f). Der endzeitlich orientierte Gedanke entspricht der Metapher der verheißenen »Krone des Lebens« in Jak 1,12 (vgl. auch 2,5). Der Lehrsatz über die Standhaftigkeit (*hypomoné*) Hiobs ist, so scheint es, in diesem Kontext fremd, denn die Wiederherstellung der glücklichen Lebensumstände Hiobs verweist nach der biblischen Erzählung nicht auf das Ende aller Zeiten, sondern auf die Begründung eines neuen, erfreulichen Lebensabschnitts für den in seiner standhaften Frömmigkeit Bewährten. So wäre

---

[19] Vgl. Röm 7,7f, auch Gal 5,16–18, mit Rücksicht auf die Torah und den Dekalog. Die Warnung vor der Macht der Begierde (*epithymía*) ist ein Standardthema in Ermahnungen, vgl. z.B. Tit 1,11f; 1Petr 1,13–16.

[20] Jak 5,9 kann als eine verstellte Glosse zu 4,11f gelten; 5,12 ist ganz selbständig; 5,13–16a.19f beziehen sich auf rituelle und disziplinarische Fragen.

es möglich, dass der Verfasser mit seiner Einfügung von 5,11 in die Reihe lehrhafter Aussprüche über den bekenntnishaften Orientierungsrahmen der Erwartung einer Wiederkehr Christi (*parousía*) am Ende der Zeiten hinausgehend ein tröstliches Vorstellungsbild für den Alltag des Glaubenslebens in einem offenen Zeithorizont suchte (vgl. auch Jak 4,13–16). In diesem Sinne wäre der biblische Hiob, dessen Geschichte ›gut ausgegangen ist‹ und hier in zwei parallelen Zeilen vergegenwärtigt wird, ein passendes Exempel:

»die Ausdauer [*hypomoné*] Hiobs habt ihr gehört //
und das (gute) Ende [*télos*] (auf Veranlassung) des Herrn gesehen«.[21]

Von einer Hiob-Rezeption ließe sich dennoch nur unter starkem Vorbehalt sprechen, denn angesichts der theologischen Substanz der Hiob-Dichtung ist eine Verdichtung des Hiobbildes im Begriff der Standhaftigkeit oder der Ausdauer (*hypomoné*) unzureichend.[22]

Indessen ist es nicht wahrscheinlich, dass der Verfasser des Jakobusbriefes bei seinem Hinweis auf Hiob das Hiobbuch gemäß der hebräischen Textfassung vor Augen hat. Schon gemäß der griechischen Textfassung endet das Hiobbuch mit einem Ausblick auf die Auferstehung (Hi 42,17a LXX), und dieses Motiv, nicht die Wiederherstellung der glücklichen Lebensumstände, ist im Testament Hiobs zentral, wenn dort die (Klang-)Welt der Engel vergegenwärtigt und Hiobs Seele in einem Wagen in das Paradies geführt wird (TestHi 45–52). Insofern dürfte der Hinweis auf Hiob in Jak 5,11 als eine individualeschatologische, die einzelnen Glaubenden ermutigende Variante zum Parusie-Thema in Jak 5,7f zu verstehen sein.[23]

---

[21] Übersetzung nach Burchard, Jakobusbrief (s. Anm. 17), 197, dort auch eine Erläuterung dazu (202f).

[22] Zu einer anderen Beurteilung gelangt Herzer, wenn er etwas unklar feststellt: »Das offenbar unterschwellig gegenwärtige Problem der Theodizee wird gleichsam anthropologisch aufgehoben in der Fokussierung des Leidens auf die vom Menschen geforderte Geduld [...]« (Jakobus [s. Anm. 15], 335); Ansätze zu einer Diskussion auch bei H. Frankemölle, Der Brief des Jakobus. Bd. 2, Gütersloh 1994, 691–695.

[23] Vgl. auch die Metaphorik vom »Kranz« oder der »Krone« des Lebens in Jak 1,12 bzw. TestHi 4,10; 43,14. Bei einem Bezug auf die bloße Wiederherstellung der Lebensumstände Hiobs hätte der Verfasser andernfalls die Ironie nicht bemerkt, die sich aus der Vorstellung des reichen Hiob (Hi 1,3; 42,10) neben seiner Kritik des

Mit seinem Hinweis auf Hiob gibt der Verfasser seiner exemplarischen Gestalt Hiob zugleich eine Funktion für die Lehre von den Eigenschaften Gottes: An Hiob lasse sich ablesen, dass Gott ein barmherziger Gott sei.[24] Wie Hubert Frankemölle zeigt, entspricht diese Verbindung zwischen biblischen Gottesattributen und der Anschauung exemplarischer Gestalten einem Modell, das in der weisheitlichen Tradition etwa bei Jesus Sirach direkt vorgegeben ist:

»Ihr, die ihr den Herrn fürchtet, hofft auf sein Erbarmen,
weicht nicht ab, damit ihr nicht zu Fall kommt.
Ihr, die ihr den Herrn fürchtet, vertraut auf ihn
und er wird euch den Lohn nicht vorenthalten.
Ihr, die ihr den Herrn fürchtet, hofft auf Heil,
auf immerwährende Freude und auf Erbarmen!
Schaut auf die früheren Generationen und seht:
Wer hat auf den Herrn vertraut und ist dabei zuschanden geworden?
Wer hoffte auf ihn [blieb in seiner Furcht] und wurde verlassen?
Wer rief ihn an und er erhörte ihn nicht?
Denn gnädig und barmherzig ist der Herr;
er vergibt die Sünden und hilft zur Zeit der Not.« (Sir 2,7–11)

Dass die Gestalt Hiobs für den Verfasser im Sinne dieses Modells ein Beispiel ist, an dem Gottes Barmherzigkeit – eine Eigenschaft Gottes etwa nach Ps 103,8 – erkennbar wird, zeigt wiederum, dass ihn statt der dialogischen Dichtung über den leidenden Gerechten andere Versionen der Hiobgeschichte beschäftigen.[25]

Die Nennung Hiobs ist im Jakobusbrief insofern kein vereinzeltes Phänomen, als sich in Jak 2,20–24 eine Bezugnahme auf Abraham und in 5,17f auf Elija findet. Der Verfasser und seine Hörer/Leser sind offenbar mit der lehrmäßigen Konvention, nach der sich Gestalten der alttestamentlichen Erzählung – und deren

---

Reichtums (Jak 5,1–6 u.a.) ergibt. Das Testament Hiobs enthält zum Thema Reichtum nicht nur den starken Akzent der Wohltätigkeit, sondern auch vorbildlich gemeinte Relativierungen (TestHi 18,6–8; 36,3).

[24] Vgl. auch hierzu TestHi 47,4 (»an dem Tag, an dem [Gott] beschloss, sich meiner zu erbarmen«).

[25] Das Zitat von Sir 2,7–11 folgt dem Text der Einheitsübersetzung. Im Griechischen ist in Jak 5,11 dasselbe Adjektiv für »barmherzig« gewählt wie in Ex 34,6; Ps 103,8 (102,8 LXX); Sir 2,11 und Lk 6,36; vgl. auch 2Kor 1,3.

weiterer legendarischen Ausmalungen – als typische Repräsentanten gültiger Glaubensweisen vorstellen lassen, gut vertraut.[26] In allzu unspezifischer Weise gibt der Verfasser in 5,10 einen Hinweis auf »die Propheten, die im Namen des Herrn gesprochen haben«; möglich, wenn auch nicht naheliegend ist es, schon hier an den verfolgten Elija zu denken, der am Ende seines Lebens in den Himmel entrückt wurde (vgl. 1Kön 19,10.14; 2Kön 2,11)[27], doch ist wohl eher ein allgemeines Motiv der verfolgten, aber standhaften Propheten gemeint (vgl. z.B. Mt 5,11f; 23,29f; Apg 7,52).

Zusammenfassend ist festzustellen, dass der Verfasser des Jakobusbriefes sich in keiner Weise als ein Leser der dialogischen Hiob-Dichtung und Kenner des Tons Hiobs erweist, wenn er Hiob als eine eher schemenhafte Gestalt der früheren Generationen vergegenwärtigt, um in seiner Zeit die Glaubenstugend der Geduld zu exemplifizieren und das Gottesattribut der Barmherzigkeit zu illustrieren. Sein Bezugspunkt sind Erzähltraditionen, die mit der Hioberzählung in Hiob 1–2 und 42 und deren Erweiterung im griechischen Text beginnen und in einer lehrhaften Form im sog. Testament Hiobs greifbar sind.

III. Die Rezeption des Hiobbuches bei Paulus

Die dialogische Dichtung des Hiobbuchs lässt in Verbindung mit der Kontroverse über Gottes Gerechtigkeit und den verstehbaren Zusammenhang von Tun und Ergehen des Gerechten mehrfach die Frage der Reichweite des menschlichen Erkennens anklingen. Im Lied über die Weisheit wird es Gott allein zugestanden, den Weg zur Weisheit zu kennen, während der Mensch sich auf Gottesfurcht ausrichten solle (Hi 28). Auch richtet Elifas an Hiob die rhetorische Frage: »Kannst du zuhören in Gottes Rat und die

---

[26] Neben Abraham als einem Patriarchen Israels steht in Jak 2,25 Rahab aus dem Kontext der Josuageschichten; vgl. dazu Burchard, Jakobusbrief (s. Anm. 17), 125f.131; Popkes, Jakobus (s. Anm. 17), 187–189.209f.

[27] Die Abfolge von Jak 5,10 und 5,11 könnte sich dann dadurch erklären, dass Hiob in der im Testament Hiobs greibaren Erzählversion in einer gewissen Analogie zu Elija gegen den Götzendienst auftritt (TestHi 2–5) und in den Himmel bzw. das Paradies aufgenommen wird (TestHi 52).

Weisheit an dich reißen?« (15,8), wenn er ihm den Vorwurf macht: »Du zerstörst die Gottesfurcht und verletzt die Andacht vor Gott.« (15,4).

Schon von Elifas wird die unendliche Überlegenheit Gottes in der rhetorischen Form der Frage nach einer Gegenwart im Schöpfungsaugenblick zum Ausdruck gebracht:

»Bist du als Erster der Menschen geboren
und noch vor den Hügeln zur Welt gekommen?« (15,7);

diese rhetorische Form dominiert dann die Rede Gottes »aus dem Sturm« in Hi 38–39.

Aus diesem Kontext erkenntniskritischer Demutsgesten greift Paulus im 1. Korintherbrief und im Römerbrief zwei – jeweils variierte – Zitate auf. In 1Kor 3,19 zitiert er aus einer Rede des Elifas: »er [Gott] fängt die Weisen in ihrer Klugheit« (Hi 5,13), in Röm 11,35 aus den Gottesreden: »wer hat je etwas für mich getan, dass ich ihm etwas schuldig wäre?« (Hi 41,3). Beide Rückgriffe auf das Hiobbuch sind jeweils Teil des Abschlusses einer Argumentation durch bestätigende Schriftzitate, im ersten Fall in Kombination mit Ps 94,11 (»Der HERR kennt die Gedanken der Menschen, denn sie sind Hauch.«), im zweiten Fall in Kombination mit Jes 40,13 (»Wer hätte den Geist des HERRN geprüft, und welcher Mensch wäre sein Ratgeber, würde ihn unterweisen?«; dieses Zitat führt Paulus auch in 1Kor 2,16 an). Für Paulus gehört das Hiobbuch also offenkundig zu den Texten der Tradition Israels, aus denen eine fundamentale Einsicht betreffend das menschliche Erkenntnisvermögen in Ausrichtung auf Gott gewonnen werden kann. Die Zitate müssen jedoch noch etwas näher in ihrem Kontext in den paulinischen Briefen betrachtet werden.[28]

Das erkenntniskritische Zitat aus dem Hiobbuch in 1Kor 3 steht im Kontext einer Abhandlung, die insgesamt dem Thema

---

[28] Vgl. neben Herzer, Jakobus (s. Anm. 15), auch R.B. Hays, The Conversion of the Imagination. Scripture and Eschatology in 1 Corinthians, in: ders., The Conversion of the Imagination. Paul as Interpreter of Israel's Scripture, Grand Rapids, MI, 2005, 1–24 (bes. 12–21). Herzer a.a.O. 346–349 weist darauf hin, dass unabhängig von Zitaten aus dem Hiobbuch die Fragen in Röm 3,5 (»Ist Gott [...] etwa ungerecht?«) bzw. 9,14 (»Geht es bei Gott etwa ungerecht zu?«) die »klassische Hiobfrage« anklingen lassen.

Weisheit (*sophía*) und Erkenntnis Gottes gewidmet ist. Diese Abhandlung in 1Kor 1,10–4,21 lässt sich als erster Hauptteil des Briefes oder, wohl richtiger, als ein selbständiger Brief und insofern nur als erster Hauptteil einer sekundären Briefkomposition beschreiben.[29] Die kleine korinthische Gemeinde hat sich offenbar in verschiedene Flügel auseinander entwickelt, in denen Glaubensvorstellungen nach ihrem »weisheitlichen« Gehalt beurteilt werden. Diesem Kriterium stellt Paulus antithetisch die Feststellung gegenüber, dass die Glaubensverkündigung von Christus (1,24.30) auf dem Weg weisheitlichen Denkens oder natürlicher Erkenntnis nicht zu erschließen sei. Seine Verkündigung setzt nicht auf »großartige Worte und abgründige Weisheit« (2,1), sondern auf einen Gegensatz zu den »Weisen«, d.h. den an der Torah orientierten »Schriftgelehrten« und den philosophisch orientierten »Wortführern« »dieser Weltzeit« (1,20). Erst im Horizont der im Glauben gegebenen Geisterfahrung gibt es eine neue »Weisheit« »im Kreis der Vollkommenen« (2,6.10.12). Durch die fundamentale Kritik weisheitlicher Erkenntnis gewinnt Paulus den Raum für eine theologische Deutung des Kreuzestodes Jesu. Während auf die spezifischen Aspekte des Hintergrundes seiner Kritik in der hellenistischen Kultur des 1. Jahrhunderts n. Chr. hier nicht eingegangen werden kann,[30] lässt sich festhalten, dass der gesamte Argumentationsgang in eine Klammer aus – variierten und wahrscheinlich aus dem Gedächtnis zitierten – Schriftzitaten eingefasst ist: In 1,19 wird einleitend Jes 29,14 zitiert, in 3,19f werden abschließend Hi

---

[29] Vgl. die Diskussion der Frage bei A. Lindemann, Der Erste Korintherbrief, Tübingen 2000, 3–6, sowie die dort genannten Titel von G. Sellin (1987) und Ch. Senft (1979, ²1990). Lindemann selbst betrachtet 1Kor als einen einheitlichen Brief, vgl. aber ebd. 12.111f. 250. So auch Ch. Wolff, Der erste Brief des Paulus an die Korinther, Leipzig ²2000, 6–8, vgl. aber ebd. 24f.92.431.435f. In den Einleitungen in das Neue Testament wird diese Frage nur gestreift, vgl. z.B. die Anm. 17 genannten Titel.

[30] Die Kommentare sind an dieser Stelle in der Regel wenig hilfreich; vgl. neben Lindemann und Wolff auch W. Schrage, Der Erste Brief an die Korinther, Bd. 1, Neukirchen-Vluyn 1991; H. Merklein, Der erste Brief an die Korinther, Bd. 1, Gütersloh 1992. Auch die Notiz bei Hays, Conversion (s. Anm. 28), 13 (»slickly packaged philosophical rhetoric«) führt nicht sehr weit zu einer Erschließung der Konstellation, auf die sich die Kritik des Paulus bezieht; vgl. aber auch die Notiz zu 1Kor 4,8 (ebd. 20). Zur Epoche insgesamt vgl. H. Köster, Einführung in das Neue Testament, Berlin 1980.

5,13 und Ps 94,11 zitiert. Innerhalb dieser Klammer zitiert Paulus stark verkürzend aus Jer 9,22f (in 1,31), formuliert in vager Anspielung auf Jes 64,3 (in 2,9) und beruft sich ohne besondere Zitateinführung auf Jes 40,13 (in 2,16).[31] Die einzelne Sentenz aus dem Hiobbuch (»Er ist es, der die Weisen [*sophói*] fängt in ihrer Verschlagenheit«, nach Hi 5,13) wird also in ein Feld von Zitaten eingeordnet, die der theologischen Kritik des menschlichen Erkenntnisvermögens dienen und dabei ein allgemein gültiges Urteil zum Ausdruck bringen sollen. Der Maßstab, den Paulus für sein Urteil über die Weisheit anwendet, ist der Kreuzestod Jesu, durch den Gott »die Weisheit der Welt zur Torheit gemacht« habe (1,20). Die biblischen Zitate werden deshalb in einem prophetischen Sinn verstanden, nicht mit einer Beziehung auf ihren ursprünglichen Kontext. Zwar lässt sich sagen, dass das Zitat aus dem Abschnitt einer Rede des Elifas in Hi 5,11–16 einen gewissen Anschluss an seinen neuen Kontext findet, insofern es dort auch um den Rang von Starken und Schwachen geht (1Kor 1,26–29), jedoch vergegenwärtigt es nicht das eigentliche Thema der Hiobdichtung mit ihrer skeptischen Frage nach der Verstehbarkeit der Gerechtigkeit Gottes im Hinblick auf das Ergehen von Frevler und Gerechtem.[32] Indessen versteht Paulus in seiner Abhandlung in 1Kor 1–4 offenbar den Dichter des Hiobbuchs (bzw. die Sprecher im Hiobbuch) wie die Propheten als Protagonisten einer fortgehenden Debatte über die Gotteserkenntnis, und darüber hinaus zeigt auch er sich mit seinen reflektierten Ermahnungen in Gal 6,10 und Phil 4,8 dem Konsens

---

[31] Für die Frage des »Schriftbelegs« in 1Kor 2,9 vgl. die Kommentare, z.B. Schrage, a.a.O. 245f; Lindemann, a.a.O. 66f. Die Schlusswendung in 2,9 hat Parallelen in Jak 1,12 und 2,5.

[32] Die Beobachtung der beschränkten Aufnahme des ursprünglichen Kontextes eines Zitates lässt sich in 1Kor 1–4 noch deutlicher im Hinblick auf das Zitat aus Jer 9,22f machen, dessen negativer Teil mit seinen drei typischen Gestalten (der Weise, der Starke, der Reiche) mit Variationen breit genutzt wird (1Kor 1,26–29; 4,10), dessen positiver Teil (»[...] dass ich, der HERR, es bin, der Gnade, Recht und Gerechtigkeit übt auf Erden, denn daran habe ich Gefallen«) jedoch stark verkürzt wird (1,31; 3,21; vgl. auch 2Kor 10,17), da Barmherzigkeit und Gerechtigkeit als Eigenschaften Gottes mit Bezug auf den Kreuzestod Jesu neu bestimmt werden.

darüber verpflichtet, dass es eine erkennbare moralische Ordnung gibt.³³

Das Zitat aus dem Hiobbuch im Römerbrief findet sich wiederum am Ende einer mehr oder weniger selbständigen Abhandlung über die Hoffnung Israels in Röm 9–11, hier in einem kurzen Hymnus auf die unergründliche »Tiefe des Reichtums, der Weisheit und der Erkenntnis Gottes« (Röm 11,33–36). Ohne einen direkten Anklang ist so schon in der Eröffnung die Haltung des Staunens ausgedrückt, die die Hiobdichtung prägt (Hi 5,9; 9,10; 12,13) und ihren abschließenden Höhepunkt in den Gottesreden »aus dem Sturm« trägt.³⁴ Deutlich zielt auch der Hymnus in Röm 11 auf einen schöpfungstheologischen Schlusspunkt: »denn aus ihm und durch ihn und auf ihn hin ist alles«. Das hymnische Lob Gottes, dessen Wege dem menschlichen Erkennen entzogen sind (»unergründlich« / »unerforschlich«), ist nun aber am Ende der Abhandlung Röm 9–11 durch das Staunen über Gottes Wege mit Israel von der Grundlegung der Erwählung in Bund und Verheißung (9,4; vgl. 11,28f) über die Verzögerung der endzeitlichen Rettung aufgrund der Verstocktheit Israels angesichts des Evangeliums (11,25; vgl. schon 10,16 nach Jes 53,1) bis hin zur letzten Bewahrheitung des Bundes durch Gottes Vergebung (11,26f) hervorgerufen.³⁵ Im Hymnus wird dadurch die besondere Frage nach der Stellung Israels gegenüber einem Evangelium, das denselben Verkündigungsinhalt für »Juden wie Griechen« hat (Röm 1–3), in den Zusammenhang eines allgemeinen Nachdenkens über Gottes Wege zurückgeführt. Für eine solche hymnische Ausweitung kann dann auch ein weisheitliches Motiv aus dem Hiobbuch herangezogen werden. Dabei erweist sich das Staunen nicht wie bei Hiob als eine Möglichkeit im Hinblick auf eigene Erfahrung, an der die Er-

---

[33] Diese Vorstellung steht auch im Hintergrund von Röm 2,14f, wo dem Gewissen eine wichtige Funktion im Hinblick auf eine solche Ordnung zugeschrieben wird; vgl. (kontrastierend) Hi 27,6 (LXX).

[34] Die griechische Wortbildung für »unerforschlich« ist in Röm 11,33 dieselbe wie in Hi 5,9LXX, doch wäre es wohl übertrieben, darin einen bewussten Anklang an die Dichtung zu sehen.

[35] Vgl. die Kommentare zu Röm 9–11, z.B. E. Lohse, Der Brief an die Römer, Göttingen 2003; M. Theobald, Römerbrief, Bd. 1: Kapitel 1–11, Stuttgart ³2002; K. Haacker, Der Brief des Paulus an die Römer, Leipzig ³2006; W. Schmithals, Der Römerbrief, Gütersloh 1988.

kenntnis gescheitert ist, sondern als eine Haltung angesichts des »Geheimnisses« Gottes, als das sowohl Gottes Wege mit Israel als auch der Kreuzestod Jesu zu beschreiben sind (Röm 11,25; 1Kor 2,1f; vgl. 1Kor 4,1, aber auch 1Kor 13,2).

Paulus kombiniert für den Hymnus Redeformen des staunenden Ausrufs mit der Redeform der rhetorischen Frage: »wer hat den Sinn des Herrn erkannt?« / »wer ist sein Ratgeber gewesen?« / »wer hat ihm etwas geliehen und es müsste ihm [...] zurückgegeben werden?« Hauptquelle für die rhetorischen Fragen ist das Jesajabuch (Jes 40,13; auch zitiert in 1Kor 2,16), das im unmittelbar voraufgehenden Kontext zu einem Schriftbeweis für die Hoffnung Israels herangezogen worden war (Jes 59,20f in Röm 11,26f). Indessen wird die Evidenz der einem primär auf Israel bezogenen Buch entnommenen Doppelfrage durch das Zitat aus dem offeneren Hiobbuch verstärkt. Dabei ist das Zitat selbst eine vereinzelte Sentenz aus dem Zusammenhang der poetischen Beschreibung des »Leviathan« in Hi 40,25–41,26.[36] Als eine solche Sentenz steht es jedoch für sich und kann aus dem schöpfungstheologischen Kontext in Hi 38–41 als ein Element zur Formulierung des kurzen Hymnus in Röm 11 verwendet werden. Möglich ist es, in der Konstruktion des Hymnus eine bewusste Entsprechung zwischen den drei Begriffen Reichtum – Weisheit – Erkenntnis und (in umgekehrter Reihenfolge) den drei rhetorischen Fragen zu sehen, so dass das Hiobzitat auf den Aspekt der Fülle des »Reichtums« Gottes verweist. Im Hinblick auf den theologischen Duktus des Römerbriefs insgesamt ist es bezeichnend, dass in dem Hymnus mit dem Zitat aus Hi 41,3 von schöpfungstheologischer Seite aus noch einmal die Struktur von »Geben« und »Wiedergeben« bestritten wird.[37]

Zusammenfassend lässt sich festhalten, dass Paulus offenbar ein Leser der Hiobdichtung gewesen ist, der diese vielseitige

---

[36] Entstehungsgeschichtlich ist die Sentenz durch einen Textfehler im hebräischen Text entstanden; im griechischen Text ist sie in einer alternativen Version enthalten. Das textkritische Problem beginnt mit der 1. Person Singular in Hi 41,2b. Die Varianten: 41,3a (hebr.): »Wer hat je etwas für mich getan, dass ich ihm etwas schuldig wäre?«, (griech.): »Wer wird mir widerstehen und dabei bestehen?«; jeweils gefolgt von der Erklärung: »mir gehört alles, was unter dem Himmel ist«. Vgl. F. Hesse, Hiob, Zürich 1978, 207.

[37] Vgl. Haacker, Römer (s. Anm. 35), 277f; Lohse, Römer (s. Anm. 35), 324–328.

poetische Komposition aus der weisheitlichen Tradition Israels als eine kritische Dichtung über die Begrenztheit des menschlichen Erkennens und die uneinholbare Majestät Gottes des Schöpfers verstanden hat. Der Bezug auf die Erkenntniskritik des Hiobbuchs ist eines der argumentativen Mittel, durch die Paulus Raum für seine Deutung des Evangeliums gewinnt, sei es in Hinsicht auf den Kreuzestod Jesu, sei es in Hinsicht auf die Verheißung Israels. Sowohl in 1Kor 1–4 als auch in Röm 9–11 dient jeweils die Bezugnahme auf einen Aspekt der Hiobdichtung der Verankerung seiner umstrittenen theologischen Reflexionen in einer kontinuierlichen Debatte über wahre Gotteserkenntnis.

Hannes Bezzel

Jona und sein Geschick

1. Das Jonabuch

Jona ist anders als andere Propheten. Andere prophetische Schriften präsentieren sich in erster Linie als Sammlungen von Gottessprüchen und -reden, die ihren Helden in den Mund gelegt werden, manche kennen daneben auch in der dritten Person Erzähltes, Legenden, die sich um ihr Auftreten vor Volk und Hof ranken (vgl. Jes 36–39; Jer 20*;26;28;36–45; Hos 7,10–17). Das Jonabuch dagegen enthält nur eine einzige Prophezeiung, und noch dazu eine untypische. Ohne die übliche Kennzeichnung durch die Boten- oder JHWH-Spruch-Formel wird in Jon 3,4 der Stadt Ninive der Untergang nach einer Frist von 40 Tagen angekündigt. Doch damit nicht genug: Dieses einzige prophetische Wort Jonas erweist sich schließlich auch noch als falsch – die Katastrophe tritt nicht ein. Daneben bietet das Buch in Jon 2 mit dem Gebet aus dem Bauch des Fisches einen Dankpsalm, sonst jedoch ist es insgesamt nichts anderes als eine einzige große Prophetenerzählung, eben »die Geschichte von Jona und der schönen Stadt Ninive«.[1]

Als ihr Hauptakteur wird im ersten Vers Jona ben Amittai vorgestellt, der den Lesern der vorderen Propheten kein Unbekannter mehr ist: Nach 2Kön 14,25 soll er für Jerobeam II. als durchaus erfolgreicher Heilsprophet in militärischen Dingen aufgetreten sein. Der Schauplatz ist somit das achte vorchristliche Jahrhundert, in welchem »Ninive, die große Stadt« (Jon 1,2) zwar noch nicht Hauptstadt des neuassyrischen Reiches war, es aber unter Sanherib wenige Jahre später bis zu ihrer Zerstörung 612 v.Chr. werden sollte. Auf diese Zeit blicken die Verfasser des Buches jedoch mit einiger Wahrscheinlichkeit bereits aus

---

[1] So der Titel der Ballade von Klaus-Peter Hertzsch, vgl. ders., Wie schön war die Stadt Ninive. Biblische Balladen zum Vorlesen, Berlin ⁶1983, 55–69.

einem Abstand von mehreren Jahrhunderten zurück. Sprache, Stil, Fremdvölkerthematik und die Verwandtschaft einzelner Motive zu griechischen Sagen[2] weisen darauf hin, das Büchlein frühestens in die persische, eher noch in die hellenistische Zeit zu datieren. »Ninive« ist daher auch weniger die Hauptstadt Assurs (der Name des Reiches wird ebenso wenig genannt, wie der anonyme »König von Ninive« aus Jon 3,6 mit einer historischen Person identifiziert wird) als vielmehr literarische Chiffre urbaner Verkommenheit schlechthin. Worin genau ihre Bosheit bestehen soll, wird ebenfalls nicht ausgeführt – offensichtlich lag dieser Punkt nicht im Hauptinteresse der Erzähler. Wollte man darüber etwas erfahren, so war und ist das Büchlein des Propheten Nahum zur Hand. Die Septuaginta lässt es tatsächlich direkt auf Jona folgen, und man kann nun darüber spekulieren, ob diese Anordnung die Intention widerspiegelt, den zornigen Jona von Jon 4 und seine zwar nicht folgenlose aber doch fehlgehende Gerichtsverkündigung zu rehabilitieren.[3] Auf diese Weise entsteht der Eindruck, die Niniviten seien später wieder rückfällig geworden und hätten zu guter Letzt ihre gerechte Strafe dafür empfangen – immerhin war jedem historisch Interessierten bekannt, dass die Stadt durch die Armee der Babylonier eingenommen und verwüstet worden war.[4]

Das Jonabuch selbst ist freilich an derartigen Spekulationen, die aus der Sicht seiner Protagonisten *histoire de la longue durée* darstellten, nicht interessiert. Ihm geht es darum, an einem märchenhaften Beispiel die Macht der Buße und die Größe der Liebe Gottes zu illustrieren. Zu diesem Zweck gliederten es seine Verfasser deutlich in zwei Teile, die beide damit einsetzen, dass Jona von JHWH nach Ninive gesandt wird (vgl. Jon 1,2; 3,1), und die beide den Widerstand des Propheten gegen Gott der

---

[2] Vgl. H.W. Wolff, Studien zum Jonabuch. Mit einem Anhang von Jörg Jeremias: Das Jonabuch in der Forschung seit Hans Walter Wolff, Neukirchen ³2003, 20–28.

[3] Zugunsten der Annahme einer solchen Tendenz gibt es ein weiteres Indiz: Am Ende des Buches Tobit ermahnt der alte Tobias seine Söhne, nicht in Ninive zu bleiben, da die Stadt nun bald zerstört werde, und begründet dies in Tob 14,4 mit dem Wort des Propheten Jona (nach dem Zeugnis der Codices Alexandrinus und Vaticanus, während der Codex Sinaiticus hier auf Nahum verweist).

[4] Vgl. etwa H. Donner, Geschichte des Volkes Israel und seiner Nachbarn in Grundzügen. Teil 2: Von der Königszeit bis zu Alexander dem Großen (GAT 4/2), Göttingen ²1995, 370–374.

Frömmigkeit von Heiden gegenüberstellen: Es sind die fremden Seeleute, die zunächst zu ihren Göttern (1,5), dann aber allesamt zu JHWH beten (1,14) – nicht jedoch dessen Gesandter. Und es sind die Einwohner von Ninive, die auf seine Predigt hin sofort »an Gott glauben« (3,5) und Buße tun (obwohl erst ein Drittel von ihnen überhaupt die Möglichkeit hatte, die Kunde zu vernehmen, vgl. 3,3f) – während dieser Prediger selbst aufgrund seines durchschlagenden Erfolges erneut mit Gott hadert (4,2).

Diese Gegenüberstellung ist nicht frei von einer gewissen feinen Ironie, und in der Tat ist das Buch voll von kleinen Pointen, die ein nachdenkliches Schmunzeln hervorrufen wollen. Das beginnt bereits mit Jonas Reaktion auf seine Berufung oder Beauftragung. Dass derjenige, den der göttliche Ruf ereilt, dagegen Einwände hervorbringt, ist ein typisches Gattungsmerkmal (vgl. Ex 3,11; 4,10.13; Ri 6,15; Jes 6,5; Jer 1,6); Jona aber verliert keine Worte, sondern setzt seinen Einspruch sofort in die Tat um: Er flieht. Dabei müsste er selbst eigentlich wissen, dass dieses Unterfangen von vornherein zum Scheitern verurteilt ist: Er bekennt vor den Matrosen JHWH als »den Gott des Himmels, der das Meer und das Trockene gemacht hat« (1,9) – einer Gottheit solch universalen Zuschnitts ist gewiss auch in Tarsis nicht zu entgehen (vgl. Ps 139,7–12). Sie bedient sich souverän der Naturgewalten, um den Propheten mehr oder weniger sanft zu erziehen. So »bestellt« JHWH einen großen Fisch (2,1), einen Rizinusstrauch (4,6), einen Wurm, der ihn wieder zerstört (4,7), und schließlich einen Ostwind (4,8), um Jona zunächst auf den Weg zu seiner Aufgabe zu bringen und ihm schließlich, in einem klassischen Schluss *a minore ad maius*, das Lernziel von der Tiefe des göttlichen Erbarmens nahe zu bringen.

Milde Ironie lassen die Verfasser des Buches auch in ihren teils direkten, teils indirekten Anspielungen auf ihnen bereits bekannte Stücke der biblischen Überlieferung walten. So wirkt Jona in gewisser Hinsicht als Nachfolger des Propheten Elia: Beide müssen fliehen, beide äußern, unter Verwendung der gleichen Worte, den Wunsch zu sterben.[5] Doch während der eine wegen seiner Erfüllung des göttlichen Auftrages das Weite suchen muss und seine Lebensmüdigkeit der daraus entstehenden

---

[5] »Und er wünschte für seine Seele zu sterben« (1Kön 19,4; Jon 4,8).

Erschöpfung entspringt, will sich der andere eben Gott entziehen und findet den Anlass für seine Todessehnsucht im Verwelken eines Gebüsches.

Neben Elia ist Jona in gewisser Weise auch mit Jeremia verwandt, zumindest mit dem Jeremia, der sich in den so genannten »Konfessionen« artikuliert. In ihnen kommt ein Beter zu Wort, der als göttlich berufener Gerichtsprophet gerade an der Langmut JHWHs leidet: »Raffe mich nicht hinweg, während du langmütig im Zorn bist« (Jer 15,15) – in dieser Bitte klingt kritisch die gleiche Eigenschaft Gottes an, die auch Jona beklagt und als Grund für seine Flucht anführt, seine Barmherzigkeit. »Ich wusste doch, dass du ein gnädiger und barmherziger Gott bist, langmütig zum Zorn und voll Gnaden und lässt dich gereuen des Übels«. Eine theologische Zentralaussage über Gottes Wesen wird, in einem direkten Zitat von Joel 2,12–14, problematisiert.[6] Wird im Buch Joel Israel unter Berufung auf das gnädige Wesen Gottes zur Umkehr aufgerufen, welches eine Abkehr von seinem Zorn noch in den Bereich des Möglichen rücke, so nimmt in Jon 3,9 ausgerechnet der König von Ninive diesen Ruf auf[7] – und der Prophet leidet an den Konsequenzen.

So bündelt das Jonabuch in narrativer Form verschiedene theologische Kontroversen: Die Frage nach dem Gottesverhältnis der Heiden, vor allem aber die Frage nach dem Verhältnis zwischen der Gerechtigkeit Gottes und seiner Liebe. Diese, nicht die tätige Buße der Sünder, wird in der Rizinusparabel als Motiv für die Verschonung der Stadt betont, und sie schließt pädagogisch auch den zornigen Propheten ein, der zunächst unter ihr zu leiden hat. Das Buch endet gleichwohl offen – ob Jona und der Leser dieses Lehrstück in göttlicher Freiheit akzeptieren, wird nicht ausgeführt.

Einen anderen Jona führt dagegen der Psalm in Jon 2 vor: Hier hört man nicht den zornigen Gerechten, sondern einen frommen Beter, der, klassische Wasser- und Todesmotivik aufgreifend, aus dem Bauch des Fisches nicht etwa ein Klage-,

---

[6] Vgl. auch Ex 34,6; Num 14,8; Nah 1,3; Ps 86,15; 103,8; 145,8; Neh 9,17, sowie dazu H. Spieckermann, »Barmherzig und gnädig ist der Herr...«, in: ders., Gottes Liebe zu Israel. Studien zur Theologie des Alten Testaments (FAT 33), Tübingen 2001, 3–19.

[7] »Wer weiß? Er wird umkehren und sich erbarmen« (Joel 2,14; Jon 3,9).

sondern ein Danklied anstimmt. Mit der Sprache der Psalmen ist der ins Wasser geworfene Prophet nicht nur in Lebensgefahr geraten, sondern bereits im Bereich des Todes angekommen (vgl. u.a. Ps 18,5f; 42,8; 69,2f) – die »Riegel der Erde« haben sich bereits »auf ewig« hinter ihm geschlossen (Jon 2,7). Sein Schreien sei demnach bereits »aus dem (Mutter)leib der Unterwelt« (Jon 2,3) aufgestiegen, und man mag sich fragen, ob die Metapher hier noch auf das Meer oder bereits auf den eigentlich rettenden Fisch zielt. Gute Gründe sprechen daher dafür, zwischen Jon 2,2(3) und 2,10 eine spätere Hand am Werk zu sehen, die den Propheten zum dankbaren Beter im Tempel stilisiert.[8]

2. Jona in Schriften des Frühjudentums

Will man die Rezeption der Jonagestalt oder des Prophetenbuches in frühjüdischen Schriften als Verständnishintergrund für diejenige des Neuen Testaments heranziehen, so ergibt sich das gleiche methodische Grundsatzproblem wie in jedem anderen Fall eines derartigen »religionsgeschichtlichen Vergleichs« auch: Welche Schriften können dafür legitimerweise überhaupt als Zeugen dienen? Seit der beeindruckenden Zusammenstellung durch Paul Billerbeck pflegt man hier sehr großzügig zu verfahren. Er präsentiert zu Mt 12,39 in einem kleinen Exkurs[9] eine Menge interessanter Jonadeutungen, die er jedoch zum überwiegenden Teil Sammelwerken entnimmt, die vom frühen bis ins hohe Mittelalter datieren.[10] Auch wenn man in Rechnung stellt, dass es sich hierbei um kompilatorische Literatur handelt, die sicherlich auf ältere Traditionen zurückgreift, kann man sie doch schwerlich für die Deutung neutestamentlicher Schriften heranziehen, sondern wird sie zum Teil eher umgekehrt deren Rezeptionsgeschichte zuordnen müssen. Das Problem ist seit langem

---

[8] Vgl. u.a. U. Simon, Jona. Ein jüdischer Kommentar (SBS 157), Stuttgart 1994, 55–58; H.W. Wolff, Studien (s. Anm. 2), 60-62; J. Jeremias, Die Propheten Joel, Obadja, Jona, Micha (ATD 23,3), Göttingen 2007, 90–92.

[9] Vgl. (H.L. Strack/)P. Billerbeck, Kommentar zum Neuen Testament aus Talmud und Midrasch I, München ³1961, 642–649.

[10] Vgl. zu den jeweiligen Datierungen G. Stemberger, Einleitung in Talmud und Midrasch, München ⁸1992.

bekannt, nichtsdestoweniger sind es nach wie vor vielfach die altbekannten Belege aus der Gemara, Pirqe de Rabbi Eliezer oder der Mekhilta de Rabbi Jischmael, mit denen argumentiert wird. Dies soll im Folgenden vermieden werden. Zwar lässt sich im Fall von Jona kein einziger Rezeptionsbeleg beibringen, der gesichert in vorchristlicher Zeit anzusetzen wäre, doch gibt es immerhin Texte, die mit der Entstehung der Evangelien zeitgleich anzusetzen oder nur wenig jünger sind.

So begegnet der Prophet im apokryphen 3. Makkabäerbuch[11] im Bittgebet, das der Priester Eleazar zugunsten der in Alexandria verfolgten Juden vorbringt, als Exempel für bisherige Rettungstaten Gottes. Er wird als letztes Glied in einem quasihistorischen Rückblick genannt, der vom Schilfmeerwunder des Exodus (vgl. Ex 14) über den Abzug Sanheribs (vgl. 2Kön 18f), der Rettung der drei Jünglinge aus dem Feuerofen (vgl. Dan 3) und Daniels selbst aus der Löwengrube (vgl. Dan 6) bis zur Rettung Jonas aus dem Bauch des Fisches reicht (3Makk 6,8). So wie damals möge Gott auch jetzt zugunsten seines Volkes eingreifen.

Ähnlich wird in der Mischna in Taan 2,4 auf Jona als Beispiel einer Gebetserhörung rekurriert, hier jedoch nicht für das Volk Israel als ganzes, sondern für jeden einzelnen: »Der Jona im Bauch des Fisches antwortete, der wird auch euch antworten und auf die Stimme eures Flehens heute hören.«

Nicht im Kontext eines Gebetes, sondern im Rahmen seiner Universalgeschichte, berichtet Josephus von Jona (Ant. 9,205-214). Er schaltet seine Teilparaphrase des Prophetenbüchleins, der Arbeitsweise des Historikers angemessen, dort ein, wo Jona nach der Ersterwähnung zu lokalisieren ist, zur Zeit Jerobeams II., und schließt die Sendung nach Ninive direkt an das Heilsorakel für Israel von 2Kön 14 an. Interessanterweise lässt er, der »so berichtet, wie er es in den Büchern vorfand« (Ant. 9,214), nach der recht genauen Wiedergabe von Flucht, Seesturm und Aufenthalt im Fisch, die Geschichte mit Jonas Heimkehr schließen, nachdem er den Niniviten verkündigt habe, dass »sie alsbald die Herrschaft über Asien verlieren würden« (ebd.). Ihre Buße und

---

[11] Das Buch wird zwischen dem ersten vor- und dem ersten nachchristlichen Jahrhundert angesiedelt, vgl. H. Engel, Die Bücher der Makkabäer, in: E. Zenger u.a. (Hg.), Einleitung in das Alte Testament, Stuttgart ^{6}2006, 312–328: 313.

Verschonung unterschlägt Josephus ebenso wie Jonas theologische Diskussion mit Gott – ihm ging es offenbar mehr darum, ihn seiner paganen Leserschaft als einen weiteren wahren Propheten präsentieren zu können. Die wunderhaften Züge der Reise im Fisch werden dabei vom Geschichtsschreiber Josephus vorsichtig relativiert; der Prophet »soll« lediglich von einem Fisch verschlungen worden sein.

Dies ist, gattungsgemäß, dort anders, wo zum Zwecke der geistlichen Erbauung gesprochen und entsprechend blumiger geschrieben wird. Ein schönes Beispiel hierfür bietet die Homilie »De Jona«, die pseudepigraphisch Philo zugeschrieben wird, tatsächlich aber wohl aus dem zweiten nachchristlichen Jahrhundert stammt.[12] Hier wird nun Jonas Dankpsalm zum Bittgebet. Er selbst reist, Jon 2,7 weiterspinnend, im Bauch des Fisches zu den Grundfesten der Erde und lernt deren Geheimnisse kennen, wobei ihm das Untier »[as] an instrument like a submarine«[13] zu Diensten ist:

»Der Bauch des Ungeheuers war ein Haus für den untergetauchten Propheten, die Augen ein Spiegel dessen, was sich (von) außen zeigte, und der Schlag (seiner) Flosse wie (der Antrieb) eine(r) Königskarosse«.[14]

In dieser Auslegung werden beide, die Leute von Ninive wie auch Jona, durch den Arzt JHWH (vgl. Ex 15,26) geheilt, und der Konflikt zwischen Jonas wahrer Prophetennatur und dem Ausbleiben seiner Botschaft wird elegant aufgehoben: Zwar sei nicht die Stadt Ninive zerstört worden, wohl aber seien die Herzen und Leben ihrer Bewohner ganz und gar umgekehrt worden (vgl. De Jona 195f).

Diese Umkehrung schließt den Propheten mit ein. Seine Heilung vollzieht sich im Bauch des Fisches, und die Todesmetaphorik aus dem Psalm Jon 2 macht es leicht, dies in der Terminologie von Sterben und Wiedergeburt auszudrücken, die ihrerseits im Ausgespienwerden an das Festland bildlich konkret

---

[12] Vgl. F. Siegert, Drei hellenistisch-jüdische Predigten. Ps-Philon, »Über Jona«, »Über Simson« und »Über die Gottesbezeichnung ›wohltätig verzehrendes Feuer‹«. I. Übersetzung (WUNT 20), Tübingen 1980.

[13] S. Chow, The Sign of Jonah Reconsidered. A Study of Its Meaning in the Gospel Traditions (CB.NT 27), Stockholm 1995, 36.

[14] De Jona 64, zitiert nach Siegert, Predigten (s. Anm. 12), 19.

wird. Der Fisch wird, den »Leib der Unterwelt« von Jon 2,4 auslegend, auf diese Weise ambivalent einerseits zum Symbol für den Tod des verschlungenen alten Jona. Er steht aber andererseits auch für den Mutterleib, aus dem der neue Jona (wieder)geboren wird (vgl. De Jona 63). Dies gilt jedoch nicht nur im spirituellen Sinne, vielmehr wird der Prophet selbst darüber hinaus auch zum Zeichen dafür, »wie es sich mit der natürlichen Schwangerschaft verhält«.[15] Jonas Wiedergeburt erfolgt durch den Fisch, die der Einwohner von Ninive dagegen durch des Propheten Predigt (vgl. De Jona 184). Dass der Gerichtsprediger genauso wie seine Adressaten auf die Kraft der Liebe Gottes angewiesen ist, um umkehren zu können, wird diesem, ganz wie im biblischen Buch, schließlich erst durch eine direkte Unterweisung durch Gott selbst offenbar.

Das Danklied Jonas aus dem Bauch des Fisches und seine Rede davon, aus den Klauen des Todes bereits errettet worden zu sein, konnten jedoch auch anders gedeutet werden denn als spirituelle Wiedergeburt. Nimmt man die Verse wörtlich, so stellt sich konsequenterweise die Frage, wovon der Prophet eigentlich spreche, wenn er Gott bereits hier danke. Da die Rettung aus dem Fisch definitiv erst in Jon 2,11 erfolgt, muss wohl eine andere Auferstehungserfahrung gemeint sein. Dieser Gedanke regte im antiken Judentum dazu an, in zeitlicher Nähe zu Jona ben Amittai in der Bibel nach entsprechenden Hinweisen zu suchen, und ließ den Schluss zu, Jona mit dem Sohn der Witwe von Sarepta zu identifizieren, der in 1Kön 17 vom Propheten Elia wiedererweckt wird. Ausgeführt wird diese Verbindung im palästinischen Talmud und im (früh)mittelalterlichen Midrasch (vgl. jSuk 5,55a; BerR 58,11; MTeh 26,7; PRE 33), angelegt erscheint sie jedoch auch schon im Jonaabschnitt der Vitae Prophetarum, einer Sammlung von Prophetenlegenden, die mutmaßlich aus dem ersten nachchristlichen Jahrhundert stammt.[16] Auf eine kurze Notiz über die Herkunft Jonas und seine und seiner Mutter Übersiedlung nach der Ninive-Episode auf einen Altersruhesitz in heidnischem Gebiet, die mit

---

[15] De Jona 98, zitiert nach Siegert, Predigten (s. Anm. 12), 25.
[16] Vgl. A.M. Schwertner, Studien zu den frühjüdischen Prophetenlegenden *Vitae Prophetarum*. Band I. Die Viten der großen Propheten Jesaja, Jeremia, Ezechiel und Daniel. Einleitung, Übersetzung und Kommentar (TSAJ 49), Tübingen 1995, 68f.

der Scham über seine falsche Prophezeiung begründet wird, folgt direkt anschließend die Synchronisierung mit dem Handeln Elias, von dem einzig die Geschichte von der Witwe von Sarepta ein wenig breiter ausgeführt wird: »Und als ihr Sohn starb, erweckte Gott ihn durch Elia wieder aus den Toten, denn er wollte ihm zeigen, dass es nicht möglich ist, Gott davonzulaufen« (Vit. Proph. 10,5). Fraglich ist nun, wer mit dem »ihm« gemeint ist, der Wundertäter oder der Auferweckte. Die Entscheidung wird nicht zuletzt dadurch erschwert, dass auch in den Folgeversen nicht ganz klar wird, ob von nun an noch Elia oder bereits wieder Jona das Subjekt ist. Da jedoch in 10,7 von Tod und Begräbnis des Handelnden die Rede ist – was von Elia schwerlich gesagt werden könnte (vgl. 2Kön 2; Vit. Proph. 21,12) – ist es tatsächlich plausibel anzunehmen, dass auch in 10,5 bereits von Jona gesprochen wird, dem bereits im Knabenalter die Lektion erteilt wird, die er in späteren Jahren erneut zu lernen hat.

3. Jona im Neuen Testament

In den neutestamentlichen Schriften gibt es kein einziges direktes Jonazitat. Dennoch wird, mehr oder weniger versteckt und auf sehr unterschiedliche Weise, auf das Buch Bezug genommen. So ist es durchaus nicht unwahrscheinlich, dass sich die Perikope von der Stillung des Sturmes (Mk 4,35–41parr) an der zweiten Szene des Jonabuches (Jon 1,4–16) orientiert. Hier wie dort kommt es zu einem plötzlichen Sturm, hier wie dort droht das Schiff zu sinken – und hier wie dort liegt die Person, auf die es ankommt, (mit naturalistischen Augen gesehen unwahrscheinlich genug) in tiefem Schlaf (vgl. Mk 4,38; Jon 1,5). Auch das Verhalten der Jünger Jesu und der heidnischen Seeleute ist sich ähnlich: Beide tun, was getan werden kann, sie rufen um Hilfe. Während aber letztere erst über den Umweg der zwecklosen Anrufung fremder Götter und dann durch ein Losorakel herausfinden, wer an Bord die Verantwortung für das schlechte Wetter trägt, wenden sich die Jünger direkt an die einzig zuständige Instanz. In beiden Fällen aber ist die Reaktion auf das Wunder eine ähnliche: Sowohl die Matrosen als auch die Gefährten Jesu »fürchten sich mit großer Furcht« (Jon 1,16; vgl. Mk 4,41), aus der im ersten Falle jedoch der Glaube an JHWH, im zweiten – zunächst jedenfalls – nur eine Art ungläubiges Staunen resultiert. Die Hauptdifferenz liegt aber natürlich darin, auf welche Weise Wind und Wellen wieder beruhigt werden. Jona weiß, dass er als Konsequenz für seinen Ungehorsam die Verantwortung auf sich nehmen und sein Leben opfern muss, während für Jesus ein Wort ausreicht, um die Situation zu entspannen. Die Botschaft ist eindeutig: »Siehe, hier ist mehr als Jona« (Mt 12,41; Lk 11,32).

Dieses Zitat leitet zu der am meisten diskutierten Rezeption des Jonastoffes im Neuen Testament über, der Frage nach dem »Zeichen des Jona«. Während das Markusevangelium nur davon berichtet, dass Jesus die Nachfrage der Pharisäer nach einem »Zeichen vom Himmel« schlicht abschlägig beschieden habe (vgl. Mk 8,11f), wissen Matthäus und Lukas mehr: »Diesem Geschlecht« werde durchaus ein Zeichen gegeben werden, allerdings kein anderes als das »Zeichen des Jona«. Offenbar lag beiden Evangelisten eine derartige Überlieferung nicht nur mit dem Markusevangelium vor, sondern sie kannten sie auch aus der Logienquelle Q. Matthäus hat beide Perikopen in sein Werk aufgenommen, sie aber insoweit aneinander angeglichen, dass anstelle der markinischen Totalverweigerung bei ihm beide Male auf Jona verwiesen wird (vgl. Mt 12,39; 16,4). Eine Deutung darüber, was es mit diesem »Zeichen des Jona« auf sich habe, ergeht jedoch nur im ersten Fall, der Q-Fassung in Mt 12,38–42, die ihre Parallele in Lk 11,16.29–32 hat. Der Blick in die Synopse zeigt nun aber, dass beide Evangelisten unter diesem Zeichen etwas anderes verstehen. Bereits in Q war, über die Figur des Jona, mit der Zeichenforderung ein weiteres Traditionsstück verknüpft worden, das in Lk 11,31f bzw. Mt 12,41f in einem zweifachen Argumentationsgang *a minore ad maius* auf die Verderbtheit »dieses Geschlechts« schließt: Die (heidnische) Königin des Südens sei extra aus der Ferne angereist, um die Weisheit Salomos zu hören, die (heidnischen) Einwohner Ninives hätten auf die Predigt Jonas hin Buße getan – und darum würden beide im »Gericht« die »Männer dieses Geschlechts« verurteilen, die doch, in der Person des Sprechers Jesus, »mehr als Salomo« und »mehr als Jona« vor Augen gehabt hätten, aber, so die unausgesprochene aber zwingende Konsequenz, sich offensichtlich nicht zu seiner Weisheit gewandt und auf seine Predigt hin bekehrt hätten. Im Lukasevangelium wird diese doppelte Gegenüberstellung durch den Vers 11,30 zur Deutung des Jonazeichens gemacht. Ob dies bereits durch die Verfasser von Q oder erst durch die lukanische Redaktion geschieht, ist umstritten;[17] der Vergleich mit Mt 12,40 legt es jedoch eher nahe, ersteres anzunehmen. »Denn wie Jonas den Niniviten zum Zeichen wurde, so wird auch der Menschensohn diesem Geschlecht sein«. »Dieses Geschlecht« wird so die verbindende Klammer, die V. 29f und V. 31f zusammenzieht. Es fordert ein Zeichen, es wird jedoch einzig das des Jona erhalten (V. 29). Dadurch wird es den Leuten von Ninive vergleichbar (V. 30), die jedoch im Endgericht aufgrund ihrer vollzogenen Buße besser dastehen werden (V. 32). Das »Zeichen des Jona« liegt somit für Lukas in der Person Jesu. Sein Auftreten und seine Verkündigung fordern zur Umkehr auf, wie sie Person und Predigt Jonas bei den Leuten von Ninive bewirkt habe. Dass laut Ausweis des Prophetenbüchleins dies durch eine unbedingte Gerichtsprophezeiung erreicht wurde, zu deren Ausführung ihr Promulgator von Gott erst durch Anwendung gelinder Druckmittel bewegt werden konnte und die sich im Rückblick aus jeder anderen als der göttlichen Perspektive als falsch herausstellte, spielt keine Rolle. »Jona« ist nur im Hinblick auf seine Wirkung interessant. Er dient als Paradigma des erfolgreichen Umkehrpredigers.

Anders ist dies bei Matthäus. Hier kommt dem Zwischenvers Mt 12,40, der von der Zeichenforderung zu den Aussagen über das letzte Gericht überleitet, weniger die Rolle zu, beide Themenbereiche miteinander zu verbinden, als bei Lukas. Er konzentriert sich stattdessen ganz auf die Interpretation des Vorangehenden: »Denn wie Jonas im Bauch des Fisches drei Tage und drei Nächte war, so wird der Menschensohn drei Tage und drei Nächte im Herz der Erde sein«. Das »Zeichen des Jona« ist für Matthäus nicht im zweiten Teil der Prophetenlegende zu sehen, es hat rein gar nichts mit seinem Auftreten in Ninive zu tun. Für

---

[17] Vgl. für die erste Auffassung u.a. F Bovon, Das Evangelium nach Lukas. 2. Teilband: Lk 9,51–14,35 (EKK 3/2), Zürich u.a. 1996, 196; für die zweite u.a. jüngst M.A. Powell, Echoes of Jonah in the New Testament, in: Word & World 27 (2007), 157–164: 162f.

ihn geht seine Deutung ganz auf Jon 2, den Aufenthalt im Bauch des Untieres. Durch diesen vollzieht der Prophet gewissermaßen eine Zeichenhandlung, die Jesu Sterben und Auferstehen bereits präfiguriert. Ähnlich wie in »De Jona« dürfte es vor allem die Stelle aus dem Jonapsalm sein, an welcher der Beter für seine Rettung aus dem »Leib der Unterwelt« dankt (Jon 2,3), die den Anlass dafür gab, den Fisch nun nicht wie in der späteren jüdischen Homilie als Symbol für Jonas spirituelle Wiedergeburt, sondern als Hinweis auf die von der christlichen Gemeinde verkündigte Auferstehung Jesu von den Toten zu sehen. Die Zeitangabe der drei Tage passte dafür perfekt (vgl. Mt 16,21; 17,23; 20,19; 27,64) – dass der Prophet, wenn er drei Tage und drei Nächte im Fisch war, eigentlich nicht wie Jesus am Morgen des dritten, sondern erst des vierten Tages wieder unter die Lebenden trat, störte offensichtlich nicht. Das frühchristliche Bekenntnis von der Auferstehung in Verbindung mit der ihm vorliegenden Überlieferung vom Jonazeichen ließen den Evangelisten bei der Suche nach einer Deutung auf die Zahl drei in Jon 2,1 und die Aussage von Jon 2,3 stoßen.

Die Zahlenangabe ist es letztlich auch, die immer wieder zu der Frage anregt, ob auch Paulus diese Interpretation bereits gekannt habe, wenn er in 1Kor 15,3f die Gemeinde von Korinth an die gemeinsame Glaubenstradition erinnert, »dass Christus für unsere Sünden gestorben ist nach der Schrift, und dass er begraben wurde und dass er auferweckt wurde am dritten Tage nach der Schrift«. Doch dass der Apostel hier wie Matthäus an Jona denkt, ist eher unwahrscheinlich. Das Motiv der Rettung am dritten Tage ist in der Bibel breiter bezeugt,[18] und insbesondere Hos 6,2 kommt als Bezugsstelle viel eher in Frage – nicht zuletzt wegen der passenden Zählung auf den dritten und nicht den vierten Tag.

Im Fortgang der (nachbiblischen) christlichen Jonarezeption fand schließlich eine verhängnisvolle Verschiebung statt. Neben der Linie, die im Anschluss an Matthäus in dem Propheten im Fisch die Auferstehung Jesu vorgezeichnet sah, richtete sich,

---

[18] Ri 20,13; 2Kön 20,5.8, in gewisser Weise auch Ex 19,11.16; vgl. dazu W. Schrage, Der erste Brief an die Korinther. Teilband 4: 1 Kor 15,1–16,24 (EKK 7/4), Zürich u.a. 2001, 41f.

einhergehend mit der sich verfestigenden Trennung der frühen Kirche vom Judentum, das Augenmerk der Ausleger wieder verstärkt auf die bußfertigen Niniviten. Als Kirche mit heidnischen Wurzeln identifizierte man sich voll und ganz mit diesen »Guten« der Geschichte, der Prophet dagegen repräsentierte nicht mehr den Vorläufer des Umkehrpredigers Jesus wie bei Q und Lk. Er wurde stattdessen in seinem Grimm nach Jon 4 zum Prototyp des »verstockten Judentums« – die Belege für diese Lesart reichen bis in die jüngste Vergangenheit.[19] Diese Deutung wird weder dem Buch Jona gerecht noch seiner Rezeption im Neuen Testament. Auch die Linie zwischen den Niniviten und den »Männern dieses Geschlechts« bei Mt und Lk kann nicht entlang der Konfessions- und Religionsgrenzen gezogen und schon gar nicht unkritisch über zwei Jahrtausende hinweg transportiert werden. Angesprochen sind die Zeitgenossen Jesu, und jede heutige aktualisierende Deutung dieses Einzelzuges wird gut beraten sein, mit einer Zuweisung zu einer der gegensätzlichen Gruppen zurückhaltend zu verfahren. Das Jonabuch selbst gibt ein Zeugnis davon, dass die Liebe Gottes größer ist als die Vernunft auch des (selbst)gerechten Frommen, den sie gleichwohl mit umfasst.

---

[19] Vgl. die Beispiele bei E. Zenger, Was wir Christen von der jüdischen Schriftauslegung lernen können, in: BiKi 51 (1996), 46–53.

Alexandra Grund

Der Friedensherrscher aus Bethlehem (Mi 4,14–5,3)

Alle Jahre wieder hören Christinnen und Christen die Weihnachtsgeschichte und machen sich am Heiligabend in Gedanken mit Maria und Josef, den Hirten und den drei Weisen aus dem Morgenland auf den Weg nach Bethlehem. Dass Jesus in Bethlehem geboren wurde, wird von den Kindheitsgeschichten des Lk- und des Mt-Evangeliums, und mit ihnen von einem breiten frühchristlichen Traditionsstrom überliefert. Aus Sicht der Bibelwissenschaften jedoch steht die Historizität der Geburt Jesu in Bethlehem durchaus in Frage – die neutestamentlichen Geburtsgeschichten Jesu sind ja auch nicht an Historizität im modernen Sinne, sondern an den theologischen Dimensionen der Geburt Jesu und ihrer Umstände interessiert. Und die Überlieferung von der Geburt Jesu in Bethlehem ist eben untrennbar mit der Vorstellung verbunden, dass der erwartete Messias, genau wie einst der ideale König David, in Bethlehem zur Welt kommt. Diese Erwartung, so sagen die neutestamentlichen Geburtsgeschichten, ist bei Jesu Geburt in Erfüllung gegangen.

1. Micha 4,14–5,3 in seinem ursprünglichen Kontext

Ihren alttestamentlichen Haftpunkt hat die Vorstellung, dass sich in Jesu Geburt das Kommen des Messias aus Bethlehem erfüllt hat, in der Verheißung eines künftigen Heilsherrschers[1] beim Propheten Micha (Mi 4,14–5,3),[2] auf die Matthäus mit einem

---

[1] Der geläufigere Begriff der »messianischen Verheißung« wird im Folgenden nicht verwendet, da in den alttestamentlichen Verheißungen eines künftigen Heilsherrschers der Begriff *mašiach* (Gesalbter; gräzisiert Messias) nicht vorkommt.

[2] Der Masoretische Text und die Septuaginta markieren vor Mi 5,1 einen Einschnitt, doch sprechen deutliche Signale für den auch in der Vulgata gekennzeichne-

Schriftzitat ausdrücklich Bezug nimmt (Mt 2,6). Doch was bedeutete diese alttestamentliche Verheißung in ihrer ursprünglichen Situation? Wie sieht das Bild aus, das sie von dem kommenden Heilsherrscher zeichnet? Betrachten wir den alttestamentlichen Text also zunächst etwas genauer. Er lautet:

4,14 Nun! Zerkratze dich, Tochter der Kriegsschar! Man hat eine Belagerung gegen uns aufgerichtet. Mit dem Stab schlagen sie auf die Wange den Richter Israels. 5,1 Du aber, Bethlehem Efrata, klein unter den Tausendschaften von Judah, aus dir wird mir hervorgehen der Herrscher in Israel, dessen Herkunft von Vorzeit her ist, aus fernsten Tagen. 2 Deshalb gibt er sie dahin bis zur Zeit, da eine Gebärende geboren hat, und der Rest seiner Brüder zurückkehrt zu den Israeliten. 3 Und er wird auftreten und wird weiden mit der Kraft JHWHs, in der Hoheit des Namens JHWHs, seines Gottes, und sie werden [sicher] wohnen, denn nun wird er groß sein bis an die Enden der Erde.

Zu diesem Abschnitt sind immer wieder auch die Verse Mi 5,4f gezählt worden:

4 Und dies wird Friede sein: Assur, wenn es in unser Land kommt, und in unsere Paläste tritt, dann werden wir gegen ihn sieben Hirten und acht Menschenfürsten aufstellen. 5 Und sie werden das Land Assur mit dem Schwert weiden und das Land Nimrod in seinen Toren, und er wird vor Assur retten, wenn es in unser Land kommt, und es in unser Land eintritt.

Die Verse V. 4b–5 stammen aber von einem anderen Verfasser. Denn sie stellen der Verheißung eines völlig auf JHWH und seine Kraft bezogenen Herrschers von V. 1–3 ein auf menschliche Anführer gestütztes kriegerisches Konzept entgegen, wonach man gegen eine angreifende assyrische Heeresmacht militärisch vorgehen, sie bis in ihr Land verfolgen und dort höchst unsanft mit dem Schwert »weiden« werde. Und auch V. 4a gehört vermutlich nicht mehr zur ursprünglichen Verheißung Mi 4,14–5,3. Manche Ausleger übersetzen zwar, was durchaus möglich ist, V. 4a mit: »Dieser wird Friede sein«, beziehen den Frieden also auf den angekündigten Herrscher selbst und zählen diesen Satz noch

---

ten Beginn des Sinnabschnitts mit 4,14. Dazu zählen insbesondere die Beobachtungen, dass die vorangehenden Abschnitte 4,9f und 4,11–13 parallel gestaltet sind und dass 4,14 sonst zwischen den Redeeinheiten 4,9f; 4,11–13 und 5,1–3 in der Luft hinge.

zum vorangehenden Abschnitt. Vorzuziehen ist jedoch die obige Übersetzung, in der »dies« sich auf den Verteidigungsplan gegen die Assyrer bezieht. Denn V. 3 bildet bereits einen sinnvollen Abschluss von 4,14–5,3, um den die Motive »klein« (5,1) und »groß« (5,3) und das Stichwort »jetzt« (4,14; 5,3) einen Rahmen bilden. Und mit der Formulierung »Und es/er wird sein« werden im Alten Testament im Allgemeinen und in Mi 5,4–14 im Besonderen fast immer neue Textabschnitte eingeleitet. Dieser Befund ist freilich ernüchternd: Gerade auf dem Hintergrund von Texten wie Mi 4,1–5, der Vision der Umschmiedung von Schwertern zu Pflugscharen, bleibt es irritierend, dass ausgerechnet der kriegerische Verteidigungsplan von Mi 5,4f als Friedenskonzept, als »Schalom« präsentiert wird. Und diese Deutung hat auch zur Folge, dass der in 4,14–5,3 verheißene Herrscher gar nicht explizit als Friedensherrscher beschrieben wird – dieses Verständnis kommt erst später, etwa in der lateinischen Bibelübersetzung der Vulgata, zum Ausdruck.

Da sich der Prophetenspruch Mi 4,14–5,3 nicht ohne Weiteres erschließt, wollen wir ihn genauer betrachten. Dieser Abschnitt stammt kaum noch vom Propheten Micha aus dem 8. Jh.,[3] sondern von späteren Tradenten des Micha-Buchs und blickt bereits auf die Erfahrung der Zerstörung Jerusalems durch die Neubabylonier zurück. Und so stellt Mi 4,14 die Lesenden unmittelbar in die Situation der Eroberung Jerusalems und der Niederlage des davidischen Königshauses, die in das Jahr 587 v.Chr. fällt.[4] Der gedemütigte König wird hier mit dem alten Herrscherterminus »Richter«[5] bezeichnet. Der schmähende Schlag auf seine Wange durch den fremden Herrscherstab besiegelt das Ende der Königswürde des Jerusalemer Herrschers (vgl. Mi 4,9). In dieser Kriegssituation heißt Jerusalem nicht mehr »Tochter Zion«, sondern »Tochter der Kriegsschar«[6] und wird zum Wundritzen

---

[3] Zur Begründung s. bereits H.-W. Wolff, Micha (BK.AT XIV/4), Neukirchen-Vluyn 1982, 108.

[4] Der verwendete Begriff für Belagerung *maṣôr* wird vor allem für Nebukadnezars Belagerung gebraucht: 2Kön 24,10; 25,2; Ez 4,3.7; 5,2.

[5] Aufgrund der Assonanz von hebräisch *šôpeṭ* »Richter«, mit *šebæt*, »Herrscher- bzw. Hirtenstab«.

[6] Diese Formulierung ist »Tochter Zion« (Mi 4,8.10.13) nachempfunden und ruft Assoziationen an die militärischen Bedrohungen von außen hervor. Zudem liegt hier ein Wortspiel vor zwischen »wundritzen« (*gdd*) und »Kriegsschar« (*g^edûd*). Die

aufgefordert – einem Trauerritus, bei dem sich die Trauernden mit Messern selbst verletzen.[7] Und so ist auch der historische Ort dieses Textes am ehesten in der exilischen Situation zu suchen, in der das Ende der davidischen Königsdynastie besiegelt schien.

In dieser gänzlich hoffnungslosen Lage wird nun aber von einem ganz anderen Ort her neue Hoffnung angekündigt: Mi 5,1[8] wendet sich von Jerusalem ab und ausgerechnet dem kleinen Bethlehem Efrata[9] zu – dem Heimatort des Königs Davids und bereits seines Vaters Isai, dem »Efratiter« (1Sam 17,12). Gott greift also zurück auf die allerersten Ursprünge des Herrschertums in Israel, um für ganz Israel – nicht bloß für Juda – eine neue Zukunft heraufzuführen. Wie einst David, so wird auch in der Zukunft wieder ein ganz auf JHWH bezogener Herrscher[10] Israel leiten. Die Anspielung auf Gottes einstigen Auftrag an den Propheten Samuel zur Salbung Davids in 1Sam 16,1[11] ist unverkennbar. Dort heißt es: »Ich will dich zu dem Bethlehemiter Isai senden; denn ich habe mir unter seinen Söhnen einen zum König ausersehen.« Und dann kommt es dort bekanntlich noch überraschender. Denn JHWHs Wahl fällt ausgerechnet auf den kleinsten der Söhne Isais, der noch die Schafe des Vaters hütet: David.

Die gleiche Vorliebe Gottes für das menschlich gesehen Unbedeutende und Kleine unterstreicht nach Mi 5,1 auch die »herausragende Kleinheit« Bethlehems. Hier ist betont nicht an die Fortsetzung des Königtums durch die schuldbeladene davidische Dynastie gedacht,[12] sondern an einen neuen David. Wie in der bekannten Herrscherverheißung aus Jes 11,1, wonach ein neuer Zweig aus dem abgehauenen Stumpf Isais hervorgehen[13] wird,

---

Bedeutung »Ritzung« ist für $g^e d\hat{u}d$ nicht belegt, vgl. jedoch die Übersetzung bei R. Kessler, Micha (HThK), Freiburg i. Br. 1999, 218.

[7] Vgl. Dtn 14,1; 1Kön 18, 28, aber auch Jer 16,6 u.a.

[8] In der Formulierung ähnlich wie 4,8.

[9] Im Unterschied zu Bethlehem in Sebulon. Wolff überträgt »Bethlehem« treffend als »Brothausen« und »Efrata« als »Fruchtfeld«; H.-W. Wolff, Micha (BK.AT XIV/4), Neukirchen-Vluyn 1982, 116.

[10] Das unterstreicht die ungewöhnliche Formulierung »mir«.

[11] Vgl. auch 1Sam 16,3; 2Sam 7,14.

[12] Der Begriff »König« ist hier zugunsten des Begriffs »Herrscher« bewusst vermieden (vgl. Jer 30,21).

[13] Vgl. $j\hat{o}'$ hervorgehen in Jes 11,1 mit $j\hat{o}'$ in Mi 5,1 (vgl. zu $j\hat{o}'$ in Herrscherverheißungen 2Sam 7,12; Jer 30,21); vgl. ferner »Geist JHWHs« in Jes 11,2 mit »Kraft JHWHs« in Mi 5,3.

geht der völlige Neubeginn von den idealen Anfängen aus (vgl. Am 9,11).

Noch anspielungsreicher ist Mi 5,2.[14] Denn die Geburtsankündigung nimmt offenbar Bezug auf Mi 4,9f, wo Israels Not, wie häufig im Alten Testament, mit dem Bild der Geburtswehen beschrieben wird. Die angekündigte Geburt, so unterstreicht Mi 5,2, beendet die notvolle Zeit der »Wehen«, an die Israel im Exil dahingegeben ist. Denn die Rückkehr des »Restes seiner Brüder«[15] in V. 2b bedeutet ja die Heimkehr der Verbannten aus dem babylonischen Exil. Die verheißene Geburt könnte, wie von einigen Exegeten vertreten wird,[16] also allein metaphorisch für einen Neuanfang stehen. Andere sehen hier dagegen die Geburtsankündigung eines kommenden Heilsherrschers, zumal Mi 5,2 teils wörtlich der berühmten Geburtsankündigung des Immanuel (»Gott ist mit uns«) in Jes 7,14 entspricht – eben dem Text, der zur »Mutter« aller Verheißungen der Geburt eines künftigen Heilsherrschers geworden ist.[17] Doch ist dies, wie Utzschneider gezeigt hat, eine falsche Alternative: »Gleichwohl wird man die beiden hier erwogenen Deutungen nebeneinander stehen lassen können und müssen.«[18] Dass dieser neue Herrscher als »guter Hirte« seines Volks vorgestellt wird, ist angesichts der weiten Verbreitung des Hirtentitels in der altorientalischen und israelitischen Königsideologie nicht ungewöhnlich. Israel unterschied

---

[14] Viele Ausleger halten Mi 5,2 für einen Nachtrag, da er eine Verzögerung der Verheißung von 5,1 reflektiert und JHWH hier Subjekt ist, der in 5,1 noch Sprecher war. Andererseits, so haben manche eingewendet, ist ein solcher Subjektwechsel im Kontext häufig und könnte ein stilistisches Mittel sein (vgl. etwa Kessler, Micha [s. Anm. 6], 220). Auch die Reflexion über die Leiden bis zum Eintreten der Verheißungen wäre im ursprünglichen Text fehl am Platze, und die Motivik der Gebärenden fügt sich bestens in das Bildfeld des weiteren Kontextes (vgl. Mi 4,8).

[15] Vermutlich ist hier an das dtr. Ideal eines Herrschers gedacht, der aus der Mitte seiner Brüder stammt und sich nicht über sie erhebt (Dtn 17,15).

[16] Vgl. T. Lescow, Das Geburtsmotiv in den messianischen Weissagungen bei Jesaja und Micha, ZAW 79 (1967) 172–207, 199f; Kessler, Micha (s. Anm. 6), 225.

[17] Auch mit Jes 9,1–6 ist Mi 5,1–3 verbunden: außer im Geburtsmotiv (Mi 5,2 vgl. Jes 9,5) in den fernzeitlichen Dimensionen (Mi 5,1, vgl. Jes 9,6 sowie den Thronnamen Vater von »Ewigkeit« 9,5) und der Größe seiner Herrschaft (Mi 5,3, vgl. Jes 9,6). Vgl. auch Mi 5,4f mit der Rettung aus der assyrischen Bedrohung nach Jes 9,2.3.4 sowie das Friedensmotiv Mi 5,4 mit dem Thronnamen »Anführer des Friedens« Jes 9,5.

[18] H. Utzschneider, Micha (ZBK.AT 24,3), Zürich 2005, 113.

dabei sehr genau zwischen guten und schlechten Hirten des Volks,[19] und den zukünftigen Heilsherrscher erwartete man selbstverständlich als »guten Hirten«.[20] Doch mit keinem bisherigen Herrscher ist die Hirtenvorstellung so eng und so konkret verbunden wie mit dem einstigen Schafhirten David, dem Gott durch den Propheten Nathan in 2 Sam 7,8–10 ansagte:

8 ... So hat JHWH der Heere gesprochen: Ich habe dich von der Weide genommen, hinter der Schafherde weg, dass du Anführer sein sollst über mein Volk, über Israel. 9   Und ich war mit dir überall, wohin du gegangen bist, und rottete alle deine Feinde vor dir aus. Und ich mache dir einen großen Namen gleich dem Namen der Großen, die auf Erden sind. 10 Und ich setze für mein Volk, für Israel, einen Ort fest und pflanze es ein, und es wird an seiner Stätte (sicher) wohnen... .[21]

Wie der kleine Schafhirte David etwa bei seinem Sieg gegen Goliath (1Sam 17) ganz auf JHWHs Kraft angewiesen ist, so ist es nach Mi 5,3 auch die »Kraft JHWHs, seines Gottes«, durch die der künftige Heilsherrscher das Volk Israel sicher wohnen lassen wird und die auch ihn selbst groß werden lässt.

2. Die Rezeption von Mi 4,14–5,3 im Neuen Testament

Vor allem aus der Verheißung Mi 4,14–5,3 speist sich nun zu neutestamentlicher Zeit die Erwartung, dass der Messias wie einst David in Bethlehem geboren wird. Diese Erwartung wird mindestens an drei Stellen des Neuen Testaments vorausgesetzt, allerdings in sehr unterschiedlicher Form. Am deutlichsten markiert ist die Rezeption des alttestamentlichen Prophetentextes im Zusammenhang der Erzählung von der Anbetung Jesu durch die drei Weisen Mt 2,1–11, zumal Mi 5,1.3 in Auszügen sogar als eines der typisch matthäischen Reflexionszitate wörtlich eingebracht wird. Auch die lukanische Geburtsgeschichte Jesu (Lk 2,1–20) geht selbstverständlich davon aus, dass die Geburt Jesu in Bethlehem geschehen ist, liefert aber eine von Mt abweichende Erklä-

---

[19] Jer 23,1f; Ez 34,1ff; Nah 3,18.
[20] Jer 25,5f; Ez 34,23f; 37,24f.
[21] Vgl. ähnlich auch 2 Sam 5,2; Ps 78,70–72.

rung, wie der bekanntermaßen aus Nazareth stammende Jesus in Bethlehem zur Welt kommen konnte. Ein nochmals ganz anderes Bild bietet das Joh-Ev, wo in Joh 7,41f die Erwartung der Herkunft des Gesalbten aus Bethlehem sogar als Argument gegen die Messianität des Galiläers Jesus eingewendet wird.

Die Evangelien setzen somit einhellig eine jüdische Erwartung der Geburt des Messias in Bethlehem voraus. Diesem neutestamentlichen Bild der jüdischen Messiaserwartung stehen jedoch nur verblüffend wenig zeitgenössische jüdische Zeugnisse der Erwartung des Messias aus Bethlehem zur Seite.[22] Man könnte hier vielleicht den Prophetentargum nennen, die Übersetzung des Alten Testaments in die aramäische Volkssprache des palästinischen Judentums, in der in Mi 5,1 der Begriff Messias vereindeutigend hinzugefügt wird: »Du Bethlehem Eprata ... aus dir soll vor mir hervorgehen der Messias ...«. Doch auch wenn der Targum früher entstanden sein wird – redigiert worden ist er erst etwa im 5. Jh. n.Chr.[23] und ist damit für das Judentum des 1. Jh. n.Chr. alles andere als ein verlässlicher Beleg. Dass der Messias gemäß Mi 5,1 aus Bethlehem kommen soll, ist vielmehr eine erst auf dem Boden des Frühchristentums erstarkte, auf Schriftgelehrsamkeit beruhende Tradition. Dass der Schriftbeleg für die Herkunft des Gesalbten aus Bethlehem in Justins Dialog mit Tryphon (etwa 155–160 n.Chr.) im Munde des Christen Justin und nicht etwa seines jüdischen Gesprächspartners angeführt wird (Dial. 78,1), ist für diesen Befund also durchaus charakteristisch.

Auch Mi 5,4a hat möglicher Weise im Neuen Testament einen Nachhall gefunden, und zwar in Eph 2,14, wo Christus als »unser Friede« bezeichnet wird. Sollte hier eine bewusste Anspielung auf Mi 5,4 vorliegen,[24] dann allerdings nicht auf die LXX-Version, die den Frieden nicht auf den

---

[22] Vgl. dazu etwa J. Gnilka, Das Matthäusevangelium I. Teil. Kommentar zu Kap. 1,1–13,58 (HThK 1,1), Freiburg u.a. 1986, 39f; P. Fiedler, Das Matthäusevangelium (ThKNT 1), Stuttgart 2006, 58. Für die Belege s. (H.L. Strack/) P. Billerbeck, Kommentar zum Neuen Testament aus Talmud und Midrasch I, München ³1961, 83. In Pirqe Eliezer 3,2b wird nicht die Herkunft des Messias aus Bethlehem aus Mi 5,1 hergeleitet, sondern die Präexistenz seines Namens.

[23] Vgl. R. Schnackenburg, Das Johannesevangelium (HThK 4/1), Freiburg u.a. ⁴1985, 219 mit Anm. 4.

[24] So etwa R. Schnackenburg, Der Brief an die Epheser (EKK X), Zürich u.a. 1982, 113.

angekündigten Heilsherrscher bezieht, sondern übersetzt: »Und es wird dieser Friede sein« (*kaí éstai háutē eirēnē* Mi 5,4LXX). Eph 2,14 hingegen lautet: »Denn er ist unser Friede (*autós gár estin hē eirēnē hēmōn*)« und geht allenfalls auf eine – unwahrscheinlichere, aber mögliche – Deutung des hebräischen Textes zurück, wonach der Heilsherrscher von Mi 4,14–5,3 selbst als »Friede« bezeichnet wird.[25] Dass Christus im Neuen Testament sonst nirgends als »Friede in Person« bezeichnet wird, spricht dafür, dass hier tatsächlich eine Anspielung auf die messianisch gedeutete Verheißung aus Mi 5 vorliegt. Mit ihr wird unterstrichen, dass die Stiftung einer neuen Gemeinschaft von Juden und Heiden in der Kirche durch Christus alttestamentlichen Verheißungen[26] entspricht.

Betrachten wir die Rezeptionen von Mi 4,14–5,3 in den Evangelien nun im Einzelnen – zunächst die Erzählung von den Weisen aus dem Osten in Mt 2,1–12, die in der kirchlichen Tradition Evangeliumstext am Epiphaniasfest ist. Über die Geburt Jesu berichtet Matthäus nichts Genaues. Bemerkenswert ist allerdings, dass Maria und Josef nach Mt 2 offenkundig bei der Geburt in ihrem eigenen Haus in Bethlehem wohnen (2,11) und sich erst nach der Flucht nach Ägypten in Nazareth in Galiläa ansiedeln (2,39), das als Herkunftsort Jesu viel besser bezeugt ist (Mk 6,1–6 par Mt 13,54–58; Joh 1,46; 7,41f). Nach der Geburt Jesu in Bethlehem gelangen die heidnischen Weisen (*magoi*)[27] durch Sternkunde und Weisheit immerhin bis zu der Erkenntnis, dass ein Königskind geboren worden ist. Doch erwarten sie es zunächst in der Hauptstadt Jerusalem, wo sie nach dem neugeborenen »König der Juden«[28] fragen. Dieser Titel deckt unmittelbar die Konkurrenz zum herrschenden Judenkönig Herodes auf, der die Gefahr für seine Herrschaft auch sofort erkennt. Nach dem Geburtsort des Christus befragt, geben dann die »Hohenpriester und Schriftgelehrten« in Mt 2,6 eine – auch angesichts der tat-

---

[25] Vgl. etwa die Vulgata (Mi 5,5): »*et erit iste pax*«. In Eph 2,14 wird in der Vulgata aber auch nicht auf den Wortlaut des Prophetentextes Bezug genommen, sondern formuliert: »*ipse est enim pax nostra*«.

[26] Vgl. u.a. auch Eph 2,17 mit Jes 57,19.

[27] Magos »meint zunächst einen Angehörigen der persischen Priesterkaste, wird dann aber ausgeweitet und bezeichnet seit dem Hellenismus auch andere Vertreter östlicher Theologie, Philosophie und Naturwissenschaft«; U. Luz, Das Evangelium nach Matthäus (Mt 1–7) (EKK 1/1), Düsseldorf u.a. ⁵2002, 172.

[28] Dieser Titel begegnet stets im Munde von Nichtjuden (Mt 2,2; 27,11.29.37) und weist voraus auf die Passionsgeschichte.

sächlichen Quellenlage der zeitgenössisch jüdischen Messiaserwartungen – verblüffend eindeutige Antwort: Aus Bethlehem in Judäa. Und sie zitieren als Beleg das Prophetenwort aus Micha 5. Im Munde der Schriftgelehrten verzichtet Mt dabei auf die übliche Erfüllungsformel »damit erfüllt würde, was von dem Herrn (o.ä.) geredet ist« und setzt, wie häufig, den zitierten Text aus verschiedenen alttestamentlichen Stellen zusammen, nämlich aus Mi 5,1.3 und 2Sam 5,2. Zudem wandelt er ihn an einigen Stellen in seinem Sinne um: Statt des ungeläufigen »Bethlehem Efrata« (MT) oder »Haus von Efrata« (LXX) unterstreicht er mit »Bethlehem, Land Judas« die Geburt des Christus in Juda (vgl. bereits Mt 2,1.5). Wenn er im zum MT entgegengesetzten Sinn »keineswegs« einfügt, dann zieht er aus der Größe des kommenden Heilsherrschers bereits die Konsequenzen für die Bedeutsamkeit seines Geburtsorts. Statt Tausendschaften in Mi 5,1 (MT: *'alpê;* LXX: *en chiliásin*) kann bei etwas anderer Vokalisation des hebräischen Textes (*'allûpê*) »Fürsten« gelesen werden, wie es sich in Mt 2,6 (*en tois hēgemósin*) widerspiegelt, wodurch der Begriff »Herrscher« (*hēgoúmenos*)) in Mi 5,3 vorbereitet und unterstrichen wird. Auch die mit Mi 5 motivverwandte Zusage an David in 2Sam 5,2 ist von Matthäus durchaus mit Bedacht mit Mi 5,3 zusammensetzt worden. Denn 2Sam 5,2 beinhaltet zusätzlich den für Matthäus so wichtigen Gottesvolkgedanken und das Motiv des »guten Hirten«. Mit diesem Zitat bereitet Matthäus das in seinem Evangelium noch mehrfach aufgegriffene Bild Jesu als des Hirten der »verlorenen Schafe Israels« vor (vgl. Mt 9,36; 15,24; 26,31).

Erst die Schrift kann also den anbetungswilligen Nichtjuden aus dem Morgenland eine präzise Auskunft geben, wo sie den neugeborenen König der Juden finden, und so ziehen die Weisen weiter nach Bethlehem, um vor ihm die Königen und Göttern vorbehaltene Anbetung (»Proskynese«) zu vollziehen und ihre Geschenke zu überreichen (vgl. Ps 72,10f.15; Jes 60,6). Die religiösen Autoritäten Jerusalems vermögen hingegen aus ihrem schriftgelehrten Wissen über den Geburtsort des Christus nicht die rechten Konsequenzen zu ziehen. Und dass König Herodes bloß vorgibt, den neugeborenen König anbeten zu wollen (Mt 2,7f), in Wahrheit jedoch ganz anderes im Schilde führt, das vermuten die Lesenden bereits an dieser Stelle – noch bevor sie in der Geschichte vom Kindermord zu Bethlehem die wahren, brutalen Pläne des Jerusalemer Herrschers erfahren.

Die Geburt Jesu in Bethlehem ist, wie dann auch die in Mt 2,15 durch Hos 11,1 gedeutete Flucht nach Ägypten, Teil einer »theologischen Geographie«.[29] Gewiss ist der Bezug auf Mi 5 und 2Sam 5 nur eine der aufgenommenen Traditionen.[30] Doch wird die könig(tum-)skritische Stoßrichtung von Mi 4,14–5,13, das die unbedeutenden Ursprünge des idealen Herrschers in Bethlehem dem schuldbeladenen Jerusalemer Königtum entgegenstellte, hier in erstaunlich hohem Maße fortgesetzt. Auch das Motiv der Größe des Herrschers »bis an die Enden der Erde« (Mi 5,3) spiegelt sich in der »Völkerwallfahrt« der von weit her kommenden Weisen wider, die bereits den Welthorizont der Bedeutung des Christus Jesus unterstreicht (vgl. dann Mt 8,10–12; 28,18–20).

Auch die lukanische Kindheitsgeschichte Jesu berichtet mit großer Selbstverständlichkeit von der Geburt des Retters (*soter*), des Gesalbten (*christos*) in der Stadt Davids, nämlich Bethlehem (vgl. v.a. Lk 2,11), allerdings ohne nach Art des Matthäus die Schrift ausdrücklich zu Wort kommen zu lassen. Auch bringt Lukas mit der Schätzung des Augustus eine andere Erklärung, warum der Nazarener Jesus in Bethlehem geboren wurde.

Sehr viel hintergründiger erscheint die Tradition der Herkunft des Messias aus Bethlehem aber im Johannesevangelium, im Abschnitt über eine Diskussion der Messianität Jesu in Joh 7,40–44. Drei Gruppen im jüdischen Volk reagieren hier auf seinen Offenbarungsruf in Joh 7,37–39: Die erste hält Jesus für »den Propheten«, womit vermutlich der in Dtn 18,15–18 verheißene »Prophet wie Mose« gemeint ist.[31] Die zweite hält ihn für den Christus, die dritte hingegen bestreitet genau das mit dem Argu-

---

[29] M. Görg, Art. Bethlehem, NBL 1 (1991) 284f.285.
[30] Zu ihnen zählt etwa auch die Mose-Haggada (vgl. Joseph., Ant. 2,205f.215; Ex rabba 1 u.a.), durch die Mt die Entsprechung zwischen erstem und letztem Befreier unterstreicht.
[31] Vgl. Joh 6,14. Die Titel »Prophet« und »Christus« sind zu unterscheiden, aber nicht gegeneinander auszuspielen, zumal auch der Titel »Christus« nicht Ziel- und Höhepunkt der johanneischen Christologie ist, vgl. dazu H. Thyen, Das Johannesevangelium (HNT 6), Tübingen 2005, 407–409.

ment, dass dieser nach der Schrift doch aus dem Samen Davids[32] und aus Bethlehem kommen soll, während man Jesus als Galiläer kennt (vgl. bereits Joh 1,45).[33] Nun gibt Johannes selbst weder hier noch sonst in seinem Evangelium einen Hinweis darauf, dass Jesus in Bethlehem geboren sei, sondern bezeugt lediglich mehrfach die Herkunft aus Nazareth und aus Galiläa. Kannte Johannes also die Überlieferung von der Geburt Jesu in Bethlehem gar nicht? Doch das ist unwahrscheinlich, da ihm das Motiv der Geburt des Christus in Bethlehem kaum aus dem außerchristlichen Bereich bekannt war, wo es im zeitgenössischen Judentum doch keine nennenswerte Rolle spielte. Johannes legt vielmehr in seinem ironischen Stil den jüdischen Skeptikern ein unfreiwilliges Zeugnis zugunsten der Messianität Jesu in den Mund.[34] Zugleich ist die Frage nach dem Geburtsort für den Evangelisten aber »nur eine unbedeutende Angelegenheit im Vergleich zu der Frage, ob er ... von Gott kommt oder nicht«[35] (vgl. Joh 7,28f; 8,14.23). Ähnlich ist ja auch das einst königsideologische und auf einen davidischen Heilsherrscher bezogene Motiv des »guten Hirten« in Joh 10,1–19 auf spezifisch johanneische Weise ausgeweitet und transformiert worden.

3. Fazit

In Mi 4,14–5,3 wird für eine vergleichsweise nahe Zukunft die Geburt eines David redivivus als eines neuen Heilsherrscher über Israel angekündigt. Nun wurde im Fortgang der Geschichte Israels zwar die Hoffnung auf die Heimkehr aus dem babylonischen Exil erfüllt, doch konnte man die ärmlichen, von sozialen Spannungen geprägten Verhältnisse der frühnachexilischen Zeit

---

[32] Während die Herkunft aus Bethlehem aus Mi 5,1 zu belegen ist, kann man sich für die Zugehörigkeit zur Nachkommenschaft Davids nur auf 2Sam 7,12–16; Ps 89,4f; Jes 9,5; Jer 23,5 o.ä. berufen.

[33] Wenn von anderen im Volk nur kurz zuvor, in Joh 7,26f, Jesu Messianität dagegen damit bestritten wird, dass beim Christus niemand wissen wird, woher er kommt (vgl. Joh 6,42), spiegelt sich in Joh 7 recht gut die Vielfalt der frühjüdischen Messiaserwartungen.

[34] Thyen, Johannesevangelium (s. Anm. 31), 410; C.K. Barrett, Das Evangelium nach Johannes (KEK), Göttingen 1990, 337f.

[35] Barrett, Johannesevangelium, 337.

unter der Administration des davidischen Statthalters Serubbabel kaum als glanzvolle Heilszeit unter einem neuen David verstehen: Die Realität blieb weit hinter den Erwartungen zurück, die Verheißung blieb unabgegolten. Doch war sie damit nicht abgetan, vielmehr wurde sie wie andere Verheißungen eines kommenden Heilsherrschers sogar noch weiter aufgeladen. Die in frühjüdischer Zeit mit ihr verbundene Erwartung ging damit bereits in vorchristlicher Zeit über den ursprünglichen Textsinn hinaus. Eine solche Deutung erscheint aus streng historisch-kritischer Sicht gewiss unangemessen, war jedoch im Kontext der frühjüdischen Schriftgelehrsamkeit alles andere als ungewöhnlich.

Dass der verheißene Messias gemäß Mi 4,14–5,3 aus Bethlehem kommen sollte, wurde allerdings erst von christlicher Seite so stark hervorgehoben. Mi 4,14–5,3 hat in drei Evangelien eine nicht unbedeutende Rezeptionsgeschichte. Anhand dieser Verheißung zeigen sie, dass Gott den Christus zum guten Hirten seines Volks bestimmt hat und ihn in eine Herrschaft einsetzt, die die Macht gewaltsamer, schlechter Herrscher radikal in Frage stellt. Mit ihr zeigen sie ferner, dass der biblische Gott sich in seiner Vorliebe für das Kleine gleich bleibt und dass das neutestamentliche Bild eines nicht mit weltlicher Macht und Pracht, sondern an unbedeutender Stätte zur Welt kommenden Messias alttestamentlichen Verheißungen aufs Beste entspricht.

Stefan Beyerle

Das Kommen des Menschensohns (Dan 7)

Im frühen Christentum wird der »Menschensohn« auf Jesus bezogen und daher titular sowie messianisch gebraucht. Der »Menschensohn« gehört also neben den Bezeichnungen »Christus«, »Herr«, »Davidssohn« oder »Gottessohn« zu den im Neuen Testament und insbesondere bei den Synoptikern gebrauchten Würdenamen Jesu, wie sie ihm zumeist durch die frühchristlichen Gemeinden zugewiesen wurden. Zugleich ist mit der Frage nach Jesu Messianität ein wesentlich biblisch-theologisches Thema angesprochen, das christlich betrachtet etwa ganz andere Deutungen verlangt als im Kontext antik-jüdischer Quellen.[1] Mit dem Referenztext Dan 7 verbinden sich also gleich zwei wichtige und weit reichende theologische Fragekreise, nämlich Messianismus und gesamtbiblische Hermeneutik: zwei Bürden, die Text und Kontext von Dan 7 kaum zu tragen vermögen. Denn offensichtlich haben sich im antiken Judentum, vielleicht aber auch erst in frühchristlicher Zeit, im Umfeld des Traditionsgefüges »Menschensohn« einschneidende Änderungen vollzogen, die wir Heutigen nicht mehr hinreichend ergründen können.

Im Folgenden soll zunächst Dan 7 betrachtet werden. Der Schwerpunkt wird dabei auf der aramäischen Bezeichnung »Menschensohn« und seiner Bedeutung liegen. Danach stehen Bezugstexte aus Qumran und der antik-jüdischen Apokalyptik im Fokus, um schließlich den neutestamentlichen Befund, mit Blick auf den *kommenden* Menschensohn, in Augenschein zu nehmen. Generell wichtig ist dabei, dass sich gerade christliche

---

[1] Vgl. K. Grünwaldt, Gott und sein Volk, Darmstadt 2006, 55–59, dessen Unterscheidung von messianisch-jüdischer Vollmacht *über* von messianisch-christlicher Vollmacht *für* jedoch angesichts der Funktionalisierung messianischer Gestalten im Judentum fehlgeht.

Interpretation zunächst frei machen muss von den Konnotationen und Vorurteilen spezifisch christlicher Messiaserwartung.[2]

1. Der »Menschensohn« im Danielbuch

Das Danielbuch, das in der antik-jüdischen und frühchristlichen Überlieferung (Qumran, Septuaginta, Josephus oder Mt 24,15) der prophetischen Literatur zugeordnet wird, stellt kein einheitliches literarisches Werk dar. Schon die älteste Textüberlieferung spaltet sich in einen hebräischen (Dan 1,1–2,4a; 8,1–12,13) und einen aramäischen Teil (2,4b–7,28) auf.[3] Formkritisch unterscheidet man zudem zwischen einem novellistischen (Dan 1–6) und einem apokalyptischen Kompositionsbogen (Dan 7–12) aus persischer bzw. hellenistischer Zeit, wobei auffälliger Weise Sprach- und Gattungswechsel nicht übereinstimmen. Das 7. Kapitel bietet die »Menschensohn«-Vision und eröffnet die Verheißungen eines in Zeit und Ort weit »entrückten« Königreiches Gottes, einschließlich der endzeitlichen Auferstehungsvision (12, 1–3). Während der Protagonist Daniel insbesondere in Kap. 2–6 als standhafter Glaubensheld in der jüdischen Diaspora – vergleichbar Esther oder Tobit – selbst zum weisen Traumdeuter wird, begegnet er in Dan 7–12 als Visionär mythisch stark angereicherter und heute schwer zu deutender Nachtgesichte.

Gleich die erste Vision in Dan 7,1–28 ist die umstrittenste und wegen der »Menschensohn«-Erscheinung wohl auch prominenteste. Abgesehen von der Einleitung mit Datum und Situationsschilderung (V. 1) und der Abschlussnotiz (V. 28), gliedert sich das Kapitel in eine Abfolge von Visionen (V. 2–14) und diese deutenden Auditionen (V. 16–27). Zwar rechtfertigt die bei Visionen übliche Schreckensreaktion Daniels (V. 15; vgl. 4,2.16; Gen 41,8) jene Gliederung, die jedoch im Text keineswegs konsequent durchgehalten wird. Denn schon in dieser Vision finden sich deutende Anteile (vgl. V. 14), wie umgekehrt die Audition

---

[2] Vgl. J. Maier, Messias oder Gesalbter?, RdQ 17,65–68 (1996) 585–612, und K. Beyer, Der Menschensohn als Gott der Welt, in: Der christliche Orient und seine Umwelt. FS Jürgen Tubach (StoR 56), Wiesbaden 2007, 11–19.

[3] Hinzu kommen die »apokryphen« Zusätze der griech. Bibel (Gebete, Bel und der Drache, Susanna) und die sog. Pseudo-Danieltexte aus Qumran.

visionäre Elemente ausweist (vgl. V. 21). Weitere Inkonsistenzen bestehen im Verhältnis beider Teile zueinander, was man sich am besten im inhaltlichen Nachvollzug des Textes verdeutlicht. In V. 2–8 sieht Daniel vier Mischwesen aus dem Meer steigen: einen geflügelten Löwen, einen Bär, einen geflügelten Panther mit vier Köpfen und ein Tier mit Eisenzähnen und zehn Hörnern.

Die vier Gestalten symbolisieren, analog zu den Bestandteilen der Statue in Dan 2, die Abfolge der Weltreiche der Babylonier, Meder, Perser und der Griechen. Schon in Dan 7,8 ist von einem elften, kleinen Horn mit Menschenaugen und Maul die Rede, gemeinhin identifiziert mit Antiochus IV. (175–164 v.Chr.; vgl. Dan 8), das »große Dinge« spricht. Offenbar wechselt das Bildinventar der Vision seine Bezüge: vom Herrscherhaus bzw. Land zum König als Person. Nun folgt in V. 9f die Thronvision des als »Alter an Tagen« angesprochenen Gottes zum Gericht. Und in V. 11f kehrt die Vision wieder zum »großmäuligen Horn« und den Mischwesen zurück, bevor dann »einer wie eines Menschen Sohn« mit den Wolken des Himmels zu jenem »Alten an Tagen« kommt und die ewige Herrschaft erlangt. Die anschließende Deutung befasst sich ausführlich mit dem vierten Tier, jedoch nur sehr summarisch mit den übrigen Wesen (V. 17) bzw. dem »Alten an Tagen« (V. 22).[4]

Auch die Bedeutung des »Menschensohns« bleibt schemenhaft. Philologisch ist mit dem aramäischen Kompositum ein Einzelexemplar der Gattung »Mensch« angesprochen, jedoch weder eine titulare noch gar messianische Bezeichnung gebraucht. Auch eine Identifizierung mit einem »Menschen« ist ausgeschlossen, ist doch die Rede von einem »*wie* ein Einzelmensch«. Da in Dan 7,13f jener Gestalt die Königsherrschaft verliehen wird, die nach V. 27 dem »Volk der höchsten Heiligen« zukommt, wird der sog. »Menschensohn« in Dan 7 häufig mit dem »Volk«, nämlich dem standhaft frommen »Israel«, identifiziert. Diese Interpretation unterstreicht dann auch die Unableitbarkeit, ja Einzigartigkeit, der frühchristlichen, messianischen Anwendung des »Menschensohns« auf die Person Jesu

---

[4] Vgl. zu weiteren Aspekten in Dan 7 D. Bauer, Das Buch Daniel (NSK.AT 22), Stuttgart 1996, 139–165.

im Neuen Testament.⁵ Die folgende Darlegung wird allerdings eine individuelle Deutung des Kompositums argumentativ herausarbeiten.

Bereits die Analyse des Kontextes in Dan 7 gibt erste Hinweise: Die beiden Teilvisionen in V. 9f und 13f zeigen mit ihren Stichwortverbindungen⁶, dass sie fest in Dan 7 verankert sind. Inhaltlich richtet V. 9f den Fokus auf die Gerichtsthematik, während V. 13f die ewige Königsherrschaft der himmlischen Welt gegen die Chaosmacht der irdischen stellt. Weil die Abfolge der Chaostiere ein Nacheinander von *irdischen* Königreichen abbilden soll, weist das »Menschsein« des »Menschensohns« über alles Irdische hinaus. Zudem ergeben sich aus dem Vergleich von Dan 7,9f und 7,13f Hinweise auf den Ort des Geschehens. Als engste Parallelen sind hierzu Ez 1, ein Fragment aus dem Gigantenbuch und äthHen 14 zu vergleichen.

Die erste Ezechiel-Vision steht für die Konzeption eines himmlischen Heiligtums. Für den Vergleich mit Dan 7 ist vor allem die letzte Szene in Ez 1,22–28 von Interesse. Es begegnen die zuvor in Ez 1 beschriebenen Lebewesen, die über ihren Häuptern eine Feste tragen, auf der wiederum etwas wie ein Thron steht. Eine menschenartige Gestalt (V. 26) nimmt Platz. Die Gemeinsamkeiten mit Dan 7 sind: der visionäre Kontext, die Feuermotivik, die Räder und der Thron, der in den Bereich des Himmels verweist.

In 4Q530 II,16–19 (ca. 100–50 v.Chr.), einem aramäischen Text aus dem in Qumran gefundenen »Gigantenbuch«, heißt es:⁷

»(16) Der Herrscher des Himmels stieg herab auf die Erde (17) und Throne wurden hingestellt und der Große Heilige setzte [sich. Aber-

---

⁵ Vgl. etwa O. Hofius, Der Septuaginta-Text von Daniel 7,13.14, ZAW 117 (2005) 73–90, und dazu die Gegenargumente bei K. Koch, Der »Menschensohn« in Daniel, ZAW 119 (2007) 369–385.

⁶ Man vergleiche die nahezu analoge Einleitungsformel (V. 9.13), die inclusio über das Motiv der Rede »großer Dinge« aus dem Munde des »kleinen Horns« (V. 8.11) bzw. den Neueinsatz in V. 15 (»ich, Daniel«) oder die Vorstellung vom Gericht, die bereits ein Licht auf die Entmachtung des Horns wirft (V. 10.26). Dann weist V. 13f sowohl zurück auf das Erscheinen eines geflügelten Löwen in menschlicher Haltung und Verstand als auch auf das »kleine Horn« mit Menschenaugen und Mund (V. 4.8).

⁷ Übers.: J. Maier, Die Qumran-Essener: Die Texte vom Toten Meer. Bd. II, München/Basel 1995, 700f.

hun]derte bedienen ihn, abertausende bringen ihm (18) [Huldigung dar und vor] ihm stehen sie (in Dienst). Und siehe, [der Gerichtshof setzte sich] und Buchrollen wurden geöffnet und Recht gesprochen. Und ein Urteil wurde (19) [auf ein Schriftstück gesch]rieben und in einer Aufzeichnung aufgezeichnet [-] über jedes Lebewesen [und] Fleisch ...«

Die Übereinstimmungen mit Dan 7,9f sind deutlich. Um nur die wichtigsten zu nennen: Throne (Plural!) werden aufgestellt, Gott nimmt Platz, Tausendschaften dienen ihm, sie stehen vor ihm, und zuletzt wird das Gerichtswort in einem Schriftstück bzw. Buch festgehalten. Die Differenzen betreffen vor allem die Objekte des Gerichts, einmal die Chaostiere und das elfte Horn, zum anderen die »Wächter« und »Giganten«.

Schließlich ist äthHen 14 zu beachten. Der komplexen Komposition des apokalyptischen Henochbuches zugerechnet, gehört das Kapitel zum sog. Wächterbuch (äthHen 1–36), das wohl in das frühe 2. Jh. v.Chr. datiert werden kann, wie u.a. in Qumran gefundene Textfragmente zeigen. Im Kontext bitten die Wächter Henoch um die Vermittlung bei der Vergebung ihrer Vergehen (vgl. 13,4; 14,4). In einer Thronvision schaut Henoch dann zwei »Häuser«, mit dem von Flammen umgebenen Thron im zweiten Haus. Schließlich wird Henoch den Wächtern, Giganten und ihren Geistern Gericht ansagen. Der Text in äthHen 14,8–23 beschreibt den Aufstieg Henochs in das himmlische Heiligtum. Gleich in V.8 heißt es nach der aramäischen Überlieferung (4Q204 VI,20–22):[8]

»(20) brüllten mir zu und Wetterstrahlen und B[litze --] (21) oben, und führten mich und bra[ch]ten mich hoch in den [Himmel --] (22) [und Zung]en von Feuer umgaben rings[um --].«

Aus dem Kontext wird ersichtlich, dass Henoch selbst es ist, der hier in eine ganz und gar jenseitige und dem Menschen sonst unzugängliche, überall von Feuerflammen erfüllte Welt verbracht wird. Daneben erinnert das Bringen Henochs in die Himmelssphäre unter Beteiligung von Naturerscheinungen wie Wolken (äth. Text), Kometen, Blitze, Sterne (äth. Text) und Winde (äth. Text) an das Kommen des »Menschensohns mit den Wolken des Himmels« in Dan 7,13. Jeweils sind Naturphänomene

---

[8] Übers.: Maier, Qumran-Essener (s. Anm. 7), 150.

das Medium, um Henoch oder den »Menschensohn« in die Nähe des im himmlischen Heiligtum thronenden Gottes zu bringen (vgl. auch äthHen 14,18–20).

Der Vergleich mit zeitnahen antik-jüdischen Quellen und Traditionen zeigt, dass mit dem danielischen »Menschensohn« eine in himmlischer Sphäre lokalisierte Gestalt angesprochen ist, Gott wohl untergeordnet, doch zugleich in ausgezeichneter und unvergleichlicher Nähe zum göttlich-königlich Thronenden. Man wird jene Gestalt als engelhaft bezeichnen und vielleicht mit dem »großen Fürsten« Michael (Dan 12,1.5–7) identifizieren dürfen.[9]

2. Der »Menschensohn« in Qumran und in der Apokalyptik

Auf dem Weg zu einem messianischen Verständnis des »Menschensohns« ist neben den bereits behandelten ein weiterer Beleg aus Qumran interessant: der aramäische »Son of God«-Text (4Q 246). Er bietet in Anlehnung an zeitgenössische Apokalypsen die Vorstellung einer Epoche großer Bedrängnis, deren Ende im Zusammenhang einer Gestalt erwartet wird, der »alle dienen« (4Q246 I,8; vgl. Dan 7,10). Von besonderem Interesse sind aus Kol. II die Zeilen 1–6:[10]

»1 Der Sohn Els wird er genannt, und Sohn des Eljon werden sie ihn nennen, wie die Kometen, 2 die du gesehen hast, so wird ihre Königsherrschaft sein. Jahr[e] werden sie herrschen 3 über die Erde, und alles werden sie zertreten: Ein Volk zertritt ein anderes, eine Provinz/Stadt die an[de]re. 4 *vacat* Bis er das Gottesvolk aufrichtet und jedem Ruhe verschafft vor dem Schwert. 5 Seine Königsherrschaft [ist] eine ewige Königsherrschaft, und alle seine Wege [sind] in Wahrheit. Er richt[et] 6 die Erde in Wahrheit. [...].«

---

[9] Vgl. Koch, »Menschensohn« (s. Anm. 5), 370.373. Zur Interpretation insgesamt vgl. S. Beyerle, »Der mit den Wolken des Himmels kommt«, in: Gottessohn und Menschensohn (BThSt 67), hg. v. D. Sänger, Neukirchen-Vluyn 2004, 1–52; ders., »One Like a Son of Man«, in: Enoch and Qumran Origins, hg. v. G. Boccaccini, Grand Rapids/Cambridge 2005, 54–58.

[10] Übers.: S.B. Vgl. auch A. Steudel (Hg.), Die Texte aus Qumran II, Darmstadt 2001, 170f, die jedoch den »Sohn Els« mit Antiochus IV. identifiziert (vgl. a.a.O., 167f und 266f, Anm. 9).

In der vorliegenden Textrekonstruktion tritt eine Rettergestalt auf, »Sohn Els« bzw. »Sohn Eljons« genannt, die nach einer Phase der gegenseitigen Vernichtung unter den Völkern eine Königsherrschaft aufrichtet (vgl. neben Dan 3,33; 7,14.27 auch 2,44). Im Vergleich mit dem Danielbuch folgt also auch in 4Q246 auf eine Phase der Drangsal das Aufrichten einer ewigen Königsherrschaft. Wie in Dan 7 ist eine Sohnesgestalt in das eschatologische Geschehen einbezogen. In beiden Überlieferungen wird die Parallelsetzung von Individuum, also »Gottes-« und »Menschensohn«, und Kollektiv, nämlich »Gottesvolk« und »Volk der höchsten Heiligen«, betont, wenn beide je mit der endzeitlichen Königsherrschaft verbunden werden (Dan 7,27 und 4Q246 II,4f, vgl. II,9). Jeweils sind also Individuen angesprochen, die durch den Kontext (Dan 7) oder mit Hilfe ihrer Bezeichnung (4Q246) in unmittelbarer Nähe zum »Höchsten« stehen und doch der Gottheit als untergeordnet erscheinen. So betont auch 4Q246 in Kol. II,7–9, dass der »große Gott« (II,7) dem »Sohn Gottes« zur Kraft dient und für ihn Krieg führt.[11]

Bei allen Gemeinsamkeiten von »Menschensohn« und »Gottessohn« bleibt jedoch die in 4Q246 II augenscheinliche Differenz festzuhalten. Im Unterschied zum »Menschensohn« ist nämlich der »Gottessohn« *aktiv* in die visionär vermittelten, endzeitlichen Geschehensabläufe einbezogen. In der Summe wird man also festhalten, dass sich in Dan 7 und 4Q246 trotz der engen Verwandtschaft Traditionen mit recht eigenständigen Profilen finden. Gerade die Beobachtungen zur Funktionalisierung der Rettergestalt in 4Q246 könnten allerdings als frühe Fortschreibung der »Menschensohn«-Motivik aus Dan 7 verstanden werden. Jene Fortschreibung hätte dann die Offenheit der in Dan 7 geschilderten »Menschensohn«-Figur für titulare, oder im weitesten Sinne »messianische« Interpretationen genutzt und noch *vor* den bekannten Überlieferungen in den Bilderreden umgesetzt.

Doch ist eine eindeutig messianische Interpretation der »Menschensohn«-Motivik erst in eben jenen Bilderreden des äthiopi-

---

[11] Vgl. zur Interpretation des Textes auch J.J. Collins, The Scepter and the Star, New York u.a. 1995, 154–172.

schen Henochbuches bezeugt (äthHen 37–71).[12] Unter den Teilkompositionen des Henochbuches sind die Bilderreden als einzige nicht in Qumran gefunden worden. Daraus wurde vereinzelt auf ein spätes, christliches Datum der Bilderreden geschlossen und damit zugleich die Möglichkeit der Einflussnahme der »Menschensohn«-Passagen auf das Neue Testament in Abrede gestellt. Jedoch ist sich die aktuelle Forschung über eine Datierung um die Zeitenwende weitgehend einig.[13] Grundsätzlich kann man also die Bilderreden jenem antik-jüdischen Traditionsgut zuweisen, das der frühchristlichen Überlieferung zumindest zeitlich voraus liegt.

Die »Menschensohn«-Abschnitte stehen in der zweiten (45,1–57,3) und dritten Bilderrede (58,1–69,29) sowie in den Anhängen (70f).[14] Bei aller Vielfalt der in diesen Texten begegnenden Charakterisierungen des »Menschensohns«, besitzen doch alle Texte Hinweise auf die Beschreibung einer himmlischen Einzelgestalt, die zudem mit ihren königlichen Attributen durch besondere Macht ausgezeichnet ist. Allerdings erweitert sich das Spektrum in den Bilderreden erheblich, wie etwa an äthHen 46,1–5 deutlich wird:[15]

»1 Und ich sah dort (einen), der ein Haupt der Tage (...) hatte, und sein Haupt (war) wie Wolle so weiß, und bei ihm (war) ein anderer, dessen Gestalt wie das Aussehen eines Menschen (war), und das Angesicht voller Güte wie (das) von einem heiligen Engel. 2 Und ich fragte einen der Engel, den, der mit mir ging und mir alle Geheimnisse zeigte, nach jenem Menschensohn, wer er sei, woher er stamme (und) weshalb er zu

---

[12] Die Bezeichnung »Menschensohn«, die sich in den Bilderreden selbst auf drei unterschiedliche äthiopische Begriffe verteilt, wird neben dem »Erwählten«, dem »Gerechten« und dem »Gesalbten« in ein »messianisches Konzept« integriert (so C. Böttrich, Konturen des »Menschensohnes« in äthHen 37–71, in: Gottessohn und Menschensohn [s. Anm. 9], 53–90, bes. 72–75).

[13] Strittig ist weiterhin, ob man bereits in die Zeit der Partherinvasionen (51/50 bzw. 41/40 v.Chr.: äthHen 56,6–8) oder erst in das 1. Jh. n.Chr. datiert: vgl. Böttrich, Konturen (s. Anm. 12), 56–58, und die Beiträge in G. Boccaccini (Hg.), Enoch and the Son of Man, Grand Rapids/Cambridge 2007, 415–496.

[14] Vgl. äthHen 46,1–5; 48,2–7; 62,1–63,12; 69,26–29; 70,1–71,17. Einen guten Überblick über den Inhalt der Abschnitte und die Funktionen des »Menschensohnes« gibt L.W. Walck, The Son of Man in the Parables of Enoch and the Gospels, in: Boccaccini, Enoch (s. Anm. 13), 299–337, bes. 302–309.

[15] Übers.: S. Uhlig, Das äthiopische Henochbuch (JSHRZ V/6), Gütersloh 1984, 586f.

dem Haupt der Tage ginge. 3 Und er antwortete und sprach zu mir: ›Dies ist der Menschensohn, der die Gerechtigkeit hat und bei dem die Gerechtigkeit wohnt, der alle Schätze des Verborgenen offenbart, denn der Herr der Geister hat ihn erwählt ... ‹«

Auch in den Bilderreden ist der »Menschensohn« selbst *aktiv* (vgl. auch äthHen 46,4f u.ö.; 4Q246; anders: Dan 7). Die Szene nimmt zwar deutlich auf Dan 7,9f Bezug, stattet den »Menschensohn« jedoch mit weiter reichenden Befugnissen aus: er ist durch Gott (»Herr der Geister«) erwählt, bei ihm wohnt Gerechtigkeit und er ist Offenbarer »aller Schätze des Verborgenen«. In äthHen 48,3.6 und 62,7 ist er gar selbst als präexistent und verborgen vorgestellt. Zudem übernimmt er als »Auserwählter« die Heilszueignung für die »Auserwählten und Gerechten« (62,13–16) und tilgt alles »Böse« aus (69,29), übt also – gerade an den Mächtigen – Gericht (62,2–5). Nicht zuletzt aufgrund der engen Zuordnung des »Menschensohns«, der auch »Gerechter« und »Erwählter« (vgl. 39,6f; 53,6) oder »Gesalbter« (vgl. 48,10; 52,4) genannt wird, zu Gott, dem »Haupt der Tage« und »Herrn der Geister«, kann der »Menschensohn« der Bilderreden bereits als messianischer Heilsbringer charakterisiert werden. Allerdings ist auch hier das Kompositum weder titular noch mit Blick auf eine Parusie[16], also die Niederkunft der Gestalt, gebraucht. Im Gegenteil: Nicht nur vom Menschen, sondern nunmehr auch von Engeln wird der »Menschensohn« durch die Vergleichspartikel abgegrenzt (äthHen 46,1).

3. Der »kommende Menschensohn« im Neuen Testament

Für die christologische Überformung des Begriffes, nun mit doppeltem Artikel versehen (wörtlich: »*der* Sohn des Menschen«), wird immer wieder auf die antik-jüdische Tradition verwiesen. Von Dan 7 her kommend lassen sich zwar durchaus einzelne Konstanten und Entwicklungen benennen: die himmlische Einzelgestalt, ihre fortschreitende Transzendierung und Aktivierung, schließlich ihre messianische Ausstattung. Doch

---

[16] Vgl. U.B. Müller, Parusie und Menschensohn (2001), in: ders., Christologie und Apokalyptik (ABG 12), Leipzig 2003, 124–143, bes. 127.

sind die erörterten Typologien m.E. zu vielschichtig und disparat, möglicher Weise sind ihre Gemeinsamkeiten auch zu unspezifisch, um eine antik-jüdische »Menschensohn«-Tradition *als Voraussetzung frühchristlicher Menschensohn-Christologie* postulieren zu können – zumal der titulare Gebrauch der Synoptiker keinen Anhalt in den jüdischen Quellen hat.

Angesichts dieses Befundes erscheint es als sinnvoll, beim neutestamentlichen Gebrauch des Kompositums von jenen Belegen auszugehen, die durch ihre Sachaussagen einen ausdrücklichen Bezug auf antik-jüdische Texte herstellen. Dies gilt neben dem Sitzen des Menschensohns auf dem Thron der Herrlichkeit (Mt 19,28; 25,31; vgl. die Bilderreden) für die ausdrücklichen Bezugnahmen auf Dan 7 in Mk 13 und Offb 1,12–16 (vgl. 14,14).[17] Grundsätzlich begegnet der Titel, wie auch an allen übrigen Belegstellen, fast immer im Munde Jesu und in dritter Person, also nie in der Anrede. »Menschensohn« ist also eine Selbstbezeichnung Jesu (vgl. aber Joh 9,35; Apg 7,56).

Mk 13,3–37 ist eine mit apokalyptischen Motiven durchsetzte Abschiedsrede im Munde Jesu. Auf die Frage der Jünger nach dem Zeitpunkt und den Zeichen der Endzeit (V. 3f) setzt Jesus zu einer umfänglichen Rede an (V. 5–37). Diese lässt sich in einen Rahmen (V.5f.33–37: »Gebt acht!«) und den Kern, unterteilt in zwei Antworten (V. 7–27.28–32: negativ bzw. positiv), aufgliedern.[18] Nach der Beschreibung apokalyptischer Drangsal, die jedoch keinen konkreten Hinweis auf »das Ende« liefere (V. 7), setzt mit dem Hinweis auf den »Gräuel der Verwüstung« (V. 14; vgl. Dan 9,27; 11,31; 12,11; 1Makk 1,54) eine deutliche Steigerung der Bedrängnis (V. 19; vgl. Dan 12,1) ein, die erst mit dem »Kommen des Menschensohns« (V. 24–27) an ihr Ende gelangt (vgl. V. 24; vgl. auch »in jenen Tagen«: V. 17.24; Dan

---

[17] Vgl. Walck, Son of Man (s. Anm. 14), 323f.329f bzw. D.S. du Toit, Die Danielrezeption in Markus 13, in: Die Geschichte der Daniel-Auslegung in Judentum, Christentum und Islam (BZAW 371), hg.v. K. Bracht u. D.S. du Toit, Berlin/New York 2007, 55–76. Einen knappen Überblick zu den »Menschensohn«-Texten im Neuen Testament bietet J. Schröter, Jesus von Nazaret (BG 15), Leipzig 2006, 244–254.

[18] Vgl. E. Brandenburger, Markus 13 und die Apokalyptik (FRLANT 134), Göttingen 1984, 13–20; du Toit, Danielrezeption (s. Anm. 17), 57f. Anders zuletzt wieder die Dreiteilung bei P. Dschulnigg, Das Markusevangelium (ThKNT 2), Stuttgart 2007, 332.

12,1). Die Erscheinung des Menschensohns folgt auf kosmische Reaktionen (V. 24f: Sonnen- und Mondfinsternis, Fall der Sterne). Vergleichbar Dan 7,13f ist vom Kommen des Menschensohns auf den Wolken, ausgestattet mit Macht und Herrlichkeit, die Rede (V. 26).[19] Insgesamt zeigt Mk 13 also zahlreiche Anspielungen auf das (griechische) Danielbuch, vor allem auf Dan 7 und 10–12.[20]

Allerdings verbietet es sich, von einer uniformen Entwicklung bereits antik-jüdischer »Menschensohn«-Traditionen hinein in die frühchristliche Evangelienüberlieferung zu sprechen. Und dies aus gutem Grund:[21] Denn der Detailvergleich zwischen Mk 13,26f und Dan 7,13f zeigt deutlich mehr Unterschiede als Gemeinsamkeiten. Während nach Mk 13 der Menschensohn »mit großer Macht und Herrlichkeit« kommt, werden ihm in Dan 7 »Macht« bzw. »Macht, Ehre und Königsherrschaft« verliehen. Bei der übereinstimmenden Formulierung »auf den Wolken« sind jedoch im Detail unterschiedliche griechische Termini gebraucht. Vor allem aber fehlen in Dan 7 der titulare Gebrauch samt der Parusievorstellung. Zuletzt verweist die in Mk 13 genannte Funktion des Menschensohns, sein Sammeln der Auserwählten, eher auf die Bilderreden (vgl. äthHen 62).

Der Befund legt folgende Erklärung nahe: Mk 13,24–27 hat sich, orientiert an Leitworten, unterschiedlicher jüdischer Vorstellungen bedient, die insbesondere im Danielbuch bezeugt sind. Hierzu gehört auch jener Motivkomplex, der mit dem »Menschensohn« als eschatologischer Herrschergestalt verbunden war, vor allem in den Bilderreden des äthiopischen Henochbuches. Daneben bezog sich Mk 13 aber auch auf Theophaniemotive, ausdrücklich auf Jes 13,10; Joel 2,10 (vgl. Jes 34,4; AssMos 10,5), mit deren Hilfe die in den vorgegebenen »Menschensohn«-Texten noch fehlende Parusievorstellung in Mk 13 eingetragen wurde.[22] Schwieriger ist allerdings die Frage nach

---

[19] Der Text folgt hier einer Teilüberlieferung des griech. Daniel. Der aramäische Text sowie weitere griechische und lateinische Versionen weichen davon ab.

[20] Vgl. du Toit, Danielrezeption (s. Anm. 17), 67–73; Dschulnigg, Markusevangelium (s. Anm. 18), 343–345.

[21] Zum Folgenden vgl. Brandenburger, Markus 13 (s. Anm. 18), 57.

[22] Vgl. dazu A. Scriba, Die Geschichte des Motivkomplexes Theophanie (FRLANT 167), Göttingen 1995, 76–79.196f.

der Herkunft des titularen Gebrauchs beim Kompositum zu beantworten. Immerhin möglich erscheint das Anzeigen eines Zitats aus Dan 7 in Mk 13. Diese Erklärung könnte sich dann auch auf die breite Bezugnahme der Abschiedsrede auf den apokalyptischen Danieltext stützen, womit eine Entsprechung in der theologischen Konzeption beider Texte erreicht wäre: Bei der Abfolge der endzeitlichen Äonen verwendete Mk 13 die dem Verfasser bereits vorliegende Struktur von Drangsal und Errettung in der Endzeit aus Dan 7–12. Die Schärfe der Bedrückung, die Radikalität der Naherwartung und die mit der Überwindung der Drangsal verbundene Jenseitigkeit in der Heilshoffnung charakterisieren dann Prä- und Endtext. Traditionsgeschichtlich gesprochen: In diesem Endzeitdrama spielt dann der Menschensohn eine, wenn auch prominente, Rolle unter anderen.

Zuletzt sind zwei Belege aus der wohl zwischen 90 und 100 entstandenen Johannesapokalypse zu beachten (Offb 1,12–16; 14,14). Beiden gemeinsam ist die Verwendung des unbestimmt gebrauchten Kompositums mit Vergleichspartikel (wie Dan 7,13) und die teilweise breite Beschreibung und Ausstattung des »Menschensohns« mit Attributen, die auf seine Funktion im endzeitlichen Gericht verweisen. Wenn in Offb 1,14 sein Haupt und die Haare mit »weißer Wolle«, »Schnee« und seine Augen mit »Feuerflammen« verglichen werden, dann spielt dies wörtlich auf die Thronszene des »Alten an Tagen« in Dan 7,9f und die Beschreibung des Engels Gabriel in Dan 10,5f an. Zur letzteren gehören auch das Gewand, der goldene Gürtel und die Füße aus Erz (Offb 1,13.15). Damit werden die Gottesnähe, die Ausstattung mit Attributen der Macht (vgl. Offb 1,16: sieben Sterne, zweischneidiges Schwert; vgl. auch 14,14: scharfe Sichel), die Gottesnähe und das angelologische Attribut betont. Wie kein anderer Text des Neuen Testaments rückt also die Johannesapokalypse den »Menschensohn« in die Nähe des Prätextes aus Dan 7. Und, quasi nebenbei, bestätigen die Rückbezüge in Offb 1,12–16; 14,14 das schon für Dan 7 angenommene Verständnis des »Menschensohns« als jenseitige Einzelgestalt.[23]

---

[23] Vgl. zur Interpretation auch U.B. Müller, Die Offenbarung des Johannes (ÖTK 19), Gütersloh/Würzburg ²1995, 80.83–85.

4. Zusammenfassung

Um in Dan 7 einen »Schlüsseltext« für neutestamentliche Überlieferungen erkennen zu können, ist die Belegbasis reichlich dünn. Zwar legen die Apokalypsen in Dan 7–12 und der Johannesoffenbarung ein Verständnis des »Menschensohns« als engelhafte Einzelgestalt mit ausdrücklichem Gottesbezug in einem endzeitlichen Gerichtsgeschehen nahe. Doch sind die antik-jüdischen und frühchristlichen Belege »dazwischen« zu unterschiedlich und disparat einerseits und zu verschieden mit Blick auf den titularen Gebrauch andererseits, als dass man für die Selbstbezeichnung Jesu eine lückenlose Traditionsgeschichte rekonstruieren könnte. Schon die Annahme einer jüdischen »Menschensohn«-Tradition trifft nicht den Befund. Man sollte vielmehr von einem lockeren Traditionsgefüge ausgehen. Um es abschließend positiv zu formulieren: Zum »Schlüsseltext« wird die »Menschensohn«-Perikope in Dan 7 erst dann, wenn sich über weitere Bezugnahmen in der neutestamentlichen Überlieferung übergreifende Strukturen herausarbeiten lassen (vgl. Mk 13).[24]

---

[24] Hierzu gehört dann aber auch etwa jene inner-markinische Struktur, wonach der »Menschensohn« dem Messiasgeheimnis insofern Rechnung trägt, als er in Mk für den »Gottessohn« steht (vgl. H.L. Chronis, To Reveal and to Conceal: A Literary-Critical Perspective on 'the Son of Man' in Mark, NTS 51 [2005] 459–481). So wäre wiederum eine Nähe zu 4Q246 (s.o.) hergestellt.

Verzeichnis der Autorinnen und Autoren

Rainer Albertz, Dr. theol., war bis zu seiner Emeritierung Professor für Altes Testament an der Westfälischen Wilhelms-Universität Münster und ist zur Zeit als Seniorprofessor im dortigen Exzellenzcluster »Religion und Politik in den Kulturen der Vormoderne und Moderne« tätig.

Michael Bachmann, Dr. theol., ist Professor für Fachdidaktik der Evangelischen Theologie (mit einem fachwissenschaftlichen Schwerpunkt in der Biblischen Theologie [Neues Testament]) der Universität Siegen.

Stefan Beyerle, Dr. theol., ist Professor für Altes Testament an der Theologischen Fakultät der Ernst-Moritz-Arndt-Universität in Greifswald.

Hannes Bezzel, Dr. theol., ist wissenschaftlicher Mitarbeiter am Lehrstuhl für Biblische Theologie des Martin-Luther-Instituts der Universität Erfurt.

Ingo Broer, Dr. theol., war bis 2008 Professur für Neues Testament im Fach Katholische Theologie an der Universität Siegen.

Christoph Bultmann, Dr. theol., ist Professor für Bibelwissenschaften im Fach Evangelische Theologie an der Universität Erfurt.

Alexandra Grund, Dr. theol., ist Akademische Oberrätin auf Zeit für Altes Testament im Fach Evangelische Theologie an der Universität Siegen und Privatdozentin an der Theologischen Fakultät der Eberhard Karls Universität Tübingen.

Friedrich Wilhelm Horn, Dr. theol., ist Professor für Neues Testament an der Evangelisch-Theologischen Fakultät der Johannes Gutenberg-Universität Mainz.

Bernd Kollmann, Dr. theol., ist Professor für Neues Testament im Fach Evangelische Theologie an der Universität Siegen.

Michael Labahn, Dr. theol., ist Privatdozent für Neues Testament an der Martin-Luther-Universität Halle-Wittenberg und Mitarbeiter am DFG-Projekt »Einflüsse der Septuaginta in der Apokalypse des Johannes« an der Kirchlichen Hochschule Wuppertal.

Hermut Löhr, Dr. theol., ist Professor für Neues Testament an der Evangelisch-Theologischen Fakultät der Westfälischen Wilhelms-Universität Münster.

Thomas Naumann, Dr. theol., ist Professor für Altes Testament im Fach Evangelische Theologie an der Universität Siegen.

Wolfgang Reinbold, Dr. theol., ist Islambeauftragter der Ev.-luth. Landeskirche Hannovers und Privatdozent für Neues Testament an der Georg-August-Universität Göttingen.

Johannes Woyke, Dr. theol., ist Wissenschaftlicher Mitarbeiter am Lehrstuhl für Didaktik der Evangelischen Theologie (mit einem fachwissenschaftlichen Schwerpunkt in der Biblischen Theologie [Neues Testament]) an der Universität Siegen.

Biblisch-theologische Schwerpunkte — V&R

Band 34: Matthias Günther
Menschen – Psychologische Impulse aus der Bibel
2008. 152 Seiten mit 4 Abbildungen, kartoniert
ISBN 978-3-525-61614-7

Was haben die Gestalten der Bibel erlebt, wie haben sie sich verhalten, was war das Ziel, das sie anstrebten? Die hier vorgestellte individualpsychologisch orientierte Methode ermöglicht Begegnungen mit den Menschen aus der Bibel als Mitmenschen.

Band 33: Martin Hailer
Götzen, Mächte und Gewalten
2008. 208 Seiten mit 3 Abbildungen, kartoniert
ISBN 978-3-525-61611-6

In Gottes Machtbereich ist der Mensch frei von den unheimlichen Größen, die die Bibel Götzen oder Mächte nennt. Diese Freiheit bezeichnet einen Machtwechsel, der den Menschen an sich verändern kann.

Band 32: Christine Gerber / Benita Joswig / Silke Petersen (Hg.)
Gott heißt nicht nur Vater
Zur Rede über Gott in den Übersetzungen der »Bibel in gerechter Sprache«
2008. 256 Seiten mit 7 Tabellen, kartoniert
ISBN 978-3-525-61609-3

Der geheimnisvolle Eigenname der Gottheit, nach dem Mose in Ex 3,13 fragt, wird meist missverständlich mit »Herr« wiedergegeben. Wie kann eine Übersetzung die Heiligkeit des Namens und die Bildhaftigkeit der Metaphern für Gott wahren?

Band 31: Werner H. Ritter / Michaela Albrecht (Hg.)
Zeichen und Wunder
Interdisziplinäre Zugänge
2007. 316 Seiten mit 6 Tab., kartoniert
ISBN 978-3-525-61604-8

Mit Wundern hat die Theologie oft ihre Schwierigkeiten. Menschen der Gegenwart aber sind von diesem Phänomen fasziniert. Wissenschaftliche Beiträge verschiedener Disziplinen zu diesem scheinbar unvernünftigen Thema.

Vandenhoeck & Ruprecht

Biblisch-theologische Schwerpunkte — V&R

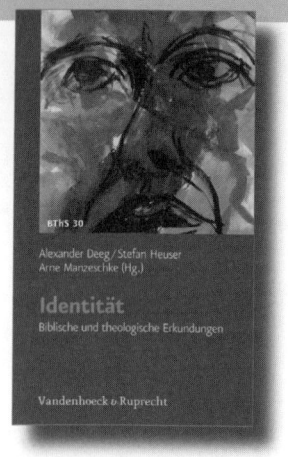

Band 29: Bernd U. Schipper / Georg Plasger (Hg.)
Apokalyptik und kein Ende?
2007. 302 Seiten mit 5 Abb., kartoniert
ISBN 978-3-525-61594-2

Die Rede vom Weltende, die heute schon fast zur Mode geworden ist, suggeriert, dass wir in der Naherwartung des Endes leben. Ist dem tatsächlich so? Dieser Band deckt auf.

Band 30: Alexander Deeg / Stefan Heuser / Arne Manzeschke (Hg.)
Identität
Biblische und theologische Erkundungen
2007. 328 Seiten mit 1 Abbildungen und 1 Grafik, kartoniert
ISBN 978-3-525-61599-7

Der Band stellt biblische und theologische, ethische und praktische Perspektiven zum Begriff der Identität vor und zeigt, wie Identität jenseits diffuser Unbestimmtheit und beklemmender Fixierung gefunden, gelebt und in verschiedenen Lebenswelten vermittelt werden kann.

Band 28: Wolfgang Reinbold
Der Prozess Jesu
2006. 203 Seiten, kartoniert
ISBN 978-3-525-61591-1

Das Buch führt allgemeinverständlich und unter Berücksichtigung der gegenwärtigen Forschung in die komplexen Fragen des sogenannten Prozesses Jesu und seiner Wirkungsgeschichte ein. Es wendet sich insbesondere an interessierte Laien, denen die Fachliteratur kaum zugänglich ist.

Vandenhoeck & Ruprecht